SÍNDROME DE ASPERGER E OUTROS TRANSTORNOS DO ESPECTRO DO AUTISMO DE ALTO FUNCIONAMENTO:
DA AVALIAÇÃO AO TRATAMENTO

Volume: 1

Walter Camargos Jr e colaboradores

Síndrome de asperger e outros transtornos do espectro do autismo de alto funcionamento: da avaliação ao tratamento

1ª Edição - 4ª Reimpressão 2021 -   Copyright © 2021 Artesã Editora

É proibida a duplicação ou reprodução deste volume, no todo ou em parte, sob quaisquer formas ou por quaisquer meios (eletrônico, mecânico, gra-vação, fotocópia, distribuição na Web e outros), sem permissão expressa da Editora.

DIRETOR
Alcebino Santana

COORDENAÇÃO EDITORIAL
Karol Oliveira

DIREÇÃO DE ARTE
Tiago Rabello

REVISÃO
Maggy de Matos

PROJETO GRÁFICO E DIAGRAMAÇÃO
Andréa Maria Esteves

C172s   Camargos Jr., Walter
Síndrome de Asperger e outros transtornos do espectro do autismo de alto funcionamento: da avaliação ao tratamento / Walter Camargos Jr. [et al] . – Belo Horizonte : Ed. Artesã, 2021.
404 p. ; 23 cm.

ISBN: 978-85-88009-32-5

1. Desenvolvimento mental. 2. Autismo. 3. Síndrome de Asperger. I. Título.

CDU 159.9:22

Catalogação: Rinaldo de Moura Faria CRB-1006

IMPRESSO NO BRASIL
Printed in Brazil

ARTESÃ EDITORA LTDA.
Site: www.artesaeditora.com.br
E-mail: contato@artesaeditora.com.br
Belo Horizonte/MG

AUTORES

ARGEMIRO DE PAULA GARCIA FILHO. Geólogo. Moderador da Comunidade Virtual Autismo no Brasil. Secretário da AFAGA e da ABRAÇA. Coautor do livro Brincanto - autismo tamanho família. argemirogarcia@gmail.com

ANDRESSA MOREIRA ANTUNES. Graduanda em Psicologia pela Universidade Federal de Minas Gerais. Pesquisadora do Laboratório de Neuropsicologia do Desenvolvimento – UFMG.

ALINE ABREU E ANDRADE. Psicóloga clínica. Doutoranda e Mestre em Psicologia do Desenvolvimento (UFMG). Especialista em Terapia Comportamental (PUC-MG).

ANA CAROLINA DE ALMEIDA PRADO. Graduanda em Psicologia pela Universidade Federal de Minas Gerais. Pesquisadora do Laboratório de Neuropsicologia do Desenvolvimento – UFMG.

CAMILA GRACIELLA SANTOS GOMES. Psicóloga pela Pontifícia Universidade Católica de Minas Gerais (2004). Mestrado (2007) e Doutorado (2011) em Educação Especial pela Universidade Federal de São Carlos. Docente do curso de graduação em psicologia da Faculdade de Ciências Médicas de Minas Gerais e da Pontifícia Universidade Católica de Minas Gerais, núcleo Betim. camilagsg@gmail.com

CLÁUDIA CARDOSO-MARTINS. Professora Titular do Departamento de Psicologia da UFMG. Doutora em Psicologia pela Universidade de Illinois em Urbana-Champaign, EUA (Ano de obtenção do titulo de doutor: 1984). Bolsista (Produtividade em Pesquisa) do CNPq desde 1984. Coordenadora do Laboratorio de Desenvolvimento Cognitivo e da Linguagem (Departamento de Psicologia, UFMG). cardosomartins.c@gmail.com

CLÁUDIA TERESINHA FACCHIN. Psicóloga pela Universidade Federal de Minas Gerais – UFMG. Especialista em psicologia clínica. Neuropsicóloga pela Fundação Mineira de Educação e Cultura - FUMEC

CRISTINA BEATRIZ SILVEIRA. Psicóloga. Especialista em Psicanálise, Psicopedagogia, Formação em Educação inclusiva.

DANIELLE CRISTINE BORGES PIUZANA BARBOSA. Graduanda em Psicologia pela Universidade Federal de Minas Gerais. Pesquisadora do Laboratório de Neuropsicologia do Desenvolvimento – UFMG.

DAVID SALDAÑA. Formado pela Universidad de Sevilla. Professor do Departamento de Desenvolvimento e Ensino de Psicologia da Universidade de Sevilha, Espanha. Ph.D. em Psicologia na Universidade de Sevilha. Coordenador do Laboratório "Diferenças Individuais", Linguagem e Cognição.

DEISY DAS GRAÇAS DE SOUZA. Psicóloga pela Faculdade de Filosofia Ciências e Letras de Ribeirão Preto. Mestrado e Doutorado em Psicologia Experimental pela Universidade de São Paulo. Professora Titular da Universidade Federal de São Carlos. Docente do Programa de Pós-Graduação em Psicologia e do Programa de Pós-Graduação em Educação Especial da UFSCar. ddgs@ufscar.br

ESTÊVÃO MACHADO DE ASSIS CARVALHO. Defensor Público do Estado de Minas Gerais, Especialista em Direito Civil pela PUC-Minas.

FÁBIO LOPES ROCHA. Psiquiatra. Mestre em Saúde Pública. Doutor em Ciências da Saúde. Membro titular da Academia Mineira de Medicina. Coordenador da Clínica Psiquiátrica do Instituto de Previdência dos Servidores do Estado de Minas Gerais.

FERNANDA CRISTIANE FERNANDES HERINGER MILAGRES. Defensora Pública do Estado de Minas Gerais.

FLÁVIA NEVES ALMEIDA. Mestrando do Programa da Saúde da criança e adolescente – Faculdade de Medicina-UFMG. Pesquisadora do Laboratório de Neuropsicologia do Desenvolvimento – UFMG.

GIULIA MOREIRA PAIVA. Graduanda em Psicologia pela Universidade Federal de Minas Gerais. Pesquisadora do Laboratório de Neuropsicologia do Desenvolvimento – UFMG.

GIZELE ALVES MARTINS. Graduanda em Psicologia pela Universidade Federal de Minas Gerais. Pesquisadora do Laboratório de Neuropsicologia do Desenvolvimento – UFMG.

ISABELLA STARLING-ALVES. Graduanda em Psicologia pela Universidade Federal de Minas Gerais. Bolsista da CAPES/CsF na University of Wisconsin-Madison. Pesquisadora do Laboratório de Neuropsicologia do Desenvolvimento – UFMG.

ISADORA ADJUTO TEIXEIRA. Psicóloga clínica. Professora colaboradora da Faculdade de Psicologia (UFMG). isaadjuto@gmail.com

LARISSA DE SOUZA SALVADOR. Graduanda em Psicologia pela Universidade Federal de Minas Gerais. Pesquisadora do Laboratório de Neuropsicologia do Desenvolvimento – UFMG.

LÍCIA FALCI IBRAIM. Psicóloga pela Universidade Fumec. Especialização em Neuropsicologia (Universidade Fumec). Psicopedagoga.

LIDIA DE LIMA PRATA CRUZ. Psicóloga pela Universidade FUMEC. Mestre em Ciências da Saúde (IPSEMG). Psicóloga clínica com formação em Psicoterapia Cognitiva pelo Instituto Mineiro de Terapia Cognitiva (IMTC).

LILIAN ERICHSEN NASSIF. Pós-Doutora pela FAE – UFMG. Doutora em Educação pela FAE/UFMG. Mestre em Psicologia Social pela FAFICH/UFMG. Psicóloga clínica com formação em Psicoterapia Cognitiva pelo Núcleo de Psicoterapia Cognitiva de São Paulo e membro da atual gestão da Federação Brasileira de Terapia Cognitiva (FBTC). Psicóloga concursada da UFMG.

LÍVIA DE FÁTIMA SILVA OLIVEIRA. Psicóloga pela UFMG. Mestranda pelo programa ciências da saúde: saúde da criança e do adolescente pela faculdade de Medicina – UFMG. Colaboradora do Laboratório de Neuropsicologia do Desenvolvimento – UFMG.

LORENZO LANZETTA NATALE. Psicólogo formado pela UFMG. Mestre em psicologia do desenvolvimento – UFMG. Doutorando em psicologia – UFMG. Pesquisador colaborador do Laboratório de Processos Cognitivos – UFMG.

MARIANA PÊSSO. Graduanda em Psicologia pela Universidade Federal de Minas Gerais. Pesquisadora do Laboratório de Neuropsicologia do Desenvolvimento – UFMG.

MÁRCIA LAMBERTUCCI. Terapeuta Ocupacional Clínica, Especialista no Conceito Neuroevolutivo Bobath – ABRADIME. Especialista em Terapia de Integração Sensorial. Administradora e responsável técnica do setor de Terapia Ocupacional da Clínica Sensorial de Belo Horizonte. lamcar@ig.com.br

MARIA ISABEL PINHEIRO. Psicóloga. Mestre em Educação Especial pela Universidade Federal de São Carlos – UFSCar. Doutoranda no Programa de Pós Graduação na Saúde da Criança e do Adolescente –

Faculdade de Medicina – UFMG. Pesquisadora no Laboratório de Neuropsicologia do Desenvolvimento na Faculdade de Filosofia e Ciências Humanas da UFMG.

MARIENE MARTINS MACIEL. Jornalista. Historiadora e Psicopedagoga. Presidente da AFAGA - Associação de Familiares e Amigos da Gente Autista e Vice-presidente da ABRAÇA - Associação Brasileira para Ação por direitos da gente Autista. Autora do livro Brincanto - autismo tamanho família. marienemartinsmaciel@gmail.com

MAYCOLN L. M. TEODORO. Doutor pela Albert-Ludwigs-Universität Freiburg (Alemanha) com estágio pós-doutoral na UFRGS. Psicólogo pela Universidade Federal de Minas Gerais e Mestre em Psicologia Social pela mesma instituição. Professor Adjunto do Departamento de Psicologia e do Programa de Pós-Graduação em Psicologia da Universidade Federal de Minas Gerais. Bolsista Produtividade do CNPq e do Programa Pesquisador Mineiro da Fapemig.

MURILO SARAIVA DE QUEIROZ. Cientista da computação. Mestre em Engenharia Eletrônica e atua como engenheiro de hardware na Nvidia. Colaborador da seção *Autismo e Tecnologia* da Revista Autismo.

PATRÍCIA REIS FERREIRA. Fonoaudióloga pela UFMG. Especialista em Linguagem pelo Conselho Federal de Fonoaudiologia. Mestranda em Ciências da Saúde - Saúde da Criança e do Adolescente pela Faculdade de Mediciana - UFMG.

SUSANA SATUF REZENDE LELIS. Pediatra pelo Hospital das Clínicas-UFMG. Neurologista Infantil pela rede FHEMIG. Neurologista Infantil do Hospital Infantil São Camilo e Maternidade Santa Fé (BH).

VITOR GERALDI HAASE. Professor titular do departamento de psicologia da Universidade Federal de Minas Gerais. Coordenador do laboratório de Neuropsicologia do Desenvolvimento – UFMG.

WALTER CAMARGOS JR. Psiquiatra da Infância e Adolescência do Hospital Infantil João Paulo-II – FHEMIG. Mestre em Ciências da Saúde – IPSEMG. waltercamargos@uaivip.com.br

ÍNDICE

PREFÁCIO	9
APRESENTAÇÃO	11
INTRODUÇÃO	13
TRANSTORNOS DO ESPECTRO DO AUTISMO DE ALTO FUNCIONAMENTO, NÃO SÍNDROME DE ASPERGER	25
SEMIOLOGIA CLÍNICA DA SÍNDROME DE ASPERGER	41
SEMIOLOGIA DIAGNÓSTICA DA SÍNDROME DE ASPERGER	71
SÍNDROME DE ASPERGER EM MULHERES	87
O FENÓTIPO AMPLIADO DO AUTISMO EM PAIS DE INDIVÍDUOS PORTADORES DO TRANSTORNO	107
AVALIAÇÃO NEUROPSICOLÓGICA PARA SÍNDROME DE ASPERGER E TRANSTORNO DO ESPECTRO AUTISTA DE ALTO FUNCIONAMENTO	125
O COTIDIANO DO NEUROPEDIATRA COM A SÍNDROME DE ASPERGER	153
MODELOS COGNITIVOS DOS TRANSTORNOS DO ESPECTRO DO AUTISMO	161
ASPECTOS DA LINGUAGEM NO AUTISMO DE ALTO FUNCIONAMENTO	183
IMPLICAÇÕES DO TRANSTORNO DO ESPECTRO DO AUTISMO DE ALTO FUNCIONAMENTO NA DINÂMICA FAMILIAR	197
ASPECTOS DA SEXUALIDADE DAS PESSOAS COM TRANSTORNOS DO ESPECTRO DO AUTISMO DE ALTO FUNCIONAMENTO	213
HOW DO CHILDREN WITH HYPERLEXIA LEARN TO READ WORDS?	229
O STATUS NOSOLÓGICO DO TRANSTORNO NÃO VERBAL DE APRENDIZAGEM E SUAS CONEXÕES COM OS TRANSTORNOS DO ESPECTRO DO AUTISMO	249
TREINAMENTO DE PAIS E SÍNDROME DE ASPERGER: PROMOVENDO A GENERALIZAÇÃO DE COMPORTAMENTOS ADQUIRIDOS E A QUALIDADE DE VIDA	265
TERAPIA COGNITIVA PARA PACIENTES COM TRANSTORNOS DO ESPECTRO DO AUTISMO DE ALTO FUNCIONAMENTO (TEAAF): APRIMORANDO O DESEMPENHO SOCIAL DESTES INDIVÍDUOS	281

TRANSTORNOS DE ESPECTRO DO AUTISMO DE ALTO FUNCIONAMENTO E APRENDIZAGEM DE CONTEÚDOS ACADÊMICOS 301

A REALIDADE ATUAL DA INCLUSÃO ESCOLAR 315

TERAPIA OCUPACIONAL NOS TRANSTORNOS DO ESPECTRO AUTISTA DE ALTO FUNCIONAMENTO 329

ASPECTOS JURÍDICOS - BREVE HISTÓRICO DA EQUIPARAÇÃO DAS PESSOAS COM TRANSTORNOS DO ESPECTRO DO AUTISMO COM AS PESSOAS COM DEFICIÊNCIA 349

EMPREGABILIDADE DE PESSOAS COM TRANSTORNOS DO ESPECTRO DO AUTISMO DE ALTO FUNCIONAMENTO E SÍNDROME DE ASPERGER NO BRASIL 359

INTERNET, SÍNDROME DE ASPERGER E OUTROS TRANSTORNOS DO ESPECTRO DO AUTISMO DE ALTO FUNCIONAMENTO 381

PREFÁCIO

A descrição *princeps* de Hans Asperger data de 1944, mas aquela que chamamos hoje de Síndrome de Asperger mesmo antes já teve descrições na literatura como a de Eva Sucharewa, uma neurologista russa descreveu um quadro que ela chamou de Personalidade Esquizóide da infância e que tem muita semelhança com os achados de Hans Asperger.

A despeito de essas descrições serem relativamente antigas nos chama a atenção a paucidade de dados sobre Asperger e sobre outros Transtornos do Espectro Autista de Alto Funcionamento (TEAAF). Por exemplo, o que sabemos sobre a sua epidemiologia? Como muito bem observado por Walter Carmagos, no capítulo três, não há estudos só sobre a TEAAF. Estamos, entretanto, falando de transtornos que são seguramente muito mais prevalentes do que o do próprio autismo e que impactam a vida de centenas de milhares de famílias brasileiras. Faço questão de falar em famílias por que esses transtornos, ao afetarem um indivíduo trazem inquietações, angústias a até adoecimento físico e mental para todo o núcleo familiar. O autor e seu colaboradores, aliás, com rara sensibilidade, abordam no capítulo Implicações do Transtorno do Espectro do Autismo de Alto Funcionamento na Dinâmica Familiar, e em várias outras passagens do livro a importância desse aspecto e de como o cuidado aos familiares também deve fazer parte da abordagem dos indivíduos com Asperger e TEAAF.

O livro terá certamente público leitor diversificado, pois diversificadas são as abordagens que nele encontramos, e com muito agradável leitura. Aliada a clínica e ao tratamento desses transtornos, que certamente interessarão ao psiquiatra, ao psicólogo, ao terapeuta ocupacional, ao fonoaudiólogo, ao pedagogo e tantos outros profissionais diretamente envolvidos no acompanhamento desses indivíduos, vamos também encontrar capítulos que vão discutir outros aspectos fundamentais como a sexualidade dos portadores de Asperger e TEAAF, inclusão escolar, trabalho, aspectos legais, entre outros.

O livro do psiquiatra Walter Camargos é uma contribuição das mais importantes em um campo ainda negligenciado e onde a literatura disponível é muito pobre. O autor e seus colaboradores aliam rara combinação de experiência clínica, humanismo e rigor científico para nos oferecer essa obra que preenche lacuna da literatura brasileira. As grandes catedrais foram construídas pedra a pedra, por diversas gerações. Estamos aqui diante de uma pedra que vai sem dúvida contribuir para a construção do edifício desse campo do conhecimento.

      Humberto Corrêa
      Professor Titular de Psiquiatria
      Chefe do Departamento de Saúde Mental da
      Faculdade de Medicina da UFMG

APRESENTAÇÃO

Esse livro é fruto de décadas de prazer com o trabalho nesta área, com estudos, com a convivência com pacientes e familiares e diálogos com profissionais e estudantes. Porém a estruturação do conhecimento, e consequentemente a organização deste livro, só foi possível quando o trabalho multidisciplinar e em equipe, (**http://www.autismobh.com.br/**), evoluiu nestes últimos anos.

Este livro tem um objetivo clínico e, embora técnico, não tem um perfil puramente acadêmico, ou seja, o conteúdo pode ser replicado. O livro se destina a todos os profissionais que queiram aperfeiçoar a qualidade do trabalho com a população afetada pela Síndrome de Asperger e/ou outros Transtornos do Espectro do Autismo de Alto Funcionamento (TEAAF) já que possui capítulos em diversas áreas como pedagogia, psicologia, fonoterapia, psiquiatria, entre outros.

Livros sobre esse tema, TEAAF, ainda são raros, mesmo na comunidade internacional, fato que nos deixa com mais responsabilidade.

Na última década foi publicado o livro Transtornos Invasivos do Desenvolvimento – 3. Milênio, publicado pela CORDE, que muito favoreceu a difusão do conhecimento básico sobre o Transtorno Autista. Esse livro tratou basicamente do autismo clássico e já era hora de se reunir as informações disponíveis na literatura nacional e internacional sobre o TEAAF, para novamente podermos dar um salto de qualidade na assistência dessa população.

É indispensável o agradecimento, primeiramente à todas as mães, inclusive a minha, assim como aos pais também, que buscaram melhorias na qualidade de vida de seus filhos. As mães de nossos pacientes têm valor, por buscarem explicações e direcionamentos terapêuticos para que possam desfrutar do filho imaginado e "quase perfeito", atualmente chamados de neurotípicos. São elas que nos fazem estudar, pesquisar, discutir com outros profissionais e investir nas pessoas, que são seus filhos.

À elas e aos seus filhos dedico esse livro.

Walter Camargos Jr.

INTRODUÇÃO

Walter Camargos Jr.

Para o pleno entendimento do conteúdo desse livro, é necessário o prévio conhecimento e compreensão dos conceitos técnicos básicos sobre Autismo Infantil e do Espectro do Autismo, o que faz desse trabalho um material para profissionais e pessoas que já possuem alguma prática com o tema. Diversos aspectos complementares e estruturais sobre o tema central serão abrangidos pelos capítulos. Por fim, serão tratados alguns questionamentos sobre o tema, que ainda permanecem em aberto na literatura.

Como não sabemos o futuro, devemos incentivar as famílias a investir muito nos tratamentos, mas de forma racional e evidenciada na literatura, sendo que, um dos fatores que mais alavancam o engajamento dos familiares é a constatação de aquisições de novas habilidades por parte da criança. Muitos pais precisarão de terapias com embasamento psicodinâmico, para enfrentarem a realidade, mas todos serão beneficiados com Treinamento de Pais (TP), para adquirirem estratégias de como "lidar" com a criança afetada pelo TEA, encontrando maneiras eficazes de gerenciar os comportamentos disruptivos (caso estejam presentes), assim como estimular habilidades necessárias ao seu desenvolvimento. A necessidade e importância do TP se baseia no fato de que o psiquismo de uma pessoa com TEA funciona sob princípios diferentes, como poderá ser observado no capítulo específico sobre o constructo psicológico dos TEA. Isso não nega a validade do conceito de inconsciente, mas reforça que o trabalho, única e exclusivamente com foco nas relações inconscientes, não é suficiente para uma efetiva melhora da criança com TEA, TEAAF ou mesmo SA. Sabidamente, para uma resposta terapêutica eficaz dessas pessoas, é fundamental um trabalho multi/transdisciplinar, sendo que a escolha dos métodos e das abordagens utilizadas variará de caso a caso.

O envolvimento dos pais no tratamento da criança, seja pelo TP ou não, é imprescindível. Porém, nem sempre ocorre de forma a colaborar positivamente para o progresso da criança. Podemos utilizar algumas estratégias, para identificar quais características dos pais ajudarão ou atrapalharão a programação terapêutica. Quando suas condutas dificultam o processo, cabe ao profissional decidir como lidar com eles (pais) e com a condução do tratamento. Alguns progenitores permanecem atentos às nossas orientações e fazem o que sugerimos; outros conferem nossa opinião com a de terceiros e tomam as decisões; outros só fazem o que querem, a partir de suas opiniões pessoais; outros buscam informações e iniciam o comando do tratamento; alguns pensam que, um dia a criança vai acordar normal e que todo esse esforço "é uma bobagem"; enquanto outros pensam que a criança é igual a ele ou àlguém da família, que hoje é considerado normal, e que isso "é assim mesmo", é uma característica de família.

O que é identificado como característica de família, também é objeto de um capítulo, o Fenótipo Ampliado do Autismo (FAA), encontrado com muita frequência nos pais dos afetados. Esta detecção é importante e necessária, visto que a forma de comunicação com estes indivíduos deve ser bastante específica. Indivíduos com FAA necessitam de uma intervenção mais diretiva, literal e menos explicativa, por parte do profissional. O procedimento padrão dos profissionais é a utilização do modelo que funciona bem com os indivíduos típicos (não FAA) onde, a partir da explicação da origem psíquica dos comportamentos, a família (mãe/pai) saberá a melhor forma de abordar o(a) filho(a). Com essa população, esse modelo raramente funciona bem.

O ideal é que ambos os pais estejam em harmonia quanto à necessidade de tratamento da criança/adolescente, mas geralmente existe uma certa discordância entre ambos, e um deles se responsabiliza pelos tratamentos, em geral. Essa pessoa deve ser reforçada e estimulada, para que não perca o *pique* e a motivação, para seguir adiante.

É imprescindível orientação aos pais, seja na forma de treinamento, seja numa psicoterapia clássica, tanto no que se refere ao provimento de orientações, visando potencializar o desenvolvimento da criança, quanto para a identificação e atenuação de possíveis estressores dentro dessas famílias, de modo a evitar a eclosão de prejuízos da saúde parental. Somado a isto, sabe-se hoje, que as intervenções dirigidas somente à criança, sem adequada atenção aos fatores familiares, que influenciam o tratamento, podem ser ineficazes. Tanto as técnicas de Treinamento de Pais, quanto as características da dinâmica dessas famílias são temas desse livro.

- Todas as pessoas erram, em algum ponto, em algum caso, em algum momento da vida profissional;
- Nenhum profissional é o melhor de todos para todos. Uma pessoa pode obter melhor resultado com um profissional e outra não. Um profissional pode ser fantástico, num momento do processo terapêutico e não ser em outro. Os profissionais devem perceber isso e conversar com os familiares e seguir a máxima: "Amigo é amigo, profissional é profissional. Se houver mistura desses conceitos, o paciente será prejudicado, em algum momento";
- Para um adequado entendimento dos conceitos, há necessidade de abandonar o pensar binário: sim/não, bom/ruim, feio/bonito, branco/preto, aceitando a

existência de estágios intermediários entre os extremos;
- Todos os afetados pelo Transtorno do Espectro Autista apresentam atrasos no desenvolvimento, mesmo os que possuem inteligência superior, como atrasos na interação, no brincar e nos interesses como, por exemplo, um afetado pela SA com 18 anos, que gosta de ver desenhos animados como o do "Bob Esponja" que é, geralmente, foco de interesse de crianças de 9 anos. Então, todos precisam ter o desenvolvimento comparado com alguém da mesma idade, gênero, classe econômica e social;
- O exame clínico (corte transversal) precisa ser complementado pela visão longitudinal passada, através da anamnese, para se atingir hipóteses diagnósticas estruturadas e, consequentemente, boas respostas terapêuticas. Uma consulta inicial, com duração de somente quinze ou vinte minutos, não possibilita isso, sendo necessário um tempo maior, para que sejam avaliados vastamente todos os itens da anamnese;
- Todos que tiverem interesse em **entender** sobre TEAAF, precisam ler os livros da Temple Grandim, que vão além de sua autobiografia e seus vídeos;
- Considerando que, tanto o TEAAF quanto a SA, apresentam quase toda a sintomatologia qualitativa do Autismo Infantil, é importante voltar ao conceito do Autismo Infantil. Na dimensão geral, temos as seguintes características: há sempre atrasos no desenvolvimento, há preferência pelo mundo interno em relação ao externo, assim como há preferência de coisas em relação a pessoas. Temple (1) nos relata que os pensamentos são contínuos, involuntários, mas que ela aprendeu a parar de pen-

sar, parar de prestar atenção nos pensamentos e raciocinar (pensamento voluntário). Podemos constatar este relato, ao assistirmos a entrevista de uma pessoa afetada pelo TEAAF, num vídeo editado por canal nacional (2), que diante da pergunta do entrevistador "Como é viver em sociedade?", o rapaz responde: "Eu paro de pensar ...". Ou seja, ele para de prestar atenção ao fluxo involuntário de pensamentos/imagens, que povoam sua tela subjetiva interna e interage com as pessoas. A preferência por coisas em relação às pessoas pode ser entendida, através da explicação neurológica do motivo desses indivíduos não olharem para os olhos das pessoas (3), com a frequência esperada, mesmo quando estão comunicando algo. Certamente, isso causa um prejuízo no acesso das informações, e o prazer, que os neurotípicos obtêm, em relação à outra pessoa. Para essa população, o ditado "os olhos são a janela da alma" não se aplica. Além disso, coisas/objetos podem ser sistematizadas e organizadas de forma previsível, enquanto as relações sociais não possuem regras explícitas e, constantemente são surpreendentes e imprevisíveis. Na dimensão sintomática, encontramos a descrição clássica, que é o modelo médico, que nos ajuda na identificação da síndrome: prejuízos nos domínios da interação interpessoal, da comunicação, e presença de comportamentos restritos, repetitivos e estereotipados[a]; todos com início antes dos 36 meses. Outro modelo funcional, que nos ajuda a entender o que vemos é que, de acordo com Temple Grandim

---

[a] Atos sem sentido aparente.

(4), o pensamento/raciocínio (pensamento voluntário) ocorre por imagens, como ver uma revista em quadrinhos, fato que gera dificuldades na compreensão conceitual de várias palavras, mesmo quando usadas frequentemente por eles (SA e outros TEAAF). A tia de um paciente com SA respondeu[b] que raciocina como uma imagem de *PowerPoint*, que vai construindo; que quase não pensa verbalmente, ou seja, vai "ouvindo" as palavras;

- Há vários anos, que se considera que comprometimentos da Teoria das Funções Executivas (TFE), da Teoria da Mente (TM) e da Teoria da Coerência Central (TCC) são a base do constructo da psicologia cognitivista (5, 6), para a compreensão dos TEAs. As funções executivas já são bastante conhecidas dos profissionais, por fazerem parte central dos déficits do Transtorno de Déficit de Atenção/Hiperatividade e dos quadros demenciais. A Teoria da Mente tem sido exaustivamente pesquisada e também é chamada de Pensamento Social, onde sua habilidade proporciona a capacidade de identificar emoções, crenças de terceiros e em si, assim como falsas crenças, havendo infinitos níveis de complexidade. A Teoria da Coerência Central é, classicamente, a habilidade da pessoa integrar as partes para a composição do todo, onde, então, é esperado que a pessoa tenha a habilidade de integrar/juntar as partes, para perceber o todo. Uma fraca coerência central, típica dos TEA, é um estilo cognitivo em que o indivíduo tem mais foco nas partes que no todo, podendo inclusive, não atingir a informação como um todo. O

---

[b] Ao autor

interessante dessa equação é que, nem todas essas dimensões (TFE, TM, TCC) estão prejudicadas totalmente, e sempre (em todos os momentos e situações) faz com que o resultado seja único, e a identificação de maior precisão dessas dimensões possibilita um melhor planejamento terapêutico. A pesquisa da qualidade das habilidades dos pacientes, nestas três teorias tem sido a estratégia de nossa equipe de requintar o diagnóstico dos TEAAF.
- Síndrome de Asperger: é um transtorno do espectro autista em que, na história pregressa, não há o grau de atraso no desenvolvimento psíquico, presente no autismo clássico (que pode ser entendido como autismo associado a retardo mental), como o prejuízo ou ausência de fala, o do uso do pronome "Eu" na idade esperada, no uso de sinais sociais, no uso da atenção compartilhada. Na SA há frequentemente, interesses em assuntos extraescolares específicos e transitórios.
- TEAAF não S. Asperger: esse diagnóstico é aplicado nas pessoas que possuem histórico pessoal de autismo clássico e que melhoram progressivamente, em várias áreas do psiquismo como a fala, a aprendizagem, a interação e, em dado momento, apresenta um quadro clínico de Alto Funcionamento. Ou seja, neste momento, do ponto de vista da taxionomia médica, deve ocorrer uma migração na categoria diagnóstica pela CID-10 (7), de F-84.0 para F-84.8;
- Pelos critérios atuais, uma pessoa para ser classificada como TEA, TEAAF e SA, é necessário que haja prejuízo na interação, tanto na qualidade quanto na quantidade. Caso contrário, não é do espectro, podendo ser Fenótipo Ampliado do Autismo (FAA)

ou Transtorno Invasivo do Desenvolvimento – Sem outra especificação (TID-SOE);
- É comum a mistura, inclusive por profissionais da área, de sinais do TEAAF com aspectos que não são da dimensão diagnóstica; fato que dificulta um pouco mais o convívio e tratamento dos afetados. Então, é necessário considerar a individualidade de cada pessoa - tema muito falado e pouco praticado. É frequente a pergunta dos familiares e estudantes: "Como ele(a) tem o mesmo diagnóstico que o(a) colega dele(a)... se eles são tão diferentes? O outro é agressivo e ele(a) é amável". A diferença não está no transtorno em si; ele é o mesmo para todos os afetados. O que muda são as pessoas, são os indivíduos (**indivíduo** in.di.ví.duo *adj* (*lat individuu*). Que não se divide; indiviso. Ser particular de cada espécie.). A diferença de gênero da pessoa afetada, por exemplo, capítulo específico do livro, por si só gera um quadro clínico muito diferente. Desta forma, é imprescindível identificar as seguintes características:
  - organo-biológicas herdadas, como a inteligência, o temperamento (alegre, irritadiço, agressivo, etc), as habilidades familiares (musical, matemática, verbal, etc),
  - histórico gestacional (8-11) e as condições do parto (8);
  - primeiras relações mãe-bebê;
  - primeiras relações bebê – família (mãe, pai, irmãos, a babá ou quem cuida do bebê, a qualidade de sua dinâmica);
  - cultura;
  - primeiras relações da criança com o mundo, especialmente a Escola;

- o idade com suas expressões típicas, em especial a adolescência;
- o o transtorno em si, com seus sinais/sintomas/evolução clínica, que aprisiona/limita/estereotipa a expressão do potencial psíquico desse indivíduo;
- o individualidades intrínsecas do ser, não familiares nem ambientais.
- Herdabilidade é um conceito técnico, que nos permite a quantificação da herança genética, eliminando os fatores ambientais como doenças no período pré/per/pós gestacional, a partir de estudos estatísticos em gêmeos mono e dizigóticos. A referência de 100% é a altura do(s) filho(s). Não existe em toda psiquiatria, um transtorno que tenha maior índice, já que, na maioria das pesquisas, chega a 90% (12, 13). Isso repercute na possibilidade dos familiares, inclusive irmãos, também serem afetados por algum grau de distúrbio, seja sindrômico ou não, como os FAA.

Além destes tópicos, gostaríamos de relatar algumas perguntas que devem ser objetos de consideração dos estudiosos desse tema, e que ainda não foram abordadas, como:

- Há níveis de gravidade entre os TEAAF, em especial a SA? Qual particularidade deve ser considerada como mais influente? inteligência? capacidade de interação? habilidade no pensamento social? capacidade das funções executivas? forte coerência central? não ser "aloof[c]"?

---

[c] No passado foi considerado um subtipo de TEA pelas características literais do nome: emocionalmente distante e reservado.

- Qual dos gêneros tem melhor prognóstico? Os homens que apresentam têm quadros mais evidentes e externalizados, ou as mulheres?
- Qual(is) fator(es) influenciam o prognóstico? Fatores pessoais/psíquicos ou ambientais? Ambos? Em que grau?
- A presença de hiperlexia gera algum prognóstico melhor?
- Por que o gênero feminino apresenta sintomatologia mais difícil de detecção? Pelas características psíquicas do gênero ou pelos critérios, que são basicamente masculinos?
- Qual a influência de pais que tenham o FAA? Qual é o fator que mais influencia: mãe ou pai com FAA? Mãe com FAA influencia mais o filho ou a filha? E quando é o pai?
- Sabe-se que a identificação dos sinais de TEA é mais demorada no primogênito. Além disso, é visível na clínica, que quando o primogênito tem TEA, o segundo filho irá copiar alguns de seus comportamentos. Mas, a ausência de irmãos típicos, que mostrem modelos de faz de conta e de brincar, interfere negativamente no prognóstico?
- O que a psiquiatria denomina de Transtorno Invasivo de Desenvolvimento – sem outra Especificação (TID-SOE) é a mesma entidade que a psicologia chama de Fenótipo Ampliado do Autismo?
- Tendo o TEA a maior taxa de herdabilidade de toda a psiquiatria, será realmente que a SA é tão rara assim? Caso seja verdade, do ponto de vista genético, a taxa de mutação nova deve ser altíssima.
- O não tratamento das pessoas com autismo, pode causar prejuízo na expressão do potencial da inteligência?

- Qual é o mecanismo específico que gera uma subperformance global do indivíduo com TEAAF, quando comparado com pessoas de mesmo nível intelectual?
- Como ocorrem os mecanismos epigenéticos (14) nessa população?

Esperamos que este livro possa beneficiar todos aqueles que buscam informações sobre o universo do TEAAF. Atualmente, a literatura atende os interesses sobre o tema autismo clássico, seguindo, porém escassa na temática específica desse livro como o TEAAF não S. Asperger, a S. de Asperger, a SA em mulheres (raro, inclusive na literatura internacional), o Fenótipo Ampliado do Autismo, seus tratamentos e aspectos correlatos.

Referências:

1. GRANDIM, T. **Thinking in Pictures. My life with autism**. In: Grandim T, editor. 2nd. ed. New York: Vintage Books; 2006. p. 9.
2. RECORD, R. **Autismo. Saiba mais da deficiência que atinge 2 milhões no Brasil**. Rede Record; 2012 [updated 3min 25seg]; Available from: http://www.youtube.com/watch?v=vpHujlaBjJc.
3. SCHULTZ, R. T., GAUTHIER, I., KLIN. A., FULBRIGHT, R. K., ANDERSON, A. W., VOLKMAR. F, *et al*. **Abnormal ventral temporal cortical activity during face discrimination among individuals with autism and Asperger syndrome. Arch Gen Psychiatry**. 2000 Apr;57(4):331-40.
4. GRANDIN. T. **Thinking in Pictures**. **My life with autism**. 2nd. ed. New York: Vintage Books; 2006.
5. FRITH. U. **autism and brain´s theory of mind**. UCTV, University of California Television; 2008 [11-02-2013]; Available from: http://www.youtube.com/watch?v=nSk-KMTqFxY.
6. FRITH. U. **How Cognitive Theories Can Help Us Explain Autism**. UCTV, University of California Television 2008 [12-02-2013]; Available from: http://www.youtube.com/watch?v=7_qaz6b0Nsw.

7. OMS, editor. **Classificação de Transtornos Mentais e de Comportamento da CID-10**. Porto Alegre: Artes Médicas; 1993.
8. KUBAN. K. C., O'SHEA, T.M., ALLRED, E. N., TAGER-FLUSBERG H, GOLDSTEIN, D. J., LEVITON, A. **Positive screening on the Modified Checklist for Autism in Toddlers (M-CHAT) in extremely low gestational age newborns**. J Pediatr. 2009 Apr;154(4):535-40 e1.
9. LEAVEY, A., ZWAIGENBAUM. L., HEAVNER, K., BURSTYN, I. **Gestational Age at Birth and Risk of Autism Spectrum Disorders in Alberta**, Canada. J Pediatr. 2012 Sep 1.
10. LAMPI, K.M., LEHTONEN, L., TRAN, P.L., SUOMINEN, A., LEHTI, V., BANERJEE, P.N. *et al*. **Risk of autism spectrum disorders in low birth weight and small for gestational age infants**. J Pediatr. 2012 Nov;161(5):830-6.
11. SCHENDEL, D., BHASIN, T.K. **Birth weight and gestational age characteristics of children with autism, including a comparison with other developmental disabilities**. Pediatrics. 2008 Jun;121(6):1155-64.
12. ROMMELSE, N. N., FRANKE, B., GEURTS, H.M., HARTMAN, C.A., BUITELAAR, J.K. **Shared heritability of attention-deficit/hyperactivity disorder and autism spectrum disorder**. Eur Child Adolesc Psychiatry. 2010 Mar;19(3):281-95.
13. VEENSTRA-VANDERWEELE, J., CHRISTIAN, S. L., COOK, E, H.Jr. **Autism as a paradigmatic complex genetic disorder**. Annu Rev Genomics Hum Genet. 2004;5:379-405.
14. MARTIN, L. A., HORRIAt, N. L. **The effects of birth order and birth interval on the phenotypic expression of autism spectrum disorder**. PLoS One. 2012;7(11):e51049.

TRANSTORNOS DO ESPECTRO DO AUTISMO DE ALTO FUNCIONAMENTO, NÃO SÍNDROME DE ASPERGER

Walter Camargos Jr

Conceito

O diagnóstico de Transtorno do Espectro do Autismo de Alto Funcionamento (TEAAF), não Síndrome de Asperger (SA), pela CID10:F84-8, é aplicado quando a pessoa tem histórico pessoal compatível com autismo clássico: atraso significativo em diversas áreas do psiquismo como interação, comunicação, comportamentos restritos, repetitivos e estereotipados, todos com início antes dos 36 meses de idade, e evolui com melhora progressiva em várias dessas áreas e/ou do comportamento, a ponto de desenvolver fala comunicativa, alfabetização, melhora significativa da interação, apresentando um quadro que, num corte transversal (sem considerar o quadro clínico passado) simula SA. Do ponto de vista médico, ele muda formalmente da classificação diagnóstica F-84.0 para F:84.8, da CID10. O quadro clínico então, como se já pode intuir, terá muitas características de ambas entidades clínicas AI e SA (1).

Epidemiologia

Ainda não há estudos só para TEAAF. O que há são artigos que determinam a prevalência do autismo, de todo o TEA e de outros subgrupos. Numa população de mais de 55.000 pessoas, entre 7 a 12 anos, Kim *et al* (2) encontraram TEA, numa proporção de 2.6 para cada autista. Williams (3), em estudo de dados de pacientes, refere prevalência de 0,2% para TEA e 0,07% para autismo. Fombonne (4), em 2006, encontrou 0,3% de afetados por TEA na população escolar, versus 0,2% para o autismo. Lazoff (5) encontrou 0,7% de TEA e 0,25% de autismo.

Quadro clínico

Diferentemente das crianças que serão diagnosticadas com SA, as crianças com TEAAF são levadas à consulta com menos idade, usualmente a partir de dois anos, quando os familiares percebem que a fala não emerge (de sílabas para palavras-chave para frases e para o uso do pronome "Eu", etc) ou evolui para fala comunicativa. Esse ainda é, como tem sido nas últimas décadas, o ponto de alarme para os familiares. Outro sinal que chama muito a atenção dos familiares é a criança não responder ao chamado de seu nome, o que levanta a dúvida sobre sua capacidade auditiva. O fato da criança demonstrar que ouve músicas e propagandas, de sua preferência, assim como tampar as orelhas na presença de barulhos confunde os pais e os paralisam. Infelizmente, tal questão raramente, ainda, é considerada pelo pediatra, como contraindicação para exames auditivos, que são muito demorados para serem concluídos.

Algumas outras poucas situações geram a busca inicial por profissionais, a saber: já terem tido outros filhos, os filhos estarem na escola/creche, algum dos pais ter a intuição de que algo está "errado" e buscar uma explicação racional para a situação vivenciada. A convivência anterior (pessoal ou profissional) com outros bebês e crianças ou a possibilidade de comparação com outras crianças de idade similar (filhos de parentes, de colegas e amigos e crianças observadas em locais coletivos como clubes), também pode alertar.

Os pais "de primeira viagem" consideram normal o que os profissionais detectam como atrasos psíquicos. É importante ressaltar que **todas as pessoas**, inclusive pais e familiares, se adaptam temporariamente aos transtornos e desenvolvem explicações para a presença desses comportamentos, antes de considerar que algo está diferente do que deveria ser, por exemplo, uma mãe considerava a estereotipia da criança, de balançar a mão direita de cima para baixo, perto do corpo, como uma vontade de tocar um violãozinho, que a criança havia ganho e gostado muito, mas quando perguntado, ela reconheceu que o movimento havia iniciado bem antes.

Os pediatras que são capacitados a detectar atrasos no desenvolvimento motor têm, em geral, dificuldades para fazer o mesmo, na área psíquica (olhar, interagir, apontar para comunicar, falar, brincar funcionalmente, etc.) e muitas vezes sugerem que se espere mais um tempo, para que o desenvolvimento típico se manifeste. Essa orientação, embora atrase o possível diagnóstico da pessoa afetada, por outro lado, gera conforto para os pais, que pensam que tudo vai passar e "um dia ele(a) acordará normal como qualquer um(a)". Os pediatras mais preocupados os encaminham para avaliação auditiva, que pelo SUS pode demorar vários meses, mesmo diante de sinais clínicos e história pessoal, que contrapõem à suspeita de surdez.

Na idade de aproximadamente três anos, o quadro é de Autismo Infantil (6) com todos os atrasos de interação, de comunicação e comportamentos clássicos, já referidos. Não há um diferencial clínico que evoluirá para TEAAF, porém é bom lembrar que alguns podem apresentar sinais menos evidentes como demorar pouco (seis meses a um ano) se nomeando na terceira pessoa, ao invés de usar o pronome "Eu" e/ou evoluir rapidamente na fala comunicativa intencional, principalmente após a entrada na escola e não serão encaminhados a tratamentos nesta idade. Em algumas crianças, a evolução é tão rápida que o diagnóstico, mesmo que tenha sido realizado com recursos auxiliares de escalas e testes, estará sob suspeita pelos pais, assim como pelos profissionais menos experientes, fato que atrapalhará o processo terapêutico, pois os pais abandonarão quaisquer tratamentos que ainda se fizerem necessários e ficarão durante anos sob a sombra daquele diagnóstico "errado". A maioria necessitará de múltiplos tratamentos e evoluirão gradativamente nos próximos anos. É bom lembrar que **quase todas** as crianças evoluem positivamente, mesmo aquelas que não foram submetidas a tratamentos, desde que não tenham comorbidades graves como epilepsia refratária, déficits sensoriais graves e múltiplos, etc. Porém, muito raramente melhorarão tanto quanto aquelas que foram adequadamente tratadas.

Com o tempo e com uma evolução marcadamente positiva, o quadro clínico do TEAAF estará mais parecido com a SA, que com o AI e essa é uma das razões pela qual o profissional deve orientar os pais a pesquisar os assuntos de seu interesse, através do nome SA.

Algumas questões nos chamarão a atenção, se atendermos pela primeira vez uma criança com mais de sete anos, que está evoluindo positivamente: o histórico de atrasos significativos do desenvolvimento, antes do início do processo terapêutico, dificuldades na aprendizagem, déficits na linguagem e no brincar, comportamentos sociais inadequados, explosões de raiva diante de frustrações, "manias", entre outras informações. A descrição que se seguirá, terá como cenário uma criança de mais de sete anos com inteligência normal com evolução positiva.

Anamnese

A anamnese é composta de informações atuais, pregressas (História Pregressa – HP) e familiares (História Familiar). Uma boa anamnese exige tempo, mas auxilia muito no planejamento e na tomada de decisões, durante o processo terapêutico. Então, se estamos atendendo uma criança com HP de extrema prematuridade, abaixo de 32 semanas de gestação, com um quadro de TEA, podemos aventar a possibilidade que esse fato possa ser o fator causal do TEA. Mas, se não temos essa HP, mas temos recorrência de TEA, podemos aventar que isso seja de origem familiar e assim devemos avaliar, se algum dos pais é do espectro e/ou tem Fenótipo Ampliado do Autismo, com o objetivo de adaptarmos nossa comunicação às características psíquicas e comunicativas desses pais.

Quanto mais idade tiver a criança, menos fácil e automático será o acesso a informação dos atrasos iniciais do desenvolvimento sendo, algumas vezes, necessário uma investigação com perguntas cruzadas, pois há a remodelação natural da memória. Algumas vezes, pode ser preciso requisitar relatórios, vídeos e fotos antigas, para se formar um conceito pessoal profissional da HP.

Informações de baixo peso ao nascer, de prematuridade (7-10), de internações em CTI, cirurgias, injúrias inflamatórias do Sistema Nervoso Central (meningite, encefalite, cerebrite, etc), eventos epilépticos e de Traumatismo Craniano Encefálico, são importantes na condução de curto e longo prazo. Então, se o adolescente com essa HP apresentar um quadro sugestivo de algum tipo de epilepsia, ele deve ser avaliado por neurologista e ser submetido à propedêutica mais elaborada, já que seu risco é maior, tanto pela HP, quanto pela idade (11, 12).

Interação

As dificuldades ainda estarão evidentes, principalmente com pares[a] desconhecidos, mas mesmo com colegas de es-

---

[a] Pares: pessoas da mesma idade.

cola. Quando houver, serão poucos os amigos e é rara a demanda destes em sua casa, para brincar. Nesta situação, é comum a criança não conseguir brincar o tempo todo em grupo, se isolando e indo brincar sozinha, sendo necessária a intervenção do adulto para o reagrupamento.

Em casa, com os familiares, a interação é sempre melhor que em qualquer outro ambiente, porque eles desenvolveram entre si, um pacto comunicativo específico onde os pais interpretam e atendem as necessidades do filho, gerando uma melhor funcionalidade da interação, pela via compensatória da comunicação unilateral parental. Então, o grau de interação que o afetado consegue com os familiares, ele deve conseguir também com seus pares, preferencialmente os desconhecidos. A harmonia na convivência depende do grau de oposição e desafio da criança e da habilidade dos pais e irmãos, em manejar a situação.

No consultório, sempre olha menos para os olhos do entrevistador que o esperado para sua idade, às vezes, mesmo quando pede algo.

Comunicação

A comunicação quase que tem um único objetivo de existir, que é de propiciar uma melhor qualidade na interação interpessoal, mas nem sempre ela evolui de forma equivalente, durante o processo terapêutico, então aí é que o background/herança familiar marcará seu poder. Enquanto na SA a linguagem é pobre e a fala tem caráter erudito e pedante, nesta população a fala não será tão elaborada, já que o padrão é ter QI Verbal (QIV) menor que o QI Executivo (QIE) (13).

A fala estará sempre significativamente comprometida, em graus variados. Este é um dos diferenciais centrais do TEAAF em relação à SA. Um dos prejuízos usuais está na sintaxe (raramente encontrada na SA), onde as estruturas frasais (verbo, sujeito, preposição, adjetivo) são dispostas de forma errada. É difícil dizer qual das outras estruturas da linguagem estão mais prejudicadas, se a prosódia[b], a semântica ou a pragmática. O déficit pragmático é o mais fácil de ser identificado, onde observamos que a criança tem a intenção de comunicar algo, mas muitas vezes não consegue estruturar o pensamento, para se expressar, só conseguindo falar a palavra chave do assunto, como por exemplo: "caiu" ou "ele caiu".

Outras situações comuns estão na elaboração de respostas. É comum respostas descontextualizadas em relação à pergunta, e temos também que diferenciar se ele não conseguiu "montar" o pensamento-resposta ou não entendeu a pergunta, devido às respostas mal estruturadas, sem começo-meio-fim. Para-respostas e respostas no interrogativo (também encontradas nos afetados pela SA) são comuns e podem persistir até a vida adulta.

O mesmo fato encontrado por Oliver Sacks, na introdução do livro de Grandim (14) "…Havia estranhas descontinuidades; referências "sem origem" a fatos que o leitor não tinha conhecimento prévio, mudanças repentinas e desconcertantes de tópico…." e o relato de Grandim (15) "... Se eu deixar minha mente vagar, ocorre uma espécie de associação livre, como partes de um vídeo em minha mente, por exemplo, pensar na construção de uma cerca para uma oficina de solda especial, daí elas somem e aparece o velho John, o soldador fazendo portões. Se eu continuar, o vídeo muda cenas curtas de construção de portões em vários projetos em que já trabalhei. Cada memória de um vídeo dispara outro, nessa forma de associação, e com o devaneio, a imaginação se distancia do problema

---

[b] Prosódia: é a entonação que se dá a determinadas palavras, ou grupos de palavras, dentro de uma frase, para enfatizar um significado subjetivo, portanto diferente e relevante.

do projeto inicial ...." é encontrado na população TEAAF não SA. Grandim (15) complementa : ".. pessoas com TEABF (Transtorno do Espectro do Autismo de Baixo Funcionamento ou AI clássico) têm muita dificuldade de parar esse infinito vídeo de associações e eu aprendi..."

Como o pensamento deles é estruturado visualmente, como uma revista em quadrinhos, sem os balõezinhos, só haverá sujeito, objeto, verbo e sequências. Toda a estrutura sintática normalmente utilizada não existirá.

Outro obstáculo que essa população tem que superar, é entender que objetos são nomeados, como diz Grandim (16): "... ao contrário de crianças normais, que naturalmente se conectam à linguagem para as coisas em sua vida, num ritmo notável, os autistas têm de aprender que os objetos têm nomes, e eles têm que aprender a usar as palavras, para comunicarem...."

Então, vejamos alguns obstáculos comunicativos que essa população tem que superar e que não ocorre nos neurotípicos: ter intenção de comunicar (interação inter-pessoal), parar intencionalmente o vídeo associativo mnêmico interno (15) (controle da impulsividade), aprender e lembrar que os nomes dos objetos concretos e conceitos abstratos têm nomes (memória), elaborar a ideia/o conteúdo a ser comunicado ("montar" o pensamento), traduzir o pensamento visual em verbal, sem perder o objetivo inicial (memória operacional), "montar" o pensamento com começo-meio-fim (pragmática), verbalizar a frase com a sintaxe adequada, usar a prosódia adequada para frase no afirmativo ou no negativo, aguardar a resposta do outro (controle da impulsividade) e recomeçar, novamente. Essa descrição nos permite perceber quanto difícil é essa tarefa. Mais difícil ainda é sua tarefa, em situações comuns para os neurotípicos, como por exemplo, a escola. Aqui é um ambiente não doméstico, não tão amigável/permissivo, quanto o de casa, onde é esperado uma performance equivalente aos neurotípicos, em rapidez, precisão e flexibilidade psíquica[c] e têm as duas etapas, a receptiva e a expressiva aos comandos e demandas dos professores e colegas.

Naturalmente, os pais estimularão a fala através de perguntas específicas, como histórias de livros, acontecimentos reais ou de vídeos, para obter respostas faladas, e no decorrer do tempo, a insistência com esse modelo pode atrasar a produção de comentários e falas espontâneas.

Os familiares e próximos sempre se ajustarão automaticamente aos distúrbios da linguagem falada, o que não ocorre com estranhos, principalmente pares, sendo assim, mais um dificultador na interação interpessoal.

A comunicação não verbal como apontar, olhar para onde o outro está olhando de forma espontânea, a atenção compartilhada, também são utilizadas com menos frequência e de forma menos elaborada. A mímica facial é, quase sempre pobre e frequentemente dissociada dos assuntos verbalizados, exceto alegria e raiva. Posturas corporais não usuais são frequentes, assim como estereotipias[d] e ecopraxias[e], que devem ser diferenciados.

Com tais prejuízos na comunicação, são esperadas diversas dificuldades de aprendizagem, especialmente na interpretação de textos. Outras dificuldades, como conceitos matemáticos, dependerão da capacidade cognitiva da pessoa.

---

[c] Flexibilidade psíquica é o contrário de rigidez psíquica: é a dificuldade de executar algo de outra forma que a de costume, mesmo sendo orientado/ensinado a fazer.

[d] Estereotipias: Podem ser motoras, com movimento/s repetido/s como "bater asas", balançar as mãos na frente do rosto, ou outras mais sutis, ou verbal como falar alguma palavra/jargão de forma repetida durante uma frase, mas sem sentido.

[e] Ecopraxias: comportamento em que a pessoa "incorpora" a identidade de um personagem que pode ser de um vídeo, filme, algum cantor, etc. onde repete os movimentos e falas do personagem em questão. É similar a ecolalia que é a repetição pura e palavras e frases.

Comportamento

O usual é que, tanto a interação quanto a comunicação melhorem gradativamente, de forma individual, dependente da participação efetiva dos familiares, do background familiar, da capacidade cognitiva do afetado, da eficácia terapêutica, e de vários fatores, que ainda não foram identificados. Assim, ainda haverá diversos comportamentos do TEABF, mas em grau e frequência cada vez menores.

A inquietação e desatenção, secundárias ao déficit das funções executivas, serão o mais evidente e permanente, o que provavelmente, exigirá o uso de algum medicamento para seu controle. O entendimento das regras das brincadeiras em grupos será progressivamente adquirido, mas nem sempre. A presença de pobre coordenação motora pode prejudicar a interação com os pares do mesmo gênero, porque a criança é ruim no futebol (importante em nosso meio cultural) e no andar de bicicleta.

Não é raro o afetado pelo TEAAF apresentar inicialmente, alguma dificuldade para diferenciar realidade de não realidade, fato que vem através de queixas de medos de pessoas fantasiadas, mascaradas, palhaços, manequins, etc.

Haverá progressiva diminuição e até supressão de ecopraxias, estereotipias, posturas corporais bizarras e inadequações sociais como perguntas descontextualizadas. Por outro lado, a tendência é a manutenção de rotinas, a falta de iniciativa e o "egoísmo". Explosões de raiva, principalmente frente às frustrações se manterão ainda por bastante tempo, principalmente naqueles onde a explosividade é uma característica familiar.

Na escola, pode ainda haver necessidade de Professor de Apoio (17). Mesmo sem este recurso, há frequentes saídas da sala, intromissões durante as aulas, com perguntas sobre o tema ou fora do tema em questão, falas descontextualizadas, comportamentos oposicionistas/desafiadores ou bizarros. Entre as inúmeras dificuldades cotidianas que interferem muito na peformance, estão a organização do material na mesa/carteira no início das tarefas e seu recolhimento no recreio e no final da aula. Questões como lidar com a transição de tarefas (mudanças de temas trabalhados na sala, como de português para matemática), presença de professor substituto ocasional, mudança da rotina sem antecipação, organização de grupos de trabalho, utilização de recursos visuais como *checklists* e cartão de emergência, farão parte do dia-a-dia escolar (1).

A escrita cursiva é um dos primeiros desafios pedagógicos, já que terão aquisição e execução lenta, assim como será disgráfica. Será imprescindível a implantação dos recursos inclusivos do MEC como: professora qualificada para a tarefa (somente "boa vontade" não é suficiente), equipe técnica que aceite e execute as instruções da equipe terapêutica, elaboração do Plano de Desenvolvimento Individual (17) com conteúdo adaptado à capacidade pedagógica desse aluno e contínua reavaliação; ter assento na primeira fila, receber os deveres de casa já impressos ou poder fotografá-los do quadro, ter mais tempo para as provas, prova oral, etc.

Diagnósticos Diferenciais

- S. Asperger: o principal ponto diferencial é a HP de atrasos significativos do desenvolvimento, notadamente da comunicação verbal, com uso da terceira pessoa pronominal, para se nomear *versus* pronome "Eu"; uma oralidade global bem menos elaborada; falta de interesses temporários e mutantes, específicos e, do ponto de vista neuropsicológico, um QIE maior que o QIV (13). Aqui, a qualidade da anamnese é imprescindível, pois muitas vezes, só a avaliação clínica não possibilita essa distinção.

- Autismo Infantil: a pessoa com AI apresenta um estágio de desenvolvimento bem menor que o daquela com SA.
- Retardo Mental: o RM em grau leve, é compatível com o TEAAF, mas não o grave e profundo. O RM em si, não gera déficits sociais.
- Transtorno de Déficit de Atenção/Hiperatividade: o TDAH não está associado à dificuldade da pessoa "fazer amigos", ou seja, não há tantos prejuízos sociais. A HP é muito diferente, pela ausência dos déficits do desenvolvimento e comportamentos restritos, repetitivos e estereotipados. Esse diagnóstico diferencial é muito frequente, mesmo em crianças muito pequenas, abaixo de 2 anos. A maioria dos indivíduos, que futuramente serão diagnosticados como TEAAF, apresentam hiperatividade, às vezes extrema.
- Transtorno Desafiador e Oposicionista: na verdade, aqui o quadro clínico de TDO, que é frequente (18, 19), é mais uma comorbidade que um diagnóstico diferencial, já que a HP de TEAAF é muito rica, para se pensar somente em TDO.

Tratamentos

Avaliações neuropsicológicas, que forneçam informações sobre capacidade intelectual e outras capacidades cognitivas, funções executivas detalhadas, etc, auxiliam muito na programação e condução terapêutica dos pacientes com TEAAF.

O tratamento é o sequencial ao indicado para o TEABF e a escola continua sendo um dos melhores tratamentos. Particularidades de foco se impõe como linguagem pragmática, ensino de pensamento social (ToM), introdução da psicopedagogia, etc.

O trabalho com integração sensorial tem eficácia, em no máximo dois anos, após o qual o objetivo não atingido, dificilmente o será. Depois disso, esse tempo poderá ser utilizado para atividades coletivas usuais de nossa sociedade como iniciação a música, esportes ou aprendizagem de idiomas. O Treinamento de Pais, caso tenha iniciado anteriormente, também será cada vez menos necessário.

Com a adolescência, o interesse será dirigido para se enturmar e se relacionar com o sexo oposto, o que exigirá trabalho com a ToM.

A necessidade de avaliação neurológica dependerá muito da HP e da História Familiar de evidências de epilepsia, já que na adolescência há maior risco de eventos epiléticos (11, 12).

Uma situação comum, durante o início do processo evolutivo, de migração de um quadro de autismo para TEAAF, é a presença de uma nítida melhora da parte cognitiva do desenvolvimento, em relação à comportamental.

Os pais vivem diversas armadilhas, que prejudicarão a evolução dos filhos. Uma delas é que alguns pais não acompanharão a evolução/melhora dos filhos e manterão em sua mente, o modelo vivido inicialmente de uma criança muito comprometida, dependente e incapaz, para várias atividades. Inconscientemente, essa criança perceberá esse paradoxo e reagirá negativamente. Outra armadilha é a tutela exagerada desses filhos, fazendo tudo por eles, ao invés de deixá-los fazer. Isso gera a manutenção do comportamento passivo, de não fazer o que conseguem e com isso não aprendem/desenvolvem e reagem com muito espanto, quando percebem que o filho dá conta de muitas atividades, e às vezes as executam muito bem.

Muitas vezes, a prescrição de medicamentos (6) pode ser necessária, para dar condições dos profissionais, realmente, conseguirem realizar seu trabalho com ela, e com a melhora da hiperatividade, da agressividade, do isolamento e da desatenção, melhorar seu processamento psíquico como um todo. A frequente questão "quando é a hora?, está muito cedo?" tem duas respostas para se determinar o início, a saber: o comportamento está prejudicando os atendimentos, a criança está apresentando muito atraso no desenvolvimento, em comparação com outras já em tratamento? Obviamente, tais respostas dependem de experiência prévia ou um banco de dados com informações clínicas.

Diversos medicamentos podem/devem ser prescritos devido a presença de diversas comorbidades como Transtornos de Ansiedade, de Humor, Obsessivos-compulsivos, TDA/H, epilepsia, entre outros. Para cada um desses transtornos há medicações específicas, que podem melhorar muito a qualidade de vida dos afetados. Um dos medicamentos muito útil é a risperidona, com prescrição em baixas doses (0,5mg a 3mg), indicado classicamente para irritabilidade, auto e heteroagressividade, variação rápida no humor, episódios de explosões emocionais, etc. (20). De uma forma global, melhora também a impulsividade e a capacidade reflexiva, que, por cascata interfere positivamente, também, na cognição e, muitas vezes, na aprendizagem escolar e social. A ANVISA e o FDA trazem a informação de que a risperidona pode ser usada no transtorno autista, em crianças e adolescentes (20, 21). Importante salientar que, na fórmula em comprimidos há lactose, o que não ocorre na apresentação em solução.

Apesar de gerar um sofrimento real para a maioria dos pais, a prescrição adequada e correta de medicamentos pode mudar positivamente o futuro dessa população, da mesma forma que os outros tratamentos também o fazem.

Referências

1. MOORE, S.T. **Síndrome de Asperger e a escola fundamental: soluções práticas para dificuldades acadêmicas e sociais**. São Paulo: Associação Mais 1; 2005.
2. KIM, Y.S., LEVENTHAL, B.L., KOH, Y.J., FOMBONNE, E., LASKA, E., LIM. E.C., *et al*. **Prevalence of autism spectrum disorders in a total population sample**. Am J Psychiatry. 2011 Sep;168(9):904-12.
3. WILLIAMS, J.G., HIGGINS, J.P., BRAYNE, C.E. **Systematic review of prevalence studies of autism spectrum disorders.** Arch Dis Child. 2006 Jan;91(1):8-15.
4. FOMBONNE, E., ZAKARIAN, R,, BENNETT, A,, MENG, L., MCLEAN-HEYWOOD, D. **Pervasive developmental disorders in Montreal, Quebec, Canada: prevalence and links with immunizations**. Pediatrics. 2006 Jul;118(1):e139-50.
5. LAZOFF, T., ZHONG, L., PIPERNI, T., FOMBONNE, E. **Prevalence of pervasive developmental disorders among children at the English Montreal School Board**. Can J Psychiatry. 2010 Nov;55(11):715-20.
6. CAMARGOS, W. J., RIBEIRO, T.N. Autismo Infantil. In: FONSECA, L. F., PIANETTI G, XAVIER, C. C., editors. **Compêndio de Neurologia Infantil**. 2a. ed. Rio de Janeiro: Editora Medbook; 2011.
7. LAMPI, K.M., LEHTONEN, L., TRAN, P.L., SUOMINEN, A., LEHTI, V., BANERJEE, P. N. *et al*. **Risk of autism spectrum disorders in low birth weight and small for gestational age infants**. J Pediatr. 2012 Nov;161(5):830-6.
8. LEAVEY, A., ZWAIGENBAUM, L., HEAVNER, K., BURSTYN, I. **Gestational Age at Birth and Risk of Autism Spectrum Disorders in Alberta, Canada**. J Pediatr. 2012 Sep 1.
9. SCHENDEL, D., BHASIN, T. K. **Birth weight and gestational age characteristics of children with autism, including a comparison with other developmental disabilities**. Pediatrics. 2008 Jun;121(6):1155-64.
10. KUBAN, K. C., O'SHEA, T.M., ALLRED, E.N., TAGER-FLUSBERG, H., GOLDSTEIN, D.J., LEVITON, A. **Positive screening on the Modified Checklist for Autism in Toddlers (M-CHAT) in extremely low gestational age newborns**. J Pediatr. 2009 Apr;154(4):535-40 e1.
11. TUCHMAN, R., CUCCARO, M., ALESSANDRI, M. **Autism and epilepsy: historical perspective.** Brain Dev. 2010 Oct;32(9):709-18.

12. BOLTON, P.F., CARCANI-RATHWELL, I., HUTTON, J., GOODE, S., HOWLIN, P., RUTTER, M. **Epilepsy in autism: features and correlates**. Br J Psychiatry. 2011 Apr;198(4):289-94.
13. KLIN, A., VOLKMAR, F., SPARROW, S.S. **Asperger Syndrome**. New York: The Guilford Press; 2000.
14. SACKS, O. Foreword. In: Grandim T, editor. **Thinking in pictures My life with autism**. New York: Vintage Books; 2006. p. xvi.
15. GRANDIM, T. Thinking in Pictures. My life with autism. In: Grandim T, editor. 2nd. ed. New York: Vintage Books; 2006. p.
16. GRANDIM, T. The great continuum. In: Grandim, T., editor. **Thinking in pictures My life with autism**. New York: Vintage Books; 2006. p. 44.
17. Orientação SD n. 01/2005, (2005).
18. MATTILA, M. L., HURTIG, T., HAAPSAMO, H., JUSSILA, K., KUUSIKKO-GAUFFIN, S., KIELINEN, M. et al. **Comorbid psychiatric disorders associated with Asperger syndrome/high-functioning autism: a community and clinic-based study**. J Autism Dev Disord. 2010 Sep;40(9):1080-93.
19. GADOW, K.D., DEVINCENT, C.J., DRABICK, D.A. **Oppositional defiant disorder as a clinical phenotype in children with autism spectrum disorder**. J Autism Dev Disord. 2008 Aug;38(7):1302-10.
20. FDA. **Search Results: risperidone autism in Drugs**. US Department of Health & Human Services; [09-2-2013]; Available from: http://google2.fda.gov/search?q=risperidone+autism&x=39&y=12&filter=0&proxystylesheet=FDA gov&output=xml_no_dtd&sort=date%253AD%253AL%253Ad1&site=FDAgov-Section-Drugs&client=FDAgov
21. ANVISA. **Modelo de Bula Ministério da Saúde**; [cited 09-02-2013]; Available from: http://www4.anvisa.gov.br/base/visadoc/BM/BM[25824-1-0].PDF

SEMIOLOGIA CLÍNICA DA SÍNDROME DE ASPERGER

Walter Camargos Jr

Introdução

A Síndrome de Asperger (SA) é considerada hoje uma síndrome comportamental que, pela Classificação Internacional de Doenças – 10ª. revisão (1), faz parte dos Transtornos Invasivos do Desenvolvimento (CID10:F84), junto com o Autismo Infantil (AI) e outros Transtornos deste grupo. Foi primeiramente descrita por Hans Asperger (2), sob a denominação de "psicopatia autística". Na época, ele salientou como características principais do distúrbio as alterações na comunicação verbal e não verbal, dificuldades de interação social e a presença de atividades e interesses restritos.

Hoje utilizamos a denominação de Transtorno do Espectro do Autismo de Alto Funcionamento (TEAAF) tanto para a SA, quanto para o próprio TEAAF, não SA. A pessoa que tem SA não apresenta os clássicos atrasos no desenvolvimento como ocorre com o AI, fato que gera uma identificação mais tardia, ocorrendo, na maioria dos casos, por volta dos 6 anos de idade, quando a qualidade de participação no mundo social é imperativa. Quando há histórico pessoal de atrasos no desenvolvimento encontrados no AI, mas a evolução é boa, com desenvolvimento de fala, da alfabetização, etc, esse indivíduo será classificado como tendo Transtorno do Espectro do Autismo de Alto Funcionamento (CID-10: F-84-8) e não SA (CID-10: F84-5).

Da mesma forma que o AI, o TEAAF, a SA também apresenta prejuízos na área da interação interpessoal, da comunicação e comportamentos e interesses restritos e repetitivos, porém quantitativamente e qualitativamente, bem mais sutil. Num discurso corrente é dito que, enquanto uma pessoa que tem Autismo é isolado dos outros, "não se dando conta disso", a que tem SA convive com os outros, na sua peculiar forma de ser, "sem se importar o quão diferente é".

Epidemiologia

Há poucas pesquisas específicas sobre SA, já que a maioria dos estudos não especifica a SA, se detendo no Transtorno do Espectro do Autismo de Alto Funcionamento, agrupamento da SA. Alguns dos instrumentos comumente utilizados em pesquisa não nomeiam a SA, mas o fazem para o TEAAF.

Manilla et all (3), na Finlândia, em 2007, num universo de 5.500 pessoas de oito anos, encontraram SA numa prevalência de 0,25%, de acordo com o DSM-IV, 0,29 com a ICD-10 e 0,27, segundo os critérios de Gillberg (4). Numa província da Noruega, em 2011, Weidle et al (5) encontraram, numa população entre 5 a 18 anos, a prevalência do TEAAF de 0,35%. Em trabalho de revisão sistemática de 23 artigos, Williams (6), em 2006, encontrou uma prevalência estimada de 0,2% para os TEAAF. Lazoff et al (7), em 2010 e no Canadá, encontraram prevalência de 0,43% de TEAAF e 0,01% para SA. Fombonne em 2003 (8), referia-se a 0,02% de SA e em 2006 (9), encontrou prevalência global de 0,1% para a SA.

Quadro Clínico

Comumente, encontramos grande parte dos sinais clínicos: o olhar nos olhos do entrevistador é sempre menos que deveria ser; a interação é sempre de menor qualidade, onde pode expressar sua falta de interesse em se relacionar, pode ter interesse e não conseguir, e pode ter amigos-âncoras (só brinca com um ou dois amigos, mesmo estando num ambiente com dezenas de crianças, e quando esses amigos não estão presente, não brinca com ninguém); a busca da interação chega a ser tão difícil que muitos, mesmo querendo, desistem diante da dificuldade antevista (usualmente, relatado por pessoas de mais idade como adolescentes e adultos); a inteligência é normal ou em nível superior (exigência diagnóstica); não há atraso de fala, sendo mais elaborada que a esperada para o cotidiano e para a idade, chegando às vezes, a ter um formato erudito; ao mesmo tempo, pode haver dificuldade para saber o significado das próprias palavras que fala; há déficit na prosódia[a] e na pragmática (menos); a mímica facial é pobre, sendo mais evidente nas mulheres; menos uso de gestos, para reforçar e compensar a fala; há literalidade na compreensão da linguagem, o que gera dificuldade na interpretação de texto, nas tarefas escolares e profissionais; haverá mais dificuldades na matéria português que na matemática; a disgrafia é a regra; é comum a falta de iniciativa; há habilidades inatas e "fantásticas", sendo a mais comum a memória visual ("ele vai num lugar e nunca mais esquece"); é muito frequente, terem um senso de direção espacial, quase perfeito ("parece que tem um GPS interno"); há interesses extracurriculares específicos e mutantes, durante toda vida; há dificuldades com o inesperado/novo; as estereotipias[b] não são raras; os rituais são comuns; o TDA/H do subtipo desatento é o diagnóstico diferencial mais prevalente, em crian-

---

[a] Prosódia: é a entonação que se dá a determinadas palavras, ou grupos de palavras, dentro de uma frase para enfatizar um significado subjetivo, portanto diferente e relevante.

[b] Estereotipias: Podem ser motoras, com movimento/s repetido/s como "bater asas", balançar as mãos na frente do rosto, ou outras mais sutis, ou verbal como falar alguma palavra/ jargão de forma repetida durante uma frase, mas sem sentido.

ças e adolescentes (o déficit de funções executivas faz parte do constructo psicológico); é frequente o baixo tônus muscular: "se esparrama na cadeira/sobre a mesa"; há dificuldade de problematização das dificuldades cotidianas (frente a situação de notas ruins, não consegue buscar uma solução); as mulheres têm uma clínica mais sutil/difícil de ser identificada – bem menos evidente que nos homens e, geralmente já tiveram vários diagnósticos e os resultados dos tratamentos são sempre parciais; são sempre mais ingênuos e crédulos que seus pares; apresentam uma inequívoca rigidez psíquica[c]; o pedantismo é comum; o que denominamos popularmente como egoísmo (*versus* o termo técnico egocentrismo) também é comum; como nos outros Transtorno do Espectro do Autismo, há prejuízo da capacidade imaginativa em temas pertinentes ao universo relacional humano; e o todo sempre revela uma desarmonia funcional psíquica (é inteligente e tem notas medíocres na escola).

O quadro pode não ser evidente, até o início da adolescência (10), mesmo em homens, da mesma forma que ocorre em outros transtornos como no TDA/H (11-13).

A seguir, serão descritos de forma mais detalhada alguns aspectos sintomáticos.

Linguagem e Fala:

Não há atraso de fala e nem do uso do pronome pessoal "Eu". A fala é preciosa, mesmo tendo a pessoa dificuldade para uma precisa, ou mesmo boa conceituação das mesmas palavras que usa. Ou seja, a fala é preciosa e a linguagem é pobre. Isso pode ser verificado quando, durante a conversa, se per-

---

[c] Rigidez psíquica: é a dificuldade de executar algo, de outra forma que a de costume, mesmo sendo orientado/ensinado a fazer.

gunta o significado de determinada palavra que foi usada. Interessante é que, na maioria das vezes essa palavra é utilizada corretamente no contexto verbal. Talvez isso, assim como parte da literalidade, possa ser explicado pelo pensamento predominantemente visual, onde haverá enormes dificuldades, para acessar e internalizar conceitos verbais, que são essencialmente abstratos. A fala preciosa, associada ao verbal fluente, às argumentações e contra argumentações racionais e a inflexibilidade causa no entrevistador uma impressão de que fala como um adulto ou um idoso.

Uma das características clássicas das pessoas com SA é a presença de QI[d] verbal mais alto que QI executivo, frequentemente 20% mais alto. A fala preciosa certamente é um dos subprodutos desse QIV alto, assim como a facilidade de estocagem das palavras. Não é raro ver crianças brincando com palavras novas, pela sensação oral que as mesmas causam, por sua sonoridade e por sua similaridade com outras.

Neologismos[e] também são comuns, mas sua identificação exige muita atenção na fala do examinado.

Há literalidade na compreensão lida e ouvida, o que reflete numa interpretação prejudicada, mesmo usando uma linguagem com uso de palavras não coloquiais, eruditas. Assim sendo, haverá mais dificuldades na matéria português, que na matemática. Deve-se ter em mente que a linguagem tem sua origem na interação interpessoal, que é o núcleo do prejuízo dessa população.

O padrão de alguma conversa só ocorre em três situações: sua necessidade de algo, quando o conteúdo é de seu interesse ou de seu conhecimento, onde o indivíduo terá dificuldade em perceber, quando é hora de mudar de assunto na con-

---

[d] Quociente de Inteligência (QI): mensurado através de testes padronizados.
[e] Literalidade: compreensão de conceitos sem abstração.

versa, ou é uma resposta, usualmente lacônica. Práticamente não existe o "conversar fiado"/"bater papo" – uma conversa sem objetivo comunicativo. Para esse grupo, tudo tem que ter algum objetivo ("é mais fácil pedir informação que conversar, para um relacionamento social"). Então, como pode ser evidente, na maioria das vezes, a conversa é um ato não social e é comum relatos de adolescentes e adultos, que conversam por educação e que é chato/entediante. Em situações em que o conteúdo da conversa não é de seu interesse, é frequente a resposta monossilábica, onde tem que ser solicitado que responda a frase inteira, para que o entrevistador possa entender o que o examinado quer expressar/seu pensamento todo.

Sempre há déficit na prosódia, podendo chegar em extremos como voz sem emoção e/ou monótona, e isto fica mais evidente em mulheres adolescentes ou adultas. Nas pessoas que foram muito "trabalhadas", esse déficit pode ser menos evidente. Há algumas poucas situações em que a fala parece ter um sotaque. É frequente falarem em tom mais baixo que o usual, às vezes, muito mais baixo, onde é necessário pedir para repetirem a frase.

A mímica acompanha a pragmática pouco expressiva e com pobreza mais evidente, quando o conteúdo verbalizado é de vivência de sentimentos, onde é esperado a expressão de alguma emoção, que é sempre física. Diferentemente da expressão de sentimentos, a mímica é frequente, quando o assunto faz parte de seu interesse objetivo.

A pragmática é frequentemente alterada, embora, às vezes seja necessário estar muito atento. Também é difícil a manutenção do assunto inicial, ou a manutenção do conteúdo que é de interesse do grupo. É muito comum respostas no interrogativo, também nessa população, dando muitas vezes a impressão, ao examinador, que como ele não entendeu a pergunta, ou não sabe o que responder, ele sonda o assunto, perguntando no afirmativo.

Há prejuízos nas trocas de turnos[f] (por exemplo, comentário de paciente adulta jovem - "é frequente eu não saber se estão perguntando e eu tenho que responder, ou se a conversa acabou"), do sujeito reconhecer que o outro está ou não interessado no assunto que ele está falando, no iniciar/"puxar conversa", no manter o fluxo da conversa onde é frequente a existência de longas pausas no curso das conversas.

Déficit na prosódia, na pragmática, repetir várias vezes a mesma pergunta ou o mesmo assunto, respostas no interrogativo e outros, podem persistir até a fase adulta.

Pensamento

A importância do conhecimento sobre o funcionamento do pensamento repousa na compreensão da estruturação da linguagem e atos. Do ponto de vista da psicopatologia clássica, o pensamento possui três níveis: curso, forma e conteúdo (14).

É importante adicionarmos a essa psicopatologia clássica, um fator que pode ser nomeado como estruturação do pensamento, como o pensar predominantemente por imagens, onde Temple Grandin diz que é uma forma primitiva de pensar (15). Essa estrutura, encontrada na maioria das pessoas com SA, assim como nos com TEA, nos permite entender melhor o comportamento dessas pessoas e o que ouvimos delas. Temple Grandin relata de forma clara e simples, seu pensamento visual *versus* verbal. Elaborou estratégias para "entender"/estocar o significado das palavras, associando-as com imagens; onde "ele correu rápido", é imaginado por um colega de escola correndo rápido e "ele andou devagar", gera a mesma imagem em "câmera lenta" (pg 14).

---

[f] Trocas de turnos: é a natural forma de dialogar quando um interlocutor fala e deixa o outro falar em seguida.

A enorme maioria das pessoas com SA também apresentam muitos distúrbios no curso: pensamentos desagregados, obsessivos e repetitivos, pensamentos circulares e prolixos.

A desagregação do pensamento (14) é a perda do fio condutor do pensamento, causando mudanças do tema falado. Esse fato ocorre tanto no pensamento voluntário (raciocínio), como espontâneo e é influenciado pela impulsividade (déficit das Funções Executivas - FE). Pode-se antever o enorme prejuízo social que causa, pois é conceituada pelo outro como uma questão moral: falta de interesse, respeito ou educação. Embora não seja usual encontrar graves desagregações do pensamento como o exemplo a seguir, garoto de 9 anos e 5m com TEAAF não SA, eles são comuns e mais sutis: "Sua sala é bonita tia"; "Quando crescer vou morar em BH"; "Não tô com preguiça, não gosto de preguiça"; meu colega falou que não vai convidar o Vitor para o aniversário"; "Minha mãe queria colocar uma mesa, para enfeitar o meu computador no meu quarto"; "Você viu o fantástico ontem"; "Olha o patati patacolá"; "Eu sinto cosquinhas na garganta e no pé também, brincamos de MMA, ela me derruba no chão, eu subo nas costas dela e ela me derruba"; "Antes de fazer tem que esquecer o Mc Donalds não é?"; "Eu adoro histórias de porquinhos"; "Você tem filhos tia?"; "Quando alguém dá chute no outro, chama atenção, Adriana faz isso, é a secretária eu acho"; "Eu achava que você era a professora Carmem, você conhece ela?".

O pensamento obsessivo gera falas repetitivas do mesmo assunto. Quando a criança dá a impressão que ela pergunta, para certificar-se da resposta e, quando mais velha, o comportamento de voltar sempre ao mesmo assunto, gera no outro uma estranha sensação de esquizitice, além do pedantismo. Percebe-se, então, o prejuízo das funções executivas, pela incapacidade de suprimir esse evento involuntário, há prejuízo do pensamento social (Teoria da

Mente[g]- ToM), pela não percepção que tal comportamento gera uma estranheza no outro e consequentemente prejuízo social, assim como o efeito da fraca Coerência Central, que causa uma inequívoca preferência involuntária por detalhes, também tem seu efeito na perseveração de pensamentos.

O pensamento circular pode ser confundido com a prolixidade. Enquanto o último segue um curso infinito, o pensamento circular sempre volta a sua origem temática. Um exemplo de pensamento circular num pré-adolescente de 12anos com SA: "-O que é mais difícil, Português ou Matemática?", "-Português". "-Por que Português é mais difícil?", "-Porque ler é difícil". "-E por que ler é difícil?", "-Porque Português é difícil". "-Isso você já falou; a pergunta é por que ler é difícil?", "-Porque eu tenho dificuldade com o Português".

Indubitavelmente, o interesse interfere na expressão da linguagem/fala. Quando o assunto é de seu interesse, a pessoa revela pensamentos sistematizados e estruturados, portanto não desagregados. O prejuízo aqui não é a forma do pensamento, mas a manutenção obsessiva e repetitiva do conteúdo. O contrário se revela, quando a pessoa não tem interesse no tema, onde a resposta é lacônica e telegráfica.

O pensamento é dissociado do sentimento (15-17), o que significa que há um déficit de empatia e, talvez seja por isso, que as emoções nem sempre são expressas no decorrer de conversas.

Outra característica fundamental é que o pensamento, e por conseguinte a conceituação, se dá por associação (17, 18)/por

---

[g] Teoria da Mente: sinônimo de pensamento social (atualmente mais usado pelos americanos). Possibilita a capacidade de metarepresentar, que é a capacidade de perceber crenças e emoções dos outros, que podem ser diferentes das do sujeito. Ou seja é colocar-se racional e emocionalmente no lugar do outro traduzindo o que ocorre na mente do outro. De forma complementar também é a capacidade de identificar suas próprias emoções, crenças, etc.

contiguidade/por aproximação, ou seja, são conceituações periféricas, mais como um resgate mnêmico que própriamente por entendimento do próprio conceito. Por exemplo: "O que é amigo?", "É uma pessoa para a gente brincar mais; é um pessoa que vai na minha casa brincar; é uma pessoa que a gente gosta de ficar junto". Como pode-se ver, todas as respostas estão parcialmente corretas, mas nenhuma atinge o cerne da relação/do conceito de amizade, que seria "amigo é quem a gente gosta e que gosta da gente". Certamente, o pensar predominantemente por imagens, a rigidez psíquica e a literalidade têm importância central aqui.

Então, essas pessoas possuem um complexo "mosaico" estrutural/uma desarmonia estrutural no pensar, tais como: QI Verbal alto, pensamento predominantemente visual, conceituação por associação e contiguidade, literalidade, o pensar dissociado dos sentimentos, além de diversos distúrbios no curso do pensamento. Sua identificação e equação, no curso do processo clínico, auxiliam muito o profissional a entender a pessoa examinada.

Comportamentos

O sinal clínico central é o déficit social, sem o qual o diagnóstico não deve ser feito. Há três modelos, a saber: Déficit em Interesses sociais, quando a pessoa não "faz questão" de se relacionar; temos o Déficit em Habilidades Sociais, onde a pessoa quer interagir/relacionar com terceiros e possui estratégias insuficientes para conseguir; e há indivíduos que utilizam a estratégia de "amigos-âncoras", onde conseguem um relacionamento no formato de amizade mas com poucas pessoas, e agem normalmente quando esses, poucos amigos estão presentes, mas não conseguem uma interação razoável com grupos maiores e mais amplos, principalmente com pessoas desconhecidas. Interessante notar que, as dificuldades de interação com pares se mantêm a vida toda (19).

Há interesses extracurriculares específicos, restritos e mutantes, que ocorrem por períodos e que adquirem características obsessivas.

As dificuldades com o inesperado/novo são típicos. Então, mudança inesperada de planos, mesmo os simples como não ir mais à casa da avó ou ao shopping, pode gerar uma tempestade emocional.

Sintomas obsessivos são comuns. É bom lembrar que na maioria das vezes, tal comportamento não configura Transtorno Obsessivo Compulsivo, já que não há o componente compulsivo e nem o caráter egodistônico do pensamento. Na verdade, as obsessões são egossintônicas, onde o indivíduo tem a plena certeza, que seu jeito de "fazer as coisas" é melhor que o de "todo mundo". Como se pode ver, nem sempre é possível delimitar onde termina o comportamento obsessivo e inicia a inflexibilidade psíquica.

Outra característica de um grande subgrupo de SA é a falta de iniciativa, que gera a dificuldade de problematização das dificuldades, uma das mais evidentes características do subtipo *aloof*[h] (20). Embora não intencional, o pedantismo (forma pretensiosa de falar e se apresentar) é outra característica comum.

Devido a seu perfil comportamental e de comunicação, como obsessões, rituais, dificuldade com o novo, inflexibilidade, déficit na pragmática, repetições de temas, dificuldade de acessar conceitos subjetivos do "mundo humano", entre outros, a convivência com o indivíduo com SA sempre causa um esforço a mais para a convivência. Assim, a convivência do indivíduo neurotípico com quem é afetado pela SA, tem que

---

[h] no passado foi considerado um subtipo de TEA pelas características literais do nome: distante emocionalmente, reservado.

ser no "manual", pois quase tudo precisa de tradução, compreensão e conferência, por parte de ambos: o que a pessoa com a SA está entendendo e o que a pessoa neurotípica está comunicando; e o que a pessoa com SA acha que o neurotípico está entendendo, o que está sendo falado para o neurotípico, pelo que tem SA.

Estereotipias estão presentes, mas bem menos evidentes que nos TEABF; déficit na coordenação motora, disgrafia e baixo tônus muscular ("se esparrama na cadeira/sobre a mesa"), déficit na coordenação motora (21) ("não consegue andar de bicicleta, etc"), desatenção (TDA/H) são presenças constantes, nessa população.

As mulheres (objeto de capítulo específico neste livro) têm uma clínica bem mais sutil/difícil de ser identificada, quando comparada com o que ocorre com os homens. Geralmente já tiveram vários diagnósticos e os resultados dos tratamentos são sempre parciais e ineficazes. Os mais comum são depressão, Transtorno de Ansiedade Generalizada e outros, Transtorno Bipolar (22-24) e TDA/H (25-28).

Sempre ainda há, os itens globais e universais: desarmonia funcional (por exemplo, tem bom ou alto QI Total mas evolui com performance escolar medíocre), ingenuidade/credulidade social, rigidez psíquica e egocentrismo (popularmente nomeado como egoísmo).

Apesar de tudo, é importante frisar que as pessoas afetadas pela SA não estão em desvantagem em tudo, comparativamente aos neurotípicos; há habilidades "fantásticas" como memória absoluta, GPS interno, hiperfoco nas atividades de interesse, inteligência privilegiada, entre outras características. Se avaliarmos as invenções que mudaram a civilização ocidental nos últimos séculos, poderemos constatar que ninguém era neurotípico e que, possivelmente, a maioria tinha SA.

Diferenças na clínica da criança, do adolescente e do adulto

O processo de busca de profissionais (29) para o atendimento clínico ocorre em cascata, dos mais acessíveis e de pouca aversão por parte dos pais e responsáveis, para o psiquiatra infantil. Quando esses recursos não são suficientes, usualmente os profissionais indicam consultas com médicos, inicialmente neuropediatras. Só acessam os psiquiatras infantis em três situações, a saber: quando o profissional não médico, experiente na clínica, propõe o encaminhamento, os que não melhoram com as intervenções anteriores e aqueles em que os pais vão diretamente, o que é raríssimo.

Como dito anteriormente, hoje, raramente crianças com menos de 7 anos já têm suspeita de S. Asperger[i] encaminhadas já com a hipótese, ou realizada pelo autor, durante a consulta. Idem mulheres. Elas são encaminhadas, principalmente, por dois motivos: comportamentos fora do padrão, incluso déficit na interação interpessoal e "problemas" na escola, que podem ser de notas ou de comportamento: bizarrices como ficar deitado no chão da sala, fazer comentários inadequados, em momentos descontextualizados, oposição em realizar as tarefas, que não quer, sem se importar com as consequências, desafio aos profissionais da escola, não conseguir se proteger do *"bullying*[j]*"*, etc. Nesta fase da vida, os meninos não têm ainda nenhuma percepção que eles são diferentes dos outros e não entendem o motivo

---

[i] Opinião pessoal do autor do capítulo.
[j] Consiste em provocar o isolamento social da vítima obtido por espalhar comentários, recusa em se socializar com a vítima, intimidar outras pessoas que desejam se socializar com a vítima, criticar o modo de vestir ou outros aspectos socialmente significativos como etnia e religião. Além desses meios utilizados pelo agressor, outros também são considerados como agressões como insultar a vítima, ataques físicos, danificar pertences e expressões ameaçadoras. O b*ullying* pode ser dividido em dois tipos: o b*ullying* direto, a forma mais comum entre agressores masculinos; e o *bullying* indireto, forma mais comum entre as mulheres e crianças.

de terem tantos "problemas". O próprio processo psicoterápico tem muitas limitações, porque eles ainda não têm crítica de sua necessidade, sendo aí, a grande importância do Treinamento de Pais e interferências no ambiente e processo escolar. É muito comum serem pessoas de bom ou alto nível intelectual e apresentarem performance medíocre no quesito notas. O déficit na pragmática é quantitativamente pequeno, mesmo havendo algumas perturbações de outras estruturas linguísticas como neologismo. Todos os comportamentos encontrados na escola, usualmente estão presentes na convivência familiar, assim como podem ser de pior qualidade. O mais frequente é ser de melhor qualidade, já que é um ambiente protegido. Os irmãos típicos percebem a "diferença", a partir de uma certa idade e, assim como os pais, precisam ser orientados.

Os adolescentes vêm, em sua enorme maioria, com diagnóstico de TDA/H, mas sem a boa resposta com os psicoestimulantes. É nessa época que as mulheres começam a ser trazidas para consulta. Aqui, o afetado já apresenta alguma percepção que algo não vai bem, e impulsionado pelo poder hormonal reprodutivo, há algum interesse em conseguir se relacionar com os pares do gênero sexual oposto e do mesmo, para se enturmar. Pelas características comuns como inflexibilidade psíquica, interesses específicos, pedantismo, "hiper" sinceridade, etc, os ciclos de amizades com os neurotípicos tendem a ser mais curtos. É um período muito complexo, em todas as dimensões, assim como o é nos indivíduos neurotípicos. As mulheres precisam de educação sexual e orientações, bem mais complexas que os homens (23, 30, 31). Importante lembrar que essa população não está livre do uso de drogas, de más companhias, comportamentos antissociais, etc. Não é incomum algum evento psicótico, sem características esquizofrênicas, nesta idade, embora a literatura só reporte em idades mais avançadas (32, 33).

Os adultos que chegam à consulta vêm, porque algum dos filhos foi diagnosticado, ou são encaminhados por colegas médicos, que não têm prática em tratamento de TDA/H, que é a suspeita inicial. Os últimos têm, na maioria das vezes, diversas comorbidades e muito prejuízo sócio-profissional. As experiências conjugais são também muito variadas, alguns sem experiência, outros com várias, outros com pouco conseguem se manter casados, por longo período. A clínica é basicamente a mesma, sendo mais sutil nas mulheres. Não é raro haver um tom persecutório, já que remetem ao outro seus fracassos, pela percepção que são mais capazes cognitivamente, mas nunca são equitativamente valorizados, quando comparados a um neurotípico.

Diagnóstico

Primeiramente, serão descritos os dois critérios formais mais utilizados, atualmente. Embora as escalas diagnósticas sejam largamente utilizadas em outros países, aqui não o são, e isso traz um problema de aceitação do diagnóstico, porque as famílias não se sentem muito confortáveis/seguras somente com o diagnóstico clínico, por o acharem próximo de uma "opinião".

Como o diagnóstico de SA é uma tarefa complexa tecnicamente, de muita responsabilidade profissional e de muita repercussão no(a) afetado(a) e em sua família, há alguns anos desenvolvemos a prática de, além da robustez da HP e da clínica, avaliarmos também, a presença de déficits significativos nas três teorias que compõe o constructo psicológico do TEA, ou seja: déficit na Teoria da Mente, nas Funções Executivas e a presença de fraca Coerência Central (Teoria da Coerência Central[k]), objeto de outros capítulos do livro.

Os critérios estruturados são o de Gillberg (34) e do DSM-IV (35).

---

[k] É um estilo cognitivo onde os que têm forte habilidade percebem o contexto (o todo) e suas partes, enquanto os que possuem Fraca Coerência Central percebem partes e nem sempre conseguem contextualizar no todo

Os critérios diagnósticos de Gillberg são:

1o) Isolamento social, com extremo egocentrismo, que pode incluir: falta de habilidade para interagir com seus pares; falta de desejo de interagir; apreciação pobre da trança social; respostas socialmente impróprias;

2o) Interesses e preocupações limitadas: muitas rotinas, relativa exclusividade de interesses (aderência repetitiva);

3o) Rotinas e rituais repetitivos, que podem ser: autoimpostos e/ou impostos por outros;

4o) Peculiaridades de fala e linguagem, como: possível atraso inicial de desenvolvimento, não detectado consistentemente, linguagem expressiva superficialmente perfeita, prosódia ímpar, características peculiares de voz; compreensão diferente, incluindo interpretação errada de significados literais ou implícitos;

5o) Problemas na comunicação não-verbal, como: uso limitado de gestos, linguagem corporal desajeitada, expressões faciais limitadas ou impróprias, olhar fixo peculiar, dificuldade de ajuste à proximidade física;

6o) Desajeitamento motor: pode não fazer, necessariamente parte do quadro em todos os casos.

Os critérios da Síndrome de Asperger pelo DSM-IV são:
A Síndrome de Asperger é definida na seção 299.80 do DSM-IV por seis critérios principais:

A. Prejuízo qualitativo na interação social, manifestado por pelo menos dois dos seguintes quesitos:

- prejuízo acentuado no uso de múltiplos comportamentos não verbais, tais como contato visual direto, expressão facial, posturas corporais e gestos para regular a interação social;
- fracasso para desenvolver relacionamentos apropriados ao nível de desenvolvimento com seus pares;

- ausência de tentativa espontânea de compartilhar prazer, interesses ou realizações com outras pessoas (por exemplo, deixar de mostrar, trazer ou apontar objetos de interesse a outras pessoas);
- falta de reciprocidade social ou emocional.

B. Padrões restritos, repetitivos e estereotipados de comportamento, interesses e atividades, manifestados por pelo menos um dos seguintes quesitos:
- insistente preocupação com um ou mais padrões estereotipados e restritos de interesses, anormal em intensidade ou foco;
- adesão aparentemente inflexível a rotinas e rituais específicos e não funcionais;
- maneirismos motores estereotipados e repetitivos (por exemplo, dar pancadinhas ou torcer as mãos ou os dedos, ou movimentos complexos de todo o corpo);
- insistente preocupação com partes de objetos.

C. A perturbação causa prejuízo, clinicamente significativo nas áreas social e ocupacional ou em outras áreas importantes de funcionamento.

D. Não existe um atraso geral, clinicamente significativo na linguagem (por exemplo, palavras isoladas são usadas aos 2 anos, frases comunicativas são usadas aos 3 anos).

E. Não existe um atraso, clinicamente significativo no desenvolvimento cognitivo ou no desenvolvimento de habilidades de autoajuda apropriadas à idade, comportamento adaptativo (outro que não, na interação social) e curiosidade acerca do ambiente na infância.

F. Não são satisfeitos os critérios para outro Transtorno Invasivo do Desenvolvimento ou Esquizofrenia.

O diagnóstico em adultos pode ser difícil, ou mesmo impossível, naquelas pessoas que já foram submetidos a diversos tratamentos, subsequentes a episódios de transtornos de humor, psicóticos, de condutas antissociais, etc, por tempo prolongado. Nestas situações, a anamnese, o quadro clínico e o processo evolutivo não apresentam mais a clareza necessária para um diagnóstico de boa qualidade, assim como os resultados dos testes também não mais ajudarão (36, 37).

O "*modus vivendi*" atual, de nossa sociedade, exige provas de quase tudo. A prática antiga das pessoas acreditarem na opinião clínica do médico, já não basta; ela tem que ser comprovada, seja por exames ou através do "*Dr. Google*" e similares. Como esse diagnóstico é de muita importância, alguma comprovação da hipótese clínica é bem-vinda, tanto para o profissional como para o paciente, sua família, para a Escola e para todos os outros profissionais, que trabalham com a pessoa afetada.

    O ponto de partida é a avaliação clínica (38). Associando essas informações à comprovação dos déficits das três teorias que compõe o constructo psicológico do TEA, teremos mais certeza do diagnóstico (39), lembrando que ainda há poucos testes para availiar a Coerência Central. Importante acrescentar que os déficits em todas essas teorias, também estão presentes em diversas entidades psiquiátricas como retardo mental, demência, psicoses, transtornos de personalidade, etc (36, 37). Daí a imprescindibilidade da presença de um quadro clínico robusto.

Diagnóstico diferencial (DD) e/ou Comorbidades

- **Transtorno de Déficit de Atenção/Hiperatividade**

Embora na clínica esse seja o diagnóstico diferencial mais comum, em ambos os gêneros,técnicamente o DSM-IV não admitia sua classificação como comorbidade (35). Segenreich e Mattos (28) fizeram uma boa revisão do assunto, demonstrando que essa orientação deve ser desconsiderada do ponto de vista clínico. Como ambos apresentam déficits de FE e o

TDA/H é mais conhecido, é ele que será inicialmente reconhecido, em prejuízo para a SA. Tal realidade não é privilégio do Brasil e ocorre em todos os outros países, também. É comum os familiares durante a consulta dizerem "falta algo, Doutor; ele tem problemas, além dos TDA/H". O diferencial são os prejuízos clínicos típicos da SA (25-27), já fartamene relatados anteriormente. Comparando ambos transtornos de uma forma bem sucinta, podemos dizer que, os afetados pela SA são acometidos de forma mais marcante pelos seguintes déficits: sociais[l], da ToM e toda a cascata consequente de problematização, na prosódia, nas estruturas do pensamento como sua desagregação e a rigidez psíquica. De outro lado, a desatenção, em si, é maior no TDA/H e a boa ou excelente resposta, que a prescrição com uso do psicoestimulante[m] não ocorre nos afetados pela SA - não é a presença de efeitos colaterais, mas a pouca ou falta de resposta.

Então, todos os pacientes com TDA/H que não evoluem positivamente, quando submetidos às terapêuticas reconhecidamente eficazes, são candidatos a suspeita de SA/TEAAF, também. O TDA/H deve ser considerado como comorbidade e DD. Como Comorbidade, rivaliza com T. Ansiedade, na maior prevalência.

- **Autismo Infantil**

Essa delimitação só é válida quando o quadro é de grau leve - TEAAF. Na prática, siga a "máxima": o autista está isolado em seu próprio mundo, enquanto o afetado pela S. Asperger está em nosso mundo, porém vivendo em sua estrita forma de ser.

---

[l] Enquanto o afetado pela SA tem dificuldade para "fazer" amigos, a grande dificuldade dos que tem TDA/H é mantê-los.

[m] É uma das evidências mais simples.

Entre as diferenças fundamentais estão, por parte da SA, QIT normal ou superior, o QIV mais alto, sem atraso na fala e no uso do pronome "Eu", fala preciosa e até "erudita", dá a impressão de ser "um adulto no corpo de uma criança" e/ou de super dotação intelectual, interesses extracurriculares específicos e transitórios, performance escolar desarmônica, pais com quadro similar, busca para diagnóstico com psiquiatra a partir dos 6 anos. O AI deve ser considerado somente como DD.

Esquizofrenia Infantil (40)

A esquizofrenia infantil é bem mais rara. A presença de delírios e alta frequência de alucinações (chegando a 80%) (41) é fundamental para o diagnóstico da Esquizofrenia Infantil (EI), que só poderá ser detectada a partir dos 7 anos de idade, época em que a criança apresenta o pensamento operacional. A EI está comumente relacionada a QI limítrofe ou baixo; não há prejuízo na interação social nas idades precoces; o pensamento (desorganização ideacional, bloqueio do pensamento e na associação de ideias, etc.) (42) e, em consequência, a linguagem/fala será uma das mais afetadas; não há interesses específicos e transitórios por assuntos não escolares; haverá alteração do *continuum vital* do indivíduo, no período de instalação do quadro; há presença de perplexidade e sinais de sofrimento psíquico. No adolescentes e adultos que vêm com HD de esquizofrenia, porque relatam "agora eu ou outro, antes eu era o fulano e agora o beltrano" é importante a diferenciação desse clássico discurso delirante, por alteração da conciência, do "eu" na dimensão identidade e uma ecopraxia[n], onde o afeta-

---

[n] Ecopraxias: comportamento em que a pessoa "incorpora" a identidade de um personagem que pode ser de um vídeo, filme, algum cantor, etc. onde repete os movimentos e falas do personagem em questão. É similar a ecolalia que é a repetição pura e palavras e frases.

do por SA simplesmente incorpora a identidade de um personagem, como uma ecopraxia e ilusão (43) de desenho/filme ou histórias e vive como o personagem, mas todo o resto da vida dele como escola, alimentação, sono, etc, prosseguem normalmente. Porém, no caso de uma instalação precocíssima, antes dos 30 meses de idade, haverá realmente muita dificuldade de diferenciação.

EIa deve ser considerada, essencialmente como DD e embora possa ocorrer a incidência das duas entidades, essa incidência não tem evidências de ocorrer numa frequência com significância estatística.

- **Transtorno Esquizóide de Personalidade (sem baixa inteligência) (44)**

Verifica-se no HP do portador de Transtorno Esquizóide de Personalidade quatro questões fundamentais: sensibilidade aumentada, com frequente ideação paranóide; criatividade/presença de fantasias com conteúdos de relações humanas/interpessoal, as vêzes muito elaboradas; há o brincar de faz-de-conta e a interação social precoce é menos comprometida, notadamente com os pais. Artigos mais antigos referem mais riscos para esquizofrenia (45, 46), mais condutas antissociais em mulheres (46) e atrasos na linguagem (47), o que hoje seria um critério de exclusão para SA. O TEP deve ser considerado como DD.

- **Superdotação intelectual**

Os superdotados intelectualmente, sem TEA, não apresentam prejuízos sociais, em si, mas baixa tolerância à limitação global das pessoas "comuns". Possuem uma verdadeira erudição e conseguem generalizar os conhecimentos, utilizando-os para seus interesses, que não são restritos. Não há prejuízo na prosódia e entendem precisamente os conceitos das palavras e termos que usam, o que os diferencia da hiperlexia clássica.

Essa entidade deve ser considerada como DD.

- **Transtorno de Fobia Social**

O único ponto em comum da SA com o Transtorno de Fobia Social é a dificuldade de interagir, expondo-se a terceiros, de início comumente, a partir da adolescência. Nas outras dimensões sintomáticas, a HP é bem diferente, já que não há prejuízos na linguagem verbal e não verbal, seja expressa, seja compreendida, nos comportamentos, etc. Então, uma avaliação puramente transversal pode gerar dúvidas.

Essa condição mórbida deve ser considerada como DD.

- **Transtorno Desafiador e Oposicionista**

Talvez a primeira consideração a fazer é que se pode dizer que o TDO é um "transtorno gêmeo", nunca vem sozinho, o que faz dele mais uma comorbidade, que um DD. Mesmo assim, é importante referenciá-lo aqui, para maiores conhecimentos. A necessidade da formulação dessa comorbidade/diagnóstico diferencial não é rara (48, 49) e, em algumas situações, bem difícil. O sinal clínico evidenciado, que é similar às duas entidades, é a inflexibilidade, ativa, expressa na forma opositiva. Além disso, a pessoa afetada pela SA atua egocêntricamente, o que aumenta ainda mais o comportamento desafiador/oposicionista. Outro fator de confusão é o largo conhecimento da presença do TDO com o TDA/H, e que os afetados pela SA, também apresentam desatenção. O fator diferencial é a HP típica de SA, não encontrada em outros transtornos. O TDO precisa ser considerado tanto como DD, como comorbidade.

- **SA e Transtorno Invasivo do Desenvolvimento Psicológico, não especificado – TID-SOE (CID-10 F:84.9) / Pervasive Developmental Disorders, No Other Specification – PDD-NOS (DSM-IV 299.0)**

Os critérios tanto para a CID 10, quanto para o DSM-IV são uma categoria residual, que deve ser usada para transtornos os quais se encaixam na descrição geral para TID, mas não satisfazem os critérios para quaisquer outro do grupo F84, além de Esquizofrenia, Transtorno de Personalidade Esquizotípica/Esquiva. O DSM-IV inclui nesta categoria o Autismo Atípico. Na prática, temos encontrado pessoas que têm diversos sinais clínicos, déficits na ToM e na TCC mas apresentam uma socialização razoável, mesmo com desconhecidos, que é o diferencial central. O TID-SOE deve ser considerado como DD.

- **Transtorno de Ansiedade (somente como comorbidade) (50, 51)**

A ansiedade é uma reação normal, bio-adaptativa, em resposta a algum tipo de estressor externo; por exemplo, diante de uma ameaça (um predador), o organismo deve reagir, aumentando seu ritmo para que este possa se preparar para a fuga. O ritmo cardíaco aumenta, há contração de vasos periféricos, para que se concentre sangue em áreas vitais, a respiração aumenta sua frequência. Portanto, todas estas reações são normais e preparam o indivíduo, para enfrentar o estressor externo. É uma sensação física desagradável e difusa de apreensão. Se torna um transtorno patológico, quando há uma reação desproporcional ao estímulo, e quando há crises de ansiedade autônoma, na ausência de estímulo deflagrador. Os transtornos de ansiedade mais comuns são o Transtorno de Ansiedade Generalizada, fobias em geral, a agorafobia, a fobia social, o Transtorno de estresse pós-traumático, o Transtorno obsessivo-compulsivo e a Síndrome de Pânico. Como é largamente sabido, que TA evolui com Transtornos de Humor, e vice-versa, este último também será bastante prevalente, principalmente naqueles virgens de tratamentos específicos. Os TA devem ser considerados como comorbidades.

Tratamentos

Os tratamentos dependem da idade e do perfil psíquico dos pais, em especial o da mãe, no caso se ela tem FAA ou mesmo é do espectro, já que em nossa sociedade, é dela a responsabilidade maior do cuidado com a prole.

Como em vários eventos médicos, o diagnóstico mais precoce e o tratamento adequado, em crianças e adolescentes, geram melhor prognóstico que nos adultos. É comum adultos, mesmo jovens nos anos 20, recém diagnosticados, não se interessarem pelos tratamentos pois "já se acostumaram a ser como são e não veem necessidade de mudar", mesmo que esteja em jogo a manutenção de suas necessidades pessoais futuras. Outra questão é que, também a família já se adaptou à forma de "funcionamento" psíquico do afetado e terá dificuldades em investir em processos que causarão mudanças na psicodinâmica grupal familiar. É importante entender, que a aceitação do diagnóstico e a iniciativa dos tratamentos representam enorme mudança nas rotinas, já há muito estabelecidas e isso atinge um dos cernes da dinâmica pessoal dessa população. Alguns adultos não concordam com o diagnóstico e nunca retornam ao consultório.

Numa população jovem, pré ou adolescente, a psicoterapia cognitivo comportamental é a eletiva, assim como Treinamento de Pais, mesmo que haja pacientes que prefiram não manter o atendimento com técnicas psicodinâmicas, intervenção inclusiva nas Escolas, Fono (para a linguagem pragmática), Terapia Ocupacional (às vezes) e, com frequência, psicofarmacologia.

O tratamento psicofarmacológico tem como alvo principal, os distúrbios do pensamento, a inflexibilidade, a desatenção e a hiperatividade e os quadros obsessivos. Para os dois primeiros distúrbios mencionados, a medicação de escolha é a risperidona (52, 53), em baixas doses (0,5mg a 3mg), os psicoestimulantes, também em doses menores, que o usualmente prescrito para o TDA/H, atuarão na desatenção, impulsividade e inquietação motora. Lactose é parte da fórmula de diversos medicamentos na **apresentação comprimido**, o que também ocorre com a risperidona e o metilfenidato, mas não ocorre, por exemplo nos outros psicoestimulantes (54) e nem com a sertralina (55). Os antidepressivos clássicos são a indicação para a sintomatologia obsessiva.

Considerando que essa população, não somente a feminina (16, 23), tem mais dificuldade de manter-se em empregos por períodos mais longos, concluir uma faculdade é uma forma de proteção para o futuro. Então, a implantação dos recursos inclusivos escolares faz parte do tratamento "desde sempre". Haverão inúmeras dificuldades, mesmo com alto QI, tanto na aprendizagem, quanto nos comportamentos, que refletem suas necessidades específicas, que exigirão adequações por parte dos profissionais da escola (56). Uma de suas dificuldades é que precisam de textos escritos (23) em livros ou cópias das aulas, onde possam estudar, já que têm dificuldade para prestar atenção nas aulas, situação que, nem sempre ocorre nos cursos mais avançados. Também por parte da literalidade, da inflexibilidade psíquica e da fraca Coerência Central terão que estudar mais que, por exemplo, os neurotípicos. A conclusão de um curso superior é uma "garantia" para o futuro, principalmente em serviços públicos.

Pobreza, isolamento e doenças são o que se deve evitar para a vida adulta (23). É verdade que isso vale para todas as pessoas, mas é mais problemático para os afetados pela SA, já que tendem naturalmente a isso.

Referências:

1. OMS, editor. Classificação de Transtornos Mentais e de Comportamento da CID-10. Porto Alegre: Artes Médicas; 1993.
2. ASPERGER, H. Die "Autistichen Psychopathen" im Kindesalter. Archiv für Psychiatrie und Nervenheilkunde. 1944;99(3):105-15.
3. MATTILA, M. L., KIELINEN, M., JUSSILA, K., LINNA, S. L., BLOIGU, R., EBELING, H. *et al*. An epidemiological and diagnostic study of Asperger syndrome according to four sets of diagnostic criteria. J Am Acad Child Adolesc Psychiatry. 2007 May;46(5):636-46.
4. GILLBERG, I. C., GILLBERG, C. Asperger syndrome – some epidemiological considerations: a research note. J Child Psychol Psychiatry. 1989 Jul;30(4):631-8.
5. WEIDLE, B., GASNES, T., SKJETNE, G. K., HOYLAND, A. L. [Asperger syndrome in a Norwegian county 2005-08]. Tidsskr Nor Laegeforen. 2011 Mar 18;131(6):573-6.
6. WILLIAMS, J. G., HIGGINS, J. P., BRAYNE, C. E. Systematic review of prevalence studies of autism spectrum disorders. Arch Dis Child. 2006 Jan;91(1):8-15.
7. LAZOFF, T., ZHONG, L., PIPERNI, T., FOMBONNE, E. Prevalence of pervasive developmental disorders among children at the English Montreal School Board. Can J Psychiatry. 2010 Nov;55(11):715-20.
8. FOMBONNE, E. Epidemiological surveys of autism and other pervasive developmental disorders: an update. J Autism Dev Disord. 2003 Aug;33(4):365-82.
9. FOMBONNE, E., ZAKARIAN, R., BENNETT, A., MENG, L., MCLEAN-HEYWOOD, D. Pervasive developmental disorders in Montreal, Quebec, Canada: prevalence and links with immunizations. Pediatrics. 2006 Jul;118(1):e139-50.
10. SIMONE, R. Puberty and mutism. In: SIMONE, R., editor. **Aspergirls**. Philapelphia: Jessica Kingsley Publishers; 2010. p. 67.
11. FARAONE, S. V., KUNWAR, A., ADAMSON, J., BIEDERMAN, J. Personality traits among ADHD adults: implications of late-onset and subthreshold diagnoses. Psychol Med. 2009 Apr;39(4):685-93.
12. BIEDERMAN, J., MICK, E., SPENCER, T., SURMAN, C., HAMMERNESS, P., DOYLE, R., *et al*. An open-label trial of OROS methylphenidate in adults with late-onset ADHD. CNS Spectr. 2006 May;11(5):390-6.

13. FARAONE, S. V., WILENS, T. E., PETTY, C., ANTSHEL, K., SPENCER, T., BIEDERMAN, J. Substance use among ADHD adults: implications of late onset and subthreshold diagnoses. Am J Addict. 2007;16 Suppl 1:24-32; quiz 3-4.
14. GOAS, M. C. Temas Psiquiátricos - Algumas Cuestiones Psicopatologicas Generales. Madri: Editorial Paz Monatlvo; 1959.
15. GRANDIN, T. Thinking in Pictures. My life with autism. New York: Vintage Books; 1995.
16. ATTWOOD, T., FAHERTY, C., WAGNER, S., ILAND, L., WROBEL, M., BOLICK, T., *et al*. Asperger no Feminino. Lisboa: Babel; 2011.
17. GRANDIN, T., BARRON, S. The unwritten rules of social relationships. Arlington: Future Horizons Inc; 2005.
18. GRANDIN, T. Thinking in Pictures. My life with autism. 2nd. ed. New York: Vintage Books; 2006.
19. SIMONE, R. Friendships and socializing. Aspergirls. Philadelphia: Jessica Kingsley Publishers; 2010. p. 95-105.
20. BORDEN, M. C., Ollendick TH. An examination of the validity of social subtypes in autism. J Autism Dev Disord. 1994 Feb;24(1):23-37.
21. PASINI, A., D'AGATI, E., PITZIANTI, M., CASARELLI, L., CURATOLO, P. Motor examination in children with Attention-deficit/hyperactivity Disorder and Asperger Syndrome. Acta Paediatr. 2012 Jan;101(1):e15-8.
22. SNYDER, R. Instintos maternais na S. Asperger. Asperger no Feminino Lisboa: Babel; 2011. p. 145- 74.
23. SIMONE, R. Aspergirls. Philadelphia: Jessica Kingsley Publishers; 2010.
24. STAHLBERG, O., SODERSTROM, H., RASTAM, M., GILLBERG, C. Bipolar disorder, schizophrenia, and other psychotic disorders in adults with childhood onset AD/HD and/or autism spectrum disorders. J Neural Transm. 2004 Jul;111(7):891-902.
25. LUTEIJN, E. F., SERRA, M., JACKSON, S., STEENHUIS, M. P., ALTHAUS, M., VOLKMAR, F. *et al*. How unspecified are disorders of children with a pervasive developmental disorder not otherwise specified? A study of social problems in children with PDD-NOS and ADHD. Eur Child Adolesc Psychiatry. 2000 Sep;9(3):168-79.
26. MATSUSHIMA, N., MIYAWAKI, D., TSUJI, H., TAKAHASHI, K., HORINO, A., KAWAGUCHI, T., *et al*. Evaluation of attention-deficit/hyperactivity disorder symptoms in male

children with high-functioning pervasive developmental disorders. Osaka City Med J. 2008 Jun;54(1):1-10.
27. TANI, P., LINDBERG, N., APPELBERG, B., NIEMINEN-VON, WENDT T., VON WENDT, L., PORKKA-HEISKANEN, T. Childhood inattention and hyperactivity symptoms self-reported by adults with Asperger syndrome. Psychopathology. 2006;39(1):49-54.
28. SEGENREICH, D., MATTOS, P. Update on the comorbidity of attention-deficit/hyperactivity disorder (ADHD) and pervasive developmental disorder (PDD). Rev Psiquiatr Clín. 2007;34(4).
29. CAMARGOS, W. JR., NICOLATO, R. Características das prescrições no transtorno de déficit de atenção/hiperatividade. J Bras Psiquiat. 2009;58(3):195-9.
30. ILAND, L. De rapariga para rapariga: Conselhos sobre amizada, bullying e integração. Asperger no Feminino. Lisboa: Babel; 2011. p. 51-84.
31. WROBE, M. A preparação para a puberdade e para depois da puberdade. Asperger no Feminino. Lisboa: Babel; 2011. p. 85-100.
32. ARORA, M., PRAHARAJ, S. K., SARKHEL, S., SINHA, V. K. Asperger disorder in adults. South Med J. 2011 Apr;104(4):264-8.
33. BLACKSHAW, A. J., KINDERMAN, P., HARE, D. J., HATTON, C. Theory of mind, causal attribution and paranoia in Asperger syndrome. Autism. 2001 Jun;5(2):147-63.
34. GILLBERG, C., GILLBERG, I. C. Asperger Syndrome - Some Epidemiological Considerations: a reseach note. J Child Psychol Psychiat 1989;30:631-8.
35. APA. Diagnostic and statistical manual of mental disorders. 4 ed ed. Washington: American Psychiatric Association; 1994.
36. TONELLI, H, A. [Cognitive 'Theory of Mind' processing in bipolar disorder]. Rev Bras Psiquiatr. 2009 Dec;31(4):369-74.
37. CAIXETA, M., CAIXETA, L. Teoria da Mente: aspectos psicológicos, neurológicos, neuropsicológicos e psiquiátricos. Campinas: Átomo; 2005.
38. KLIN, A., VOLKMAR, F., SPARROW, S. S. Asperger Syndrome. New York: The Guilford Press; 2000.
39. CAMARGOS, W. Jr. Síndrome de Asperger. Compêndio de Neurologia Infanti. 2a. ed ed. Rio de Janeiro: Editora Medbook; 2011.
40. MERCADANTE, M. T. Esquizofrenia infantil. In: ASSUMPÇÃO, F. B. J., editor. **Psiquiatria da Infância e da Adolescência.** São Paulo: Livraria Editora Santos; 1994. p. 183-94.

41. Rosenberg, R. Esquizofrena infantil. In: ASSUMPÇÃO, F. B. J., KUCZYNSCKI, E., editors. **Tratado de Psiquiatra da Infância e da Adolescência**. São Paulo: Atheneu; 2012.
42. AJURIAGUERRA, J. Psicoses Infantis. In: AJURIAGUERRA, J., editor. Manual de Psiquiatria Infantil. 2ª. ed ed. São Paulo: Editora Masson do Brasil Ltda; 1983. p. 678-84
43. ABELL, F., HARE, D. J. An experimental investigation of the phenomenology of delusional beliefs in people with Asperger syndrome. Autism. 2005 Dec;9(5):515-31.
44. WOLFF, S. SCHIZOID. Personality in Childhood. In: KLIN, A., VOLKMAR, F. R., SPARROW, S. S., editors. **Asperger Syndrome**. New York: Guilford Press; 2000. p. 278-308.
45. NAGY, J., SZATMARI, P. A chart review of schizotypal personality disorders in children. J Autism Dev Disord. 1986 Sep;16(3):351-67.
46. WOLFF, S., TOWNSHEND, R., MCGUIRE, R. J., WEEKS, D. J. 'Schizoid' personality in childhood and adult life. II: Adult adjustment and the continuity with schizotypal personality disorder. Br J Psychiatry. 1991 Nov;159:620-9, 34-5.
47. WOLFF, S. 'Schizoid' personality in childhood and adult life. III: The childhood picture. Br J Psychiatry. 1991 Nov;159:629-35.
48. MATTILA, M. L., HURTIG, T., HAAPSAMO, H., JUSSILA, K., KUUSIKKO-GAUFFIN, S., KIELINEN, M. *et al*. Comorbid psychiatric disorders associated with Asperger syndrome/high-functioning autism: a community- and clinic-based study. J Autism Dev Disord. 2010 Sep;40(9):1080-93.
49. GADOW, K. D., DEVINCENT, C. J., DRABICK, D. A. Oppositional defiant disorder as a clinical phenotype in children with autism spectrum disorder. J Autism Dev Disord. 2008 Aug;38(7):1302-10.
50. RUSSELL, E., SOFRONOFF, K. Anxiety and social worries in children with Asperger syndrome. Aust N Z J Psychiatry. 2005 Jul;39(7):633-8.
51. KUUSIKKO, S., POLLOCK-WURMAN, R., JUSSILA, K., CARTER, A. S., MATTILA, M. L., EBELING, H., *et al*. Social anxiety in high-functioning children and adolescents with Autism and Asperger syndrome. J Autism Dev Disord. 2008 Oct;38(9):1697-709.
52. ANVISA. Modelo de Bula Ministério da Saúde; [cited 09-02-2013]; Available from: http://www4.anvisa.gov.br/base/visadoc/BM/BM[25824-1-0].PDF

53. FDA. Search Results: risperidone autism in Drugs. . US Department of Health & Human Services; [09-2-2013]; Available from: http://google2.fda.gov/search?q=risperidone+autism&x=39&y=12&filter=0&proxystylesh eet=FDAgov&output=xml_no_dtd&sort=date% 253AD%253AL%253Ad1&site=FDAgov-Section-Drugs&client=FDAgov
54. SHIRE. VENVANSE(dimesilato de lisdexanfetamina). Modelo de Texto de Bula ao Paciente. Shire; 2011 [cited 2013]; Available from: http://www.shire.com.br/PDF/Venvanse_20120523_Bula%20do%20Paciente.pdf.
55. ANVISA. Bulário Eletrônico. Ministério da Saúde; [9-2-2013]; Available from: http://www4.anvisa.gov.br/Bulario Eletronico/default.asp.
56. MOORE, S. T. Síndrome de Asperger e a escola fundamental: soluções práticas para dificuldades acadêmicas e sociais. São Paulo: Associação Mais 1; 2005.

SEMIOLOGIA DIAGNÓSTICA DA SÍNDROME DE ASPERGER

Walter Camargos Jr.

Esse capítulo tem como objetivo orientar o leitor através do caminho entre a primeira consulta clínica, até chegar a uma Hipótese Diagnóstica (HD) de Síndrome de Asperger (SA) e, como o autor é médico, o viés da orientação também terá essa formatação. O aqui exposto é o resultado de décadas de aprendizado teórico e de prática clínica, com a elaboração da hipótese diagnóstica de S. Asperger e outros Transtornos do Espectro do Autismo de Alto Funcionamento e a confirmação diagnóstica, através da confirmação da presença dos déficits funcionais do constructo psicológico cognitivista, evidenciado por avaliações neuropsicológicas. Discussões dos "casos" com as psicólogas que realizaram as avaliações e às vezes conhecem os pacientes há mais tempo, são fatores complementares desse processo.

Nem sempre a HD de SA é percebida/formulada na primeira consulta, pois, ocasionalmente, alguns sintomas que estão em evidência podem também fazer parte de outro transtorno, enviesando o olhar clínico. Sendo assim, a HD de SA será construída a partir de algumas sinalizações como: falta de eficácia da terapêutica recomendada, outras consultas complementares, queixas mais específicas de familiares, de terapeutas e de profissionais da escola, ou mesmo evidências clínicas.

A responsabilidade de se formular e transmitir um determinado diagnóstico à uma pessoa é um ato a realizar com extremo cuidado, pois poderá causar profundas repercussões na vida do paciente e sua família. Como o diagnóstico é iniciado pela HD, ela deve ser objeto de todos os cuidados técnicos existentes e disponíveis, na época do processo. Então, nunca é por demais lembrar[a], que uma visão transversal clínica simplista, pontual, intuitiva, não possibilita ao profissional processar uma HD de SA, havendo, portanto, a necessidade de uma anamnese com pais, parentes, outros profissionais, etc, que conheçam bem o paciente e que possam dar informações e, mesmo, sua própria opinião sobre o paciente. Depois que as opiniões pessoais forem obtidas, elas precisam ser depuradas do tom emocional e moral dos quais estão sempre impregnadas, para se obter as informações que gerarão o corpo sintomático e histórico, construído para a Hipótese Diagnóstica.

Outro ponto importante é que, para a instalação de qualquer transtorno médico, e portanto, seu diagnóstico, é imprescindível a presença de prejuízos funcionais.

A forma com a qual cada profissional avalia o paciente, lhe é própria, tendo sido ensinada e lapidada. As técnicas dependem tanto da população atendida (como crises e urgências ou consultas eletivas), como da idade dos pacientes (se adultos, adolescentes, crianças ou bebês). O autor propõe, que o leitor, enquanto examinador, fique atento a aspectos semiológicos clínicos, que podem ser claramente objetivos, como um roteiro. Apesar de poderem inicialmente, parecer subjetivos, com o tempo, não mais parecerão. Como a clínica dos afetados pela SA é muito diferente dos afetados por outras patologias e dos neurotípicos, deve-se estar atento à questão principal: o que é diferente.

O aqui apresentado foi formatado, para a maior parte dessa população que procura o psiquiatra infantil: são crian-

---

[a] Opinião do autor

ças e adolescentes do gênero masculino com idade entre 8 e 18 anos. As questões que são mais comuns em adultos homens serão referenciados e as mulheres merecem um capítulo próprio, já que elas apresentam características mais específicas.

Este capítulo será apresentado em três itens, a saber: o que ver, o que escutar, o que perguntar, durante o exame e na anamnese com os pais.

O que ver

Como diziam alguns professores de semiologia[b], o processo diagnóstico começa, muitas vezes, bem antes do *tetê-a-tête*, em sim. Já na sala de espera, é comum não responderem ao primeiro comando de entrada na sala de consulta, continuando na atividade anterior, de leitura, jogos, conferindo algo, mexendo com algum brinquedo que trouxeram, sendo necessário chamá-los diversas vezes, com a intervenção dos pais/responsáveis. Algumas vezes, é necessário entrar no campo visual do paciente, para que ele deixe de lado o que está fazendo e responda à solicitação verbal. Isso também ocorre em adultos, de forma menos evidente.

Mesmo já ao entrar na sala, os afetados de todos os TEAs, usualmente não olham nos olhos do examinador, sendo raríssimo um olhar comunicativo, interrogativo: "onde estou?", "quem é você?", "o que vamos fazer aqui?"; há só um olhar. Mesmo ao responderem, olham menos ou quase nada, para os olhos do entrevistador. Esse padrão se mantém no transcurso da primeira consulta, assim como nas sequenciais.

Em adultos, não é raro o padrão de demorar a responder, como se estivesse pensando o que falar, enquanto fala.

---

[b] Dr. Osmar Araújo Belo e Dr. Honório Teixeira de Carvalho Neto

Muitos pacientes demonstram um tempo de latência aumentado, como se precisassem de mais tempo, para processar o sentido da pergunta, buscar a resposta e falar. Embora isso também ocorra nas outras faixas etárias, é mais evidente em adultos, visto que, em geral, o examinador é mais tolerante com crianças e adolescentes.

Como essa população tem prejuízos na coordenação motora, o que é mais evidente em homens, pode-se perceber que o andar, em direção à sala, é grosseiro, em bloco.

A aparência das crianças e dos adolescentes nos dá a impressão de descuido, com cabelos despenteados, roupas inapropriadas (às vezes, até sujas), unhas grandes e sujas, dentes com restos de comida, etc. Também, no decurso das consultas, não é incomum comportamentos bizarros no quesito higiene, como limpar o nariz e colocar sob a cadeira, assoar o nariz e limpar na cadeira, colocar os pés sujos em cima da cadeira/sofá/na parede, etc. Quando os pais estão presentes, nem sempre os censuram. Em adultos, é frequente também a presença de roupas diferentes (às vezes, bastante diferentes) e pouco usuais para consultas.

A mímica é sempre menos expressiva, seja quando calado ou falando. A expressão facial terá a mesma formatação do olhar, pouco ou não comunicativo (sem a expectativa, usualmente esperada). Também será menos expressiva, durante a fala espontânea ou em resposta a perguntas formuladas pelo entrevistador, quando o paciente movimenta somente o grupo muscular da boca, além de piscar os olhos. É bom lembrar que, se o assunto abordado é foco de interesse do examinado, a possibilidade da presença de mímica, em quantidade e qualidade padronizada é maior, principalmente as que revelam emoções mais simples, como alegria e raiva. Em adultos, essa pouca expressividade facial pode induzir à precoce, HD de quadro depressivo. Para as mulheres isso é mais sério, pois é esperado que elas apresentem maior riqueza na mímica facial, que os homens. Como normalmente as mulheres possuem uma mímica facial mais rica, aquelas que a tem diminuída, ou possuem uma expressividade contemplativa continuamente, a HD de depressão será mais fortemente considerada, e esse é um dos mais frequentes diagnósticos formulados, previamente.

Durante a consulta, não é raro a presença de pequenas estereotipias[c], balanceios do corpo, além de posturas corporais diferentes, atípicas, extravagantes e, às vezes, até sugerindo gestualidade própria do gênero feminino. As estereotipias são mais comuns, no período em que o examinado não está sendo demandado ativamente, ou seja, quando ele está focado em seu mundo interior. Não é raro a aparência e voz feminilizadas.

O comportamento, durante a consulta é variado, mas o usual é um aparente desinteresse com o "esparramar" do corpo sobre a mesa, não olhar para responder, não prestar atenção na conversa, quando os pais estão presentes, pedir para sair da sala, com o argumento de que está chato e que prefere ler algo ou jogar no celular/tablet, na sala de espera. O foco do paciente, em seu mundo interior, aumenta a percepção clínica de desatenção, que pode induzir precocemente, à HD de Transtorno de Déficit de Atenção/Hiperatividade (TDA/H). Comportamentos típicos do Transtorno Desafiador e Oposicionista também podem acontecer, onde a externalização de raiva ocorre, sendo, às vezes, de difícil controle.

Usualmente não sabem o motivo da consulta, mesmo quando adolescentes e adultos jovens.

Quando os dados da ficha de atendimento são escritos pelo paciente e/ou quando se vê os cadernos destes, a disgrafia[d] e a desorganização espacial chamam muito a atenção, mais que

---

[c] Estereotipias: Podem ser motoras, com movimento/s repetido/s como "bater asas", balançar as mãos na frente do rosto, ou outras mais sutis, ou verbal como falar alguma palavra / jargão de forma repetida durante uma frase, mas sem sentido.
[d] Disgrafia: o mesmo que letra ruim / feia, devido a uma pobre coordenção motora

as omissões de dados. Infelizmente, nem sempre esses dados estarão presentes.

O que escutar

Neste item, o que chama mais atenção, no primeiro momento, é o déficit na prosódia[e], bem mais evidente, com gravidade e em forma decrescente, em crianças, adolescentes, homens, mulheres e pacientes bastante trabalhados terapeuticamente. Apesar de evidente, pode passar desapercebido, se o examinador não tiver experiência ou não der o devido valor às modificações de timbre e pausas, nas frases expressadas pelo examinado.

A utilização de termos eruditos, durante a consulta também é comum, nessa população. Exemplificando, perguntado a um jovem, de aproximadamente nove anos, o que a professora iria falar sobre o seu caso e ele respondeu "não sei, vou indagá-la". (O verbo indagar já não era de uso coloquial na época de minha[f] infância!). Embora tenha sido utilizado de forma correta na frase, é interessante acrescentar que, se o examinado, independente da idade e do gênero sexual, for questionado sobre o significado da palavra erudita, que ele acabou de usar, frequentemente não conseguirá dar um conceito correto e preciso. À linguagem erudita, geralmente segue-se uma perfeita sintaxe.

Déficits na pragmática, que é a linguagem utilizada com o objetivo social, são frequentes, inclusive em adultos. Como exemplo, é bastante comum estes pacientes iniciarem conversas sem a devida contextualização inicial.

---

[e] Prosódia: é a entonação que se dá a determinadas palavras, ou grupos de palavras, dentro de uma frase para enfatizar um significado subjetivo, portanto diferente e relevante.
[f] Do autor.

Outros prejuízos na comunicação verbal, também são comuns, como déficits de troca de turnos[g], longas pausas; tons baixos de voz são mais comuns; mas em crianças e adolescentes também ouve-se tons mais altos que o usual.

Através da fala, podemos acessar alguns distúrbios de pensamento [1], especialmente *no decurso* e no conteúdo. Entre os mais comuns, estão: falas espontâneas ou respostas, que nunca acabam, porque sempre mudam de conteúdo (desagregação do pensamento - a perda do fio condutor do conteúdo do pensamento); falas obsessivas e repetitivas, que ocorrem quando o assunto é do interesse do examinado; pensamentos que dão voltas, chegando novamente ao início, sem nenhum acréscimo de informação (curso circular), sendo o padrão encontrado durante discussões em torno de quem está com a verdade/quem está certo. A prolixidade (dificuldade de definir o objetivo a ser alcançado via pensamento, antes de iniciar a fala) também é encontrada. Alguns pacientes encontram tanta dificuldade em organizar o pensamento, para explicar algo de média complexidade, que chegam a desistir, sem tentar. Podemos perceber isso, através da fala de um garoto, de aproximadamente dez anos, "é muito difícil explicar, não vou nem começar!".

Ainda relativo ao pensamento, os conceitos raramente são expressos de forma nuclear; usualmente o são de forma periférica – "O que é interpretação de texto? "É ler". "Quer dizer que, quando lemos estamos interpretando? Me fale o que significa". "É escrever". "Se é escrever, porque os professores pedem para interpretarmos, após termos lido?". "A gente interpreta, quando lemos". "Tudo bem, mas o que é?". ".....".

---

[g] Trocas de turnos: é a natural forma de dialogar quando um interlocutor fala e deixa o outro falar em seguida.

O acesso aos conceitos de metáforas estarão prejudicados, mesmo em pacientes com inteligência em nível muito superior. Desta forma, estes pacientes possuem dificuldade na compreensão de expressões idiomáticas, como "Onde você estava com a cabeça, quando respondeu sua professora?". "–Em cima do meu pescoço".

Literalidade[h] é algo sempre presente, e pode ser percebida pelas respostas, por exemplo: "onde você joga, no futebol?". "no campo" (o subjetivo implícito na pergunta, é em que posição a pessoa joga, se no ataque, na defesa, de goleiro), ou situações diversas, como quando a médica pergunta para a criança "como está a gatinha?" e a criança procura pela sala de consultas falando "gatinha, gatinha, cadê você?!".

Percebe-se também, pelo conteúdo da fala, um déficit de crítica do examinado. Muitas vezes, a família considera como tal, sendo que outras, considera como um comportamento de oposição. Como exemplo, temos o caso de um jovem adulto, com ótimo nível intelectual, mas que, mesmo em uso de psicoestimulante, nunca conseguiu estudar, mas dizia com toda certeza, que iria estudar, quando entrou na faculdade – "agora é diferente!". A falta de crítica também fica evidente, na forma da pessoa se portar, vestir, na higiene pessoal, entre outros itens.

O que perguntar ao paciente

É fundamental o saber perguntar. Uma anamnese não é só um roteiro de perguntas, mas uma **busca ativa** por respostas, que direcionem a consulta para seu objetivo técnico: "qual é o diagnóstico desse paciente?", para chegar ao ponto humano de nosso trabalho que é "como ele pode ser ajudado?".

---

[h] Literalidade: compreensão de conceitos de forma concreta, sem abstração.

A maioria dos psiquiatras atende o paciente, primeiro sem a presença dos pais/responsáveis, e depois com eles. Então, as perguntas são formuladas para o paciente e depois conferidas com os pais, sem que eles saibam o que o filho falou previamente, e vice-versa.

As perguntas devem ser formuladas de forma que o paciente entenda. Nesta situação, o dar exemplos não é uma boa tática, já que eles são literais e não terão flexibilidade para atingir a generalização necessária da pergunta. Quando o paciente não entende a pergunta, deve-se reformulá-la, mantendo o mesmo objetivo a ser alcançado.

A pergunta mais importante a ser feita para o paciente é: "como é seu mundo social?". A confirmação clínica é imperativa, então, apenas a identificação de um ou alguns sinais clínicos sugestivos de SA, não bastam para formular diagnósticos. Esses achados precisam ser confirmados através da anamnese e, posteriormente, por uma avaliação neuropsicológica específica, quando possível.

Essa pergunta pode escancarar a dificuldade social do examinado, mas não é raro obter-se a resposta de que é boa, que ele tem amigos, às vezes vários, e que na escola todos gostam dele.

Nesta última situação, a informação deve ser bem pesquisada junto aos pais, e às vezes, também junto à escola e por outros profissionais, que porventura o atendem.

Quando o paciente relata que não tem amigos, deve-se averiguar se não possui por falta de interesse ou por falta de habilidades sociais. Em seguida, parte-se para pesquisar sobre sua compreensão, a respeito do mundo humano, perguntando-lhe, se ele entende as pessoas, se ele percebe quando mentem para ele, se é necessário mentir (já que, se as pessoas fizessem tudo certo, não haveria motivo para mentir), se percebe, quando as pessoas são irônicas, etc.

Quando o paciente afirma que tem amigos, e às vezes refere-se a vários, é bom pedir que fale os nomes, onde ele encontrou essas pessoas, que passaram a ser seus amigos e há quanto tempo, para depois conferir com os pais ou constatar alguma contradição em sua fala. Continuar, perguntando sobre a frequência dos encontros, o que fazem juntos, se há amigos antigos, oriundos de outras escolas ou de outros locais, onde o paciente possa ter residido, onde se encontram e quem tem a iniciativa de buscar quem (com menores, se é o paciente, os pais ou a outra pessoa que tem a iniciativa). Com maior frequência, os pais não tem a mesma opinião que o paciente, o que sugere déficit em sua crítica pessoal. Algumas vezes, os pais podem relatar que o paciente realmente possui amigos. Quando isso ocorre, o assunto deve ser mais investigado, especialmente na qualidade dessas amizades, já que os pais podem ter pouca crítica também, ou o paciente pode "estar sendo usado", por ter algo que os colegas não têm, como carro, etc.

Segue-se pesquisando sobre conceitos, como qual a diferença entre amigos e colegas[i]. Não é raro, a capacidade do paciente verbalizar conceitos bem próximos ao ideal, mas raramente nucleares, e que sejam praticados no dia-a-dia. (por exemplo: paciente adulto jovem verbaliza conceitos com boa qualidade, mas encontraremos pais relatando, que na prática, o examinado não discrimina quem é amigo de quem não é, tratando a todos como amigos e esperando deles um comportamento equivalente). Ou seja, muitas vezes, há o conceito racional, mas que não é aplicável no mundo das relações interpessoais.

Outra pergunta pertinente ao assunto conceitos é sobre sua performance na matéria escolar português, com ênfase em interpretação de texto. Usualmente, não têm boa performance,

---

[i] Atualmente as amizades são feitas mais nos colégios e não entre os vizinhos e parentes.

mas quando a resposta é sim, os pais devem ser questionados e pode-se até solicitar uma verificação nos cadernos. Continuando nesse item, outra possibilidade é questionar sobre sua capacidade de compreender piadas. Pede-se para contá-las, solicitando, em seguida, que as explique. Algumas pessoas respondem que não entendem, outras que demoram muito a entender e outras ainda relatam, que entendem, mas que não acham graça, nem entendem porque as pessoas riem. Acontece dos pais nunca terem percebido essa dificuldade no filho.

Nesse tema, tão amplo quanto a capacidade de conceituação de palavras, metáforas, interpretação de textos, compreensão de piadas, há que se ter cautela, pois é comum a confusão entre abstração/literalidade/limitação intelectual e ótima memória, já que cada uma dessas habilidade é um constructo diferente. Por um lado, a limitação da abstração e a presença de literalidade sugerem ao psiquiatra o quadro de Retardo Mental. Por outro lado, sua aparente habilidade pode também, ser devido a uma ótima memória e a habilidade da pessoa de manejar isso, auxiliado pelo bom nível intelectual. Temos como exemplo, um paciente de 10 anos encaminhado com histórico típico de TDA/H, mas sem melhoras com tratamentos padronizados, com alguns indícios de Transtorno do Espectro do Autismo de Alto Funcionamento (TEAAF) como inflexibilidade, "egoísmo", brigas na escola e comportamento desafiador, perante os professores. Haviam alguns sinais contrários como, conversava com os colegas e pessoas desconhecidas, tinha boas notas de português, não tinha Histórico Pessoal (HP) de interesses específicos e mutantes durante a vida, que tivessem chamado a atenção e dizia entender de piadas, confirmado pelos pais. A partir do exame, ficou claro que não entendia piadas e, ao examinar o caderno, foi possível compreender o motivo de "ser bom em português" e ter tido boas notas. Ele tinha uma memória fabulosa, que foi constatada, através da redação sobre a história de Pégaso. Na redação, de seis páginas, nada faltava e pareceu, que deveria ser igual a do texto. Isso impressionou tanto a professora, que ele quase ganhou um prêmio na escola.

Deve-se pesquisar sobre a presença de interesses extracurriculares específicos e mutantes, interesses em programas de televisão, especializados em informações, como Discovery e History Channel, National Geographic, documentários, etc.

Pesquisar sobre o que o paciente faz durante o horário do recreio, pode nos dar um vislumbre, se ele tem iniciativa e consegue interagir com os colegas (o padrão neurotípico), se ele prefere ir para a biblioteca ler, ficar pensando em seus pensamentos, de forma contínua ou outro comportamento atípico.

É fundamental perguntar sobre "bullying", início, frequência, características, atual presença, local de ocorrência, se entende porque acontece e se isso incomoda. Sterzig [2] e Van Roekel [3] referem bullying em aproximadamente 46% dos adolescentes com TEAAF. O início pode ser coincidente com a entrada na escola ou pode ser na mudança para uma escola grande/maior, após estada desde muito jovem em escola menor. A frequência e as características nos dão a informação do quanto ele consegue se proteger via iniciativa própria, pois há situações inacreditáveis como um paciente que era amarrado em árvores na sua escola. Onde ocorre, ou onde mais ocorre, nos mostra qual é o grau de limitação social que isso está causando, por exemplo: se ocorre com vizinhos e na escola é mais limitante e mostra que o paciente é menos competente nesta área social. O real não incomodar, confirmado pelos pais, sinaliza o quanto essa pessoa "despreza" as relações sociais, não se incomodando com as opiniões, sociais, dos pares e terceiros. É possível que o "bullying" não seja identificado como tal e devido ao prejuízo da crítica pessoal, tais atos podem não ser problematizados e o afetado continuará considerando os agressores como amigos e mantendo-os em sua convivência.

Outras questões que devem ser abordadas são: a capacidade do examinado de iniciar conversas com estranhos, se é capaz de manter e compreender uma conversa com seus pares, se só consegue conversar sobre conteúdos de seu conhecimento prévio e/ou interesse, e se possui dificuldades em "bater papo". Tais respostas nos levarão ao grau de limitação do uso da fala para compensar a limitação social, ou seja, qual é o grau de inflexibilidade psíquica nesta área. Esta dificuldade parece ser maior nos homens, visto que muitas mulheres (adolescentes e adultas) com SA relatam conseguirem alguma inserção em grupos, e afirmam que entendem os assuntos das conversas.

O que perguntar aos pais/responsáveis

Tudo o que foi perguntado para o paciente deve ser conferido com os pais. É necessário que, estes confirmem a presença dos eventos sintomáticos, que são os sinais mais importantes para a formulação da HD de SA, para posterior confirmação por testes neuropsicológicos, quando forem possíveis.

Então, algumas questões devem ser investigadas, como: qualidade e quantidade da socialização (pais o referem como tímido?); olha pouco, mesmo para os familiares?; é mais ingênuo/crédulo que os pares?; há presença de inflexibilidade psíquica; tem pouco "jogo de cintura" em situações sociais?; peca pelo excesso de sinceridade?; é egocêntrico(a)[j]?; usa termos eruditos também com familiares?; há HP de boa capacidade verbal, sem atrasos, etc?; há déficits na pragmática?; tem capacidade de bater papo com familiares e estranhos?; há falas

---
[j] Egocentrismo é uma forma de viver onde a pessoa é o centro do universo social. É similar a um egoísmo sem a parte moral, mas onde tudo precisa ser da forma que a pessoa quer, na hora que ela quer, etc.

repetitivas?; há déficits de troca de turnos nas conversas?; há dificuldades em interpretação de textos e facilidade com matérias que requerem memorização ou pensamento matricial como matemática?; há HP de hiperlexia?; ocorre bullying na escola e nas vizinhanças?; na escola, as notas são menores que o esperado em relação à inteligência?; apresenta uma performance desarmônica, demonstrando boa capacidade em determinadas atividades e péssima em outras, mesmo que sejam aparentemente simples e que tenha capacidade cognitiva para tal?; há relatos de comportamentos, reiterados, inadequados na sala de aula/escola, como gritar, deitar no chão, entrar embaixo da mesa de trabalho, se recusar a fazer tarefas, sem se importar com as consequências?; ele(a) tem disgrafia e outras dificuldades de coordenação motora, como andar de bicicleta, pular corda, etc?; há literalidade?; tem dificuldade para entender metáforas e piadas?; tem interesses extra curriculares que são mutantes?; tem preferência por programas de televisão com foco em informações?; tem pouca iniciativa, para resolver seus próprios problemas?; tem explosões de raiva com certa frequência, especialmente diante de frustrações; mudanças inesperadas o desorganiza?; tem comportamentos oposicionista de desafiador, mesmo na forma passiva (a parte desafiadora não é expressa, a pessoa concorda mas não faz)?; é resistente às orientações referentes à higiene pessoal?; tem déficit de juízo crítico?; houveram tratamentos anteriores com psicólogos, pedagogos e médicos sem melhora consistente?; foi dito o termo "imaturidade" como resultado de avaliações e testes anteriores?

Resumindo, além da sintomatologia clássica (déficit na interação social, boa expressão oral e às vezes preciosa, fixações temporárias por assuntos extracurriculares, dificuldades em aceitar mudanças repentinas na rotina) o(a) afetado(a) pela SA também e sempre apresenta algumas características: ingenuidade, inflexibilidade, "egoísmo" (sem o caráter moral, só o espelhamento do egocentrismo), literalidade, déficit na prosódia, déficit na mímica facial, algum grau de desagregação do pensamento e falta de iniciativa para resolução de suas dificuldades pessoais.

Considerando a alta herdabilidade [4, 5] dos TEA, é importante atentar que várias dessas características também podem estar presentes nos pais e que suas respostas podem estar contaminadas com esse viés. Sendo assim, é muito importante que a HD seja confirmada por outros profissionais e métodos.

Conclusões

Com esse roteiro muitas pessoas "difíceis" terão um diagnóstico correto e um caminho terapêutico específico a ser percorrido, com mais chances de sucesso. Sendo assim, estes pacientes se sentirão mais valorizados, perante nossa sociedade, tão carente das capacidades dessa população afetada pela SA, e, também suas famílias, visto que terão uma melhor qualidade de vida.

Por outro lado, a identificação dessas pessoas como afetadas pela SA trará grandes avanços ao conhecimento médico, psíquico e à educação, aumentando a qualificação dos nossos profissionais. Com isso nossa sociedade, Brasil, poderá ser melhorada aproveitando a capacidade dessas pessoas, como diz Temple Grandin: "O mundo necessita de todos os tipos de mentes" [6].

Referências

1. GOAS, M. C. **Temas Psiquiátricos - Algumas Cuestiones Psicopatologicas Generales**. 1959, Madri: Editorial Paz Monatlvo.
2. STERZING, P.R., *et al*. **Bullying involvement and autism spectrum disorders: prevalence and correlates of bullying involvement among adolescents with an autism spectrum disorder**. Arch Pediatr Adolesc Med, 2012. 166(11): p. 1058-64.

3. VAN ROEKEL, E., SCHOLTE, R.H. and DIDDEN, R. **Bullying among adolescents with autism spectrum disorders: prevalence and perception**. J Autism Dev Disord, 2010. 40(1): p. 63-73.
4. ROMMELSE, N. N. *et al*. **Shared heritability of attention-deficit/ hyperactivity disorder and autism spectrum disorder**. Eur Child Adolesc Psychiatry, 2010. 19(3): p. 281-95.
5. **Veenstra-Vanderweele**, J., CHRISTIAN, S.L. and COOK Jr. **Autism as a paradigmatic complex genetic disorder**. Annu Rev Genomics Hum Genet, 2004. 5: p. 379-405.
6. TED. Talks. Temple Grandin: **O mundo necessita de todos os tipos de mentes**. 2010 20-1-2013; Available from: http://www.ted.com/talks/temple_grandin_the_world_needs_all_kinds_of_minds.html.

SÍNDROME DE ASPERGER EM MULHERES

Walter Camargos Jr
Isadora Adjuto Teixeira

Este capítulo é específicamente sobre o fenótipo comportamental da Síndrome de Asperger em mulheres, partindo do pressuposto que o leitor já possui as informações básicas sobre o assunto. Tendo em vista que a variação fenotípica é infinita, o aqui exposto serão os quadros encontrados mais comumente pelos autores.

Há referência (1) que a prevalência da SA é menor em mulheres, indo de 1:4 a 1:10. Porém, há opiniões de estudiosos internacionais (2) e dos próprios autores, que a população feminina é subdiagnosticada. Será verdade? Qual seria o motivo?

Estariam sujeitas ao mecanismo genético similar ao que ocorre na S. X-Frágil, em que as mulheres têm quadros mais leves? Ou os sinais são realmente mais sutis? A sociedade em geral - família, professores, etc - é mais permissiva com as dificuldades delas? As mulheres mascaram a externalização da sintomatologia autística? A formatação psíquica do *feminino* protegeria as mulheres? Os critérios atualmente utilizados seguem só o modelo do gênero masculino? Pois, como Baron-Cohen (3) relata, TEA é um estilo masculino levado ao extremo.

Veja o relato de uma autora com SA (4): "Sou guiada por imagens e pela música, e muito escassamente, pela malícia. Sou má repentista em desafios verbais, portanto. Sou presa fácil de manobras de improviso. Sem que eu perceba, um mercador pode vender-me a troco de dois cavalos. Preciso de proteção, porque eu sempre acredito. Levo tudo ao pé da letra. Muitas vezes, não sei o que dizer. Por isso, escrevo. Se eu construo metáforas, então as entendo. Mas as metáforas do mundo me deixam perplexa, eu não as consigo compreender. Rostos são uma delas. E o sarcasmo, então...". Esse é um relato fiel, onde se percebem claramente, as falhas da Teoria da Mente Baron-Cohen (5), a credulidade e a dificuldade para se entender a intencionalidade da comunicação.

A seguir, relatos de algumas pacientes atendidas pelos autores.

"O que eu sinto fica para mim mesma, é bobagem mostrar isso para os outros, sempre fui mais fechada. Às vezes, eu queria chegar perto das pessoas e conversar, mas não sei fazer isso. O meu jeito dá a impressão que sou antipática; as pessoas já falaram para mim, que eu pareço chata" (16 anos).

"Eu não sou muito de falar, sou mais quieta, converso pouco, costumo não me "enturmar", eu busco pouco o outro. As colegas não me procuravam muito, mas eu não dava chance para isso" (18 anos).

"As pessoas se aproximam de mim, mas eu não dou chance a elas, não sei fazer amizades" (22 anos).

"Até hoje, eu não penso em relação social, isso eu nunca pensei como necessidade. Eu não sei identificar o que eu faço de errado, para levar as pessoas se afastarem de mim" (45 anos).

"Meus contatos com as pessoas são pela internet. Manter contato com as pessoas, é difícil para mim. Quero saber, o que me faz ser diferente das pessoas. Demonstrar afetividade e manter isso em um relacionamento, também é difícil para mim. Eu recebia bullying na escola, mas eu não os entendia, nesse sentido e, então isso não me afetava" (22 anos).

"Desde pequena, meu comportamento era diferente. Preferia brincar sozinha e ainda hoje, prefiro fazer coisas, sozinha. Tudo o que olhava, fazia análise crítica, mas era eu e eu.

Eu pegava o lanche e comia em um cantinho. Via as crianças brincando e não as suportava. (45 anos). Quando minha filha foi para a escola, ela não se "enturmava" muito, gostava de ficar sozinha. Era rápida e silenciosa, fugia da sala, ia para o pátio, ficar sozinha. Gostava de ler. Era a única do "prézinho", que tinha ficha na biblioteca da escola. O vocabulário era diferenciado. Queria ler coisas, que estavam adiante do conteúdo da série. Tinha três ou quatro amigos, que são seus amigos, até hoje. Sempre ingênua, sensível, permissiva, deixava que as pessoas a usassem. Não percebia a intenção e a maldade do outro. Arredia a beijos e abraços. Já teve episódios de depressão. Já passou por diversos psicólogos e psiquiatras, todos diziam que ela estava deprimida". (24 anos).

"Eu tinha uma certa falta de consciência do corpo, não tinha preocupações em me arrumar. Mas eu sei, que não posso ir desleixada para o serviço. Eu aprendi que tenho que me arrumar, para trabalhar, olhando para as pessoas que iam para o trabalho, mas eu não entendo porque tenho que fazer assim". (45 anos).

"Aspies nem sempre compreendem sinais" (Parreira[5]). Eu não percebo se alguém se insinua pra mim. Quando a pessoa está 'dando em cima de mim', eu não entendo, tenho bom raciocínio abstrato, mas só entendo as coisas explícitas, não percebo o que está sendo sugerido. Eu pensava que as pessoas percebiam as coisas como eu, e tem pouco tempo que eu percebi, que o outro me percebe diferente do que eles são" (45 anos).

"As colegas sempre debochavam de mim, não sei o motivo. É difícil "enturmar", não tenho coragem para pedir para entrar no grupo. Sou ingênua. Raramente percebo a maldade nos outros. Eu quero me aproximar das pessoas, mas não sei como fazer. Eu não entendo os bullyings, não sei porque eles acontecem (17 anos).

"Não tenho necessidade de procurar o outro, uma companhia não me faz falta. Eu consigo fazer o que é preciso sem ajuda. Não preciso de ninguém, para trocar confidências. Sou distante de beijos e abraços, carinhos. Nunca namorei. Não tenho vontade" (15 anos).

"Quando despertou para brincadeiras, brincava sozinha, tinha os amigos dela, que não existiam. Ela reproduz o jeito das pessoas que convivem com ela, e reproduz o que a professora faz, nas brincadeiras de aulinha, em casa. Mas eu não vejo algo nela, que seja dela, da linguagem dela". (relato de mãe - filha de 12 anos).

Ao ler os relatos pode-se pensar: "O que há de diferente nessas vivências? Os relatos feitos por homens são os mesmos"? A diferença está na expressão do transtorno, que nas mulheres é, bem mais sutil, conforme relata PARREIRA[4]: "tenho uma timidez não muito evidente, mas gritante por dentro, tão gritante que não se mostra. Significa que a minha própria timidez é tímida. E já aviso de antemão. É uma mosca invisível, que atrapalha". É essa expressão sutil que gera uma sintomatologia menos evidente. É possível dizer que se pode aventar a HD de SA, em grande parte dos homens, pela *gestalt* diferente/esquisita, e às vezes, de forma rápida, mas para a mulher é necessário uma consulta completa, seguindo os aspectos técnicos específicos. Comparando a clínica do Autismo da SA em homens e em mulheres, é como comparar a pirâmide de Quéfren (6) com a pedra que está desalinhada, quase caindo em seu topo, e uma parte dessa mesma pedra que não vemos de baixo. Quando comparamos a clínica em mulheres, falta a elas os comportamentos externalizantes disruptivos, típicos do gênero masculino, como agressividade física, se envolver em disputas e brigas, o oposicionismo e o desafio "aberto e declarado".

Enfim, hoje, do ponto de vista clínico, tudo indica que são as características do gênero que emprestam às mulheres com SA, essa sutileza clínica, quando comparada à dos homens. Considerando a maior flexibilidade psíquica das mulheres, é possível que elas sejam mais susceptíveis a moldar seus comportamentos em resposta à educação doméstica, onde a capacidade, ou não, de metarrepresentação[a] das mães terão muita importância (7).

Como são as mulheres

Se considerarmos como verdade, que "o corpo é o palco do psiquismo" também o será que "o psiquismo feminino é tão escondido quanto seu corpo" *versus* o masculino que é externo/externalizado. Então, os sintomas nas mulheres sofrerão a influência da "formatação psíquica" do gênero feminino, resultando em sintomas mais sutis, ocultos, camuflados, menos evidentes; parecerão mais calmas e menos agressivas. Provavelmente, terão comportamentos mais aprendidos como o relato da mãe sobre sua filha de 12 anos, que copiava e repetia os comportamentos de outras pessoas (ecopraxia[b] funcional), ou seja, a filha conseguia, sozinha, reproduzir alguns comportamentos, a partir de um modelo social. Importante relatar, que a técnica "copiar e colar" modelos é bastante comum nessa população (pé de pagina). Talvez, devido a estas "camuflagens", muitas delas sejam diagnosticadas com depressão, timidez, ansiedade, conforme relata Parreira (4) e, bem tardiamente, por SA.

Como o gênero feminino é mais verbal, também é possível que essa seja a explicação das mulheres com SA, também falarem mais que o gênero masculino.

A sociedade as vê como mais subservientes ou em segundo plano (8), pais e professores costumam vê-las como ino-

---

[a] Pensamento social ou habilidade na Teoria da Mente.
[b] Ecopraxias: comportamento em que a pessoa "incorpora" a identidade de um personagem, que pode ser de um vídeo, filme, algum cantor, etc, quando repete os movimentos e falas do personagem em questão. É similar a ecolalia que é a repetição pura e palavras e frases.

centes "dóceis". Porém, a expressão de emoções negativas é mais sutil e pode ser autodirecionada na forma de agressividade. As mulheres com SA mostram uma personalidade mais passiva, mais "conformada" e podem se tornar brilhantes, ao camuflar suas dificuldades.

Mulheres são mais acolhedoras, o que faz com que haja mais chances da menina com SA ser acolhida e confortada pelo grupo, quando se sente insegura, diante de situações socais[c].

As mulheres são desafiadas pela expectativa de comportamentos e regras, que a sociedade espera que elas assumam. Se uma determinada jovem é menos competente para estabelecer vínculos emocionais com seus pares[d], ou agir socialmente dentro dos padrões sociais esperados, pode ser considerada estranha, "*nerd*", excêntrica, egoísta, desajeitada, fria, mal educada. O padrão usual é que as adolescentes busquem relacionamentos com rapazes, seja por amadurecerem mais precocemente (que os homens), seja pelo poder ontogenético de gerar uma prole. Então, é quase inacreditável a existência de uma adolescente que não se interessa por namoros e/ou não facilita sua ocorrência. Por outro lado, esse comportamento pode gerar tranquilidade para os pais, porque ela não é "rueira" e gosta de ficar em casa, o que favorece a crença de ser mais "ligada" emocionalmente, aos pais.

Na escola, as alunas adolescentes se enturmam, e com isso se defendem, se interessam pelas notícias/novidades/fofocas referentes à todas as pessoas daquele universo, são ativas, falantes, vibrantes e podem ser "barulhentas". Já as afetadas pela SA, usualmente, passam despercebidas no contexto escolar pela interpretação de serem tímidas, caladas, tranquilas, meigas, educadas, passivas, "escondendo" assim, suas fracas

---

[c] Dificilmente isso ocorre no grupo masculino.
[d] Pares: pessoas de mesma idade.

capacidades sociais. Elas não "chamam a atenção" para si na sala de aula, seja pelo desajeitamento social, seja pelo isolamento, seja pela desatenção, seja porque fazem menos perguntas aos professores sobre suas dúvidas.

Apesar de toda essa meiguice aparente, não é raro um trato rude com terceiros e episódios de explosões de raiva, quando contrariadas, situação que demonstra um outro lado de sua desarmonia funcional, e tais eventos geram muito desconforto nos pares.

O que temos visto na clínica

As mulheres são levadas à consulta com psiquiatra, como foi comentado em outro capítulo, não como primeira opção terapêutica, na adolescência ou na idade adulta jovem, sendo raras as consultas, após os 35 anos. Quando ocorre, é porque algum os filhos foi diagnosticado como afetado por algum transtorno do espectro do autismo e houve uma identificação sintomática entre ambos, ou foi referenciada para avaliação e tratamento para Transtorno de Déficit de Atenção/Hiperatividade (TDA/H).

Chegam já com Histórico Pessoal (HP), de anos de diversos tratamentos como psicoterapias, acompanhamentos psicopedagógicos e psiquiátricos, com resultados pífios e a performance desarmônica confunde a todos, inclusive pais. TDA/H, depressão e Transtorno Bipolar e Transtorno de Ansiedade são os diagnósticos mais comuns.

Para mulheres, é esperado terem expressividade facial mais rica, e é justamente o que não vemos. É muito comum a expressão facial contemplativa e indiferente como "tanto faz" ou "não quero nada e não me incomode". Também, é pouco expresso o comportamento ativo (iniciativa da própria) de cumprimentar e despedir, seja com aperto de mão, seja com abraços e beijinhos na face, como é o padrão atual de nossa cultura. Em suma, não demonstram afetividades calorosas.

Apresentam uma coordenação motora que não chama a atenção, o que faz com que o andar seja mais fluído e que menos frequentemente tenham disgrafia.

Lembrando que essa população é de adolescentes, paradoxalmente, também não encontramos, usualmente, mulheres com roupas "da moda", com batom e/ou "produzidas" adequadamente para saírem. "Aspies" preferem o "estilo simples", cabelos curtos e roupas confortáveis, mesmo que velhas e surradas; adultas costumam se vestir com roupas de adolescentes ou roupas esportivas (9).

Usualmente, apresentam um comportamento mais adequado do que os homens na sala de espera, não deitando no sofá, não põem os pés no sofá, não se esparramam (quase caindo) na cadeira, não tiram os sapatos/tênis, não limpam o nariz com o dedo durante as consultas, etc.

Da mesma forma que a mímica, o esperado é que a modulação da voz seja mais vibrante, o que não ocorre. Frequentemente, é monótona e sem emoção, o tom é baixo, quase inaudível, e a consulta desenvolve com pouca emoção, fato que gera o pensamento de que não estão se importando ou gostando da consulta. Esse conjunto, associado à expressão de pouca vitalidade e entusiasmo, sugere quadro depressivo. Algumas mulheres, ainda, mostram um tom de voz infantilizada. A prosódia[e] é comprometida, mas bem menos afetada, que a dos homens afetados, podendo gerar ao ouvinte uma sensação de sotaque. Longas pausas ocorrem, se algo não for perguntado. Outro aspecto sutil, é o prejuízo na expressão de gestos sociais, durante a comunicação com o examinador, lembrando que também haverá déficit na compreensão da comunicação não verbal do outro.

---

[e] Prosódia: é a entonação que se dá a determinadas palavras, ou grupos de palavras, dentro de uma frase para enfatizar um significado subjetivo, portanto diferente e relevante.

Apesar dos déficits assinalados anteriormente, quando comparadas aos homens, elas falam mais e a flexibilidade para conversar assuntos diversos é maior, não se atendo quase que somente, aos assuntos de seu interesse, além de serem menos lacônicas.

Muitas vezes são mulheres bonitas de rosto e de corpo, são inteligentes e não têm namorado, às vezes nunca tiveram, não "ficam", não se casam, enfim, tem uma experiência afetivo-sexual muito limitada mesmo, muitas vezes, desejando.

A ingenuidade é outra marca, que traz inúmeros prejuízos, seja no cotidiano, seja na vida escolar, através dos "*bullyings*", seja mesmo na vida sexual.

Encontramos também, mulheres com SA que apresentam uma *gestalt* tipicamente masculina, no tom alto de voz, no caminhar, no vestir, na rudeza de interagir, com uma pior coordenação motora, entre outras características.

O que se encontra na literatura atualmente

A literatura nacional e mesmo internacional é muito pobre neste assunto, mesmo no referente às pesquisas. Além dos livros autobiográficos, há alguns poucos livros que apresentam informações técnicas, realmente úteis.

Aspergirls (9) é um livro de 23 capítulos, que trata de várias questões imprescindíveis para as adolescentes e mulheres se conhecerem e como agirem no dia-a-dia, em temas como a vivência do período escolar, os distúrbios sensoriais, a identidade de gênero feminino, a puberdade, o "ficar" e namorar, como recusar ser "usada sexualmente", as amizades, que não amores, a vivência universitária, profissão e trabalho, casamento e maternidade, episódios de explosões, tratamentos médicos, o ficar idoso, etc. Em todos os capítulos, há uma parte reservada a resumos destinados aos Pais.

Um dos livros existente (10) é publicado em língua portuguesa (de Portugal), sendo escrito por vários autores. São nove capítulos, sendo três, essencialmente pedagógicas como "Educar a aluna com S. Asperger", "De rapariga a rapariga: Conselhos sobre Amizade, Bullying e Integração" e "A preparação para a puberdade e para depois da puberdade". Outra preciosidade é o autorrelato "Instintos Maternos na S. Asperger", onde é possível se ter uma ideia de quão complexa e confusa é a vida de uma mulher com SA, sem o suporte familiar, inicial, adequado.

O que se vê no processo terapêutico

As opções de tratamento para meninas com Síndrome de Asperger variam amplamente. A Terapia Cognitivo-Comportamental (TCC) auxilia as meninas a aprender sobre os sentimentos, emoções e comportamentos (11).

É preciso que haja um foco no ensino das habilidades, que as meninas neurotípicas aprendem de forma indireta e intuitivamente, como as regras não explícitas de interações sociais. Com essa população, a TCC passa a ter caráter educativo, pois envolve ensino de habilidades sociais, estratégias para reduzir a vulnerabilidade, psicoeducação sexual, entre outros (10-12). É importante abordar questões como autoimagem, autoestima e confiança. A identidade de gênero é um grande problema para as meninas, assim como o bem-estar emocional.

Do ponto de vista terapêutico, é fundamental manter contato regular com familiares, para garantir a precisão e a validade de suas descrições de eventos e quais as estratégias cognitivas são realistas para as suas circunstâncias (13). Além disso, durante esses contatos, emergem muitas questões importantes e informações de como os pais devem lidar com as dificuldades da filha com SA. Após o diagnóstico, os pais são automaticamente levados a rever suas expectativas em relação à filha, e muitos elaboram crenças como: "já que ela tem o transtorno, não podemos permitir que ela pratique sexo; tire isso da cabeça dela", "ela é incapaz", "eu sou culpado por ela ser assim, pois não consegui perceber antes". Pensamentos conflitantes são muito frequentes como: "preciso compreendê-la, mas ela precisa se casar", "será que ela vai conseguir manter o namorado?", "ela tem que ficar com alguém com dificuldades parecidas com a dela", "o namorado não pode descobrir como ela é, senão irá terminar com ela", "sem se casar como vai ser seu futuro?", "meninas têm que ser simpáticas, colaborar com serviços domésticos", "como pode uma menina ser tão insensível". Com esses relatos, podemos perceber que a preocupação dos pais, em grande parte, está ligada a convenções sociais e ao padrão comportamental esperado para uma mulher neurotípica.

Eles geralmente se esforçam, para compreender suas filhas, mas a expectativa quanto a sua adequação às exigências, muitas vezes fazem com eles as pressionem, ainda mais. É frequente a expressão de desgosto e a contínua comparação da filha com as outras meninas. Alguns passam a querer determinar as escolhas da filha com a justificativa: "ela é incapaz" ou " ela não sabe o que é melhor para ela". Essa pressão psicológica familiar, associada a todas as oscilações naturais inerentes ao gênero feminino, à idade, pode acabar em exaustão.

No decorrer do processo terapêutico, fica evidente que meninas e mulheres que têm a síndrome de Asperger são diferentes dos meninos, não em termos de características essenciais, mas em termos da própria reação, por sentirem-se diferentes. Essa observação reafirma a necessidade de mudança de paradigma, para compreensão abrangente da apresentação feminina da Síndrome de Asperger, a fim de garantir um diagnóstico precoce e acesso ao apoio efetivo e compreensão. Durante o processo terapêutico, através dos relatos das pacientes, é observada a recorrência de padrões de resposta frente a essa diferença.

Quando se recordam da infância, as meninas mostram que, provavelmente muito antes de uma avaliação diagnóstica, elas começam a perceber que são diferentes de outras meninas, apesar de não conseguir identificar em que, exatamente. "Tem algo em mim que fazia e faz as pessoas se afastarem, mas eu não sei o que é" (19 anos).

Relatam a falta de vontade que tinham de jogar cooperativamente com suas colegas, por ser uma atividade chata, enquanto que os jogos com os meninos é relatado como mais racional do que emocional, e combativo em vez de verbal. Meninas e mulheres com SA têm descrito para os médicos e em autobiografias como, às vezes, acham que têm um cérebro masculino, ao invés de feminino, tendo uma maior compreensão e apreciação dos interesses, pensamento e humor dos meninos (9, 10). Algumas clientes contam sobre as tentativas de não serem notadas em um grupo, para os outros não perceberem sua dificuldade com a socialização, preferindo ficar na periferia de situações sociais. Outras descrevem estratégias de ajustamento, de camuflar ou mascarar sua "confusão" em situações sociais, de alcançar o sucesso social superficial por imitação ou escapar para um mundo de fantasia ou natureza. A camuflagem superficial da comunicação social em mulheres com SA tem sido relatada em vários estudos (12, 14, 15). Outros mostram que o melhor desempenho social superficial, é influenciado pelo gênero; segundo eles as diferenças entre os sexos atuam no desenvolvimento e na apresentação do transtorno (16-18).

Como as meninas podem reagir passivamente ou em geral, compensar ou ocultar suas dificuldades por outras habilidades, se torna menos provável que elas correspondam aos critérios diagnósticos; assim a necessidade de apoio não é criada (15, 19).

Consideravelmente mais do que os meninos, elas demonstram interesse em fazer amizades, mas não conseguem.

Algumas descrevem, que na infância tiveram amizades simples e que isso serviu de orientação em situações sociais. Porém, é frequente que essas colegas tenham o perfil de "predadores de amizades", se aproveitando de sua imaturidade, ingenuidade e desejo de fazer amigos, as fazendo de vítimas de bullying (20), que por rebote essa vivência aumenta a percepção "de ser diferente", assim como seu sofrimento frente às situações sociais.

Diferentemente dos meninos, que diante de alguma dificuldade social apresentam comportamentos de agitação, desajeitamento e imaturidade, as meninas quando questionadas sobre o assunto, respondem que geralmente pedem desculpas e tentam apaziguar a situação, se esforçando para parecer legal. Assim, colegas e adultos podem, então, perdoar e esquecer, mas sem perceber a realidade. No estudo desenvolvido em 2012, por Mandy (19), os professores descreveram os meninos com SA como tendo maior externalização e problemas sociais, que as meninas. A apresentação dos sintomas, de forma mais branda e dificuldades menos graves na escola, podem levar ao reconhecimento insuficiente do SA nas mulheres.

É recorrente a queixa dos pais, referente à dependência que as meninas desenvolvem, principalmente das mães. Imagine você, leitor(a), como uma mãe se sente, ao perceber que sua filha quer ter amigas e não consegue. De um lado, o ímpeto feminino e materno a conduzirá a auxiliar a filha ao máximo, para que ela consiga fazer amizades, e por outro lado esse comportamento gerará uma maior dependência da mãe, que tende a se acentuar, no decorrer dos anos. "Ao perceber sua falta de adequação e sofrimento, eu a estimulava a desabafar e muitas vezes, ela explodia em casa" (mãe de adolescente com SA). O reforçamento deste padrão comportamental, ao longo dos anos, parece ser um fator agravante, pois aumentando esse vínculo, a menina com SA se distancia cada vez mais do contexto social, pois se sente mais segura, ao lado de suas "referências sociais". As mães apresentam muitas dificuldades em favorecer a independência das filhas, e os pais as responsabilizam pelas dificuldades da filha, verbalizando algo como: "você ajuda demais, dá tudo na mão, é por isso, que ela não dá conta de nada sozinha" (pai de adolescente).

Durante a adolescência, há aumento da ansiedade por parte das meninas com SA, em se adequar ao padrão de comportamento socialmente esperado (11). O convívio social amplo e o esforço constante de controle, se tornam extremamente desgastantes e elas "descontam" o estresse nos pais e irmãos, gerando conflitos. Pode-se dizer que em casa, a menina com SA remove a capa da invisibilidade e usa o comportamento agressivo, para controlar sua família e experiências sociais. Na adolescência, elas passam a reagir de forma mais externalizante (como os homens), em consequência do desgaste psicológico, exibindo sinais disfuncionais mais evidentes, fazendo com que os pais iniciem/intensifiquem a busca pelo diagnóstico correto. Então, é neste momento da vida que a maioria das meninas chega ao tratamento. Puberdade é um tempo de grande mudança no corpo físico, na experiência emocional pessoal, na dimensão afetivo-sexual, e nas relações sociais, e ter compreensão deste estágio de desenvolvimento e aprender a lidar com ele, é essencial para as pessoas com SA. Essas vivências produzem um custo emocional pessoal e familiar muito alto (9).

Uma das primeiras dificuldades encontradas pelas meninas com SA, que na adolescência interessam por se relacionar afetivamente e sexualmente, é a de entender a natureza da amizade, como ela muda da infância para a idade adulta e sua importância como base para encontros sexuais. Persiste na adolescência a dificuldade, maior por parte das meninas, em se relacionar com pessoas do mesmo sexo, se sentindo melhor na companhia dos meninos. Como a natureza da amizade muda da infância para a idade adulta, são exigidas mudanças de comportamentos e habilidades sociais, diferentes daquelas reforçadas na infância. As meninas com SA não percebem essa mudança, assim como sua importância e têm muita dificuldade, para se adaptar a essa "nova realidade das relações". A consequência disso, é que elas continuam sem saber interpretar sinais e malícia dos meninos, e interpretam as tentativas de aproximação dos rapazes, como interesse afetivo. Por sua vez, os rapazes, com os hormônios à "flor da pele", passam a responder positivamente às aproximações, porém com interesse sexual, e não emocional. Isso as confunde bastante, como fica claro no relato de uma adolescente de 19 anos: "quando eu acho que estou conseguindo fazer amizades, todos eles acabam querendo ficar comigo, não sei porque!". E é assim que muitas acabam iniciando suas experiências sexuais. Isso gera inicialmente, euforia, mas posteriormente, frustração, ficando evidente a dificuldade que possuem em manter laços sociais e afetivos.

A segunda dificuldade recorrente é a de tornar aquele "ficante", seu namorado. Algumas delas relatam gostar de "ficar", mas querem namorar e têm dificuldades, para conseguir. Outras não se esforçam por se relacionar afetivamente, apresentando-se desinteressadas por assuntos como moda, feminilidade, maquiagem e perfumes, bem como apreciar a lógica do cérebro masculino, pode levá-las a preocupações sobre sexualidade e identidade de gênero.

Por estarem perdidas no meio desta orquestra, que é o mundo social e suas regras ocultas, às vezes indecifráveis, apresentam baixa autoestima e insegurança, mesmo se enquadrando no padrão de beleza e inteligência formal. Aquelas que conquistaram um namorado possuem muito medo da vivência de perda. Quando começam a racionalizar sobre suas dificuldades, há relatos do tipo: "Não posso deixá-lo ver, que sou assim".

O relacionamento apresenta-se de forma imatura e superficial. Não há diálogo sobre o passado, evitam falar delas mesmas, das suas dificuldades, da perspectiva dos pais em relação ao namoro e seus conflitos. São facilmente persuadidas e tentam fazer de tudo, para agradar (não sabem a medida certa, extrapolando e se tornando cansativas). A incapacidade de entender os interesses alheios pode levá-las a ser incompreensíveis e incompreendidas, e o parceiro precisará ser muito objetivo na comunicação dos desejos e crenças, o que será diferente e desgastante para ele.

Após a fase inicial de namoro, aparecem novos conflitos. Em geral, elas relatam não entender o motivo das brigas, perdidas ficam, sem saber como resolver, se foi resolvido, demonstram não sentir culpa ou remorso. Ser incapaz de entender outros pontos de vista, pode levar a inflexibilidade e a uma incapacidade de negociar soluções de conflitos (14). Neste ponto do relacionamento, as meninas se mostram dando toda sua energia, para não pisar em falso.

Outro momento importante e de muita ansiedade, é o de conhecer a família do parceiro. A expectativa de não falhar é grande, então procuram se informar sobre como agir e por vezes, as ações são planejadas na terapia. Quando relatam algo relacionado a um "passo em falso", dizem que sabiam o que não podiam fazer, ou o que deveriam fazer, mas acabaram falhando. É comum a fala: "quando percebi, já tinha feito". Algumas intitulam-se de "lerdas". Apesar do fato de pessoas com SA terem compreensão racional de constrangimento e gafes, e se esforçarem para não cometê-las, com frequência apresentam grandes dificuldades em saber quando e onde usar as habilidades adquiridas, em situações do mundo real (11, 21).

Considerando que o primeiro relacionamento amoroso é difícil para todos, pode-se imaginar as enormes dificuldades que as meninas com SA vivenciam para viver isto. Então, são esperados muitos conflitos e comportamentos estranhos, diferentes, nos relacionamentos. O usual é que alguns parceiros demonstrem compreensão, enquanto outros manterão o namoro somente quando, e enquanto, a mulher o satisfizer sexualmente.

Com o passar do tempo, e com os hormônios aflorados, o casal se relaciona com mais intimidade e começam a desejar um ao outro sexualmente, o pode não ser diferente das meninas neurotípicas. Nesse momento, elas começam a se preparar racionalmente para esse momento. O que mais é trazido no processo terapêutico, nesse momento, são as inúmeras dúvidas, como: o que é clitóris? Onde ele fica? Quem vai colocar a camisinha? Onde ele vai colocar o pênis? O que vou fazer? etc.

Este é o momento da psicoeducação. Frente às informações e explicações, fica evidente o espanto, como o de descobrir que o namorado vê filme pornô e, mais espanto ainda, imaginar que o homem se estimula e se satisfaz sozinho. Esse processo deve ser feito de forma concreta, visual e interativa, pois elas têm dificuldade de imaginar e compreender de forma abstrata os conceitos (21).

A maioria das pessoas que sofrem com a síndrome, demonstra interesse em sexo. As normas da sociedade sobre a sexualidade não serão intuitivas para a pessoa com Asperger. Os sinais sutis diferenciais, entre as abordagens para namoro e para relações sexuais podem ser difíceis de perceber, o que gera a possibilidade da primeira relação acontecer em um encontro eventual. Os "predadores sexuais" aproveitam da vulnerabilidade e as levam a ceder. Por outro lado, parte das meninas com SA mantém atitudes "puritanas", frente ao sexo, vindo a ter sua primeira relação sexual com o marido que, geralmente, é atraído justamente pela "inocência" e seu "jeito de menina" (22).

Quanto menos emocional for à mulher com SA, menos chances ela terá de se envolver na emoção de um romance. Uma mulher com fracas competências sociais e/ou com uma fraca capacidade para interpretar as pessoas, com certeza se destacará diante de um contexto, no qual surgirão os abusadores e os narcisistas para acolhê-las. Será difícil para elas, desenvolver as aptidões básicas de amizade: a reciprocidade da conversação, participar de interesses especiais em comum, decodificar a intencionalidade das atitudes do outro.

O casal com necessidade de ter encontros amorosos, passa a fazê-los escondido da família. Antes e depois desses eventos, a ansiedade e a apreensão, na tentativa de manter ocultas as circunstâncias, aumentam; desta forma, algumas meninas acabam abrindo o jogo e aquelas que possuem relacionamento muito próximo com a mãe, passam a contar detalhes, sem perceber que é inapropriado e, muito menos, o desconforto das mães. É então necessária a intervenção terapêutica, para ensinar quais conteúdos são apropriados para conversar com terceiros.

As dúvidas trazidas em sessões psicoterápicas, após a primeira relação sexual são, por exemplo: Porque eu não senti nada? Porque ele pediu para eu fazer aquilo com ele? Aquilo que ele fez comigo não gostei, então parei.

As que possuem questões sensoriais, podem apresentar reações diferentes/estranhas, como reagir à uma coceira, no local onde foram tocadas, gerando mensagens erradas para os seus companheiros. Aquelas que não se sentem atraídas pelo sexo oposto, ou não têm interesse em se relacionar afetivamente, podem chegar a ter preocupações sobre sexualidade e identidade de gênero, e precisarão de suporte psicoterápico.

Quando se trata de comportamento sexual, o mais difícil para elas é interpretar as pistas sutis que o parceiro dá durante a relação sexual, assim como no namoro, podendo causar insatisfação e incômodo[22].

Apesar das dificuldades apresentadas, a maioria das meninas com SA são mais propensas a aceitar e apreciar o aconselhamento terapêutico, do que os meninos, e são capazes de se concentrar em aprender as habilidades sociais, autocuidados e habilidades de vida diária de independência, necessárias para uma qualidade de vida melhor. Tal característica dá mais chances de sucesso a elas.

Agradecemos a participação de Lícia Falci Ibraim pelas preciosas colaborações nesse capítulo.

Referências

1. EHLERS, S., GILLBERG, C. **The epidemiology of Asperger syndrome. A total population study.** J Child Psychol Psychiatry. 1993 Nov;34(8):1327-50.
2. ANTUNES, N. L. Prefacio. In: Attwood, T., editor. **A Sindrome de Asperger**. 2a. ed. Lisboa: Verbo; 2010.
3. BARON-COHEN, S. The psychology of autism and Asperger Syndrome. In: BARON-COHEN, S., editor. **Autism and Asperger Syndrome**. New York: Oxford University Press; 2008. p. 71.
4. PARREIRA, A. Cantos Proibidos de uma Aspie. In: RUSSELL, editor. **Tango Para os Lobos**. Campinas2011. p. 13-5,57.
5. BARON-COHEN, S., LESLIE, A. M., FRITH, U. **Does the autistic child have a "theory of mind"?** Cognition. 1985 Oct;21(1):37-46.
6. CUNHA, J. C. As grandes pirâmides de Gisé. In: CUNHA, J.C, editor. **A história das Construções**. Belo Horizonte: Autêntica Editora; 2009. p. 76.
7. SLAUGHTER, V., PETERSON, C.C., MACKINTOSH, E. **Mind what mother says: narrative input and theory of mind in typical children and those on the autism spectrum**. Child Dev. 2007 May-Jun;78(3):839-58.
8. FAHERTY, C., editor. **Asperger's Syndrome in Women: A Different Set of Challenges?** Austim-Asperger's Digest. Arlington,: Future Horizons; 2002.
9. SIMONE, R. **Aspergirls**. Philadelphia: Jessica Kingsley Publishers; 2010.
10. ATTWOOD, T., FAHERTY, C., WAGNER, S., ILAND, L., WROBEL, M., Bolick, T. *et al.* **Asperger no Feminino**. Lisboa: Babel; 2011.
11. WHITE, S. W., ALBANO, A. M., JOHNSON, C. R., KASARI, C., OLLENDICK, T., KLIN, A. *et al.* **Development of a cognitive-behavioral intervention program to treat anxiety and social deficits in teens with highfunctioning autism**. Clin Child Fam Psychol Rev. 2010 Mar;13(1):77-90.
12. ATWOOD, T., editor. **The complete guide to asperger's syndrome**. London: Jessica Kingsley Publishers.; 2007.

13. BOLICK, T., editor. **Asperger Syndrome and Adolescence: Helping Preteens and Teens Get Ready for the Real World: Fair Winds Press**; 2004.
14. BARON-COHEN, S., editor. **Mindblindness: An Essay on autism and Theory of mind**. : MIT Press; 1997.
15. LAI, M. C., LOMBARDO, M. V., RUIGROK, A. N., CHAKRABARTI, B., WHEELWRIGHT, S. J., AUYEUNG, B. *et al*. **Cognition in males and females with autism: similarities and differences**. PLoS One. 2012;7(10):e47198.
16. CARTER, A. S., BLACK, D. O., TEWANI, S., CONNOLLY, C. E., KADLEC, M. B., TAGER-FLUSBERG, H. **Sex differences in toddlers with autism spectrum disorders**. J Autism Dev Disord. 2007 Jan;37(1):86-97.
17. BOUCHER, J., editor. **The autistic Spectrum: Characteristics, causes and practical issues**. London: SAGE Publications Ltd.; 2009.
18. Mclennan, J. D., LORD, C., SCHOPLER, E. **Sex differences in higher functioning people with autism**. J Autism Dev Disord. 1993 Jun;23(2):217-27.
19. MANDY, W., CHILVERS, R., CHOWDHURY, U., SALTER, G., SEIGAL, A., SKUSE, D. **Sex differences in autism spectrum disorder: evidence from a large sample of children and adolescents**. J Autism Dev Disord. 2012 Jul;42(7):1304-13.
20. WILLEY, H. L., editor. **Safety Skills for Asperger Women**. London: Jessica Kingsley Publishers; 2012.
21. BAUMINGER, N., KASARI, C. **Loneliness and friendship in highfunctioning children with autism**. Child Dev. 2000 Mar-Apr;71(2):447-56.
22. HÉNAULT, A., editor. **Asperger's Syndrome and Sexuality: From adolescence through adulthood**. London: Jessica Kingsley Publishers.; 2006.

O FENÓTIPO AMPLIADO DO AUTISMO EM PAIS DE INDIVÍDUOS PORTADORES DO TRANSTORNO

Lidia de Lima Prata Cruz
Fabio Lopes Rocha

Considerações Iniciais

Muitos pais de indivíduos com autismo apresentam características atenuadas, porém, semelhantes às de seus filhos[1]. Já em 1943, Kanner[2], em seus estudos iniciais, sugeriu que os pais das crianças autistas eram frios, distantes e intelectuais. A partir desta percepção, durante muitos anos se acreditou que o transtorno na criança era causado pela frieza emocional de seus pais[3]. Porém, atualmente, sabe-se que o autismo não é um transtorno psicológico desenvolvido a partir de modelos de relacionamentos, mas uma síndrome neurobiológica, que possui um forte componente genético[4]. Sendo assim, algumas características perceptíveis nos pais são a manifestação branda de um conjunto de características fenotípicas, nomeadas Fenótipo Ampliado do Autismo (FAA). Ou seja, o FAA são características qualitativamente similares às que definem a síndrome, mas em quantidade insuficiente para caracterizar a síndrome autista, sendo mais presente nos familiares destes, do que na população em geral[1], produto de herança genética.

De acordo com a literatura, a prevalência de FAA nos progenitores de autistas varia de 12 a 30%[1,5,6,7]. Além disso, acredita-se que as famílias que possuem mais de um filho autista possuem mais traços de FAA do que famílias com única incidência de autismo [8,9].

As características que compõem o quadro de FAA ainda são bastante discutidas e encontram-se relacionadas a:
- alterações comportamentais;
- alterações cognitivas;
- traços de personalidade;
- vulnerabilidade a outros transtornos psiquiátricos.

O objetivo deste trabalho é relatar as principais características apresentadas pelos estudos e discutir a relevância destes conceitos, no contexto clínico.

Alterações comportamentais:

As alterações comportamentais estão relacionadas à tríade de sintomas nucleares. Enquanto na síndrome, por definição, há prejuízo nos três domínios: interação social, comunicação e presença de comportamentos e interesses rígidos, restritos e estereotipados, as evidências sugerem que nos familiares não autistas, os prejuízos podem aparecer de forma independente. Sendo assim, o pai ou a mãe podem apresentar dificuldades relacionadas a somente um ou dois, dos três sintomas[10].

Cada um destes domínios se divide em subdomínios, fazendo com que o autismo seja uma síndrome bastante heterogênea. De acordo com os estudos, a diversidade de características comportamentais apresentadas pelos pais, e que fazem parte do grupo de traços que compõem o quadro de FAA, estão apresentadas na figura 1.

Fig 1. Características comportamentais que fazem parte do FAA nos pais

> Social
> - Déficits de Habilidades Sociais
> - Pouco Interesse em interagirComunicação
> - Déficits de Linguagem Pragmática
>
> Comportamentos e interesses rígidos e restritos e estereotipados
> - Resistência a mudanças
> - Interesses restritos

A avaliação das características comportamentais nos pais é realizada por instrumentos em forma de questionários e de escalas de observação. Entre os mais utilizados em pesquisas, encontram-se o Autism Spectrum Quotient (AQ)[11], Social Responsiveness Rating Scale - Adult Version (SRS-AV)[12]; o Broad Phenotype Autism Symptom Scale (BPASS)[13] e o Broad Autism Phenotype Questionnaire (BPAQ)[6]. Nenhum destes instrumentos é validado para a população brasileira, até a presente data.

Interação social

O aspecto social do FAA é abordado nos estudos por duas vertentes: interesse em interagir[6] e falta de habilidades sociais[5]. Alguns progenitores apresentam pouco interesse em se relacionar socialmente, enquanto outros possuem a motivação necessária, mas não conseguem iniciar e manter relacionamentos de amizade, pois tentam se aproximar do outro de forma estranha e inconveniente, causando rejeição nos seus pares.

Os pais de crianças com autismo apresentam uma redução da qualidade e quantidade de amizades em relação ao grupo controle[9] e possuem preferência por profissões que exigem poucas habilidades de compreensão social como matemática, engenharia e física[14].

Comunicação e Linguagem

Muitos pais de crianças autistas possuem dificuldades em utilizar a linguagem para se comunicar socialmente. Esta habilidade, nomeada linguagem pragmática, inclui habilidades de iniciar conversas; de alternar turnos; de manter tópicos de interesse de outras pessoas; de perceber comportamentos comunicativos não verbais, como contato ocular, leitura de expressões faciais, gestos; entre outras[15]. Os déficits de linguagem pragmática fazem parte do grupo de características que compõem o FAA nos pais de indivíduos com autismo[6].

Também foram avaliadas nos progenitores de autistas as habilidades relacionadas à linguagem estrutural, que são o processamento fonológico, vocabulário, sintaxe e morfologia. Porém, alterações de linguagem estrutural não foram confirmadas fazerem parte do FAA, visto que os resultados das pesquisas são ainda divergentes[16,17,18].

Comportamentos e interesses rígidos, restritos e estereotipados

Este terceiro domínio da tríade de sintomas nucleares foi o menos pesquisado nos pais, até a presente data. A maioria dos estudos o avaliaram de forma geral, considerando-o uma única categoria[1,13], apesar de os subdomínios serem heterogêneos e poderem ter origens cognitivas distintas[19]. Os estudos relatam que pais de crianças com autismo apresentam dificuldades em lidar com mudanças de planos, forte necessidade de rotina[6], além de interesses restritos e intensos[20]. Porém, nenhum estudo avaliou de forma específica, a presença de comportamentos estereotipados nos pais.

Alterações Cognitivas

Para cada alteração comportamental, há uma alteração cognitiva responsável por esta[21]. Os principais modelos cognitivos capazes de explicar alguns sintomas comportmentais são: Teoria da Mente, Coerência Central e Funções Executivas. Porém, estes modelos não são universais ou específicos para o autismo[22].

Teoria da Mente
Entende-se por Teoria da Mente (ToM) como a habilidade em atribuir estados mentais (crenças desejos e emoções) a si

mesmo e a outras pessoas[23]. Acredita-se que o déficit nesta habilidade cognitiva seja o principal responsável pelos déficits sociais presentes nos indivíduos com autismo, visto que a percepção dos estados mentais do outro serve como um guia para o próprio comportamento do individuo[24]. Além disso, os déficits de ToM podem gerar prejuízos na linguagem pragmática, déficit na capacidade de brincar de faz-de-conta e déficit de empatia[25,26].

A Teoria da Mente pode ser dividida em dois domínios: a dedução do estado mental, que é a capacidade de integrar as informações do contexto com as informações do histórico da pessoa, para compreender o comportamento desta; e a decodificação do estado mental, que é a habilidade em interpretar as expressões faciais ou gestos[27]. Os pais de crianças com autismo apresentaram uma performance inferior a outros grupos de pais, tanto nas tarefas de dedução[28] quanto de decodificação do estado mental de outras pessoas[29,30]. Mas esta conclusão não é universal[31].

Funções Executivas

As Funções Executivas são um conjunto de habilidades cognitivas capazes de iniciar e monitorar o comportamento do indivíduo. Fazem parte deste conjunto de habilidades, a capacidade de organização, de planejamento, controle inibitório, memória operacional, entre outras. Os déficits de funções executivas podem ser responsáveis pela rigidez e perseveração presentes nos indivíduos com autismo[32].

Alguns estudos relatam que os pais de crianças autistas possuem dificuldades de planejamento [33,34], memória operacional[28], flexibilidade cognitiva[35] e fluência verbal e não verbal[36].

Coerência Central

Diferente dos outros modelos cognitivos, a Coerência Central não fala em déficits. Pessoas do espectro do autismo possuem uma forma diferente de processar as informações, o que pode trazer vantagens e desvantagens[37]. Enquanto as pessoas com desenvolvimento típico integram os detalhes dentro de uma entidade global, as pessoas do espectro do autismo demonstram um desvio de processamento em relação aos detalhes e muitas vezes perdem o sentido geral, possuindo desta forma, uma fraca Coerência Central[38]. Esta habilidade de observar e se recordar com riqueza de detalhes pode ser benéfica em muitas situações, como em algumas profissões, por exemplo.

Além de habilidades visuais, este modelo cognitivo engloba também habilidades verbais. Indivíduos que possuem fraca Coerência Central se apegam mais às palavras do que ao sentido da frase, o que pode gerar déficits na comunicação[39].

Os pais de crianças com autismo apresentam uma fraca Coerência Central nos aspectos visuais e verbais[40]. Porém, alguns pesquisadores encontraram alterações em alguns testes somente[41], sendo necessário mais estudos sobre este modelo de processamento cognitivo, neste grupo de indivíduos.

Traços de Personalidade

De acordo com o estudo de Murphy *et al*[42] os progenitores de crianças com autismo são mais ansiosos, tímidos e distantes socialmente, em comparação aos familiares de crianças com Síndrome de Down. Para Piven *et al*[43], os pais são mais francos, reservados e distantes, socialmente. Em outro estudo, em 1997, Piven[1] e sua equipe, encontraram altas taxas de expressão de distanciamento social, melindre, ansiedade e rigidez.

Presença de outros transtornos mentais

Os pais de indivíduos com autismo apresentam maior prevalência de alguns transtornos mentais como Fobia Social, Depressão[44, 45] e Transtorno Obsessivo Compulsivo[44, 46, 47, 48] do que pais de crianças com desenvolvimento típico ou com Síndrome de Down.

Os progenitores de autistas apresentam maiores riscos de ter Depressão e estresse, seja de forma direta (a Depressão como resultado de uma predisposição genética) ou indireta (indivíduos que possuem o FAA se engajam em comportamentos que os colocam em maior risco, para um final indesejado)[49]. Além disso, alguns estudos relatam que o nível da gravidade dos sintomas da criança, também é um fator que está associado ao nível de estresse e Depressão nos pais[50].

Relevância dos estudos sobre o FAA nos pais

Em Pesquisas

Os resultados das pesquisas sobre a genética do autismo, ainda permanecem bastante obscuros, principalmente devido ao fato de a transmissão dos genes não ocorrer da forma clássica, mendeliana[4]. Além disso, o autismo é um transtorno bastante heterogêneo, com a presença de ampla diversidade de sintomas. Desta forma, separar grupo de familiares que possuem características semelhantes, comportamentais e cognitivas, facilita o processo de identificação dos genes, que conferem vulnerabilidade ao transtorno[51].

No contexto clínico: criança autista

A identificação de traços de FAA no progenitor possibilitará aos profissionais responsáveis pelo tratamento da criança, a elaboração de formas mais eficazes de conduzir os atendimentos. Pais que possuem déficits de linguagem pragmática, mesmo que de forma branda, podem necessitar de uma forma de intervenção mais literal, por parte dos profissionais responsáveis pelo tratamento do indivíduo autista. Desta forma, em vez de sugerir que o pai deva dar mais atenção ao filho, o profissional poderia dizer que este o buscasse na escola três vezes por semana e o levasse para passear depois da aula, em um destes dias. Pais com dificuldades em interagir socialmente, terão mais dificuldades em estimular a interação social de seus filhos. Provavelmente, não se envolverão com os pais dos colegas de sala da criança, nem convidarão os colegas para irem à sua casa, sendo necessário ajuda da equipe escolar, para promover esta interação. Já aqueles que são mais rígidos, terão dificuldades em se adaptarem a algumas mudanças necessárias para o desenvolvimento de seu filho, como por exemplo, abrir mão da própria rotina, para incluir atividades importantes para a criança. Desta forma, é necessário que os profissionais adequem as intervenções, considerando as características dos pais, para que os resultados do tratamento sejam bem sucedidos.

No contexto clínico: progenitores

De acordo com a nossa experiência no atendimento destas famílias, é bastante frequente o relato de alguns pais sobre a percepção de traços de autismo, em si próprios e/ou no outro progenitor. Percebemos que aqueles pais que identificam em si mesmos estas características, compreendem melhor o porquê de muitas situações, que vivenciaram ao longo da vida. Esta compreensão ora vem acompanhada por um sentimento de alívio, ora por um grande pesar. A partir da constatação pelo próprio indivíduo das suas dificuldades, é possível pensar em tratamentos que poderiam beneficiá-lo. Porém, nem todos aqueles que possuem traços de autismo dão conta de perceber por conta própria, ou de aceitar, quando as características são apontadas por outra pessoa.

Além disso, constatamos que a compreensão de que algumas características comportamentais ocorrem devido a uma responsabilidade genética e não a problemas morais, levam os cônjuges a serem mais tolerantes com algumas dificuldades do parceiro, portador do FAA. De todas as características apresentadas, o déficit de Teoria da Mente, demonstra ser a maior fonte de sofrimento para o indivíduo e seus familiares.

Relatos de pais

Abaixo, apresentamos alguns relatos de pais sobre a compreensão do FAA, em si ou no outro progenitor do indivíduo do espectro do autismo.

J.P.C, 46 anos, é mãe de dois meninos, sendo o mais novo autista. É casada com o pai das crianças, portador de FAA.

"Meu marido sempre teve dificuldade em aceitar o diagnóstico do meu filho. Apesar da grande resistência, segui em frente com as terapias e comecei a compreender melhor sobre o transtorno. Quanto mais eu lia, mais identificava o meu marido nos relatos. A dificuldade de se colocar no lugar do outro, de identificar necessidades, de fazer diferente do combinado. Sempre se sentindo invadido no seu espaço e reagindo, como se estivesse em guerra, apesar de ninguém entender o motivo de tanta intransigência. Além disso, ele apresenta muitas alterações de humor, que ocorrem de forma a parecer, que entrou uma pessoa e saiu outra.

O meu filho mais velho enxerga as dificuldades do pai e sofre. Sofre porque não entende essas reações, porque tem vergonha dessas reações desmedidas, porque tem medo de se parecer com ele. E sofre, principalmente, por não se sentir amado. Às vezes, reclama que o pai prefere ficar com o computador do que com ele. Quando saímos juntos, o pai interage pouco. Está lá fisicamente, mas participa pouco do programa. E acha que fez muito, que participou muito, que os filhos são reclamões e mimados. Tem pouca paciência com o filho mais velho. Identifica-se muito mais com o mais novo. Conhecer sobre o transtorno foi essência, para me manter firme e tentar ajudar a minha família a permanecer unida e superar nossas dificuldades".

C. R. M, 42 anos, portadora de FAA, mãe de criança com Síndrome de Asperger, divorciada.

"Nunca vou me esquecer do dia que ouvi do meu filho: "Eu não quero ir pra escola. Lá ninguém gosta de mim." Foi como voltar no tempo e ver uma menina sendo arrancada do carro pela servente da escola para mais um "terrível e assustador" dia de aula, de recreio, etc. Pois é, eu também havia passado por isso. Essa imensa solidão no meio de colegas, professores, que pareciam todos se entender e pertencer, menos eu! Mais tarde, ouvi dele, meu filho, que era horrível ficar entre os colegas, que pareciam nunca escutá-lo e que sentia como se não existisse. "Touché", novamente qualquer semelhança, não era mera coincidência. Eu sempre me senti assim.

Outros fatos também chamaram minha atenção, para essa semelhança de sentimentos e comportamentos: a dificuldade de estar em lugares muito cheios de pessoas desorganizadas ou barulhentas, a "mania" de ter só um amigo por vez, e não gostar de turmas e festinhas, o apego às minhas coisas e à minha rotina e outros tantos, que foram aparecendo à medida que ele crescia. No meu caso, ter vivido tudo isso, serviu para me aproximar mais do meu filho, ao invés de apenas julgá-lo e dizer o famoso "isso é coisa da sua cabeça, menino" e deixá-lo seguir sozinho, tentando achar uma solução por ele mesmo, como aconteceu comigo.

A experiência me fez porta-voz do meu filho, uma vez que eu tinha mais condições de verbalizar o que ele estava sentindo e refutar alguns argumentos simplórios, de pessoas menos experientes, que queriam resolver o problema, fingindo que ele não existia. O mais importante, porém, na minha opinião, foi o fato de acreditar nele, em seus sentimentos, respeitá-los e procurar ajudá-lo, fazendo-o se sentir menos sozinho e inseguro. Creio que para ele, isso também foi a parte mais importante: contar com meu apoio e compreensão."

M. S. A., 45 anos, casado. Portador de FAA. Pai de uma criança com autismo.

"Quando meu filho foi diagnosticado com Autismo Infantil, uma pergunta martelava na minha cabeça: "Por que eu tenho que ser pai de um autista? Nesses momentos, há uma tendência para resistir,

questionar o diagnóstico, não aceitar o fato e ir tocando a vida, como estivesse tudo bem. Pensei, "deixa prá lá, é coisa de menino, que com o passar dos anos, vai se ajeitar e desaparecer" - essa é uma saída confortável que a mente pode propor para um pai não se envolver e não sofrer. Argumentos rasos não faltam, para escapar de aceitar a realidade de ter um filho com autismo, como se isso fosse uma coisa ruim, uma doença repugnante ou algo parecido. Assim, num primeiro momento, pensei que meu filho não poderia ter autismo porque, levando em conta que ele deveria se parecer comigo, seria incongruente que ele fosse autista. Afinal, "sendo perfeito, como poderia ter um filho 'incompleto'"? Ser autista me dava a impressão de incompletude.

"Natureza é aquilo que volta". Ao brincarmos com o "joão-bobo inflável", damos socos nele e sabemos que ele não vai deitar e ficar deitado, embora possa deitar por uma fração de segundo e mesmo sabendo que não vai deitar, no momento da brincadeira, relaxamos e nos permitimos continuar brincando, porque sabemos que ele vai voltar e essa é a graça da brincadeira. É preciso relaxar, para entender que ele vai voltar e se voltar, qual é o problema? Vamos nos divertir. A volta é óbvia, é esperada e é natural. De modo semelhante, embora tivesse ignorado que eu poderia compartilhar algo da realidade do meu filho, com o passar do tempo, ao me observar sem receios, com a ajuda da minha esposa, passei a notar que, a despeito de minha indiferença em aceitar uma suposta esquisitice, alguns traços não neurotípicos eram insistentes, pareciam fazer parte da minha personalidade e era ineficaz fingir, que estava tudo bem. Assim, relaxando mais um pouco, com a suspensão de julgamentos, para poder observar e aprender, notei que a distância entre os traços autistas de meu filho e eu, passou a não ser tão grande assim. Tendência para interesses específicos que destoam da maioria; interação com todo tipo de pessoas e culturas diferentes, mas capacidade fraca para manter amizades e ser capaz de se colocar no lugar do outro; evitar relacionamentos interpessoais, não porque eu não me interessasse pelas pessoas, mas porque simplesmente não conseguia entender como elas

funcionavam; e assim por diante. Esses traços nunca me incomodaram até que me tornasse marido e pai, porque, uma vez que assumi esses dois papéis, minha responsabilidade aumentou e as características de isolamento que poderiam me trazer algum tipo de prejuízo, hoje trazem muito mais. Tendência para ignorar necessidades físicas, sentimentais e afetivas de minha esposa e filho, devido ao desinteresse de efetivamente fazer parte do mundo deles, tem acarretado prejuízo na minha saúde emocional e até mesmo no sucesso profissional, pois a motivação para desenvolvimento econômico de um homem vem principalmente de seus laços afetivos familiares".

R. L. D., 56 anos, divorciada. Mãe de um adolescente com Síndrome de Asperger

"*Soube do diagnóstico de meu filho, quando ele tinha 11 anos de idade. Era casada há 18 e, após o nascimento dele, passei a viver outra fase nesse casamento: a leveza transformou-se em algo pesado. Meu marido descrevia filho assim: 5% de prazer e 95% de preocupação. Desde que meu filho nasceu, percebi algo diferente. Conversava com o pai dele, que sempre dizia que eu estava procurando 'chifres na cabeça de cavalo.' Dizia que nosso filho era muito inteligente e que eu devia aceitá-lo assim, como a própria psicóloga havia dito, depois de tratar dele, por 2 anos.*

Porém, com pouco mais de 7 anos, meu filho era agressivo nas palavras e se exaltava a ponto de pular bem alto, por um bom tempo, exasperado. Dizia que iria suicidar e agredia muito. Mas eu percebia que era ele quem mais sofria com tudo isso e sabia que havia algo estranho. Tentava conversar com meu marido, mas ele continuava negando o diálogo, não ia às reuniões na escola e, praticamente, ignorava as crises de nosso filho. Percebi que ele mesmo - o pai - não gostava da convivência social (dificilmente recebíamos amigos em casa), era sempre cheio de reticências com minha família, quase não frequentava a dele e obedecia a rituais, quando chegava em casa. Normalmente se mantinha alheio, ouvindo seus rocks pesados, no fone de ouvido, num volume alto. Fora isso, bebia uma cerveja e ficava dis-

tante da rotina da casa. Tinha suas manias e me pedia para respeitá-las. Nunca ensinou o filho a andar de bicicleta, não brincava com nada que demandasse esforço físico e culpava a pressão alta. Conseguia ficar com o filho, por pouco tempo, se fosse desenhando ou escrevendo. Tinha medo de ficar sozinho com ele, pois poderia morrer. Era o sentimento dele, nada possível na prática. Percebi que estava sozinha, que algo estava muito errado. Pedi ajuda a meu psicólogo, que me indicou um psiquiatra da infância. Veio o diagnóstico e meu marido se foi. Nós nos separamos um pouco antes dessa confirmação. Expliquei para o meu filho que, às vezes, para a família ficar unida, era preciso se separar. E foi o que aconteceu. Em casa, meu marido fugia do filho, era má influência com a mania de doença, de perseguição, da crença de que a humanidade não prestava, da falta de horários, além de ter seus próprios rituais, mas não cumpria a rotina de um pai de família. Estava certa. Hoje ele é um pouco mais participativo, o que já é muito para alguém que não conseguia praticamente nada. Mas sinto falta do lado masculino da educação para meu filho. A referência dele é só feminina e isso pode ser complicado para um Asperger que recorta e copia. Mas vida que segue, eu procuro preencher essas lacunas com boas parcerias com médicos, psicólogos, educadores e uma parcela pequena da família (aquela que dá conta de um parente especial).

Considerações finais

Apesar de já se ter caminhado bastante na compreensão das características, que compõem o FAA, são necessários novos estudos sobre o tema, devido à heterogeneidade de opiniões entre os autores. Em relação às características comportamentais, os estudos são convergentes no sentido de que os pais de crianças com autismo apresentam alterações nos três domínios nucleares da tríade de sintomas. Porém, focam subdomínios diferentes. Já em relação aos modelos cognitivos, é comum os trabalhos utilizarem os mesmos instrumentos e encontrarem resultados divergentes.

Além disso, é interessante observar que a literatura analisada aponta a relevância dos estudos sobre FAA, somente nas pesquisas sobre genética. Não foram encontrados artigos que apontassem as relevâncias destes conceitos no contexto clínico. Os relatos de pais que aqui foram apresentados deixam evidente a importância da utilização destes conceitos no tratamento clínico e ressaltam os benefícios que poderão levar para o individuo autista, para o progenitor portados de FAA e para os outros membros não afetados pelo autismo.

Gostaríamos de ressaltar, que a constatação de que algum individuo é portador de FAA não o coloca em condição de inferioridade, mas de uma forma diferente de se relacionar e de se portar perante às exigências da vida, que merece ser respeitada por todos, principalmente pelos familiares e pelos profissionais que os acompanham.

Referências

1. PIVEN, J., PALMER, P., LANDA, R., SANTANGELO, S., JACOBI, D., **Childress D. Personality and language characteristics in parents from multiple-incidence autism families.** Am J Med Genet. 1997 Jul 25;74(4):398-411.
2. KANNER, L. **Autistic disturbances of affective contact.** Acta Paedopsychiatr. 1968;35(4):100-36.
3. KLIN, A. **Autismo e Síndrome de Asperger: uma visão geral.** Rev. Bras Psiquiatr. 2006 May;28 Suppl 1:S3-11. Epub 2006 Jun 12.
4. PIVEN, J. **The Broad Autism Phenotype: A Complementary Strategy for Molecular Genetic Studies of autism.** 2001. Am J Med Genet. 2001 Jan 8;105(1):34-5.
5. BISHOP, D. V., MAYBERY, M., MALEY, A., WONG, D., HILL, W., HALLMAYER, J. **Using self-report to identify the broad phenotype in parents of children with autism spectrum disorders: a study using the Autism-Spectrum Quotient.** J Child Psychol Psychiatry. 2004 Nov;45(8):1431-6.
6. HURLEY, R. S., LOSH, M., PARLIER, M., REZNICK, J.S., PIVEN, J. **The broad autism phenotype questionnaire.** J Autism Dev Disord. 2007 Oct;37(9):1679-90. Epub 2006 Dec 5.

7. PICKLES, A., STARR, E., KAZAK, S., BOLTON, P., PAPANIKOLAOU, K., BAILEY, A., GOODMAN, R., RUTTER, M. **Variable expression of the autism broader phenotype: findings from extended pedigrees.** J Child Psychol Psychiatry. 2000 May;41(4):491-502.
8. BERNIER, R., GERDTS, J., MUNSON, J., DAWSON, G., ESTES, A. **Evidence for the broader autism phenotype characteristics in parents from multiple-incidence families.** Autism Res. 2012 Feb;5(1):13-20. Epub 2011 Sep 8.
9. LOSH, M., CHILDRESS, D., LAM, K., PIVEN, J. **Defining key features of the broad autism phenotype: a comparison across parents of multiple and single-incidence autism families** Am J Med Genet B Neuropsychiatr Genet. 2008 Jun 5;147B(4):424-33.
10. FOLSTEIN, S. E., SANTANGELO, S. L., GILMAN, S. E., PIVEN, J., LANDA, R., LAINHART, J., HEIN, J., **Wzorek M. Predictors of cognitive test patterns in autism families.** J Child Psychol Psychiatry. 1999 Oct;40(7):1117-28.
11. BARON-COHEN, S., WHEELWRIGHT, S., SKINNER, R., MARTIN, J., CLUBLEY, E. **The autism-spectrum quotient (AQ): evidence from Asperger syndrome/high-functioning autism, males and females, scientists and mathematicians.** J Autism Dev Disord. 2001 Feb;31(1):5-17.
12. CONSTANTINO, J. N., GRUBER, C. P. (2005). **The Social Responsiveness Scale (SRS) Manual.** Los Angeles: Western Psychological Services.
13. DAWSON, G, ESTES, A., MUNSON, J., SCHELLENBERG, G., BERNIER, R., ABBOTT, R. **Quantitative Assessment of Autism Symptom-Related Traits in Probands and Parents: Broad Phenotype Autism Symptom Scale.** J Autism Dev Disord. 2007 Mar;37(3):523-36.
14. BARON-COHEN, S., BOLTON, P., WHEELWRIGHT, S., SCAHILL, V., SHORT, L., MEAD, G., SMITH, A. **Autism occurs more often in families of physicists, engineers, and mathematicians.** Autism,1998 2(3):296-301.
15. RUSER, T. F., ARIN, D., DOWD, M., PUTNAM, S., WINKLOSKY, B., ROSEN-SHEIDLEY, B., PIVEN, J., TOMBLIN, B., TAGER-FLUSBERG, H., FOLSTEIN, S. **Communicative competences in parents of children with autism and parents of children with specific language impairment.** J Autism Dev Disord. 2007 Aug;37(7):1323-36. Epub 2006 Dec 16.

16. BISHOP, D. V., MAYBERY, M., WONG, D., MALEY, A., HILL, W., HALLMAYER, J. **Are phonological processing deficits part of the broad autism phenotype?** Am J Med Genet B Neuropsychiatr Genet. 2004 Jul 1;128B(1):54-60.
17. WHITEHOUSE, A. J., COON, H., MILLER, J., SALISBURY, B., BISHOP, D.V. **Narrowing the broader autism phenotype: A study using the communication checklist- Adult version** (CC-A). Autism. 2010 Nov;14(6):559-74. Epub 2010 Oct 5.
18. LINDGREN, K. A., FOLSTEIN, S. E., TOMBLIN, J. B., Tager-Flusberg, H. **Language and Reading Abilities of Children with Autism Spectrum Disorders and Specific Language Impairment and Their First-Degree Relatives.** Autism Res. 2009 Feb;2(1):22-38.
19. MILITERINE, R., BRAVACCIO, C., FALCO, C., FICO, C., PALERMO, M. T. **Repetitive behaviors in autistic disorder.** Eur Child Adolesc Psychiatry. 2002 Oct;11(5):210-8.
20. WOLFF, S., Narayan, S., MOYES, B. **Personality characteristics of parents of autistic children: a controlled study.** J Child Psychol Psychiatry. 1988 Mar;29(2):143-53.
21. HAPPÉ, F., RONALD, A., PLOMIN, R.. **Time to give up on a single explanation for autism.** Nat Neurosci. 2006 Oct;9(10):1218-20.
22. HAPPÉ, F., FRITH, U. **The Weak Coherence Account: Detail-focused Cognitive Style in Autism Spectrum Disorders.** J Autism Dev Disord. 2006 Jan;36(1):5-25.
23. PREMACK, D., WOODRUFF, G. **Does chimpanzee have theory of mind?** Behav Brain Sci. 1978;4(1), 515–526.
24. BARON-COHEN, S. **The autistic child theory of mind: a case of specific developmental delay.** J Child Psychol Psychiatry. 1989 Mar;30(2):285-97.
25. LESLIE, A., FRITH, U. **Autistic children's understanding of seeing knowing and believing.** Brit j dev psychol 1988 Mar;(6), 315-324.
26. HAPPÉ, F., FRITH, U. **The neuropsychology of autism** Brain. 1996 Aug;119 (Pt 4):1377-400.
27. SABBAGH, M. A., SEAMANS, E. L. **Intergenerational transmission of theory-of-mind.** Dev Sci. 2008 May;11(3):354-60.
28. GOKCEN, S., BORA, E., ERERMIS, S., KESIKCI, H., AYDIN, C. **Theory of mind and verbal working memory deficits in parents of autistic children.** Psychiatry Res. 2009 Mar 31;166(1):46-53. Epub 2009 Feb 6.

29. PALERMO, M. T., PASQUALETTI, P., BARBATI, G., INTELLIGENTE, F., ROSSINI, P. M. **Recognition of semantic facial displays of emotion in parents of children with autism.** Autism. 2006 Jul;10(4):353-64.
30. WALLACE, S., SEBASTIAN, C., PELLICANO, E., PARR, J., BAILEY, A. **Face processing abilities in relatives of individuals with ASD.** Autism Res. 2010 Dec;3(6):345-9. doi: 10.1002/aur.161. Epub 2010 Dec 8.
31. BÖLTE, S., POUSTKA, F. **The recognition of facial affect in autistic and schizophrenic and their first-degree relatives.** Psychol Med. 2003 Jul;33(5):907-15.
32. HILL, E. L. **Executive dysfunction in autism.** Trends Cogn Sci. 2004 Jan;8(1):26-32.
33. DELORME, R., GOUSSÉ, V., ROY, I., TRANDAFIR, A., MATHIEU, F., MOUREN-SIMÉONI, M. C., BETANCUR, C., LEBOYER, M. **Shared executive dysfunctions in unaffected relatives of patients with autism and obsessive- compulsive disorder.** Eur Psychiatry. 2007 Jan; 22(1):32-8. Epub 2006 Nov 28.
34. NYDÉN, A., HAGBERG, B., GOUSSÉ, V., RASTAM, M. **A cognitive endophenotype of autism in families with multiple incidence.** Res in Autism Spec Disorders, 2011; 5 (1), 191-200.
35. HUGHES, C., LEBOYER, M., BOUVARD, M. **Executive function in parents of children with autism. Psychological Medicine.** Psychol Med. 1997 Jan;27(1):209-20.
36. WONG, D., MAYBERY, M., BISHOP, D. V., MALEY, A., HALLMAYER, J. **Profiles of executive function in parents and non- affected siblings of individual with autism spectrum disorders.** Genes Brain Behav. 2006 Nov;5(8):561-76.
37. HAPPÉ, F. **Autism: cognitive deficit or cognitive style?** Trends Cogn Sci. 1999 Jun;3(6):216-222.
38. FRITH, U. **Autism: Explaining the enigma.** Oxford: Blackwell; 1989.
39. BOOTH, R., HAPPÉ, F. **Hunting with a knife and... fork: examining central coherence in autism, attention deficit/hyperactivity disorder, and typical development with a linguistic task.** J Exp Child Psychol. 2010 Dec;107(4):377-93. Epub 2010 Jul 23..
40. HAPPÉ, F., BRISKMAN, J., FRITH, U. **Exploring the Cognitive Phenotype of Autism: Weak "Central Coherence" in Parents and Siblings of Children with Autism:I. Experimental Tests.** J Child Psychol Psychiatry. 2001 Mar;42(3):299-307.

41. LOSH, M., ADOLPHS, R., POE. M. D., COUTURE, S., PENN, D., BARANEK, G. T., PIVEN, J. **Neuropsychological profile of autism and the broad autism phenotype**. Arch Gen Psychiatry. 2009 May;66(5):518-26.
42. MURPHY, M., BOLTON, P. F., PICKLES, A., FOMBONNE, E., PIVEN, J., RUTTER, M. **Personality traits of the relatives of autistic probands**. Psychol Med. 2000 Nov;30(6):1411-24.
43. PIVEN, J., WZOREK, M., LANDA, R., LAINHART, J., BOLTON, P., CHASE, G. A., FOLSTEIN, S. **Personality characteristics of the relatives of autistic individuals**. Psychol Med. 1994 Aug;24(3):783-95.
44. BOLTON, P. F., PICKLES, A., MURPHY, M., RUTTER, M. **Autism, affective and other psychiatric disorders: patterns of familial aggregation**. Psychol Med. 1998 Mar;28(2):385-95.
45. PIVEN, J., PALMER, P. **Psychiatric disorder and the broad autism phenotype: Evidence from a family study of multiple-incidence autism families**. Am J Psychiatry. 1999 Apr;156(4):557-63.
46. MICALI, N., CHAKRABARTI, S., FOMBONNE, E. **The Broad autism phenotype**. Autism. 2004 Mar;8(1):21-37.
47. HOLLANDER, E., KING, A., DELANEY, K., SMITH, C. J., SILVERMAN, J. M. **Obsessive-compulsive behaviors in parents of multiplex autism families**. Psychiatry Res. 2003 Jan 25;117(1):11-6.
48. WILCOX, J. A., TSUANG, M. T., SCHNURR, T., BAIDA-FRAGOSO, N. **Casecontrol family study of lesser variant traits in autism**. Neuropsychobiology. 2003;47(4):171-7.
49. INGERSOLL, B., HAMBRICK, D. Z. **The relationship between the broader autism phenotype, child severity, and stress and depression in parents of children with autism spectrum disorders**. Research in Autism Spectrum Disorders 2011; Jan-Mar5(1), 337–344
50. BENSON, P. R. **The impact of child symptom severity on depressed mood among parents of children with ASD. The mediating role of stress proliferation.** J Autism Dev Disord. 2006 Jul;36(5):685-95.
51. SMITH, C. J., LANG, C. M., KRYZAK, L., REICHENBERG, A., HOLLANDER, E., SILVERMAN, J. M. **Familial associations of intense preoccupations, an empirical factor of the restricted, repetitive behaviors and interests domain of autism**. J Child Psychol Psychiatry. 2009 Aug;50(8):982-90. Epub 2009 Feb 27.

AVALIAÇÃO NEUROPSICOLÓGICA PARA SÍNDROME DE ASPERGER E TRANSTORNO DO ESPECTRO AUTISTA DE ALTO FUNCIONAMENTO

Licia Falci Ibraim

Autismo Infantil e Síndrome de Asperger são os mais conhecidos entre os Transtornos do Espectro do Autismo, um grupo de condições marcado pelo início precoce, com alterações da interação interpessoal, da comunicação e padrões limitados ou estereotipados de comportamentos e interesses.

O autismo é um transtorno biologicamente determinado (1). A avaliação diagnóstica baseia-se nos critérios estabelecidos pela Classificação Internacional de Doenças – CID – 10 (2) (Organização Mundial de Saúde, 1992) e pelo Manual Diagnóstico e Estatístico de Transtornos Mentais – DSM – IV (3).

O autismo é uma síndrome comportamental que exige uma equipe multidisciplinar (Neuropsicólogo, Psiquiatra, Neurologista, Fonoaudiólogo, Terapeuta Ocupacional, Psicopedagogo) para estudá-lo e avaliá-lo. A atuação do neuropsicólogo clínico abrange as áreas da Cognição, Funcionamento Executivo, Habilidades Sociais, Teoria da Mente e Processamento Emocional. A avaliação neuropsicológica, portanto, também faz parte deste processo.

A avaliação neuropsicológica em pessoas com Transtornos do Espectro do Autismo de Alto Funcionamento (TEAAF) é feita por um neuropsicólogo que é também psicólogo clínico.

Durante a anamnese realizada com a família ou com o paciente (no caso do adulto), é necessário:

- Investigar a história clínica do paciente no âmbito familiar, social (interações interpessoais), escolar e profissional;
- Revisar os materiais e informações de outros profissionais que já atuaram com o paciente;
- Obter informações referentes a antecedentes familiares, à presença de possíveis comorbidades, uso de medicação e/ou de drogas ilícitas utilizadas pelo paciente;
- Entrar em contato com a escola do paciente (no caso de se tratar de crianças e adolescentes), para obter informações sobre o seu desempenho escolar e sua socialização;
- Ter acesso a exames de neuroimagens já realizados pelo paciente e resultados de testes já utilizados;

O neuropsicólogo deverá também estar atento ao comportamento do paciente, durante as sessões de avaliação.
- Capacidade ou não de comunicação com o examinador, à existência ou não de um olhar compartilhado, a presença de comportamentos estereotipados, a agitação ou passividade excessivas, as mudanças de humor, a clareza ou não da fala e do pensamento, e a colaboração ou oposição do paciente, diante das tarefas propostas.

Desse modo, haverá informações qualitativas a serem relacionadas ao processo de investigação neuropsicológica.

O diagnóstico precoce em bebês e crianças em idade pré-escolar

A avaliação neuropsicológica em pré-escolares é um desafio para o neuropsicólogo, devido à escassez de instrumentos avaliativos padronizados e normatizados para a população brasileira, de acordo com os padrões de avaliação estabelecidos pelo Conselho Federal de Psicologia (CFP). E assim, a avaliação neuropsicológica acontece com crianças a partir dos seis anos de idade e que falem e conversem.

Embora existam poucos recursos para a avaliação cognitiva nos primeiros anos de vida, a caracterização do autismo nessa faixa etária e uma identificação do perfil neuropsicomotor, podem ser verificadas através de escalas que avaliem os marcos do desenvolvimento. Essas escalas são utilizadas pelos psiquiatras, para monitorarem o desenvolvimento dos pacientes de 16 a 35 meses de idade, considerados de risco para desenvolverem um quadro de autismo. As mais utilizadas são a CARS (Children Autism Rating Scale) e a ADOS (Autism Diagnostic Observation Schedule).

Foi criado e já em uso, um inventário com uma seção de observação e uma de relatório dos pais, usado para identificar TEA (Transtorno do Espectro do Autismo) em crianças de 18 meses, o CHAT (Checklist of Autism in Toddlers). Em 2001, foi elaborado o M-CHAT (Modified Checklist for Autism in Toddlers), que traz uma versão modificada do relatório dos pais.

Um estudo feito sobre o desenvolvimento da comunicação em bebês com TEA (4) sinaliza dificuldades na atenção compartilhada, na imitação e no brincar, como aspectos importantíssimos no diagnóstico precoce do autismo.

Normalmente, as famílias chegam ao consultório médico e/ou neuropsicológico trazendo preocupações e queixas sobre o desenvolvimento da criança:

- Déficit no relacionamento social: isolamento, pouco desejo de estar com outra criança, desinteresse e desapego em ser tocado pelo outro, contato ocular pobre;

- Dificuldade com o brincar, pouco interesse em compartilhar brinquedos e brincadeiras e não mostram comportamentos aprendidos por imitação;
- Presença de comportamentos estereotipados (repetitivos), balanceios, manias, interesses não usuais, arredio ao toque do outro;
- Atraso no uso da comunicação não verbal, presença de ecolalias, falta de linguagem espontânea.

Bebês e crianças até a idade de 5 anos, com comportamentos que sugerem um quadro de Transtorno do Espectro Autista (TEA), devem ser encaminhados à avaliação psiquiátrica. O psiquiatra fará a avaliação clínica destes pacientes, monitorará seus desenvolvimentos e, dependendo dos déficits identificados, poderá encaminhá-los aos profissionais que considerar adequado. A avaliação neuropsicológica será solicitada pelo psiquiatra, no momento em que julgar mais adequado.

Avaliação Neuropsicológica dos Transtornos do Espectro Autista de Alto Funcionamento (TEAAF) e da Síndrome de Asperger (SA)

Pacientes com TEA, principalmente as crianças, variam muito quanto à linguagem, capacidade de manutenção da atenção, grau de perseveração e presença de padrões estereotipados de comportamento.

Uns mostram-se mais opositores e arredios, outros mais passivos e indiferentes. É necessário, portanto, que o neuropsicólogo se flexibilize diante dessas diversas manifestações, para que o paciente se adapte à mudança da sua rotina e à essa nova situação, que é a da avaliação.

É necessário, portanto, que o neuropsicólogo esteja atento às situações que poderão lhe exigir adequação das estratégias de avaliação:

- Às vezes, é necessário permitir a presença da mãe, ou do pai, ou da pessoa que estiver acompanhando a criança, às sessões de avaliação;
- Fazer intervalos durante algumas sessões ou planejar um número maior delas, com tempo menor de duração;
- Adaptar a comunicação do examinador diante das alterações da linguagem expressiva e receptiva, que os pacientes poderão manifestar. As falas deverão ser curtas, objetivas, sem o acúmulo de ordens, e os comandos das tarefas ou as situações explicitadas nos testes poderão necessitar que sejam contextualizadas, para facilitar a compreensão;
- Procurar sempre que possível, o olhar compartilhado com o paciente. Lembrá-lo de olhar para o examinador, quando este lhe falar;
- Atenção aos interesses específicos do paciente. Eles podem prejudicar o processo de avaliação por causa das perseverações. Mas, para alguns pacientes, os temas de interesses específicos poderão atuar como facilitadores ou reforçadores.

O processo de avaliação que será descrito a seguir, atenderá crianças a partir dos seis anos de idade, até a fase adulta.

Avaliação da Eficiência Intelectual

Portadores de Transtornos do Espectro do Autismo de Alto Funcionamento (TEAAF) mostram um nível intelectual em nível Médio Inferior ou Médio, e na Síndrome de Asperger (SA) percebe-se um nível intelectual na média ou superior a ela. Mas o teste de QI (Quociente Intelectual) nunca foi considerado um critério diagnóstico para o autismo.

Para a avaliação do nível intelectual, são usados os seguintes testes, todos eles aprovados pelo Conselho Federal de Psicologia (CFP):

- Escala Wechsler de Inteligência para Crianças – WISC III (5)[a] destinada à faixa etária de 6 a 15 anos e 11 meses.
- A Escala Wechsler de Inteligência para Adolescentes e Adultos – WAIS III (6) é destinada para a faixa etária de 16 anos até 89 anos.

Esses dois testes (escalas) são subdivididos em duas áreas: área verbal e de execução, que avaliam quatro domínios cognitivos: a compreensão verbal, a organização perceptiva, a memória operacional e a velocidade de processamento da informação visual.

- Matrizes Progressivas de Raven – Escala Geral (7) - destinada à faixa etária de 12 a 65 anos.
- Matrizes Coloridas de Raven – Escala Especial (8) – destinada a crianças de 5 anos e meio até 11 anos.

Esses dois testes avaliam a inteligência global não verbal: comparação e raciocínio lógico, capacidade intelectual para comparar formas e raciocinar, por analogias. A escala de matrizes implica uma ordem de complexidade crescente, para rever os sistemas de pensamento no desenvolvimento intelectual. É um teste perceptual e de observação, diante de conteúdo não verbal.

Os resultados obtidos na prática clínica envolvendo a aplicação dos testes WISC III e WAIS III, em pacientes com SA, mostram um desempenho intelectual mais funcional no processamento de informações verbais e um decréscimo no desempenho, diante de raciocínio não verbal. Na prática clíni-

---

[1] Escala Wechsler de Inteligência para Crianças – WISC IV tem previsão de lançamento para 2013

ca, têm-se verificado uma diferença significativa entre os escores do QI verbal e QI de execução. É um resultado que sugere dificuldades de análise-síntese das informações pelos hemisférios cerebrais.

Um resultado que tem sido muito identificado nos desempenhos de pacientes com Síndrome de Asperger (SA), nas Escalas Wechsler de Inteligência, WISC III e WAIS III, é a presença do Transtorno Não verbal de Aprendizagem (TNVA). É um resultado sinalizado pela alta discrepância entre a capacidade de análise-síntese das informações pelos hemisférios cerebrais, presente na diferença entre os desempenhos da área verbal e de execução do WISC III e WAIS III.

O TNVA foi descrito pela primeira vez, em 1971, por Johnson e Myklebust (9), que identificaram um grupo de crianças com incapacidades para compreender o significado do contexto social, com poucas habilidades para o aprendizado acadêmico, dificuldades para se utilizar da comunicação não verbal (interpretação de gestos, expressões faciais, tom de voz) e falhas para entender aspectos não verbais presentes nas situações do cotidiano. O TNVA se refere a uma síndrome neurológica, decorrente de um dano funcional nas conexões da substância branca do hemisfério direito, ainda com etiologia pouco clara.

Os portadores de TNVA mostram falhas de memória visual, dificuldades visuoespaciais, e dificuldades com habilidades acadêmicas: reconhecimento e cópia com letras e números, desenhar, colorir, dificuldades com matemática, leitura e escrita, interpretação linguística do espaço, percepção da relação parte-todo e das relações de causa-efeito. Estudiosos (10) referem-se ao TNVA como o perfil cognitivo da Síndrome de Asperger.

Os padrões de escores dos subtestes da escala verbal do WISC-III e do WAIS-III têm mostrado uma alta funcionalidade nos domínios cognitivos referentes à:

- Memória Semântica Verbal, com um bom conhecimento de vocabulário (subteste Vocabulário), aquisição de informações acadêmicas e extracurriculares, facilitada pela capacidade de memória remota (subteste Informação), e em muitos casos, um alto desempenho no subteste Dígitos (avalia a atenção sustentada verbal e a memória operacional e sequencial).

Esse alto desempenho, incongruente com as queixas de desatenção mostradas pelos pacientes autistas, sugere uma preferência típica por raciocínios repetitivos e sequenciais e de memória verbal, mais do que por tarefas de raciocínio abstrato, formação de conceitos verbais e habilidades de integração. Essa habilidade implica um estilo muito fragmentado de aprendizado e uma predileção por invariâncias, aspectos relacionados a prejuízos de função executiva.

Um desempenho rebaixado e identificado na escala verbal do WISC III e WAIS III localiza-se no subteste Compreensão, que avalia a cognição social. Pacientes com TEAAF e SA, mostram falhas de entendimento das normas e regras de convivência social e pouca flexibilidade comportamental, diante das solicitações do cotidiano.

Nos subtestes da escala de execução do WISC III e WAIS III, percebe-se:

- Altos escores em tarefas de raciocínio visuoespacial (subteste Cubos – boa capacidade de segmentação e atenção superior a detalhes), mas com baixo desempenho em tarefas que exigem integração perceptiva (subteste Armar Objetos). A preferência por detalhamento de partes de um objeto ou cena, em detrimento do processamento global, é comum em pacientes autistas. A performance, então, mostra-se prejudicada em tarefas que exigem habilidades de análise-síntese das relações parte-todo. Essa dificuldade sugere fraca Coerência Central, que tem sido apresentada como contribuinte indireto para o déficit social no autismo e que propõe que os indivíduos afetados têm dificuldades de integrar fontes de informação diferentes em um todo coerente (11, 12).

- Baixo desempenho na velocidade de processamento de informações não verbais (subtestes Código e Procurar Símbolos). Esse resultado identifica, além de falhas da atenção seletiva, memória visual de curto prazo e flexibilidade cognitiva, pouca destreza visomotora, um aspecto muito presente nos registros dos portadores de AAF e SA.

Funções Executivas

As funções executivas abrangem um conjunto de habilidades que, de forma integrada, permitem à pessoa, direcionar comportamentos a metas, avaliar a eficiência e a adequação de comportamentos, tomar decisões abandonando estratégias ineficientes em prol de outras mais eficazes e adequadas, estabelecendo assim, planos de ação eficientes. E ao mesmo tempo, mantendo a atenção na tarefa que está sendo realizada e armazenando temporariamente, em sua memória, as informações que serão usadas para executá-la.

Essas funções apresentam importante valor adaptativo para a pessoa, facilitando o gerenciamento em relação a outras habilidades cognitivas (13). Segundo esse autor, as funções executivas são resultado dos lobos frontais, especificamente da região pré-frontal e estão vinculados à intencionalidade, propósito e tomada de decisões complexas. Pode-se dizer, que os lobos frontais são para o cérebro, o que um maestro é para sua orquestra, o comandante. São eles que nos definem como seres sociais.

Prejuízos das funções executivas são verificados em todos os afetados pelos Transtornos do Espectro do Autismo e apontam para possíveis disfunções pré-frontais, ocasionando distúrbios no controle atencional e perseverações (14), dificuldades de planejamento de manutenção de um objetivo em mente, enquanto são executados os passos para realizá-lo, do aprendizado por meio de feedback e da inibição de respostas irrelevantes e ineficientes (15).

A avaliação das funções executivas abrange a utilização de testes neuropsicológicos e as informações obtidas na entrevista clínica, sobre os comportamentos do paciente diante das solicitações de seu cotidiano e o impacto e a extensão dos possíveis prejuízos identificados.

As funções executivas são complexas e apresentam vários subdomínios: planejamento, solução de problemas, controle inibitório, flexibilidade cognitiva, fluência verbal e não verbal, memória operacional, atenção, categorização. Déficits nas funções executivas têm sido frequentemente associados aos portadores com TEA.

A hipótese da disfunção executiva tem se mostrado proeminente, quando se considera um dos prejuízos da tríade para diagnóstico de TEA, que são os comportamentos repetitivos (16). De acordo com Mink e Mandelbaum (17), esse critério abrange uma série de comportamentos, entre os quais a perseveração de estratégias e a resistência à mudança de rotina. Desta forma, a rigidez comportamental tem sido associada à falta de planejamento e flexibilidade cognitiva nos portadores de TEA (16).

Os resultados do Teste de Classificação de Cartas – Wisconsin (WCST) (18) nas avaliações com pessoas afetadas pelo TEAAF e pela Síndrome de Asperger mostram muitas respostas perseverativas, demonstrando rigidez de pensamento e dificuldade, para reavaliar as estratégias empregadas, mesmo quando sinalizadas como erradas. Essa dificuldade se refere à falta de percepção do feedback recebido, não conseguindo, portanto, utilizá-lo, alternando-o e adaptando-o a uma nova estratégia para a situação.

Essas respostas perseverativas também se encontram presentes nos testes F.A.S e no Five Points, demonstrando assim, falhas de flexibilidade cognitiva e de planejamento.

O déficit de Coerência Central é percebido com frequência na evocação tardia da Figura Complexa de Rey (19). A execução mostra uma atenção preferencial nos aspectos específicos da figura, em detrimento da configuração do todo – o contextual. Falhas da Coerência Central trazem como consequência, um déficit perceptual do contexto no qual o indivíduo está inserido (20).

Na execução do Teste das Trilhas (Trail Making Test (21) observam-se falhas do rastreamento visomotor e da capacidade de planejamento da ação, diante da exigência que envolve função motora com a associação de dois estímulos visuais (Trilha B).

No teste F.A.S (Fluência Verbal Fonêmica – Verbal Fluency Test) (22), percebe-se dificuldades, para realizar a evocação por meio do principio fonológico, que por sua vez, também envolve a habilidade de planejamento em função do objetivo e inibição de outras respostas, além da evocação e fluência verbal.

No que se refere à habilidade de controle inibitório, percebe-se a presença de impulsividade atencional nas evocações de palavras do Teste RAVLT – Teste de Aprendizagem Auditivo-Verbal de Rey (23) e também na execução do Stroop Test Victória (21).

A falta de planejamento, a organização e flexibilidade cognitiva também se mostram presentes, na realização das tarefas da Torre de Londres (T.O.L.) (24-26). A impulsividade é também identificada diante da movimentação das esferas, nas tentativas de reprodução das configurações-alvo.

Outra habilidade importante relacionada às funções executivas e que mostra falhas na avaliação é a memória de trabalho, que envolve armazenamento e manipulação temporária da informação. Esse resultado é identificado principalmente, no teste Span de Dígitos do WISC III e WAIS III e no teste RAVLT.

O impacto dos déficits nas funções executivas na vida cotidiana de pacientes com TEAAF e SA pode ser observado nos interesses restritos e repetitivos, na pouca tolerância à frustração, que remete à falta de flexibilidade, na dificuldade para manter os diálogos, o que requer planejamento e sequenciamento de ideias, além de troca de turno com o interlocutor, na falta de controle inibitório pouco funcional, verificado também nas verbalizações e ações inadequadas dentro do contexto em que estão inseridos, tendo como consequência, situações sociais embaraçosas, e a preferência pela rotina e por tarefas repetitivas e sequenciais.

Cognição Social

A cognição social é um aspecto muito importante na avaliação neuropsicológica dos pacientes autistas, e está fazendo parte das últimas revisões dos testes neuropsicológicos. Refere-se a processos cognitivos que servem como facilitadores às interações sociais.

Processos cognitivos básicos como atenção, memória e funções executivas, apesar de serem considerados construtos diferentes, por utilizarem sistemas de processamento semi-independentes (27, 28), são necessários à cognição social.

Couture e Penn (28) propuseram um modelo de cognição social, utilizado para investigar o funcionamento relacionado à competência social: escala de funcionamento e habilidades sociais, testes de reconhecimento da emoção, mediante a expressão facial e a aquisição da Teoria da Mente.

Estudos têm mostrado que pessoas com TEAAF, têm prejuízos na capacidade para reconhecer afeto e expressões emocionais faciais e compreender emoções, aspectos que alteram o significado da comunicação, comprometendo assim, o engajamento social (29, 30).

Instrumentos utilizados na avaliação da Cognição Social em portadores de TEA:

- SMHSC – Sistema Multimídia de Habilidades Sociais para Crianças (31), destinado a crianças de 7 a 12 anos
- IHSA – Inventário de Habilidades Sociais para Adolescentes (32), destinado a adolescentes de 12 a 17 anos
- IHS – Inventário de Habilidades Sociais (33), destinado a adultos, a partir de 18 anos.
- Bateria Montreal de Avaliação da Comunicação – Bateria MAC (34). Essa bateria contém 14 tarefas, distribuídas em subtestes, que avaliam a interpretação de metáforas, prosódia linguística e emocional, discurso narrativo, evocação lexical livre com critério semântico, ortográfico e julgamento semântico. Na avaliação neuropsicológica com AAF e SA têm sido utilizados os subtestes: Compreensão de Metáforas e Prosódia Emocional – produção.
- Subteste Compreensão da Escala Wechsler de Inteligência – WISC III e WAIS III
- História Sally – Ann (35) – Tarefa de Crença-Falsa.
- Histórias retiradas do teste Fábulas de Duss, de Louise Duss, para avaliar a Teoria da Mente

Habilidades Sociais

As habilidades sociais referem-se a um elaborado repertório de comportamentos sociais, necessários para a construção de relações interpessoais eficientes e produtivas. Elas envolvem tanto o comportamento verbal, quanto o não verbal, como o reconhecimento de emoções em faces.

As inabilidades das pessoas afetadas pelo TEAAF, para compreender crenças e intenções (36), ironias, metáforas e expressões não literais (30), surgem associadas a diversas outras dificuldades, que comprometem-lhes o engajamento social. Os resultados dos testes que avaliam as habilidades sociais dessas pessoas têm mostrado, na prática clínica, prejuízos principalmente nas demandas de interação social, que avaliam as habilidades de empatia e de assertividade de enfrentamento. Faltam-lhes as habilidades de observar, interpretar e julgar o mundo social.

A autoavaliação diante dos contextos sociais presentes nos testes, torna-se difícil para as pessoas com TEAAF, mesmo sendo as situações de interação interpessoal lidas e contextualizadas para eles, pelo examinador.

As dificuldades de compreensão e leitura dos sinais do ambiente social e dos padrões de comportamento, que são sancionados ou reprovados nesse contexto, a pouca capacidade de auto-observação e automonitoria, a falta de tomada de perspectiva e de consciência social dificultam-lhe a autoavaliação requerida pelos testes.

Os resultados do subteste Compreensão de Metáforas da Bateria Montreal de Avaliação da Comunicação (34) mostram que as pessoas com TEAAF e SA têm dificuldades com o reconhecimento de expressões de duplo sentido e de sentenças com ambiguidade e metáforas. A compreensão é literal, não conseguindo assim, reconhecer e diferenciar ações de intenções. Esse aspecto também causa prejuízos no engajamento social.

As pessoas com TEAAF têm dificuldade na percepção dos indícios não verbais das emoções, aspecto este, relacionado ao seu nível de disfunção social. Uma resposta adaptativa a uma situação social exige a tomada de perspectiva do outro, e o entendimento do significado da situação. Assim, uma correta "leitura" das emoções no contexto social, fornecerá pistas sobre as condições presentes, indicando as direções que o comportamento de uma pessoa deve seguir, a fim de ser socialmente apropriado. E é esse funcionamento que não se processa em portadores de TEA.

No subteste Prosódia Emocional – produção da Bateria Montreal de Avaliação da Comunicação – Bateria MAC (34), os resultados na prática clínica têm mostrado que os autistas avaliados, não conseguem perceber e identificar padrões de entonação emocional referentes à alegria, tristeza e raiva, presentes nas situações que lhe são narradas. Há pacientes que conseguem somente, repetir as frases sem expressar as entonações referentes às emoções, e outros que só alteram o timbre da voz, para com isso, tentar dar uma expressividade ao sentimento presente nas situações: falam alto diante das situações de raiva e alegria e falam baixo, diante das situações que suscitam tristeza.

Esse resultado obtido exemplifica a citação de Astington (37), na pag. 34, sobre a compreensão das emoções que diz: "Compreender estados cognitivos, como perceber que alguém é ignorante ou está engajado, é insuficiente para determinar como se comportar diante da pessoa. É preciso compreender também, como eles se sentem em relação à situação".

Um paciente avaliado fez o seguinte relato, sobre suas dificuldades de compreender os estados mentais do outro: *"Eu tenho receio, na relação com as pessoas, sou desconfiado, não sei se elas estão sendo sinceras comigo. Parece que elas me acham esquisito, elas parecem ter cisma comigo. Eu tenho dúvidas, para entender se a pessoa está me criticando ou não, elogiando ou não, se o elogio foi falso... Quando eu estou dando aula, eu olho para os alunos, não sei se eles estão me entendendo, ou não. Aí eu começo a explicar, explico de novo, e aí eu me perco, vira tudo uma confusão"* (adulto com Síndrome de Asperger, 40 anos).

Teoria da Mente

Estudos e pesquisas mostram que pessoas com TEA têm atraso e alteração na aquisição da Teoria da Mente (30, 35).

Parte do sucesso das interações sociais depende da habilidade de reconhecer, imaginar e compreender os próprios estados mentais e os de outras pessoas. A capacidade, portanto, de assumir a perspectiva do outro, colocando-se no lugar dele (38), mostrando assim a habilidade de "ler" o pensamento do outro, é denominada de Teoria da Mente. A Teoria da Mente é, portanto considerada a "ferramenta social", que facilitará o estabelecimento e a manutenção das relações sociais.

Instrumentos utilizados para avaliar a Teoria da Mente nas avaliações com AAF e SA:

- Histórias retiradas do teste Fábulas de Duss de Louise Duss (39);
- História Sally-Ann (35), tarefa de crença-falsa.

As histórias retiradas do Teste das Fábulas são utilizadas, para avaliarem a capacidade de metarrepresentação cognitiva, isto é, a compreensão dos simbolismos suscitados pelos contextos. A interpretação psicanalítica, que sempre foi a estratégia diagnóstica do teste na área clínica, com crianças, adolescentes e adultos, com desenvolvimento normal, não foi utilizada com as pessoas com TEAAF.

Os resultados, a seguir, do Teste Fábulas de Duss, foram obtidos nas avaliações neuropsicológicas com pacientes autistas, realizadas até o período de outubro de 2010[b].

As histórias das Fábulas de Duss envolvem situações que podem ser vivenciadas, a partir de experiências particulares e pessoais. E muitos aspectos presentes nelas, podem ser percebi-

---

[2] Em novembro de 2010, o pelo Conselho Federal de Psicologia considerou o teste Fábulas de Duss desfavorável para uso clínico.

dos como estressantes: "Veio um vento forte" (presença de um elemento destruidor), "o ninho caiu" (ameaça da perda de proteção e segurança), "os pais passarinhos voaram, cada um para uma árvore diferente" (ameaça da ruptura do lar) e se caracterizando assim, por suficiente ambiguidade, para ficarem acessíveis à interpretação individual. E, nesse sentido, se prestam para obter informações sobre conflitos atuais e conscientes.

Mas, os relatos de pessoas com TEAAF e SA, mostram um isolamento do herói diante das situações-problema presentes nos contextos. Percebe-se então, o déficit que o autista tem na capacidade de estabelecer metarrepresentações dos estados mentais das outras pessoas (Teoria da Mente), como:

- A falta de identificação com os heróis e muita personificação de objetos (aspectos da natureza, sons, objetos e detalhes presentes nas histórias, se tornam os heróis dos contextos e passam a atuar como personagens principais das situações - os heróis);
- É comum o pensamento se desorganizar, gradativamente com a presença de perseverações e dissocia-ções, gerando perda com a realidade;
- Relatos com conteúdo pobre, e perseveração de expressões vagas como: "pode ser", "talvez", "não sei se tem a ver", "normalmente é", "obviamente";
- Presença de pensamento circular: o paciente inicia um relato, e não consegue contextualizá-lo, voltando sempre à ideia inicial;
- Relatos com compreensão muito literal;
- Narrativas que não mostram um mundo imaginativo próprio, sem fantasias, sem projeções psíquicas, com presença de resposta como: "Não sei, não está aqui no desenho", "Não sou animal, para saber o que está acontecendo";
- Relatos descritivos, alguns mostrando histórias com roteiro copiado de contos de fadas, revistas em qua-

- drinhos, filmes onde ocorrem perda com a realidade;
- Verbalizações, que não revelam uma resposta emocional, diante dos conflitos narrados;
- Às vezes, ocorre uma metarrepresentação cognitiva parcial do contexto de uma determinada história, mas que se perde, a partir da desagregação do discurso;
- Narrativas, que permitem levantar a hipótese da presença de indícios psicóticos: respostas rápidas, impulsivas, carentes de lógica, com conteúdos inesperados e frequentemente perseverados, com percepções distorcidas, confusas, e com perda de realidade;
- Presença de autorreferência. As histórias desencadeiam operações cognitivas, levando o paciente a construir situações com conteúdo lógico, mas distante dos simbolismos próprios do contexto, refletindo sua realidade, envolvendo: brigas com os pais, comportamentos de desobediência, recusa pela escola, dificuldades de desempenho escolar;
- Na história 1 (História da família passarinho) consegue-se perceber, em alguns relatos, uma identificação com o herói-passarinho abandonado e despro-tegido. Mas, é um relato muito descritivo, sem a presença de uma resposta emocional, explicitando sofrimento, diante da ausência dos pais ou de um apego à eles.

Os resultados obtidos, com a utilização das histórias, comprovam as falhas da Teoria da Mente nos pacientes com TEAAF e SA avaliados: as dificuldades para identificar os estados emocionais e atribuir um significado à emoção, assumir a perspectiva do outro e assim, poder colocar-se no lugar dele (aqui, no caso, os heróis das histórias).

Os pacientes com TEAAF e SA não conseguem realizar ações simbólicas ou imaginativas, pois para isso, eles precisariam fazer inferências sobre situações sociais, compreender metáforas, e produzir atos de linguagem (compreender e interpretar emoções).

Percebe-se então, a falta de habilidade de empatia presente nos TEAAF: a dificuldade de confortar ou frustrar, compartilhar mundos imaginativos, como enganar, provocar, negociar e ceder em situações de conflito, e também, mostrar uma compreensão sobre como eles se sentem diante das interações interpessoais.

A seguir, alguns relatos de pacientes com TEAAF e SA avaliados com algumas das histórias. As intervenções feitas pelo examinador estão registradas entre os parênteses:

História 1: Imagem – O filhote passarinho sozinho, sem os pais e sem o ninho, que caiu ao chão por causa do vento forte.

"O filhote vai tentar voar, não consegue. Ele pousa no chão de novo. Aí vem um gato e pega ele com a boca. Só que ele não come o filhote. Quer levar ele para matar ele lá dentro. O gato engasga e cospe o passarinho vivo e ele pega e sai voando pela casa, batendo nas janelas. Acha uma saída, janela aberta e voa alto" (paciente com TEAAF, 18 anos).

"Não sei o que ele vai fazer, não tenho nem ideia, não adianta perguntar (Mas ele ficou sozinho sem os pais e sem o ninho, o que ele vai fazer?). *Já disse que não tenho ideia, nem consigo imaginar isso; é difícil, eu não vejo nada aqui"* (paciente com TEAAF, 7 anos e 3 meses).

"Ele vai procurar abrigo em outra árvore. (Como ele vai fazer isso?) *Voando, né?* (E ele vai conseguir?) *Não* (Por que?). *Ele não sabe voar bem.* (E o que ele vai fazer, então?) *Vai esperar o vento parar* (O que o filhote sentiu, ao ficar sozinho sem os pais?). *Medo do frio"* (paciente 15 anos, com SA).

"Ele voa para onde está a mãe, isso é indiscutível (Por que é indiscutível?). *Porque sou eu que estou falando* (O que o filhote sentiu, ao ficar sozinho sem os pais?). *Sei lá, eu não sou pássaro,*

como se eu soubesse o que um pássaro sente!" (paciente 10 anos e 5 meses, com SA).

História 2: Imagem - O herói se afastando da situação (a festa), estranhando a comemoração do aniversário de casamento dos pais e se isolando no quintal.

"Por que a criança saiu da festa e foi para o quintal? *Acho que fez alguma coisa errada, na hora da ceia..., deixou algum alimento cair? E alguém pode ter repreendido, deve ser, mas não dá pra ver daqui, da gravura"* (paciente, 40 anos, com SA).

"Porque não tinha nada para fazer na festa. (E ela queria fazer o quê?) *Não sei, eu não sou a pessoa da história. Sei lá, se a criança vai ficar muito tempo no quintal"* (paciente com SA, 11 anos e 1 mês).

"Porque... a criança... não se sente muito bem, tá passando mal. (O que ela está sentindo?) *Tá vomitando muito* (O que aconteceu na festa, para ela se sentir assim?). *A comida tava estragada* (E por que ela foi para o quintal?). *É, para vomitar, estava passando mal"* (paciente com TEAAF, 15 anos).

"Prá pensar na situação, tem muita coisa acontecendo (Qual situação é essa?) *Nas coisas que tá acontecendo. Ele saiu da festa pra pensar nessas coisas...ele precisava pensar nisso...e ficar sozinho"* (paciente com TEAAF, 17 anos e 8 meses)

História 3: Imagem – A relação da mamãe ovelha e do seu cordeirinho se rompendo, o herói tendo que se alimentar de capim e sabendo que um outro cordeirinho iria ser alimentado e cuidado pela sua mamãe.

"Ele vai comer toda a grama fresquinha, enquanto a mãe vai colocando leite nele. E todos os dois tomaram leite na mamãe. Ficaram fortes, que correram até suar. Aí correram para a caverna, a caverna se quebrou, o pássaro que estava dentro dela fez piu...piu. e os carneirinhos bé...bé...correu demais para fugir do pássaro que estava bravo. O outono inverno estava frio e eles saíram da caverna quentinho e foram para fora" (paciente 8 anos e 8 meses, com TEAAF)

"Comer capim fresco e deixar a mamãe alimentar aquele que não come capim. O primeiro cordeiro vai entender que o outro preci-

sa do leite. Isso é obvio. A atitude da mãe? Uma atitude nobre. (E como o filhote vai conviver com essa situação: ele comendo capim e o outro tomando o leite que era dele?) *Vai continuar pulando cerquinha, comer capim, qual é o problema? Ele ganhou um irmão para brincar"* (paciente 45 anos, com SA).

"Essa história é irreal, porque animais não fazem desse jeito (E como eles fazem?). *O instinto materno, compaixão, é só humano, animal, no caso ovelha, isso não existe. Comer capim, largar o leite é normal".* (paciente, 26 anos, com SA).

História 4: Imagem - Uma criança se deparando com a mudança repentina ocorrida em seu elefantinho.

"O elefante tá doente, sei lá (O que mudou nele com a doença?). *Não sei, só vejo um elefante desproporcional* (Como ele adoeceu*?). Ficou sozinho.* (E o que aconteceu com ele, ao ficar sozinho?) *Realmente, eu não sei. Essa gravura tá na sequência certa? Mas não mostra como ficou o elefante!* (paciente 40 anos, com SA).

"Ele está cor de rosa, ele vê que foi pintado com spray. E encontra o spray no quarto do irmão mais velho. Descobre que foi o irmão e pinta todos os tênis dele de rosa" (paciente com TEAAF, 18 anos).

"A irmã da criança encheu o elefante de lacinho, maquiou a cara dele, pôs um laço de fita no rabo e brinco nas orelhas. A criança não achou nada de errado no que a irmã fez" (paciente 45 anos, SA).

História 5: Imagem - Uma criança saindo da escola e recebendo uma noticia da sua mãe, que o aguardava. As respostas esperadas envolvem a projeção de proibições, restrições, e deveres presentes no seu dia a dia.

"Vai contar uma noticia... (Que tipo de noticia?) *Uma noticia urgente, pode ser boa, ruim... deve ser ruim, senão ela já teria falado qual era a surpresa, a notícia... é uma noticia* (paciente 11 anos, com TEAAF)

"Ela não queria que fizesse o dever de casa? Queria dar um aviãozinho para ele, então, então, então falou, amanhã têm férias, pode

fazer amanhã, e a criança foi feliz, divertindo, podia... teve ideia de ir pro zoológico, pro, pro parque" (paciente 21 anos, SA).

"*É racional esse trem* (Como racional?) *Não vejo motivo para a criança deixar de fazer a lição. O habitual é exatamente o contrário, precisar fazer a lição. Isso aqui já tá errado"* (paciente, 21 anos, com TEAAF).

História 6: Imagem – É a história de uma criança que teve um sonho mau. Espera-se que o paciente, identificando-se com o herói e com a situação narrada, consiga mostrar uma intensa mobilização afetiva pessoal.

"*Sonhou com uma coisa, que a fez sentir desconfortável...* (O que poderia ser?) *Ás vezes ela sonha.., não sei... e aí alguma situação põe ela desconfortável.., não sei"* (paciente 21 anos, SA).

"*Sonhou que... o bicho gigante... tinha uma pulga gigante que queria morder cada pedacinho dele... ele... ele... um gato tava arranhando a pulga e ia arranhando o menino, porque comeu a pulga. A pulga foi dominando o gato* (paciente 7 anos e 3 meses, AAF).

História Sally-Ann (35)

É uma história de crença-falsa, com o objetivo de verificar a capacidade de metarrepresentar, isto é, compreender a diferença entre o pensamento de uma pessoa, que pode estar enganada a respeito da realidade, e a realidade que é conhecida pela criança.

A questão principal "Onde Sally irá procurar a sua bola?", usada originalmente por Baron-Cohen, Leslie & Frith (1985), e depois em várias outras pesquisas, tem um efeito ambíguo, por informar, de maneira clara, a intenção inicial do protagonista, gerando dificuldade, para a criança entender o que lhe é perguntado e predizer a conduta.

"Duas amigas estão brincando de bola. Sally coloca sua bola na cesta e sai da sala. Enquanto Sally está fora da sala, Ann pega a bola de Sally e a coloca em sua casa. Quando Sally volta, diz que vai brincar com sua bola" (Nesse momento, o examinador interrompe o relato da história e pergunta: - "Onde Sally vai procurar a bola? – "Onde está realmente a bola?" (conhecimento da realidade) – "Onde estava a bola no início?" (memória).

Os resultados obtidos com os pacientes com TEAAF e SA mostram que eles têm dificuldades, para assumir a perspectiva do outro, colocando-se no lugar dele, inferindo assim, que o protagonista tem uma crença diferente da realidade que é conhecida pelo paciente.

Abaixo, alguns relatos de pacientes diante da tarefa crença-falsa:

- *"Ela vai procurar a bola na outra sala ou no outro quarto, alguém tinha pegado a bola"* (paciente com TEAAF, 9; 8)

- *"Vai procurar na caixa porque a amiga guardou a bolinha lá"* (paciente com SA, 12 anos)

- *"Vai procurar na cesta, porque ela tinha deixado lá, mas como não achou, vai procurar na caixa porque a amiga pôs lá"* (paciente com TEAAF, 15 anos)

- *"Sally vai procurar... ela tem que saber... tem que fazer par ou impar* (Por quê?). *"Pra saber onde tá a bola. O par é a cesta e a impar é a caixa"* (E onde você acha que está à bola?). *"Ela tirou 3 e aí procurou lá na caixa e achou. Você gostou da ideia?"* (paciente com TEAAF, 8 anos e 6 meses)

Considerações Finais

Os Transtornos do Espectro do Autismo fazem parte de um quadro complexo e que exige abordagens multidisciplinares, visando o diagnóstico, o contexto educacional e a socialização.

A investigação do papel da interação social no processo de aquisição da Teoria da Mente apresenta-se como um tema complexo, mas de grande importância, diante da dimensão dos prejuízos de funcionamento que uma pessoa com autismo revela.

A avaliação neuropsicológica dos TEAAF e SA tem, portanto, o objetivo de verificar as habilidades cognitivas preservadas e os possíveis prejuízos quanto ao funcionamento cognitivo, e à cognição social: atenção compartilhada, empatia, compreensão de falsas crenças, reconhecimento de expressões faciais e emoções, coerência central, habilidades sociais, tendo a Teoria da Mente como o foco principal.

"Asperger é uma condição tida como a parte mais leve do espectro do autismo. Uma condição deliciosa, depois de descoberta, porque resgata aquilo que somos, é a nossa individuação. E, outras vezes não muito. Por isso, tantas vezes, alguns bichos que eu me empenhei em tratar me morderam as mãos, porque eu não via neles perigo algum"(40)

Referências

1. HAPPE, F., FRITH, U. The weak coherence account: detail-focused cognitive style in autism spectrum disorders. J Autism Dev Disord. 2006 Jan;36(1):5-25.
2. OMS, editor. Classificação de Transtornos Mentais e de Comportamento da CID-10. Porto Alegre: Artes Médicas; 1993.
3. APA. Diagnostic and statistical manual of mental disorders. 4ed. Washington: American Psychiatric Association; 1994.
4. TOTH, K., MUNSON, J., MELTZOFF, A.N., DAWSON, G. Early predictors of communication development in young children with autism spectrum disorder: joint attention, imitation, and toy play. J. Autism Dev Disord. 2006 Nov;36(8):993-1005.
5. WECHSLER, D., editor. WISC-III: Escala de Inteligencia Wechsler para Crianças: Manual/David Wechsler, 3ª .Ed., Adaptação e Padronizçãao de uma amostra Brasileira. 1ª ed. ed. São Paulo: Casa do Psicólogo; 2002.
6. WECHSLER, D, editor. (1997) – **WAIS-III: Escala de Inteigência Wechsler para Adultos: Manual/ David Wechsler; Adaptação e padronização de uma amostra brasileira.** 1ª.ed. São Paulo: Casa do Psicólogo; 2004.
7. RAVEN, J., RAVEN, J. C., COURT, J. H., editors. **Manual for Raven's Progressive Matrices and Vocabulary Scales: Section 1**. General Overwiew. London: Oxford Psychologists Press; 1991.

8. ANGELINI, L. A., ALVES, I. C.B., CUSTÓDIO, E M., DUARTE, W. F., DUARTE, J. L. M., editors. **Manual de Matrizes Progressivas Coloridas de Raven: Escala Especial**. São Paulo: Centro Editor de Testes e Pesquisas em Psicologia.; 1999.
9. JOHNSON, D. J., MYKLEBUSt, H. R., editors. **Learning disabilities: educational principles and pratices**. New York: Grune and Stratton; 1971.
10. Narbona, J., Gabari, I. **Espectro de los trastornos del aprendizaje no verbal**. Rev Neurol Clin. 2001;2:24-8.
11. FRITH, U., HAPPE, F. AUTISM: BEYOND "THEORY OF MIND". COGNITION. 1994 Apr-Jun;50(1-3):115-32.
12. HAPPE, F. **Autism: cognitive deficit or cognitive style? Trends Cogn Sci**. 1999 Jun;3(6):216-22.
13. GOLDBERG, E., editor. **O cérebro executivo: lobos frontais e a mente civilizada**. Rio de Janeiro: Imago; 2002.
14. BARON-COHEN, S. **The cognitive neuroscience of autism**. J Neurol Neurosurg Psychiatry. 2004 Jul;75(7):945-8.
15. BARKLEY, R. A. **The executive functions and self-regulation: an evolutionary neuropsychological perspective**. Neuropsychol Rev. 2001 Mar;11(1):1-29.
16. LOPEZ, B. R., LINCOLN, A. J., OZONOFF, S., LAI, Z. **Examining the relationship between executive functions and restricted, repetitive symptoms of Autistic Disorder**. J Autism Dev Disord. 2005 Aug;35(4):445-60.
17. MINK, J. W., MANDELBAUM, D. E. Estereotipias e Comportamentos Repetitivos: avaliação clínica e base cerebral. In: TUCHMAN, RAPIN, I., editors. **Autismo: abordagem neurobiológica**. Porto Alegre: Artmed; 2009. p. 84-94.
18. HEATON, R. K., CHELUNE, G. J., TALLEY, J. L., KAY, G. G., CURTISS, G., editors. **Teste Wisconsin de classificação de cartas**. São Paulo: Casa do Psicólogo; 2004.
19. REY, A., editor. **Teste de Cópia e de reprodução de memória de figuras geométricas complexas: Manual**. São Paulo: Casa do Psicólogo; 1999.
20. HAPPE, F., FRITH, U. **The neuropsychology of autism**. Brain. 1996 Aug;119 (Pt 4):1377-400.
21. SPREEN, O., STRAUSS, E., editors. **A compendium of neuropsychological tests**. 2nd ed. New York: Oxford University Press; 1998.
22. LEZAK, M. D., editor. **Neuropsychological assessment**. New York: Oxford University Press; 1995.

23. MALLOY-DINIZ, L. F. **O Teste de Aprendizagem Auditivo-Verbal de Rey: Normas para uma população brasileira.** Rev Bras Neurol. 2000;36(3):79-83.
24. SHALLICE, T. **Specific impairments of planning.** Philos Trans R Soc Lond B Biol Sci. 1982 Jun 25;298(1089):199-209.
25. KRIKORIAN, R., BARTOK, J., GAY, N. **Tower of London procedure: a standard method and developmental data.** J Clin Exp Neuropsychol. 1994 Dec;16(6):840-50.
26. MALLOY-DINIZ, L. F., CARDOSO-MARTINS, C., PACHECO, E., LEVY, A., LEITE, W., FUENTES, D. **Planning abilities of children aged 4 ½ years to 8 ½ years: Effects of age, fluid intelligence and school type on performance in the Tower of London test.** Dementia e Neuropsychologia. 2008;2:26-30.
27. PENN, D. L., CORRIGAN, P. W., BENTALL, R.P., RACENSTEIN, J. M., NEWMAN, L. **Social cognition in schizophrenia.** Psychol Bull. 1997 Jan; 121(1):114-32.
28. COUTURE, S. M., PENN, D. L. **The functional significance of social cognition in schizophrenia: A review.** Schizophrenia Bulletin. 2006;32((Suppl. 1)):S44-S63.
29. LESLIE, A. M., FRITH, U. **Autistic children's understanding of seeing, knowing and believing.** British Journal of Developmental Psychology. 1988;6:315-24.
30. HAPPE, F. G. **The role of age and verbal ability in the theory of mind task performance of subjects with autism.** Child Dev. 1995 Jun;66(3):843-55.
31. DEL-PRETTE, Z. A. P., Del-Prette, A., editors. **Sistema Multimídia de Habilidades Sociais de Crianças: (SMHSC-Del-Prette) Manual.** São Paulo: Casa do Psicólogo; 2005.
32. DEL-PRETTE, A., Del-Prette, Z. A. P., editors. **Inventário de habilidades sociais para adolescentes (IHSA-Del-Prette): Manual de aplicação, apuração e interpretação.** São Paulo: Casa do Psicólogo; 2009.
33. DEL-PRETTE, Z. A. P., DEL-PRETTE, A., editors. **Inventário de habilidades sociais (IHS-Del-Prette): Manual de aplicação, apuração e interpretação.** São Paulo: Casa do Psicólogo; 2001.
34. FONSECA, R. P., editor. **Bateria Montreal de avaliação da comunicação: Bateria MAC.** Barueri: Pró-Fono; 2008.
35. BARON-COHEN, S., LESLIE, A. M., FRITH, U. **Does the autistic child have a "theory of mind"?** Cognition. 1985 Oct;21(1):37-46.

36. LESLIE, A. M., FRITH, U. **Autistic children's understanding of seeing, knowing and believing**. British Journal of Developmental Psychology. 1988;6:315-24.
37. ASTINGTON, J. W. Sometimes necessary, never sufficient: false-belief understanding and social competence. In: REPACHOLI, B., SLAUGHTER, V., editors. **Individual differences in theory of mind: Implications for typical and atypical development**. New York: Psychology Press; 2003. p. 13-38.
38. HARRIS. P, editor. Children and emotion: The development of psychological understanding. Oxford: Blackwell; 1989.
39. CUNHA, J. A., NUNES, M. T., editors. Teste das Fábulas. São Paulo: Centro Editor de Testes e Pesquisas em Psicologia; 1993.
40. PARREIRA, A. Cantos Proibidos de uma Aspie. In: RUSSELL, editor. **Tango Para os Lobos**. Campinas, 2011. p. 13-5,57. (villa.aspie@gmail.com)

O COTIDIANO DO NEUROPEDIATRA COM A SÍNDROME DE ASPERGER

Susana Satuf Rezende Lelis

Introdução

Apesar da Síndrome de Asperger (SA) ter sido descrita em 1944 por Kanner e depois em 1945 por Hans Asperger, só foi reconhecida na década de 1990 e incluída no DSM-IV [1] em 1994. Após praticamente 20 anos de inclusão no DSM IV, ainda é um transtorno pouco reconhecido e subdiagnosticado.

O papel do neurologista infantil frente a Síndrome de Asperger é:
- Reconhecer e diagnosticar esta afecção.
- Saber orientar a família, a escola e as pessoas do convívio da criança.
- Encaminhar ao psiquiatra infantil.
- Encaminhar para terapias específicas como fonoaudiologia, fisioterapia, terapia ocupacional, psicopedagogia, psicologia e outras especialidades, que sejam necessárias.
- Usar medicação (anticonvulsivantes, antidepressivo, psicoestimulantes, moduladores do humor, etc), em casos específicos.

1. Estudos

De acordo com os pesquisadores, o desenvolvimento da SA possui fatores psicológicos, genéticos, sociais e físicos, porém, apesar de todos os esforços envolvidos em pesquisas genéticas, psicológicas e de imagem, não foi possível até o momento, determinar a causa do espectro autista ou mesmo os seus fatores de risco.

No campo das pesquisas gênicas, várias alterações já foram encontradas em indivíduos com SA, porém nenhuma destas alterações pode ser relacionada diretamente com esta afecção.

Na tentativa de compreender a causa do funcionamento anormal do "cérebro" social na SA, pesquisadores vêm propondo, que alterações cerebrais estruturais ou funcionais explicariam suas diferenças comportamentais. Em alguns estudos, estas alterações foram relacionadas aos defeitos de migração neuronal, que ocorrem intraútero. O uso de ressonância nuclear magnética com espectroscopia, ressonância nuclear magnética funcional (RMf), de tomografia funcional e do SPECT são apenas experimentais, não possuindo, até o presente momento, qualquer valor para o diagnóstico dos transtornos do espectro autista, que se mantém integralmente clínico.

Os estudos que utilizam os métodos de imagem têm demonstrado alterações nos circuitos límbico, na integração sensoriomotora (área responsável pela inibição de ideias e ações repetitivas), no volume dos núcleos caudados e nos sulcos temporais superiores (região responsável pela percepção social). Como exemplo destes estudos, podemos citar o estudo funcional realizado por Happé et al.[2,] usando PET com água marcada, para testar qual seria a região alterada nos indivíduos com alteração na "teoria da mente". Eles compararam o PET de voluntários normais e cinco pacientes com a síndrome de Asperger, ao escutar uma história que envolvia racionalização da teoria da mente; os indivíduos normais ativavam a área 8 de Brodmann do córtex pré-frontal medial esquerdo. Os pacientes com Asperger não ativaram essa região cortical, mas sim, uma área adjacente, a 9/10 de Brodmann. Esses resultados sugerem que os indivíduos autistas possuem um padrão de ativação anormal, durante uma tarefa cognitiva. Apesar de todos os estudos de imagem que vêm sendo realizados, devemos chamar atenção para dois aspectos muito importantes: o primeiro é que o número de indivíduos estudados ("n") é sempre muito baixo, o que dificulta ou muitas vezes impede, uma validação cientifica. O segundo aspecto é que estes estudos são realizados em adultos, o que nem sempre representa uma realidade de alteração, que seria encontrada na infância.

2. Acompanhamento

Habitualmente, no consultorio neurológico, estas crianças chegam por encaminhamento da escola, pela dúvida dos familiares, frente a comportamentos diferentes e pelas alterações na linguagem. É comum depararmos com crianças que são encaminhadas, por não responderem ao professor, por não ter um brincar adequado para a idade, por possuir comportamentos excêntricos e algumas vezes, para avaliar se aquela criança é superdotada (lembrando que, algumas crianças irão possuir habilidades notáveis, o que não significa necessariamente, uma maior capacidade cognitiva ou melhor desempenho).

Como as características das crianças com SA são muito variáveis, temos um subdiagnostico desta afecção e a rotulação destas crianças como "diferentes", "excêntricas", "petulantes", "com dificuldade de atenção", etc. Muitas vezes, encontramos barreiras no diagnóstico, principalmente nas crianças com QI elevado, por ser uma afecção pouco conhecida pela sociedade, o que gera dificuldade de compreensão dos pais, afinal, apesar de serem crianças inteligentes, possuem interesses limitados e baixa capacidade de execução de papéis sociais, que devem ser despertados e treinados ao longo da vida.

Apesar de fazer parte do espectro autista, a SA possui características bastante diversas do autismo. Muitas vezes, podem parecer crianças egoístas, frias, sem sentimentos ou egocêntricas, mas esta é uma visão errônea. O fato é que, estas criancas não sabem como demonstrar seus sentimentos, e nem como interpretar o sentimento dos outros. Conhecer suas peculiaridades, é importante não somente para o diagnóstico apropriado, mas também, para estabelecermos metas realistas e ações, permitindo que nossos pacientes tenham um convívio social mais adequado, com menor sofrimento socioemocional. As crianças com SA não aprendem as modalidades do relacionamento humano pela observação, e devem ser preparadas e ensinadas de forma concreta, repetitiva e exemplificada, como se comportar no ambiente social. Abaixo, iremos citar as principais dificuldades encontradas por estas crianças e como devemos abordá-las.

- **Comprometimento do relacionamento social**: muitas vezes são aquelas crianças que ficam mais sozinhas na escolinha, que têm dificuldade de compreender o jogo dos colegas, que não entendem a necessidade de respeitar a vez, os interesses do outro, de resolver conflitos e principalmente, de se relacionar de forma empática com seus pares. A dificuldade da "visão empática", muitas vezes causa comportamentos que, na nossa sociedade, são vistos como ofensivos, porém, sempre devemos ter em mente, que estes comportamentos não são intencionais.

Mesmo, quando têm interesse em determinado relacionamento social, encontram muita dificuldade em saber como fazê-lo.

- **Vestimenta e higiene pessoal:** as crianças com SA não são afetadas pelas pressões sociais com aparência, não compreendem modas ou comportamentos narcisistas. Assim, se importarão mais com o conforto, do que com a aparência. A família deve sempre ficar atenta, para orientar estas crinças.

- **Características pouco habituais da linguagem**: o atraso da linguagem, quando ocorre, não é significativo, porém o desenvolvimento da linguagem, seu uso e entonação, não são as esperadas para a idade. Algumas vezes, temos pacientes que se alfabetizaram antes dos dois anos e que possuem leitura e linguagem, muito acima do esperado para idade. Apesar destas crianças desempenharem bem a ação, não significa que elas compreendam de forma integral a linguagem, porque não assimilam os seus usos e seus significados abstratos. Têm domínio apenas da linguagem denotativa e não da linguagem conotativa. Sua compreensão é apenas literal e possuem dificuldade de compreender metáforas, sarcasmos ou outras figuras de linguagem. Estas crianças devem ser encaminhadas ao fonoaudiólogo, para melhoria da capacidade verbal.
- **Interesses limitados, restritivos e repetitivos**: por exemplo, se o nosso paciente gosta de carros, vai tentar a todo momento, mudar o assunto para carros; aos poucos temos que ensinar-lhes a respeitar o interesse dos outros, inclusive para melhorar sua inclusão social. Algumas vezes, quando o interesse é por assuntos complexos como informática, vamos encontrar a barreira familiar, que acredita que esta repetição de interesse, seja uma qualidade. Devemos sempre estar atentos como profissionais, para auxiliar nossos pacientes a se desenvolverem como um todo, e não ficarem absortos em temas repetitivos. O uso de terapias com psicologia, ajuda estes pacientes a compreenderem o que é esperado deles.
- **Rituais ou comportamentos repetitivos**: são vários e não cansam de nos surpreender, algumas vezes nem são considerados como rituais, até a consulta. Podem ser como tiques – vocais, motores, verbais,

como a forma sequencial de tomar banho, ou colocar a roupa. É impossível definir todas as possibilidades, e mais uma vez devemos estar atentos, lembrando que vários rituais irão chamar a atenção do outro para o nosso paciente, o que irá gerar desconforto e novos tiques, rituais e comportamentos.
- **Desenvolvimento de outras habilidades para compensar a dificuldade de se expressar verbalmente:** muitos dos nossos pacientes irão aprender a usar de táticas sociais inadequadas, na tentativa de criar a interação entre os pares. Porém, deve-se evitar o uso de fantoches, de desenhos ou rituais, para demonstrar afeto porque podem reforçar as estereotipias. Nossos pacientes devem ser preparados para, por exemplo, oferecer um lanche aos convidados, dar abraços e beijos ao cumprimentar, falar por favor, saúde, obrigada etc.
- **Alteração motora - movimentos desajeitados e descoordenados:** nossos pacientes, muitas vezes podem ter dificuldade de fazer educação física ou mesmo um esporte extracurricular de seu interesse. Outra dificuldade que vemos muito é a motora fina, ao escrever, desenhar, colorir e recortar. Não podemos permitir que a criança ou que a família se sinta desinteressada. Devemos lançar mão da terapia ocupacional, da fisioterapia ou ainda de esportes de transição, para capacitar nossa criança e melhorar seu desempenho motor.

3. Tratamento

O tratamento é definido individualmente, frente às metas estabelecidas para aquele indivíduo e suas dificuldades. Habitualmente, ele é multidisciplinar, envolvendo psiquiatras, neurologistas, terapeutas ocupacionais, fisioterapeutas, psicólogos, psicopedagogos e fonoaudiólogos. Em alguns casos mais específicos, teremos que lançar mão do uso de medicação, avaliando a clínica do paciente, seus tratamentos prévios não medicamentosos e medicamentosos. As medicações mais usadas são os anticonvulsivantes, psicoestimulantes, antidepressivos tricíclicos, antidepressivos inibidores da recaptação de serotonina.

Referências

1. DSM-IV-TR – **Manual diagnóstico e estatístico de transtornos mentais** Dornelles; 4 e.d. rev. – Porto Alegre: Artmed, 2002.
2. HAPPÉ, F., EHLERS, S., FLETCHER, P., FRITH, U., JOHANSSON, M., GILLBERG, C., DOLAN, R., FRACKOWIAK, R., FRITH, C. **'Theory of mind' in the brain. Evidence from a PET scan study of Asperger syndrome**. Neuroreport. 1996; 8(1): 197-201
3. CAMARGOS Jr, W. Autismo Infantil- Síndrome de Asperger/ Autismo de alto Funcionamento. In FONSECA, L. F., PIANETTI, G., XAVIER, C. C. **Compêndio de Neurologia Infantil**. 2ª Ed. Medbook, 2011.
4. TIMINI, S. **"Diagnosis of autism: Adequate funding is needed for assessment services."** BMJ. 2004 24 January; 328(7433):226.
5. SZATMARI, P., BRENNER, R., NAGY, J. (1989) **"Asperger's syndrome: A review of clinical features."** Canadian Journal of Psychiatry 34, pp. 554-560.
6. FITZGERALD, M., CORVIN, A. (2001). **Diagnosis and differential diagnosis of Asperger syndrome**. Advances in Psychiatric Treatment 7: pp. 310-318.
7. KOPRA, K., von WENDT. L., NIEMINEN–von, WENDT, T., PAAVONEN, E. J. (2008). **"Comparison of diagnostic methods for Asperger syndrome"**. J Autism Dev Disord 38 (8): 1567–73.
8. MYLES, Brenda Smith, TRAUTMAN, Melissa and SCHELVAN, Ronda. (2004). **The Hidden Curriculum: practical solutions for understanding unstated rules in social situations**. Shawnee Mission, Kansas: Autism Asperger Publishing Co., 2004.
9. OZONOFF, S., PENNINGTON, B. F., & ROGERS, S. J. (1991). **Executive function deficits in high-functioning autistic individuals: Relationship to theory of mind**. J. chils psychol psychaist, 32(7), 1081-1105.
10. JACOBSEN, P. (2003). **Theory of mind, executive functioning, and central coherence in Asperger Syndrome. Asperger syndrome and psychotherapy**. (pp. 33-55). London: Jessica Kingsley. 158

11. Mcalonan, G. M., DALY, E., KUMARI, V., CRITCHLEY, H. D., van AMELSVOORT, T., SUCKLING, J., SIMMONS, A., SIGMUNDSSON, T., GREENWOOD, K., RUSSELL, A., SCHMITZ, N., HAPPE, F., HOWLIN, P., MURPHY, D.G. **Brain anatomy and sensorimotor gating in Asperger's syndrome.** Brain. 2002 Jul; 125(Pt 7):1594-606.
12. ZILBOVICIUS, M., MERESSE, I., BODDAERT, N. **Autismo: neuroimagem.** Rev Bras Psiquiatr. 2006; 28(Supl I): S21-8
13. HAXBY, J. V., HOFFMAN, E. A., GOBBINI, M. I. **The distributed human neural system for face perception.** Trends Cogn Sci. 2000;4(6):223-33.
14. KANWISHER, N., McDERMOTT, J., CHUN, M. M. **The fusiform face area: a module in human extrastriate cortex specialized for face perception.** J Neurosci. 1997; 17(11):4302-11.
15. SCHULTZ, R. T, GAUTHIER, I., KLIN, A., Fulbright, R. K., Anderson, A. W., VOLKMAR, F., SKUDLARSKI, P., LACADIE, C., COHEN, D. J., Gore, J. C. **Abnormal ventral temporal cortical activity during face discrimination among individuals with autism and Asperger syndrome.** Arch Gen Psychiatry. 2000; 57(4):331-40.
16. CRITCHLEY, H. D., DALY, E. M., BULLMORE, E. T., WILLIAMS, S. C., van AMELSVOORT, T., ROBERTSON, D. M., ROWE, A., PHILLIPS, M., Mcalonan, G., HOWLIN, P., MURPHY, D. G. **The functional neuroanatomy of social behavior: changes in cerebral blood flow when people with autistic disorder process facial expressions.** Brain. 2000; 123(Pt11):2203-12.
17. PIERCE, K., MULLER, R. A., AMBROSE, J., ALLEN, G., COURCHESNE, E. **Face processing occurs outside the fusiform 'face area' in autism: evidence from functional MRI.** Brain. 2001; 124(Pt 10):2059-73.
18. HUBL, D., BOLTE, S., FEINEIS-MATTHEWS, S., LANFERMANN, H., FEDERSPIEL, A., STRIK, W., POUSTKA, F., DIERKS, T. **Functional imbalance of visual pathways indicates alternative face processing strategies in autism.** Neurology. 2003; 61(9):1232-7.
19. CRITCHLEY, H. D., DALY, E. M., BULLMORE, E.T., WILLIAMS, S. C., van AMELSVOORT, T., ROBERTSON, D. M., ROWE, A., PHILLIPS, M., Mcalonan, G., HOWLIN, P., MURPHY, D. G. **The functional neuroanatomy of social behaviour: changes in cerebral blood flow when people with autistic disorder process facial expressions.** Brain. 2000; 123(Pt11):2203-12.
20. HALL, G. B., SZECHTMAN, H., NAHMIAS, C. **Enhanced salience and emotion recognition in Autism: a PET study.** Am J Psychiatry. 2003; 160(8):1439-41.

MODELOS COGNITIVOS DOS TRANSTORNOS DO ESPECTRO DO AUTISMO

Lídia Prata Cruz
Walter Camargos Jr
Cláudia Teresinha Facchin

O autismo é uma síndrome bastante heterogênea. Acredita-se que, para cada sintoma comportamental existe uma alteração cognitiva responsável por este. Os principais modelos cognitivos capazes de explicar alguns sintomas são: déficit de ToM (Teoria da Mente), fraca Coerência Central e déficit de Funções Executivas (1). Em seguida, apresentamos cada um deles e sua relação com o TEA:

ToM

Imagine um homem andando rapidamente, de um lado para o outro da sala. Ele está sozinho. Sua expressão facial está contraída, a respiração ofegante, as mãos estão sobre o rosto. De acordo com Baron-Cohen (2), uma pessoa "neurotípica", imaginando esta cena, poderá elaborar várias hipóteses sobre o que se passa na mente daquele homem. Pode ser que ele esteja bastante ansioso, a esperar que sua esposa finalize um complexo trabalho de parto; pode ser que esteja com um grave problema financeiro, que necessita de uma solução imediata; pode ser que tenha acabado de descobrir uma traição. Já uma pessoa do espectro do autismo, imaginando esta cena, possuirá dificuldades em elaborar hipóteses sobre o que poderia estar acontecendo com aquele homem e quais emoções e pensamentos estão em sua mente. A maioria das pessoas neurotípicas é capaz de realizar este processo de "leitura de mentes" (*mindreading*), enquanto a maioria das pessoas do espectro do autismo possue uma "cegueira mental" (*mindblindness*) (2). O processo cognitivo capaz de realizar a "leitura de mentes" se chama ToM.

O termo ToM foi inicialmente postulado por dois prima-tologistas, Premack e Woodruf (3), ao constatarem que uma chipanzé fêmea chamada Sarah, possuía a capacidade de atribuir estados mentais ao homem. Eles apresentaram um vídeo contendo um homem vivenciando algumas situações-problemas e em seguida, apresentaram lâminas com fotos de possíveis soluções. Sarah conseguiu mostrar as lâminas que resolviam a questão. Dessa forma, os pesquisadores propuseram que a chipanzé possuía uma capacidade de identificar o objetivo daquele homem. Esta constatação foi chamada de ToM e foi definida como a capacidade de um sujeito considerar os próprios estados mentais, bem como atribuir estados mentais ao outro, possibilitando uma forma de predição de comportamentos, a partir destas atribuições. O termo "teoria" não está relacionado a um construto teórico acadêmico-científico, mas à habilidade de atribuição de estado mental, uma vez que esta é uma atividade teórica (4).

A partir dos resultados das pesquisas com primatas, muitos estudos foram realizados com seres humanos. Atualmente, sabe-se que, para um indivíduo desenvolver a ToM, deve ser capaz de fazer uma representação na sua mente, de uma outra representação. Este processo é nomeado metarrepresentação ou representação secundária. Desta forma, a criança primeiramente, desenvolve a habilidade de fazer representações primárias, ou seja, é capaz de representar em sua mente uma banana, um telefone, ou qualquer objeto que ela conheça. Mais tarde, ela adquire a habilidade de realizar representações secundárias, ou seja, ela possui duas representações primárias simultâneas, sendo que uma contradiz a outra (5). Assim, a criança é capaz de entender o faz de conta, ao ver a mãe com uma banana, fingindo que esta é um telefone (a criança sabe o que é uma banana, sabe o que é um telefone, e sabe que a banana não é um telefone).

A ToM envolve a habilidade de metarrepresentação, visto que o sujeito deve ser capaz de representar em sua mente, os estados mentais de outras pessoas, ser capaz de compará-los com os seus próprios estados mentais e compreender que muitas vezes, eles se contradizem (5). Para melhor compreensão deste processo, podemos utilizar o seguinte exemplo: "eu percebo que Joana pensa que seus brincos estão dentro do porta-joias, mas sei que estão dentro da gaveta, e que Joana está equivocada".

Esta habilidade de metarrepresentação de estados mentais ocorre em uma criança típica, por volta de 4 anos de idade. Antes dos 4 anos, elas dão conta de reconhecer alguns estados mentais do parceiro como alguns desejos, intenções e sentimentos. Porém, presumem que os outros pensam como elas pensam, sentem como elas sentem e acreditam nas mesmas coisas que elas acreditam. Somente por volta de 4 anos de idade, as crianças com desenvolvimento típico são capazes de comparar a sua realidade interna com a externa e perceber perspectivas diferentes (6).

ToM e Autismo

Baron Cohen, Leslie e Frith (7) perceberam que os indivíduos com autismo possuem muitas dificuldades em reconhecer os estados mentais das outras pessoas e que, portanto, o déficit de ToM poderia ser o déficit central do autismo. Porém, com o passar do tempo, observou-se que, apesar de explicar os sintomas relacionados ao comportamento social e comunicação, não explica os comportamentos repetitivos e estereotipados, nem os interesses restritos e intensos (8). Os déficits de ToM estão relacionados ao autismo, independente da idade (9-11) e do nível de inteligência (7, 11).

A Interação Social e ToM

Os comportamentos das pessoas podem ser explicados pelos seus estados mentais. A dificuldade em inferir corretamente os pensamentos, desejos, intenções e emoções do próximo, gera grandes prejuízos nos relacionamentos interpessoais, visto que as percepções dos estados mentais do outro explicam os comportamentos deste, assim como nos servem como norteadores para o nosso próprio comportamento. Desta forma, alguns comportamentos frequentes em indivíduos com TEA podem ser justificados pelo déficit de ToM, como exemplo: dificuldades em perceber sentimentos e interesses dos outros; em confortar os colegas; em ser cooperativos. Além disso, indivíduos com TEA, geralmente aproximam-se de estranhos como se fossem conhecidos; não adequam seu comportamento em relação às expressões afetivas alheias e possuem dificuldades em expressar o afeto. De acordo com Howlin, Baron-Cohen e Hadwin (12), o déficit de ToM também gera: dificuldades em levar em conta o que as pessoas sabem, em reconhecer as intenções dos outros, em perceber o nível de interesse da outra pessoa no assunto, em antecipar o que a outra pessoa poderá pensar sobre as suas atitudes, em compreender os erros de outras pessoas e em compreender regras sociais subentendidas.

Comunicação e ToM

Ao conversarmos com alguém, espontaneamente utilizamos um "tradutor interno", que vai decodificando as mensagens (verbais e não verbais), na medida em que observamos e ouvimos a fala da outra pessoa. Este processo de tradução é influenciado pela ToM e é bastante subjetivo. Para que possamos compreender as mensagens de forma mais compatível com a realidade, devemos ser capazes de identificar a *intenção* do sujeito que comunica. Ou seja, identificar não somente o que ele disse, mas principalmente, o que ele *quis* dizer. Dessa forma, conseguimos avaliar se um elogio é sincero, irônico ou falso, se um não significa "de forma alguma" ou um talvez, se um silêncio é fruto de uma timidez ou de uma falta de interesse em interagir, entre várias outras possibilidades. Além disso, o déficit de ToM no autismo é responsável por dificuldades na compreensão de figuras de linguagem, sarcasmos, ironias, assim como na compreensão de mensagens não verbais (13).

Termos relacionados a ToM

Para a melhor compreensão do constructo ToM, será necessário a explicação de outros termos como falsa crença, crença de primeira ordem, crença de segunda ordem.

Falsa crença: Toda crença que não corresponde à realidade é considerada uma crença falsa, como por exemplo, acreditar que um objeto está em um lugar, quando na verdade, está em outro. O primeiro estudo considerando este conceito foi o de Wimmer e Perner (14), utilizando a história de Maxi e o chocolate. Nessa história, um garoto chamado Maxi ajuda sua mãe a guardar as compras de supermercado. Ele então, coloca seu chocolate no armário verde e sai da cozinha. Na sua ausência, a mãe pega o chocolate, para colocar um pouco na torta que estava fazendo. Ao terminar, ela o coloca no armário azul e sai para comprar ovos. Maxi volta à cozinha e quer seu chocolate. Nesse momento, o entrevistador pergunta à criança: "Em que lugar será que Maxi vai procurar o chocolate, quando voltar? Por que?". Espera-se que a criança responda, que Maxi irá procurar seu chocolate no armário verde, pois foi lá que ele o viu pela última vez. O indivíduo que consegue dar esta resposta, é capaz de comparar a sua crença de realidade com a crença do personagem da história, e entender que a perspectiva de Maxi é diferente da sua.

A partir dessa história, outras tarefas de falsa crença foram elaboradas, com o objetivo de avaliar a capacidade cognitiva da criança de inferir a crença do personagem, crença esta que não corresponde à realidade, que é do conhecimento da criança. Baron-Cohen, Leslie e Frith (7) realizaram uma pesquisa, utilizando uma tarefa de falsa crença (tarefa de Sally e Anne), com crianças com desenvolvimento típico, com síndrome de Down e com autismo. A maioria das crianças com desenvolvimento típico e com síndrome de Down tiveram boa performance no teste, indicando que o personagem procuraria o objeto no local que o viu pela ultima vez. Já a maioria das crianças com autismo indicaram que o personagem iria procurar o objeto onde o objeto realmente estava (realidade da criança). Portanto, concluíram que crianças com autismo possuem mais dificuldades em tarefas de falsa crença, do que as crianças com desenvolvimento típico e com síndrome de Down.

Outros estudos, avaliando a performance dos indivíduos com autismo em tarefas de falsa crença foram realizados, confirmando a dificuldade destes neste tipo de atividade (11, 12). Porém, estes achados não são universais (15, 16). As tarefas de falsa crença podem envolver crenças de primeira ou de segunda ordem.

Crença de primeira ordem: na tarefa de Maxi, as atribuições avaliadas são de primeira ordem, que neste caso poderia ser: a criança que está sendo avaliada atribui a Maxi uma crença de que o chocolate estava no armário ("X atribui a Y uma crença ..."). Em crianças com desenvolvimento típico, a habilidade de identificar uma falsa crença de primeira ordem ocorre por volta de 4/5 anos de idade (17).

Crença de Segunda ordem: as crenças de segunda ordem são mais complexas e sofisticadas, que as de primeira e ocorrem em crianças com desenvolvimento típico, por volta de 6/7 anos (17). Um exemplo de uma história de falsa crença de segunda ordem é a seguinte: A mãe de Billy comprou para ele um carro de controle remoto, pelo seu aniversário. Ela o escondeu no seu armário, para embrulhá-lo e entregar para ele à noite. Billy disse: "Mãe, eu realmente quero o carrinho de controle remoto de presente de aniversário". A mãe respondeu: "Sinto muito, filho. Eu não comprei um carrinho de controle remoto para você. Eu comprei um livro". Mais tarde, neste mesmo dia, Billy foi buscar algo no armário de sua mãe e viu o carrinho lá, debaixo de algumas roupas. Depois de algum tempo, o pai de Billy chegou em casa. Ele perguntou para a mãe: "O que o Billy acha que você comprou para ele de presente de aniversário?" (6). A pessoa que está sendo entrevistada deverá avaliar o conhecimento da mãe sobre o conhecimento de Billy (X atribui a Y uma crença sobre Z), por isso, é segunda ordem. Neste caso, a mãe não viu Billy mexer no armário e acredita que Billy pensa que ele irá ganhar um livro. Esta é uma falsa crença de segunda ordem, pois Billy, na verdade, sabe que irá ganhar um carrinho de controle remoto. A mãe atribui a ele uma crença que não é verdadeira.

Avaliaçao da ToM

Além das tarefas de falsa crença, existem outras formas de avaliar a ToM. Alguns autores sugerem que a ToM seja dividida em dois domínios: decodificação do estado mental, que envolve a habilidade de inferir estados mentais dos outros, através de informações observáveis, como expressão facial, postura corporal, tom de voz, etc; e dedução do estado mental, que envolve a habilidade de integrar as informações do contexto, com as informações do histórico da pessoa (atitudes, conhecimento, experiências), para compreender o comportamento desta (18).

Considerações finais sobre ToM

Os comportamentos em decorrência do déficit de ToM, muitas vezes chocam as pessoas que convivem com o sujeito com TEAAF. Por não compreenderem as atitudes deste, constantemente reagem de forma negativa. Além do sofrimento devido a rejeição do grupo, muitos indivíduos do espectro do autismo e de alto funcionamento, possuem consciência da suas diferenças e sofrem, por se sentirem diferentes. Alguns lutam, para tornarem-se semelhantes aos pares neurotípicos da mesma faixa etária. Outros ficam mais reservados e introspectivos, como se tivessem desistido de tentar interagir. Desta forma, o déficit de ToM é um dos prejuízos inerentes ao autismo que mais causam sofrimento nos portadores, devido a rejeição social. Atualmente, acredita-se que a ToM pode ser ensinada para crianças com TEAAF. Existem alguns protocolos elaborados, especialmente com este objetivo (ver capitulo específico neste livro).

Teoria da Coerência Central (TCC)

O modelo cognitivo Coerência Central refere-se ao estilo de processamento/integração da informação, que nos neurotípicos ocorre no sentido do global para o particular, devido ao mecanismo de forte coerência[a], e nos afetados pelo TEA ocorre no sentido inverso (19, 20). Portanto, a maioria destes indivíduos possuem fraca coerência central (FCC), pois eles possuem um desvio de processamento em relação aos detalhes e muitas vezes, perdem o sentido global. Essa teoria cognitiva foi proposta há 24 anos por Frith, para descrever a observação de que pessoas com autismo, frequentemente pareciam ignorar a cena como um todo, tendiam a focar em pequenos detalhes e demonstravam uma reduzida habilidade, para integrar o detalhe no contexto apropriado. Kaku (21) relata que: "...quando vemos uma imagem, podemos ver os contornos de vários objetos, em seguida vemos várias características dentro de cada objeto, depois, nuances dentro dessas características, etc...". Desta forma, visto que primeiramente os

---

[a] O significado da palavra Coerência e´: s.f. União das diversas partes de um corpo. / P. ext. Ligação, conexão, de um conjunto de ideias ou de fatos, formando um todo lógico.

indivíduos com TEA observam os detalhes, para depois observarem o global, talvez essa seja a explicação para o fato de que eles possuem uma performance superior no sub-teste de Cubos das escalas Weshcler de Inteligência (veja Capítulo "AVALIAÇÃO NEUROPSICOLÓGICA PARA SÍNDROME DE ASPERGER E TRANSTORNO DO ESPECTRO AUTISTA DE ALTO FUNCIONAMENTO).

Milne (22), afirma, em um extenso trabalho com adultos neurotípicos, que normalmente as cenas são percebidas como um todo, mesmo que dados relevantes estejam incompletos, e que a tendência dessa forma de processamento global é tão evidente que, para os neurotípicos, os testes formais de encontrar as diferenças, é difícil (como o teste dos Sete Erros, comuns em jornais e revistas de palavras cruzadas). O autor refere ainda, que coerência central é uma característica geral da cognição humana e que há duas possibilidades para a compreensão dessa habilidade nas pessoas com TEA: elas ocupam o fim do espectro normal desse tipo de cognição, ou seja, existe um *continuum* que vai de forte coerência (foco no que é essencial) até fraca coerência (foco no detalhe) e todos nós estaríamos incluídos em algum ponto desse *continuum*; ou que a qualidade cognitiva é realmente diferente e as pessoas possuem forte ou fraca coerência central (sem a possibilidade de um meio termo).

O ponto atual do conhecimento revela que o conceito do constructo teórico da Fraca Coerência Central e sua relação com outras dimensões cognitivas visuais, ainda é impreciso (22). Alguns trabalhos demonstram a dificuldade dos afetados pelo TEAAF de identificar o gênero humano, através de rostos (23) e outros que demonstram a dificuldade de identificar rostos humanos (24, 25). Sabe-se também, que as pessoas com TEA apresentam dificuldades em olhar para os olhos das pessoas (26, 27) e focam mais na região da boca (que se move), sem portanto considerar o contexto facial, cuja finalidade é comunicativa, ou seja, não apreendem o "todo" da situação.

Além do estilo de processamento visual, a teoria da Coerência Central também abrange aspectos verbais (28, 29), sendo que a avaliação destes ocorre através de testes, que avaliam a capacidade do indivíduo de, por exemplo, fazer inferências de textos e de ditados populares ou metáforas. Os autores citados consideram que esses déficits são equivalentes à dificuldade de perceber o todo da mensagem (compreender o sentido de frases e narrativas) e com isso, se atêm às partes da mensagem. Este estilo de processamento cognitivo pode ser um dos possíveis geradores de déficits na linguagem pragmática (30), que é a linguagem utilizada com o objetivo social[b]. Burnette (30) pondera que a presença de FCC, no início da vida, compromete precocemente o processamento da informação social, que, por cascata, prejudicará o desenvolvimento da compreensão social das crianças com TEA.

Então, como o estilo cognitivo do indivíduo com FCC acarreta em dificuldade de selecionar o que é importante no contexto, poderemos identificar várias repercussões na vida dessas pessoas, que podem ser observadas na clínica, como déficits na linguagem, na compreensão de textos lidos, na elaboração de textos escritos (31), na matemática, na memorização de rostos humanos, na socialização, no entendimento de regras, entre outros.

Por outro lado, as pessoas com FCC, como os afetados pelo TEA, são menos propensos a serem enganados pelos testes visuais de ilusão, em duas dimensões (4), possuem uma melhor performance no rastreamento visual para pequenos objetos e possuem mais habilidades em tarefas que demandam foco em detalhes e que sejam analíticas e sistematizadas (32-34).

Importante salientar, que uma FCC nem sempre é evidenciada em todos os afetados pelos TEAs, através dos testes em uso atualmente, ou seja, alguns indivíduos do espectro

---

[b] Certamente esse não é o único mecanismo causal, seja do déficit na pragmática seja na desagregação do pensamento.

possuem um estilo de processamento equivalente aos indivíduos neurotípicos.

Considerações finais sobre Coerência Central

Diferente dos outros modelos cognitivos, a teoria da CC não fala em déficits, visto que ter forte ou fraca CC pode trazer vantagens e desvantagens, dependendo da situação. Em muitas profissões da área de exatas, por exemplo, identificar com precisão pequenos detalhes é essencial para que o trabalho seja executado, de forma satisfatória. Além disso, é interessante observar que os principais testes utilizados, para avaliar a FCC no aspecto visual (Cubos e Teste das Figuras Integradas), são testes em que os indivíduos com TEA possuem uma performance superior aos indivíduos neurotípicos.

Em relação aos aspectos verbais, as consequências de um estilo de processamento cognitivo, que foca primeiramente no detalhe, para em seguida captar o global, são severas e trazem grandes prejuízos para o indivíduos que possuem fraca CC. Os prejuízos abrangem tanto a linguagem expressiva, visto que a narrativa fica desagregada e prolixa, quanto a linguagem compreensiva, visto que os indivíduos possuem dificuldades na compreensão de frases, textos e relatos de casos e experiências, que são comumente compartilhadas no contexto social. De outro lado, capacitam essas pessoas a habilidades específicas, como tarefas analíticas e sistematizadas.

Funções Executivas (FE)

As Funções Executivas referem-se a um conjunto de habilidades cognitivas, envolvidas no planejamento, iniciação, execução e monitoramento de comportamentos complexos, auto-organizados e dirigidos para metas específicas (35). Essas funções possuem um papel fundamental na construção e organização do comportamento do indivíduo, uma vez que estas são as principais habilidades envolvidas, ao se lidar com as situações incertas e ambíguas dos relacionamentos sociais e para o desenvolvimento de uma conduta apropriada, responsável e assertiva.

Pode-se afirmar então, que as Funções Executivas envolvem um sistema sofisticado de processos cognitivos, responsável por iniciar um comportamento e regular a atenção seletivamente, a fim de filtrar os estímulos concorrentes que possam interferir na realização específica de uma tarefa. Além disso, é necessário que ocorra a alternância da atenção entre os componentes dos estímulos relevantes e a adequada manipulação das representações mentais, a fim de direcioná-las efetivamente para a realização de tarefas (36, 37)

Percebe-se frequentemente, que muitas das habilidades cognitivas relacionadas às Funções Executivas encontram-se bastante comprometidas nas crianças com TEA.

Já em idades precoces, é possível observar em bebês com TEA, prejuízos no contato visual e na atenção compartilhada, que começa a aparecer nas crianças típicas por volta do segundo semestre de vida. A atenção compartilhada refere-se à habilidade de alternância do olhar e outros sinais comunicativos entre a criança, outra pessoa e um objeto ou situação, cuja atenção encontra-se em foco (38).

Elisabeth L. Hill (39) avaliou três das habilidades cognitivas mais relevantes nas Funções Executivas: capacidade de planejamento, flexibilidade mental e controle inibitório, em indivíduos com TEA e concluiu que, de modo geral, tanto crianças em idade escolar, quanto adultos, de todos os níveis cognitivos, apresentam prejuízos nas Funções Executivas de planejamento e comportamento perseverante, que indicam um déficit na flexibilidade mental. A alternância atencional, por exemplo, que é uma habilidade estreitamente relacionada ao controle inibitório e à flexibilidade mental, é para estes indivíduos, algo extremamente difícil, impedindo que consigam, sem um grande esforço, mudar o seu foco de atenção simultaneamente, entre duas atividades.

Alguns estudos têm investigado os mecanismos envolvidos nesta habilidade, que parece estar diretamente correlacionada às Funções Executivas e que hipoteticamente, seria precursora da capacidade de desenvolvimento de uma ToM (40, 41). O modelo das Funções Executivas propõe que crianças com TEA apresentam dificuldade em inibir respostas competitivas, e falham nas tarefas de crença falsa e em tarefas sócio-cognitivas, em virtude desta dificuldade (37, 42-44). Este modelo representa uma alternativa razoável para os déficits na ToM, no entanto, não explica toda a gama de défits apresentados pelas crianças com TEEAF, especialmente às relacionadas à cognição social (45, 46). Outra hipótese levantada é que os dois déficits poderiam derivar de alguma deficiência mais básica nas funções pré-frontais. Ainda assim, existe um consenso de que as Funções Executivas encontram-se severamente comprometidas nos indivíduos com TEA e interferem diretamente, no desenvolvimento do comportamento social destes indivíduos, uma vez que geram prejuízos cognitivos tais como dificuldades no planejamento e inibição de respostas e perseveração do comportamento.

Observa-se, portanto, que a correlação entre a ToM e as Funções Executivas, ainda não está completamente estabelecida. Os resultados imprecisos e contraditórios encontrados nestes diversos estudos, não permitem afirmar com precisão, se é o comprometimento das Funções Executivas que afetariam a competência do indivíduo em desenvolver uma ToM ou o contrário (47).

É importante ressaltar, que os prejuízos nas Funções Executivas acarretam como consequência, o comprometimento de outras competências cognitivas secundárias, mas não menos importantes e profundamente necessárias, para nortear e gerenciar a vida de forma efetiva e funcional, como por exemplo, a percepção de tempo e a noção de temporalidade (48).

A noção de tempo corresponde, não só à compreensão e à interação do indivíduo com o tempo, de caráter objetivo e mensurável, como também é influenciada pela sua percepção pessoal e subjetiva, uma vez que essa interação será modificada pelo aspecto afetivo de cada experiência. Sob um ponto de vista mais amplo, a temporalidade será formada a partir da interação contínua do indivíduo com o mundo e da noção de tempo que ele adquiriu em experiências passadas, dando sentido à suas vivências atuais e criando possibilidades de antever e se organizar diante das situações, que ainda estão por vir (49).

Assim sendo, a temporalidade possibilita ao ser humano dar sentido ao mundo e organizá-lo, uma vez que suas percepções estarão sempre subordinadas ao aspecto temporal dos acontecimentos em sua vida. Qualquer pequena atividade a ser executada, por mais simples que seja, sempre deverá seguir uma ordem cronológica/temporal, para que seja cumprida com êxito. Caso isso não ocorra, haverá uma desorganização de tal ordem, que não será possível ao indivíduo dar um sentido à experiência, fazendo com que ela seja percebida de forma fragmentada e caótica. Essa desorganização temporal pode se refletir em um comportamento desajustado ou impróprio, ou gerar um sentimento de frustração e de falta de compreensão da cronologia dos acontecimentos cotidianos.

É notório observar que indivíduos com TEA apresentam prejuízos na percepção temporal. Em um estudo realizado com sujeitos portadores de síndrome de Asperger, verificou-se que estes indivíduos apresentam uma temporalidade restrita, e demonstram limitações na percepção de tempo e na antecipação da perspectiva futura, acarretando prejuízos nos aspectos subjetivos do seu contexto cotidiano, e restringindo não só o compartilhamento do tempo com os outros indivíduos, como a formação de projetos de vida (49).

Curiosamente, verifica-se que inúmeras características que podem ser interpretadas como uma noção de tempo incerta nos indivíduos com TEA, tais como a desorganização diante de alterações na rotina, dificuldade em encontrar uma conduta alternativa, quando algo não sai conforme o planejado; falhas no planejamento de atividades e incapacidade de calcular intuitivamente, um intervalo de tempo, estão estreitamente relacionadas aos prejuízos nas Funções Executivas.

Considerações finais sobre Funções Executivas

Os déficits cognitivos ocasionados pelas disfunções executivas causam severos prejuízos funcionais na vida dos indivíduos com TEA. Em virtude destas disfunções, a organização das atividades diárias torna-se extremamente penosa e frustrante, uma vez que normalmente, estes indivíduos não conseguem organizar seu tempo, nem planejar adequadamente suas atividades, levando-os a ser mal sucedidos, até mesmo em seus propósitos mais básicos. A falta de flexibilidade mental e o fraco controle inibitório os impedem de adequar seu comportamento às situações inesperadas do dia-a-dia, fazendo com que se desorganizem mentalmente e falhem em seus projetos, além de interferirem profundamente no relacionamento social destes indivíduos. Além disso, este padrão de comportamento impede que estes indivíduos alternem seu foco de atenção entre atividades distintas, levando-os a comportamentos perseverantes.

Felizmente, assim como na ToM, as Funções Executivas podem ser desenvolvidas com êxito, dentro de um ambiente terapêutico estruturado e alcançam um resultado bastante positivo, em indivíduos com TEA.

A capacidade de planejamento, a alternância atencional e o controle inibitório podem ser treinados sistematicamente, através de estratégias de "circuito de trabalho", onde as atividades são alternadas entre si, fazendo com que o paciente se dedique a cada tarefa, durante um espaço de tempo limitado, e em seguida, passe para uma nova atividade, retornando posteriormente à atividade anterior, em um grau um pouco mais avançado, até que o objetivo de todas as tarefas tenha sido cumprido. O uso desta estratégia tem se mostrado muito eficiente, no desenvolvimento das Funções Executivas, fazendo com que os pacientes com transtornos executivos adquiram um maior controle inibitório sobre suas ações, mantenham a memória de trabalho ativada e consigam planejar e organizar melhor o seu tempo, em cada tarefa.

Ainda neste sentido, estratégias de automonitoramento podem ser aprendidas, dando ao indivíduo com TEA autonomia para nortear o seu comportamento fora do consultório, em sua rotina diária. Por último, a colaboração dos pais e familiares é fator imprescindível para a evolução destes indivíduos, principalmente quando se trata de crianças.

Conclusão

Os três modelos cognitivos são independentes, porém, complementares e interativos (8). Apesar de alguns estudos encontrarem correlações entre eles, indicando que indivíduos que possuem alteração em algum modelo, possuem em outros também (2, 50-52), outros estudos não encontraram nenhum tipo de correlação (16, 53). Existem algumas hipóteses de que os indivíduos que possuem déficit de ToM, também possuem déficit de Função Executivas, assim como existem hipóteses de que o déficit de FE esteja associado à fraca CC. Neste caso, ainda não se sabe, até que ponto a dificuldade em integrar os detalhes dentro de um contexto global, poderia ser devido a dificuldades relacionadas à memória operacional (como na comunicação) ou à inflexibilidade cognitiva (como nos aspectos visuais, por exemplo). Apesar das FE poderem justificar alguns prejuízos nos outros modelos, por qual razão os sintomas comportamentais dos indivíduos com TEA são diferentes dos de outros transtornos, que também possuem déficit de FE? Indivíduos com TDAH clássico, em geral, não possuem déficit de ToM, nem possuem fraca CC.

Além disso, nenhuma das três teorias é capaz de explicar inteiramente, os três domínios comportamentais e cada uma delas é responsável por alguns dos sintomas. Acredita-se que a ToM pode ser responsável por prejuízos na interação social e na comunicação (54); a fraca Coerência Central, pode ser responsável por prejuízos na comunicação (29) e pelas diferenças nas habilidades visuais e espaciais presente na síndrome (55); e o déficit de Funções Executivas são responsáveis pelo alto nível de rigidez, perseveração e também, pela elaboração de rituais e dificuldades de lidar com mudanças na rotina (39).

Além disso, é interessante acrescentar que a FCC parece não se modificar significativamente com a idade (27), enquanto as outras habilidades o fazem (ToM e FE).

É fantástico poder reunir todas essas características/informações funcionais, para compreender o ser humano com TEAAAF e assim promover um planejamento terapêutico, que seja o mais eficaz possível. Também é maravilhoso podermos aplicar esse conhecimento àqueles que apresentam estilos cognitivos diferentes, mas que não apresentam sintomas de prejuízo na interação social (ou seja, que não possuem TEA).

Referências

1. RAJENDRAN, G., MITCHELL, P. G. **Cognitive theories of autism**. Developmental review. 2007;27:224-60.
2. BARON-COHEN, S., editor. **Mindblindness: An Essay on autism and Theory of mind**. : MIT Press; 1997.
3. PREMACK, D., WOODRUFF, G. **Does chimpanzee have theory of mind?** Behavioural and Brain Sciences. 1978;4:515-26.
4. OLIVEIRA, S. E. S. **Desenvolvimento sociocognitivo da teoria da mente: estudos interventivos em crianças de 3 a 4 anos.** Lavras: Unilavras; 2009.

5. LESLIE, A. M. **Pretense and representation: the origins of "Theory of Mind".** Phsycological Review. 1987;9(4):412-26.
6. ORDETX, K., editor. **Teaching Theory of Mind: A Curriculum for Children with High Functioning Autism, Asperger's Syndrome and Related Social Challenges.** London: Jessica Kingsley Publishers; 2012.
7. BARON-COHEN, S., LESLIE, A. M., FRITH, U. **Does the autistic child have a "theory of mind"?** Cognition. 1985 Oct;21(1):37-46.
8. HAPPE, F., RONALD, A. **The 'fractionable autism triad': a review of evidence from behavioural, genetic, cognitive and neural research.** Neuropsychol Rev. 2008 Dec;18(4):287-304.
9. RUTHERFORD, M. D., BARON-COHEN, S., WHEELWRIGHT, S. **Reading the mind in the voice: a study with normal adults and adults with Asperger syndrome and high functioning autism.** J Autism Dev Disord. 2002 Jun;32(3):189-94.
10. BEAUMONT, R., NEWCOMBE, P. **Theory of mind and central coherence in adults with high-functioning autism or Asperger syndrome.** Autism. 2006 Jul;10(4):365-82.
11. BARON-COHEN, S. **The autistic child's theory of mind: a case of specific developmental delay.** J Child Psychol Psychiatry. 1989 Mar;30(2):285-97.
12. HOWLIN, P., BARON-COHEN, S., HADWIN, J., editors. **Teaching children with autism to mind-read.** 2º ed. ed: J Wiley & Sons; 1999.
13. HAPPE, F. G. **Understanding minds and metaphors: Insights from the study of figurative language in autism.** Metaphor& Symbol. 1995;10(4):275-95.
14. WIMMER, H., Perner, J. **Beliefs about beliefs: representation and constraining function of wrong beliefs in young children's understanding of deception.** Cognition. 1983 Jan;13(1):103-28.
15. BOWLER, D. M. **"Theory of mind" in Asperger's syndrome.** J Child Psychol Psychiatry. 1992 Jul;33(5):877-93.
16. OZONOFF, S., PENNINGTON, B. F., ROGERS, S. J. **Executive function deficits in high-functioning autistic individuals: relationship to theory of mind.** J Child Psychol Psychiatry. 1991 Nov;32(7):1081-105.
17. PERNER, J., WIMMER, H. **"John thinks that Mary thinks that..." attribution of second order false beliefs by 5- to 10- year- old children.** Journal of Experimental Child Psychology. 1985;39:437-71.
18. SABBAGH, M. A., SEAMANS, E. L. **Intergenerational transmission of theory-of-mind.** Dev Sci. 2008 May;11(3):354-60.

19. MARTIN, L. A., HORRIAT, N. L. **The effects of birth order and birth interval on the phenotypic expression of autism spectrum disorder**. PLoS One. 2012;7(11):e51049.
20. JOLLIFFE, T., BARON-COHEN, S. **A test of central coherence theory: can adults with high-functioning autism or Asperger syndrome integrate fragments of an object?** Cogn Neuropsychiatry. 2001 Aug;6(3):193-216.
21. KAKU, M. O Futuro da IA: A ascenção das máquinas. In: KAKU, M., editor. **A física do futuro**. Rio de Janeiro: Rocco; 2012. p. 94.
22. MILNE, E., SZCZERBINSKI, M. **Global and local perceptual style, fieldindependence, and central coherence: An attempt at concept validation**. Adv Cogn Psychol. 2009;5:1-26.
23. PELLICANO, E., MACRAE, C. N. **Mutual eye gaze facilitates person categorization for typically developing children, but not for children with autism**. Psychon Bull Rev. 2009 Dec;16(6):1094-9.
24. PELLICANO, E. **Links between theory of mind and executive function in young children with autism: clues to developmental primacy**. Dev Psychol. 2007 Jul;43(4):974-90.
25. EWING, L., PELLICANO, E., RHODES, G. **Atypical updating of face representations with experience in children with autism**. Dev Sci. 2013 Jan;16(1):116-23.
26. KLIN, A., JONES, W., SCHULTZ, R., VOLKMAR, F., COHEN, D. **Visual fixation patterns during viewing of naturalistic social situations as predictors of social competence in individuals with autism**. Arch Gen Psychiatry. 2002 Sep;59(9):809-16.
27. SCHULTZ, R. T., GRELOTTI, D. J., KLIN, A., KLEINMAN, J., Van DER GAAG, C., MAROIS, R. *et al*. **The role of the fusiform face area in social cognition: implications for the pathobiology of autism**. Philos Trans R Soc Lond B Biol Sci. 2003 Feb 28;358(1430):415-27.
28. NUSKE, H. J., BAVIN, E. L. **Narrative comprehension in 4-7-year-old children with autism: testing the Weak Central Coherence account**. Int J Lang Commun Disord. 2011 Jan-Feb;46(1):108-19.
29. BOOTH, R., HAPPE, F. **"Hunting with a knife and ... fork": examining central coherence in autism, attention deficit/hyperactivity disorder, and typical development with a linguistic task**. J Exp Child Psychol. 2010 Dec;107(4):377-93.
30. BURNETTE, C. P., MUNDY, P. C., MEYER, J. A., SUTTON, S. K., VAUGHAN, A. E., CHARAK, D. Weak central coherence and its relations to theory of mind and anxiety in autism. J Autism Dev Disord. 2005 Feb;35(1):63-73.

31. MOORE, S. T. **Síndrome de Asperger e a escola fundamental: soluções práticas para dificuldades acadêmicas e sociais**. São Paulo: Associação Mais 1; 2005.
32. JARROLD, C., RUSSELL, J. **Counting abilities in autism: possible implications for central coherence theory**. J Autism Dev Disord. 1997 Feb;27(1):25-37.
33. BARON-COHEN, S., editor. **Autism and Asperger Syndrome**. New York: Oxford University Press; 2008.
34. JARROLD, C., BUTLER, D. W., COTTINGTON, E. M., JIMENEZ, F.. **Linking theory of mind and central coherence bias in autism and in the general population**. Dev Psychol. 2000 Jan;36(1):126-38.
35. ROYALL, D. R., LAUTERBACH, E. C., CUMMINGS, J. L., REEVE, A., RUMMANS, T. A., KAUFER, D.I., et al. **Executive control function: a review of its promise and challenges for clinical research**. A report from the Committee on Research of the American Neuropsychiatric Association. J Neuropsychiatry Clin Neurosci. 2002 Fall; 14(4):377-405.
36. PENNINGTON, B. F., OZONOFF, S. Executive functions and developmental psychopathology. J Child Psychol Psychiatry. 1996 Jan;37(1):51-87.
37. OZONOFF, S. Executive functions in autism. In: SCHOPLER, E., MESIBOV, G., editors. **Learning and cognition in autism**. New York: Plenum Press; 1995. p. 199-220.
38. BOSA, C. A. **Atenção compartilhada e identificação precoce do autismo**. Psicologia: Reflexão e Crítica. 2002(15):77-88.
39. HILL, E. L. **Executive dysfunction in autism**. Trends Cogn Sci. 2004 Jan;8(1):26-32.
40. BOSA, C. A. **As Relações entre Autismo, Comportamento Social e Função Executiva**. Psicologia: Reflexão e Crítica. 2001;2(14):281-7.
41. MUNDY, P., SIGMAN, M. Specifying the nature of the social impairment in autism. In: DAWSON, G., editor. **Autism: New perspectives on nature, diagnosis and treatment**. New York: Guilford; 1989. p. 3-21.
42. HUGHES, C., RUSSEL, J. **Autistic children's difficulty with mental disengagement from an object: Its implications for theories of autism**. Dev Psychol. 1993;29:498-510.
43. FRYE, D., ZELAPO, P., PALFAI, T. **Theory of mind and rule based reasoning**. Cogn Dev. 1995;10:483-527.
44. MUNDY, P., MARKUS, J. **On the nature of communication and language impairment in autism**. Mental Retardation and Developmental Disabilities. 1997;3:343-9.

45. BARON-COHEN, S., COX, A., BAIRD, G., SWETTENHAM, J., NIGHTINGALE, N., MORGAN, K. *et al*. **Psychological markers in the detection of autism in infancy in a large population**. Br J Psychiatry. 1996 Feb;168(2):158-63.
46. TAGER-FLUSBERG, H. What language reveals about the understanding of minds of children with autism. In: BARON-COHEN, S., TAGER-FLUSBERG, H., COHEN, D., editors. **Understanding other minds: Perspectives from autism**. New York: Oxford Publications; 1993. p. 138-57.
47. BAILEY, A., PHILLIPS, W., RUTTER, M. **Autism: towards an integration of clinical, genetic, neuropsychological, and neurobiological perspectives**. J Child Psychol Psychiatry. 1996 Jan;37(1):89-126.
48. ALÉM-MAR, L. C. D., SILVA, C. C. A. **Aspectos cognitivos relacionados à noção de intervalos de tempo**. J Bras Psiquiatr. 2007;56(2):120-6.
49. ZUKAUSKAS, P. R. **A temporalidade e a síndrome de Asperger**. São Paulo2003.
50. BEST, C. S., MOFFAT, V. J., POWER, M. J., OWENS, D. G., JOHNSTONE, E.C. **The boundaries of the cognitive phenotype of autism: theory of mind, central coherence and ambiguous figure perception in young people with autistic traits**. J Autism Dev Disord. 2008 May;38(5):840-7.
51. PELLICANO, E., MAYBERY, M., DURKIN, K., MALEY, A. **Multiple cognitive capabilities/deficits in children with an autism spectrum disorder: "weak" central coherence and its relationship to theory of mind and executive control.** Dev Psychopathol. 2006 Winter;18(1):77-98.
52. JARROLD, C., BOUCHER, J., SMITH, P. K. **Generativity deficits in pretend play in autism**. British Journal of Developmental Psychology. 1996;14:275-300.
53. MORGAN, B., MAYBERY, M., DURKIN, K. **Weak central coherence, poor joint attention, and low verbal ability: independent deficits in early autism**. Dev Psychol. 2003 Jul;39(4):646-56.
54. HAPPE, F., BRISKMAN, J., FRITH, U. **Exploring the cognitive phenotype of autism: weak "central coherence" in parents and siblings of children with autism: I. Experimental tests**. J Child Psychol Psychiatry. 2001 Mar;42(3):299-307.
55. HAPPE, F. **Autism: cognitive deficit or cognitive style?** Trends Cogn Sci. 1999 Jun;3(6):216-22.

ASPECTOS DA LINGUAGEM NO AUTISMO DE ALTO FUNCIONAMENTO

Patrícia Reis Ferreira

O sujeito com Transtorno do Espectro do Autismo (TEA) apresenta alterações do neurodesenvolvimento que acometem os processos normais de desenvolvimento social, cognitivo e da comunicação[1]. Se comunicar é transmitir informações entre duas ou mais pessoas, promovendo interação social, para ocorrer uma troca de informações eficaz, é necessário que haja uma mensagem a ser transmitida (*conteúdo*), que esta mensagem esteja estruturada de tal forma que o interlocutor compreenda o objetivo da mesma (*forma*), e que deva ser expressa através de símbolos que são compartilhados entre ambos interlocutores (*uso*)[2].

O *conteúdo* da mensagem é relativo aos significados expressos pela palavra, frase ou pelo discurso. Está relacionado ao nível semântico, que diz respeito à capacidade lexical, ou seja, à diversidade do vocabulário, às categorias das palavras e às relações entre elas[2].

A *forma* abrange aspectos concernentes à produção e emissão de fonemas, à estruturação das frases em relação aos seus componentes, e à ordem admissível pela língua, envolvendo os níveis fonético, fonológico e morfossintático[2].

Já o *uso*, relaciona-se à aplicação da língua ao meio social. Diz respeito ao nível pragmático da linguagem, que seria a utilização funcional da comunicação, ou seja, a intenção do falante. Vai além da produção de sons, ou estruturação da frase. É a adequação da mensagem ao contexto em que ela é dita.

É o objetivo do falante e a forma como a linguagem se adapta aos diferentes contextos[2].

No curso do desenvolvimento de uma criança típica, esses três elementos da comunicação – conteúdo, forma e uso – tendem a progredir simultaneamente. Um desempenho diferente em uma dessas áreas pode ser indicativo de dificuldade[2].

Em relação aos indivíduos com Transtornos do Espectro do Autismo, percebe-se que alterações relacionadas à linguagem podem estar presentes em qualquer um desses aspectos citados anteriormente, no entanto, a interface na qual aparecem dificuldades mais expressivas é a pragmática ou seja, o uso funcional da comunicação. Essa dificuldade em utilizar de forma funcional a linguagem, provoca uma ruptura nas trocas sociais, o que, muitas vezes, gera a necessidade de realizar intervenções específicas na área da pragmática da linguagem, a fim de reduzir os déficits comunicativos e sociais.

O desenvolvimento da habilidade pragmática engloba vários aspectos, sendo alguns dos marcadores do déficit da pragmática nos Transtornos do Espectro do Autismo: 1. Intenção comunicativa, expressa através da orientação social, atenção compartilhada, contato ocular, e prosódia; 2. Desenvolvimento simbólico e 3. Tópicos do discurso.

1. Intenção comunicativa:

O sujeito com TEA apresenta reduzida intenção de comunicar e normalmente, quando se comunica, é para satisfazer suas necessidades. Esta dificuldade se torna aparente logo no início do desenvolvimento, e pais e profissionais devem estar sempre atentos a esta característica.

Habilidades que surgem na primeira infância como a orientação social e a atenção compartilhada, contribuem de forma significativa para o início da comunicação social. Portanto, é apropriado avaliar os distúrbios na comunicação social, pois déficits nessas competências têm sido apontados como primário nos Transtornos do Espectro do Autismo, podendo ser observados como sintomas iniciais[3].

Desde os primeiros meses de vida, a criança com desenvolvimento típico promove trocas interativas com o cuidador, estabelecendo contato ocular, participando de jogos comunicativos através de vocalizações ou gestos, e exercitando sua linguagem na relação com o outro. É comum notarmos essa habilidade logo no início do desenvolvimento do bebê, durante as atividades de cuidado, como a troca de fraldas, ou durante o banho. Neste momento, o cuidador conversa com a criança e a mesma sorri para ele. Ela leva pés e mãos em direção ao adulto, respondendo tanto às investidas de interação que o adulto lhe oferece, como também, iniciando a interação[5]. Já a criança com TEA, devido às dificuldades comunicativas e sociais, nem sempre interage com o interlocutor; inicia poucas vezes a interação, comumente evita o contato ocular e/ou apresenta uma interação de menor qualidade e quantidade.

A orientação social e a atenção compartilhada são aspectos que normalmente estão prejudicados no TEA, e que contribuem para o insucesso da interação social. A orientação social refere-se ao alinhamento dos receptores sensoriais para um evento social ou para uma pessoa, e é considerada uma chave importante do processamento da informação social [4].

Já a atenção compartilhada pode ser observada através da interação face a face com o adulto. Pesquisadores relatam que logo no início da vida, o bebê já possui habilidade de incitar o outro a se comunicar com ele[6]. Observa-se então, desde a mais tenra idade, uma troca entre adulto e criança, que compartilham a atenção numa relação diádica. O bebê tanto responde quanto inicia a atenção compartilhada. Posteriormente, à medida que a habilidade de compartilhar a atenção vai ficando mais elaborada, essa relação se torna uma tríade, envolvendo além de adulto e criança, também um objeto. Nesse período, a criança começa a apontar para solicitar objetos de seu interesse, para mostrar ao adulto algo que lhe chamou a atenção, ou ainda, para pedir ajuda, como por exemplo, para fazer um brinquedo funcionar. O bebê também passa a ter condições de alternar o olhar entre o adulto e o objeto, para ter a certeza de que o adulto está com a atenção voltada para o mesmo objeto que ele[7].

Tanto a habilidade de orientação social quanto a atenção compartilhada, têm se mostrado bons preditores do desenvolvimento da sociabilidade. Ambas estão intimamente ligadas ao desenvolvimento da intenção comunicativa, que pode ser notada a partir da observação do modo como o bebê se dirige ao outro, com intenção de obter respostas[8].

Em pesquisas avaliando crianças com TEA e crianças com desenvolvimento típico, através de provas de orientação social e atenção compartilhada, observou-se que as crianças do grupo controle manifestaram boas respostas, tanto para estímulos sociais quanto não sociais, demonstrando um padrão maturacional dessa função, para ambos os estímulos. Já as crianças com TEA, apesar de não apresentarem diferenças de desempenho em relação às provas de orientação para objetos, quando comparadas ao grupo controle, demonstraram pior desempenho em relação à orientação para pessoas[3,8]. "Esta falta do estímulo social pode colaborar para o déficit no aprendizado dos valores de recompensa das interações sociais diádicas e, posteriormente nas habilidades sociais triádicas de natureza espontânea, para compartilhar experiências com o parceiro social"[8].

Ainda com relação ao estudo citado anteriormente, quando foram comparadas habilidades de orientação a pessoas e atenção compartilhada (tanto as respostas quanto as iniciativas de atenção compartilhada), observou-se que a atenção compartilhada e a orientação a pessoas se desenvolvem de maneira interligada, apesar de apresentarem diferenças entre o grupo controle e o grupo com TEA. No primeiro grupo, controle, houve relação entre orientação social e iniciativa de atenção compartilhada, enquanto no segundo grupo, com TEA, a orientação social relacionou-se a respostas à atenção compartilhada. Isso demonstra mecanismos de comportamentos sociais mais complexos, no grupo controle[8].

Crianças com TEA podem apresentar dificuldade em compartilhar a atenção, desde os primeiros meses de vida, e isso pode ser um indicativo de que algo não está em conformidade com o esperado. A ausência dos processos interativos representa um dos indícios diagnósticos para o Autismo[8] e tão logo esses indícios sejam detectados, a intervenção deve ser iniciada.

Durante a avaliação e a intervenção com o sujeito com Transtorno do Espectro do Autismo de Alto Funcionamento (TEAAF), é necessário observar como estão os aspectos relacionados à orientação social, ao compartilhamento da atenção, ao contato ocular e à intenção em interagir com o interlocutor. Estas são habilidades que devem ser alvo na intervenção, para que haja um bom desenvolvimento de linguagem. O terapeuta precisa promover intenção e motivação em interagir, para que o indivíduo estabeleça o contato com o outro. É fundamental ressaltar que, mesmo o sujeito com autismo clássico, em alguns momentos, é capaz de interagir, estabelecer contato ocular, compartilhar a atenção, etc. No entanto, isso ocorre com menor frequência, duração e qualidade, se comparado às crianças com desenvolvimento típico. Portanto, o terapeuta precisa estar atento ao interesse do indivíduo, instigando o compartilhamento da atenção, e/ou aproveitando os episódios de interação para envolver o sujeito com TEA, tornando essa interação motivadora. Também é necessário que a criança sinta necessidade de comunicar, para que surja a intenção comunicativa.

Outro aspecto que pode auxiliar na interação inicial entre adulto e criança é a prosódia. Os elementos prosódicos são elementos suprassegmentais da nossa língua, que incluem elementos da melodia, da dinâmica e da qualidade vocal. Tais elementos são utilizados para manifestar a intenção do falante, indo além da sintaxe ou da semântica.[9]

É a partir da prosódia que o locutor demonstra a intenção comunicativa, e é apoiado nela que o bebê compreende o sentido da mensagem que o outro lhe dirige. Quando o adulto utiliza o *manhês*, através da produção de uma musicalidade na fala, facilita a interação entre ele e o bebê[10]. O bebê percebe a intenção afetiva do outro, a partir da prosódia utilizada pelo locutor, e reage de forma adequada ao contexto, revelando grande compreensão do processo comunicativo [11-16]. Assim como os bebês, o sujeito com TEA demonstra maior atenção, quando a prosódia da fala dirigida a ele é mais acentuada.

É importante ressaltar que o início da comunicação ocorre normalmente, através de gestos e vocalizações, para posteriormente ocorrer através da língua. Além disso, inicialmente a fala passa por um período de vocalizações articuladas de forma repetitiva, mas correspondentes às necessidades[6]. Desta forma, incentivar os familiares a valorizar formas diversificadas de comunicação e a dar significado ao que é produzido pelo sujeito com TEAAF, é essencial para a ampliação da interação e das iniciativas de comunicação. Assim como a produção sonora faz com que o adulto acredite que a criança conseguirá falar, já nos primeiros meses de vida, assegurando ao bebê sua entrada na linguagem socializada[17], as produções do autista facilitam a interação com o adulto. Por esse motivo, é tão importante incentivar pais e cuidadores desse sujeito a perceber as vocalizações e a gestualidade corporal, como manifestações de intenção comunicativa. Além disso, segundo Lemos [18], seria insuficiente e impróprio qualificar essa atribuição de significado feita pelo adulto, como simples mediação entre a criança e a linguagem. A atividade interpretativa do adulto coloca a criança na posição de sujeito provido de intenção[18].

Durante a intervenção com o sujeito com TEAAF, é essencial favorecer a utilização de diversas formas de comunicação, seja através do contato ocular, de vocalizações ou gestos. Cabe ao adulto, atribuir significado à comunicação utilizada pelo sujeito, para que aos poucos, ela seja repetida e internalizada como forma eficaz de comunicação. Com o passar do tempo, vai-se exigindo uma forma de comunicação mais elaborada, até que a criança consiga se expressar da melhor forma possível. Também é importante pensar no espaço comunicativo. Quando uma pessoa não se comunica através da fala, é comum o interlocutor tentar falar por si e pelo outro. Observa-se com frequência na clínica, tanto os pais, quanto os próprios terapeutas ocupando grande parte do espaço comunicativo com sua própria fala e desta forma, impedindo que o sujeito se expresse. É fundamental que na interação, o espaço comunicativo seja equilibrado. Mesmo a pessoa que não se comunica através da fala, pode se expressar utilizando outras formas, que devem ser interpretadas pelo interlocutor. No período inicial do desenvolvimento da linguagem, em que a criança com desenvolvimento típico vai adquirindo interesse e habilidade de interagir com outras pessoas, observa-se que, apesar de ainda não haver fala, há um equilíbrio no espaço comunicativo. Há espaço para a criança interagir e assim, desenvolver a linguagem.

2. Desenvolvimento Simbólico

O desenvolvimento simbólico é indispensável para a evolução da comunicação. O brincar de "faz-de-conta" com bonecos, fingir ser um animal, uma outra pessoa, um super herói ou um objeto, fazem parte das brincadeiras infantis, e são imprescindíveis para um bom desenvolvimento. Para

Piaget[19], a aquisição da linguagem está subordinada ao exercício de uma função simbólica, sendo que o processo anterior ao desenvolvimento simbólico é a capacidade de imitação, que devido às habilidades de assimilação e acomodação, permite a construção do símbolo e dos mecanismos verbais. Entende-se por assimilação a habilidade do indivíduo em observar um novo estímulo e tentar associá-lo a um esquema mental préexistente. Quando não há como integrá-lo a um esquema já existente, por existir diferenças entre eles, é necessário usar a acomodação, ou seja, criar um novo esquema[19].

No entanto, esta é uma habilidade de difícil desenvolvimento para o sujeito com TEA. Por apresentar um pensamento muito concreto, e pouca flexibilidade de raciocínio, a tendência é se ater aos esquemas sensório motores, e não ascender aos esquemas simbólicos. A fase sensório-motora, que é a mais concreta do desenvolvimento cognitivo, se expressa através da experimentação de possibilidades sensoriais, a partir de atos motores e então, se constrói conhecimentos. Na imitação sensório-motora não existe construção de imagens[19].

Posteriormente, a criança consegue reproduzir modelos na ausência de um objeto, e relacionado a esse período do desenvolvimento, as condutas mais características são as "aplicações de esquemas conhecidos às novas situações". Neste nível, já se observa a representação, mas esta ainda está intimamente ligada à imitação, apesar de diferenciada. Aqui, pressupõe-se que já exista formação da imagem, que ocorre a partir da interiorização da imitação e esboçando o símbolo em ação[19].

Desta forma, o desenvolvimento do simbolismo depende da evolução da imitação, que passa do simples fato de reproduzir uma ação imediatamente após tê-la observado, até que a imitação seja internalizada pelo sujeito, utilizando-a em contextos diversificados para, posteriormente ser capaz, de fato, de simbolizar. Ao intervir com o indivíduo com TEAAF, é interessante que o terapeuta proporcione ao paciente vivências simbólicas, a partir de esquemas adquiridos através de sua experiência ou seja, é interessante proporcionar-lhe situações em que o sujeito possa amadurecer sua habilidade de imitação, até que seja capaz de reproduzi-las em contextos diferenciados e mais distantes no tempo, através de assimilações e acomodações.

Quando a criança aplica esquemas simbólicos a objetos e emite evocações para obter prazer, é quando se caracteriza o início da ficção. Nesta fase, a criança é capaz de representar um objeto ausente por outro presente, significando-o simbolicamente[19], como por exemplo, quando a criança pega um bloco de madeira retangular, finge ser um serrote e faz movimentos de "vai-e-vem" como se estivesse serrando a mesa. Neste momento, ela evocou mentalmente o serrote, e por não tê-lo por perto, significou-o a partir de assimilações que permitiram simbolizar.

É necessário, no entanto, que haja diversidade neste simbolismo. Comumente vemos em consultório, sujeitos que, fixados por um tema específico como trem, carro, dinossauro, etc, são capazes de evocá-los mentalmente, representando-os por outro objeto, porém, não aplicam essa habilidade a nem um outro tipo de situação. É indispensável que o terapeuta incentive atividades diversificadas, até que o sujeito seja realmente capaz de simbolizar situações diversas, sendo fundamental proporcionar ao paciente possibilidades de ampliar seu repertório simbólico, desenvolvendo internamente sua habilidade de simbolizar.

3. Tópicos do discurso

À medida que ocorre o desenvolvimento simbólico, observa-se também o refinamento das habilidades conversacionais. A criança vai ampliando seu repertório e aproximando cada vez mais sua forma de conversar à de um adulto que por sua vez, a realiza dentro de certos padrões, aos quais a criança deve se ajustar.

Estudos mostram que crianças com Autismo de Alto Funcionamento, tendem a ser capazes de produzir frases complexas (embora às vezes com erros) e são comumente prolixos. Demonstram má compreensão da comunicação funcional, incluindo dificuldade na troca de turnos, dificuldades em dialogar, demonstram tópicos textuais limitados, falta de sensibilidade em relação a sugestões sociais e apresentam tendência a dar informação em excesso ou em falta, variando conforme o assunto[20]. Ao iniciar uma conversação, um bom falante seleciona o assunto de acordo com o ambiente e com o interlocutor[21], mas a fala deve ser elaborada a partir do repertório lexical que o locutor e o destinatário da mensagem possuem em comum[22]. Ao assunto proposto, dá-se o nome de tópico textual[21]. Observa-se dificuldades na seleção dos tópicos textuais por esse sujeito com TEAAF, deixando por vezes, a comunicação segmentada, uma vez que nem sempre há a habilidade em selecionar assuntos de interesse do interlocutor, ou habilidade em encontrar o momento adequado de falar sobre determinado tópico.

Numa situação ideal de conversação, primeiro estabelece-se um tópico textual e discorre-se sobre ele. Um tópico, juntamente às suas respectivas qualificações, corresponde a uma unidade discursiva. No entanto, para que haja a unidade discursiva, é imprescindível que um interlocutor interprete de forma adequada aquilo que foi dito pelo outro[21]. Em terapia, é indispensável que o fonoaudiólogo proporcione um ambiente comunicativo adequado, para a explanação de uma unidade discursiva, evitando que o assunto seja interrompido precocemente, ou que se torne redundante. Inicialmente, a fim de facilitar este processo, o assunto deve ser do interesse do paciente e à medida que ele cria estratégias conversacionais mais elaboradas, diversifica-se os temas. Cabe ao terapeuta mediar a conversa, auxiliando na organização do pensamento do paciente, através de questionamentos bem direcionados, facilitando a compreensão da dinâmica do diálogo com demonstrações concretas, quando necessário. Além disso, é relevante explicitar ao paciente as situações em que ele não respondeu ao que foi perguntado, esclarecendo qual foi a intenção do interlocutor, quando disse algo que não foi compreendido, para reduzir ao máximo possível, as quebras das Unidades Discursivas.

É comum ocorrerem descontinuidades na linguagem falada, uma vez que nem sempre a organização de um assunto é seguida linearmente. O que auxilia o interlocutor a alternar de um tópico para outro de forma tênue, são os marcadores textuais, como por exemplo, *"mudando de assunto... ah, me lembrei de uma coisa..".* [21]. No entanto, é fundamental evidenciar ao paciente os momentos em que ele modifica o tópico do discurso de forma abrupta, sinalizando a importância da utilização dos marcadores textuais.

O terapeuta precisa ainda, ficar atento ao espaço comunicativo. Em um diálogo, deve haver equilíbrio e a unidade discursiva deve ser tecida por ambos os participantes.

Considerações finais

Após uma minuciosa avaliação dos aspectos da linguagem, considerando prioritariamente a singularidade do sujeito, deve-se elaborar o planejamento terapêutico individualizado, abordando os temas que dizem respeito aos aspectos da pragmática, que não se encontram de acordo com o esperado. Tanto durante a avaliação quanto durante a intervenção, o terapeuta deve ficar atento à idade cronológica do paciente, a fim de perceber aspectos que necessitam ser trabalhados com base nos marcadores do desenvolvimento.

É fundamental conhecer o desenvolvimento normal, a fim de que se obtenha parâmetros para saber o que é esperado em determinada idade. Se isso não ocorre, o terapeuta pode iniciar uma intervenção direcionada a um aspecto, no qual a criança ainda não tem maturação para corresponder e evoluir.

Cabe ressaltar que este texto foi escrito de forma mais didática, seccionando os itens. No entanto, a terapia não acontece de forma fragmentada. O trabalho é desenvolvido de forma contínua e global, favorecendo concomitantemente todos os aspectos que necessitam ser trabalhados.

Além disso, em qualquer nível de desenvolvimento da comunicação verbal ou não em que se encontre o sujeito com TEA, é imprescindível que a intervenção seja realizada em equipe, com diálogo aberto entre os profissionais, a família e a escola. O objetivo do tratamento fonoaudiológico, bem como das demais terapias, deve estar claro para todas as pessoas que têm contato com o sujeito, para que o tratamento não fique restrito à sessão, facilitando assim, a generalização do conhecimento que foi adquirido.

Agradecimento:

Agradeço à professora Erika Parlato-Oliveira pela interlocução e cuidadosa leitura referente a este capítulo.

Referências

1. KLIN, A. **Autism and Asperger syndrome: an overview**. Rev Brás Psiquiatr. 2006;28(l):3-12.
2. BOONE, D., PLANTE, E. **Comunicação humana e seus distúrbios**. 2ª ed. Porto Alegre:Artes Médicas;1994
3. DAWSON, G., ABBOT, R., ESTES, A., LIAU, J., OSTERLING, J., TOTH, K. **Early social attention impairments in autism: orienting, joint attention, and attention to distress**. Developmental psychology. 2004; 40(2):271-83.
4. MUNDY, P., NEAL, R. **Neural plasticity, joint attention, and a transactional social orienting modelo f autism**. International Review of Research in Mental Retardation, 2001;23:139-68
5. CRESPIN, G. C. **Aspects cliniques et pratiques de la prévention de l'autisme**. Cahiers de PREAUT 1. Editions L'Harmattan Mar 2004.

6. NAGY, E., MOLNAR, P. **Homo imitans or homo provocans? Human impriting modelo of neonatal imitation.** Infant Behavior & Development. 2004;27:54-63.
7. LAMPREIA, C. **O processo de desenvolvimento rumo ao símbolo: uma perspectiva pragmática.** Arquivos brasileiros de psicologia. 2008;60(2):117-28.
8. MONTENEGRO, M. N. **Avaliação e estudo dos comportamentos de orientação social e atenção compartilhada nos transtornos invasivos do desenvolvimento.** São Paulo. Dissertação [mestrado em distúrbios do desenvolvimento] Universidade Presbiteriana Mackenzie; 2007.
9. CAGLIARI, L. C. **Prosódia: Algumas funções dos supra segmentos.** Cadernos de estudos lingüísticos, Campinas, jul./dez 1992; 23:137-51.
10. MEHLER, J., DUPOUX, E. **Naître Humain.** Paris: Odile Jacob, 1990.
11. CONBOY, B. T., SOMMERVILLE, J., KUHL, P.K. **Cognitive control factors in speech perception at 11 months.** Developmental Psychology. 2008;44:1505-512.
12. BERNAL, S., DEHAENE-LAMBERTZ, G., MILLOTTE, S., Christophe, A. **Two year-olds compute syntactic structure on-line.** Developmental Science. 2010;13:69-73.
13. CHEMLA, E., MINTZ, T., BERNAL, S., CHRISTOPHE, A. **Categorizing words using 'Frequent Frames': What cross-linguistic analyses reveal about distributional acquisition strategies.** Developmental Science. 2009;12:396-406.
14. CHRISTOPHE, A., MILLOTTE, S., BERNAL, S., LIDZ, J. **Bootstrapping lexical and syntactic acquisition.** Language & Speech. 2008;51:61-75.
15. CHRISTOPHE, A., GOUT, A., PEPERKAMP, S., MORGAN, J. **Discovering words in the continuous speech stream: The role of prosody.** Journal of Phonetics. 2003;31:585-98.
16. LAZNIK, M. C., MAESTRO, S., MURATORI, F., PARLATO-OLIVEIRA, E. Lês interactions sonores entre les bébés devenus autistes et leurs parents. In: CASTAREDE, M. F., KONOPCZYNSKI, G. (Org.). **Au commencement était la voix.** 1ed.Ramonville Saint-Agnes: Érès, 2005.
17. BOYSSON-BARDIES, B. **Comment la parole vient a l' enfant.** Revue Française de psychanalyse. 2007;71:1473-80.
18. LEMOS, C. T. G. Sobre o ensinar e o aprender no processo de aquisição da linguagem. In: CASTILHO, A. T., ILARI, R.,

GERALDI, J. W. (organizadores). **Cadernos de estudos linguísticos 22**. Campinas: UNICAMP; jan/jun 1992;22.149-152.
19. PIAGET, J. **A formação do símbolo na criança**. Rio de Janeiro: Zahar, 1978.
20. BOTTING, N., CONTI-RAMSDEN, N. **Autism, primary pragmatic difûculties, and speciûc language impairment: can we distinguish them using psycholinguistic markers?** Developmental Medicine & Child Neurology 2003;45:515–24.
21. CASTILHO, A. T. e ELIAS, V. M. **Pequena gramática do português brasileiro**. São Paulo: Contexto; 2012.17-46.
22. JAKOBSON, R. **Linguística e comunicação**. 20 ed. São Paulo: Cultrix; 1995;34-62.

IMPLICAÇÕES DO TRANSTORNO DO ESPECTRO DO AUTISMO DE ALTO FUNCIONAMENTO NA DINÂMICA FAMILIAR

Aline Abreu e Andrade
Maycoln Leôni Martins Teodoro

Na década de 70, a prevalência dos outrora chamados Transtornos Invasivos do Desenvolvimento (TID) em crianças era de 0,4 : 1.000. Nesta época, eram diagnosticadas como portadoras de TID somente crianças com retardo mental[1]. Entretanto, atualmente, a prevalência estimada do Transtorno do Espectro do Autismo se encontra em torno de 0,2%, sendo que cerca de 50% dos indivíduos diagnosticados com TID, ou Transtornos do Espectro do Autismo (TEA), como se denomina atualmente, apresentam inteligência na média ou acima da média[2].

Estes quadros sem prejuízo cognitivo são denominados Transtornos do Espectro do Autismo de Alto Funcionamento (TEAAF). A Síndrome de Asperger (SA) e o Autismo de Alto Funcionamento (AAF) fazem parte dos TEAAF. O TEAAF se caracteriza por um comprometimento global em diversas áreas de desenvolvimento, tais como habilidades de interação social recíproca, de comunicação e presença de comportamentos, interesses e atividades estereotipados[3]. De forma semelhante ao Autismo, as deficiências na interação social incluem evitação do olhar, dificuldade de desenvolver relações, falha em compartilhar interesses e prazeres espontaneamente, falta de reciprocidade social, déficits na inferência de estados mentais de outros (por exemplo, identificação de sentimentos associados com uma expressão facial)[4]. Em relação à comunicação, são observados déficits de linguagem pragmática. A Síndrome de Asperger se distingue do TEAAF, principalmente pela ausência de atraso clinicamente significativo de linguagem[5].

A despeito do fato das crianças com TEAAF apresentarem como pontos fortes a capacidade cognitiva e de linguagem (vocabulário amplo e preciosismo), seus significativos déficits sociais, interesses e comportamentos restritos e pobre comunicação sociopragmática, frequentemente trazem impacto para o funcionamento familiar[6]. O objetivo do presente capítulo se constitui em elencar as consequências da presença de uma criança com AAF na família e estimar os efeitos bidirecionais do estado de saúde física e mental dos pais sobre esse filho.

Alterações Ambientais em Famílias de Crianças com TEAAF

De forma geral, os pais de crianças com TEA enfrentam desafios a respeito do futuro e saúde de seus filhos, tais como necessidades médicas, educação especial, planejamento financeiro e recursos especializados[7]. Há também desafios socioculturais, tais como atitudes negativas e pouca aceitação dos comportamentos resultantes do autismo pela sociedade e por outros membros da família[8].

Ter um filho com TEA também pode afetar outras áreas do funcionamento familiar, tais como ter pouco tempo para atividades familiares, falta de espontaneidade ou flexibilidade (devido à constante necessidade de se planejar com antecedência) e estresse no relacionamento conjugal[9,10]. Os familiares, muitas vezes relatam estresse relacionado com o trabalho, com pais citando restrições de carreira e mães relatando limitações em sua capacidade de manter o emprego ou buscar atividades externas [10,11]. Ambos os cônjuges relatam desistir de outros aspectos da vida familiar, tais como passeios em família e férias[9,10].

O estresse e os desafios também são evidentes para pais de crianças com Autismo de Alto Funcionamento[12]. Estas famílias relatam maior dependência entre os seus membros, em termos de tomada de decisão, bem como menor participação em atividades sociais e recreativas do que as famílias com crianças sem transtorno[13].

Considerando-se que as crianças com TEAAF apresentam habilidades que muitas vezes mascaram seus déficits sociais significativos, os pais são frequentemente confrontados com a negação dos suportes necessários e impelidos a lutar por serviços para os seus filhos[13,14]. Assim, algumas pessoas com TEAAF participam do mundo social, sem muitas das proteções disponíveis para aqueles com sintomas mais graves de Autismo. Por exemplo, eles geralmente frequentam as escolas regulares, em vez de escolas para crianças com deficiência; seu transtorno muitas vezes não é reconhecido ou, se for, é diagnosticado anos após a sua manifestação. Além disso, eles se deparam com demandas relacionadas a trabalhar, viver de forma independente e cumprir papéis da vida adulta[16].

Diante disso, os pais, especialmente as mães, podem experimentar, por exemplo, aumento do conflito com autoridades educacionais, por causa de problemas de seus filhos na escola. Este ciclo de emoções negativas pode eventualmente, minar o senso de autoeficácia dos pais e levar ao aumento do risco de alterações o nível de saúde física e mental destas famílias[17,18].

Saúde Mental dos Pais

Diante do estresse potencial e das responsabilidades dos pais em atender diversas demandas em prol do desenvolvimento de seu filho com TEA, seu bem-estar psicológico pode ser prejudicado. Os pais de crianças com TEA tipicamente apresentam piores resultados em termos de saúde. Pode-se citar, por exemplo, aumento do estresse[6,19,20], maiores níveis de angústia[20], mais sintomas de depressão[6,21], diminuição da qualidade de vida, e aumento dos níveis de problemas de saúde física e mental[10,22], quando comparados a pais de crianças com desenvolvimento típico, pais de crianças com deficiência intelectual (DI) ou atraso de desenvolvimento, pais de crianças com condições específicas (Síndrome de Down, X frágil, paralisia cerebral) e pais de crianças com problemas de saúde física ou mental.

Com raras exceções[13,23], a literatura sobre bem-estar parental e funcionamento familiar avalia de forma indistinta os pais de crianças, em todo o espectro do Autismo. Entretanto, as especificidades da apresentação clínica do TEAAF sugere que o estresse nessas famílias, pode ser tanto quantitativa como qualitativamente diferente, se comparado com famílias de crianças com o transtorno autista "clássico". Assim, os estudos que avaliam de forma indistinta famílias de crianças com graus diferentes do TEA, podem mascarar variações no estresse parental e funcionamento familiar decorrentes de distintos perfis clínicos de apresentação do transtorno[13].

Em relação aos pais de crianças com TEAAF, especificamente, observa-se um aumento dos níveis de estresse e prejuízo do funcionamento familiar, se comparados com famílias de crianças sem distúrbio psicológico. O nível de estresse dos pais está diretamente associado às características da criança. Fatores comportamentais, tais como hiperatividade, perturbação de humor, gravidade dos déficits principais, a idade da criança, e a extensão dos problemas comportamentais coexistentes são determinantes para o nível de tensão dentro do sistema familiar[24].

De forma geral, há um alto nível de problemas de comportamento, entre crianças com TEAAF. Clinicamente, os comportamentos internalizantes mais frequentes são os transtornos de humor e ansiedade, uma vez que, dado o alto grau de funcionamento intelectual, essas crianças podem ser mais conscientes de suas dificuldades sociais e diferenças e, assim, podem ser mais preocupadas com sua capacidade de adaptação com seus pares com desenvolvimento típico[13].

O diagnóstico de TEAAF em crianças também aumenta o risco de problemas de comportamento externalizantes[25]. Em crianças com o referido transtorno, estas dificuldades ocorrem em grau ainda mais grave, do que em crianças com outros diagnósticos psiquiátricos[26]. Deve-se destacar que o funcionamento intelectual superior das crianças com TEAAF não parece compensar, nem amenizar, os problemas de comportamento associados com o TEA[13].

Levando-se em conta a relação bidirecional entre o comportamento da crianças com TEAAF e o bem-estar psicológico dos cuidadores, o tratamento deve fornecer aos pais ferramentas para a redução dos problemas comportamentais da criança (tanto internalizantes quanto externalizantes), de modo a reduzir o estresse parental[27]. Em relação a isto, sabe-se que, se os problemas de comportamento de crianças com TEA são controlados, o bem-estar de seus pais já não é diferente do de outros pais[25,28,29,30], sugerindo que os problemas de comportamento associados ao TEAAF sejam um fator determinante para o estresse parental.

Cabe destacar ainda, que tanto o estresse dos pais, quanto a gravidade dos sintomas da criança podem ser considerados preditores de depressão parental, com o estresse funcionando como um mediador parcial, entre a gravidade dos sintomas da criança e a depressão parental[31].

No que se refere às diferenças de gênero, observa-se uma maior percentagem de mães classificadas como clinicamente deprimidas, em comparação aos pais. As mães também relatam, níveis mais elevados de ansiedade que os pais. Sendo assim, pode-se dizer que ter filhos com TEAAF afeta mais fortemente a saúde mental das mães, do que dos pais[6].

Mães cuidadoras de crianças em idade escolar com TEAAF, também apresentam risco aumentado de prejuízos no bem-estar físico. Este resultado não é encontrado para pais. Este prejuízo observado nas mães também está relacionado com o grau dos sintomas de hiperatividade e problemas de conduta na criança[32]. A prevalência de transtorno emocional materno foi maior, entre mães de crianças com TEA (com ou sem deficiência intelectual). Embora TEA e DI sejam associados com elevados problemas de comportamento da criança, este resultado não se repete no que se refere à saúde mental materna. A presença de TEA (mas não de DI) foi associada a um aumento na probabilidade de transtorno emocional materno, sugerindo que este pode estar associado mais fortemente com sintomas característicos do Autismo, do que ao déficit de habilidades cognitivas ou adaptativas da criança[33]. Este achado está de acordo com uma recente meta-análise[22] que relata aumento das taxas de desordem psiquiátrica entre os pais de crianças com TEA, quando comparados com pais de crianças sem nenhum transtorno. Não há, entretanto, evidências conclusivas que indiquem se as altas taxas de transtorno emocional em mães de crianças com Síndrome de Asperger são parte do fenótipo ampliado do Autismo em pais de crianças com TEA, uma consequência da "sobrecarga" de criar uma criança com o transtorno, ou ainda uma combinação entre os dois fatores[34].

Estratégias de Coping e Desenvolvimento de Resiliência

Em momentos de adversidades, alguns indivíduos são capazes de lidar com os estressores de forma mais eficaz do que outros. Existem evidências que apoiam a ideia de que a habilidade de enfrentamento e o acesso a suporte, são variáveis que podem atenuar e mediar a relação entre estresse e resultados, tais como o ajustamento. *Coping* é definido como a forma de se lidar com situações estressantes, mediando quão bem uma pessoa se ajusta diante destas situações. Indivíduos com um estilo de enfrentamento mais ativo e orientado para o problema tendem a ver o estresse e a adversidade como um desafio, preferindo procurar ativamente opções, a fim de ter maior controle sobre as situações estressantes[35].

Pais e mães adotam diferentes estilos de enfrentamento, para lidar com o estresse de criar um filho com Autismo clássico. O uso da evitação ativa pode ser associado a estresse e níveis mais elevados de ansiedade e depressão parental. Além disso, a religiosidade passiva, na qual a família assume uma espera passiva de Deus, para resolver o problema, bem como a negação, estão relacionadas com depressão em mães e com depressão e ansiedade nos pais[36]. Por outro lado, o *coping* positivo foi associado com melhor saúde mental em ambos os sexos. O estilo ativo de enfrentamento parental focado no problema, também foi associado a resultados positivos para as crianças com autismo[37]. Observa-se ainda, que as mães usam mais frequentemente o enfrentamento focado no problema e o enfrentamento por evitação ativa.

Uma outra estratégia de *coping*, a aquisição de suporte social, é tida como uma das estratégias mais utilizadas por pais de crianças com autismo[36]. É importante destacar o seu papel sobre os resultados de saúde mental dos pais[38]. Este suporte pode decorrer de relacionamentos diádicos dentro da família ou de recursos intrafamiliares, como a coesão. A abordagem das questões práticas de criar um filho com TEAAF, o auxílio aos pais no contato com outros cuidadores de criança com o transtorno, e o acesso à participação em grupo de apoio educacional contribuem para manter o bem-estar familiar, funcionando como fatores protetores, reduzindo a probabilidade de desenvolvimento de uma saúde mental deficitária[6].

Há um número limitado de estudos que investigam *coping* em relação ao ajustamento dos pais de crianças com

TEAAF[31,39,40]. Em um desses estudos, a melhor adaptação materna foi relacionada a níveis mais elevados de suporte social, e estratégias de enfrentamento de caráter emocional e menores níveis de problemas de comportamento infantil[40].

Os pais de crianças com TEAAF apresentam especificidades em termos das abordagens de enfrentamento. No geral, eles tendem a ser menos otimistas, ter menor autoestima e estabilidade psicológica, adquirir menos suporte informal de familiares, em comparação com os pais de crianças sem qualquer deficiência. Por outro lado, eles apresentam maior uso de espiritualidade e busca por suporte formal, bem como o apoio dos pares. Além disso, eles focam em tomar medidas ativas, para ganhar o domínio do curso dos acontecimentos, enquanto os pais de crianças sem deficiência se concentram mais na busca de significados, identificando significados positivos da experiência negativa e escolhendo formas positivas de avaliação, minimizando assim os sentimentos de desamparo, estratégia denominada como reenquadramento positivo[6].

No que se refere às diferenças entre mães e pais de crianças com AAF, em termos de estresse e *coping*, observa-se que as mães relatam maior estresse do que os pais, devido a maiores responsabilidades de cuidado, incluindo cuidados gerais da criança, manutenção do lar e colaboração com os professores e médicos. As mães procuram ajuda profissional com maior frequência e utilizavam mais anti-depressivos, como mecanismo de *coping* em comparação aos pais[39].

Bem-estar parental e desenvolvimento infantil

Há na literatura, teorias que defendem a possibilidade de uma restrição biológica da criança com TEA, nas quais os déficits de neurodesenvolvimento, combinados com os prejuízos na motivação e engajamento social, reduziriam o grau com que os fatores familiares influenciam o fenótipo comportamental do Autismo[41]. Apesar das evidências fornecidas por estas teorias[42], há também dados que sugerem que os fatores parentais e familiares podem assumir importância para indivíduos com problemas de desenvolvimento, comparável àquela observada para crianças com desenvolvimento normativo[43].

Estudos longitudinais recentes sugerem que o comportamento dos pais pode influenciar diversos aspectos do fenótipo do Autismo, da primeira infância até a idade adulta[41,45,46]. Assim, ainda que a etiologia do transtorno seja de natureza predominantemente neurobiológica, há crescentes evidências de que a forma de parentagem pode influenciar os comportamentos relacionados ao autismo[47].

No cuidado parental, o compartilhamento de afeto positivo ou a existência de momentos em que a criança e os pais estão envolvidos em situações de riso, alegria ou toque carinhoso, têm sido relacionados ao aumento da confiança da criança, desenvolvimento de habilidades sociais, tolerância à frustração, e ajustamento em crianças com desenvolvimento típico[48,49]. De forma consistente com esses achados em crianças típicas, níveis mais elevados de sincronização e sintonia entre pai e filho levam a desenvolvimento mais significativo da atenção compartilhada e da linguagem em crianças com Autismo[50].

Em pesquisa de intervenção, investigou-se o desenvolvimento do afeto positivo, compartilhado durante o curso da terapia sobre os resultados da criança e dos pais de crianças com Autismo de Alto Funcionamento. Após intervenção com este enfoque, observou-se um aumento no afeto positivo compartilhado nas díades pai-criança. De forma concomitante, houve uma redução dos problemas de comportamento e aumento da adaptabilidade da criança, de acordo com a percepção dos pais[51].

Implicações Clínicas

A identificação de estressores dentro dessas famílias é fundamental, dado o crescente número de crianças diagnosticadas com AAF[52,53] e o aumento da necessidade de serviço de intervenção para este público. Entretanto, as intervenções dirigidas somente à criança, sem adequada atenção a fatores familiares que influenciam o tratamento, podem apresentar respostas parciais[13].

Especificamente, quando as famílias manifestam estresse significativo, acreditam que não terão tempo para cumprir as atividades solicitadas entre as sessões, que são parte indispensável do tratamento. Assim, antes de implementar qualquer intervenção, faz-se necessário avaliar o nível de estresse dos pais e o funcionamento da família e, se necessário, tratar esses fatores como parte de um plano global de tratamento. Caso contrário, os esforços de intervenção podem ser limitados pela ausência do envolvimento necessário por parte da família[13].

As intervenções precoces, visando a redução do estresse dos pais, também podem facilitar mudanças positivas nos comportamentos da criança, desencadeando um processo de retroalimentação, no qual o bem estar parental aumenta o potencial de evolução da criança e a crescente melhoria da mesma, reduz as chances de emergência de estresse, depressão e ansidedade parental[54]. A emergência de evidência de que fatores diádicos podem ter impacto no decurso do fenótipo de Autismo, amplifica ainda mais a importância da família no processo de intervenção, uma vez que eles podem assumir o papel de agentes de estimulação intensiva da criança, em ambiente natural[46,47].

Faz-se necessário também, o desenvolvimento de mais estudos enfocando o funcionamento de famílias com crianças especificamente com Autismo de Alto Funcionamento, uma vez que as pesquisas sobre TEA podem ocultar variações importantes do funcionamento familiar[13]. Cabe, ainda, investigar as variáveis mediadoras e moderadoras, que podem alterar o sofrimento familiar, tais como os grupos psicoeducativos, grupos de gestão de estresse, treinamento de habilidades parentais.

Estas intervenções podem ser testadas para investigar a sua eficácia, enquanto fatores de proteção aos pais que criam um filho com TEAAF[6,55]. Desta forma, tornar-se-á possível a compreensão de como os pais podem manter ou recuperar a saúde mental e reorganizar o seu comportamento, em prol das necessidades especiais de seus filhos[45].

Referências

1 RUTTER, M. **Incidence of autism spectrum disorders: Changes over time and their meaning.** Acta Paediatr. 2005 Jan;94(1):2-15.
2 FOMBONNE, E. **Epidemiology of pervasive developmental disorders.** Pediatr Res. 2009 Jun;65(6):591-8.
3 WILLEMSEN-SWINKELS, S. H., BUITELAAR, J. K. **The autistic spectrum: subgroups, boundaries, and treatment.** Psychiatr Clin North Am. 2002 Dec;25(4):811-36.
4 OZONOFF, S., ROGERS, S. J, PENNINGTON, B.F. **Asperger's Syndrome: evidence of an empirical distinction from high-functioning Autism.** J Child Psychol Psychiatry. 1991 Nov;32(7):1107-22.
5 ASSOCIAÇÃO AMERICANA DE PSIQUIATRIA. **Manual diagnóstico e estatístico de transtornos mentais (DSM IV)**. 4th ed. Porto Alegre: Artes Médicas; 2002.
6 LEE, G. K. **Parents of Children with High Functioning Autism: How Well Do They Cope and Adjust?** J Dev Phys Disabil. 2009 21(2), 93–114.
7 SYMON, J. B. **Parent education for Autism: Issues in providing services at a distance.** Journal of Positive Behavior Interventions. 2001 Jul;3(3) 160–174.
8 SHARPLEY, C. F., BITSIKA, V., EFREMIDIS, B. **Influence of gender, parental health, and perceived expertise of assistance upon estresse, anxiety, and depression among parents of children with Autism.** JIDD. 1997 Mar;22(1):19-28.
9 HUTTON, A. M., CARON, S. L. **Experiences of families with children with autism in rural New England.** Focus Autism Other Dev Disabl. 2005, 20 (3): 180-89
10 MONTES, G., HALTERMAN, J. S. **Psychological functioning and coping among mothers of children with autism: A population-based study.** Pediatrics. 2007 May;119(5):e1040-6.

11   GRAY, D. E. **Coping with autism: Estressees and strategies.** Sociol Health Illn. 1994 Jun;16(3):275-300.

12   PORTWAY, S. M., JOHNSON, B. **Do you know I have Asperger's syndrome? Risks of a non-obvious disability.** Health Risk Soc. 2005 Mar;7(1):73-83.

13   RAO, P. A., BEIDEL, D.C. **The Impact of Children With High-Functioning Autism on Parental Estresse, Sibling Adjustment, and Family Functioning.** Behav Modif. 2009 Jul;33(4):437-51.

14   KLIN, A., VOLKMAR, F. R. Treatment and intervention guidelines for individuals with Aspergers syndrome. In: A. KLIN, F. R. VOLKMAR, S. S. Sparrow, editores. **Asperger syndrome New York**: Guilford; 2000. p. 340-366.

15   TSATSANIS, K. D., FOLEY, C., DONEHOWER, C. **Contemporary outcome research and programming guidelines for Asperger syndrome and high-functioning autism.** Top Lang Disord, 2004 Oct-Dec:24(4):249-59.

16   GRAY, D. E. **'Everybody just freezes. Everybody is just embarrassed': felt and enacted stigma among parents of children with high functioning autism.** Sociol Health Illn. 2002 Nov;24(6):734-49.

17   HASTINGS, R. P., BROWN, T. **Behavior problems of children with autism, parental self-efficacy, and mental health.** Am J Ment Retard. 2002 May;107(3):222-32.

18   SOFRONOFF, K., FARBOTKO, M. **The effectiveness of parent management training to increase self-efficacy in parents of children with Asperger syndrome.** Autism. 2002 Sep;6(3):271-86.

19   DUARTE, C., BORDIN, I. A., YAZIGI, L., MOONEY, J. **Factors associated with estresse in mothers of children with autism.** Autism. 2005 Oct;9(4):416-27.

20   YAMADA, A., SUZUKI, M., KATO, M., TANAKA, S., SHINDO, T., TAKETANI, K., AKECHI, T., FURUKAWA, T. A. **Emotional diestresse and its correlates among parents of children with pervasive developmental disorders.** Psychiatry Clin Neurosci. 2007 Dec;61(6):651-7.

21   BENSON, P. R., KARLOF, K. L. **Anger, estresse proliferation, and depressed mood among parents of children with ASD: A longitudinal replication.** J Autism Dev Disord. 2009 Feb;39(2):350-62.

22   YIRMIYA, N., SHAKED, M. **Psychiatric disorders in parents of children with autism: A meta-analysis.** J Child Psychol Psychiatry. 2005 Jan;46(1):69-83.

23 VERTÉ, S., ROEYERS, H., BUYSSE, A. **Behavioural problems, social competence and self-concept in siblings of children with autism.** Child Care Health Dev. 2003 May;29(3):193-205.
24 FREEMAN, N. L., PERRY, A., FACTOR, D. C. **Child behaviours as estresseors: replicating and extending the use of the CARS as a measure of estresse: a research note.** J Child Psychol Psychiatry. 1991 Sep;32(6):1025-30.
25 HASTINGS, R. P. Estresse in parents of children with autism. In: E. Mcgregor, M. NUNEZ, K. WILLIAMS, J. GOMEZ, editors. **Autism: An integrated view.** Oxford: Blackwell; 2008. p. 303-324.
26 GADOW, K. D., DeVINCENt, C. J., POMEROY, J., AZIZIAN, A. **Psychiatric symptoms in preschool children with PDD and clinic and comparison samples.** J Autism Dev Disord. 2004 Aug;34(4):379-93.
27 NEECE, C., BAKER, B. **Predicting maternal parenting estresse in middle childhood: The roles of child intellectual status, behaviour problems, and social skills.** J Intellect Disabil Res. 2008 Dec;52(12):1114-28.
28 BLACHER, J., Mcintyre, L. L. **Syndrome specificity and behavioural disorders in young adults with intellectual disability: Cultural differences in family impact.** J Intellect Disabil Res. 2006 Mar;50(Pt 3):184-98.
29 HERRING, S., GRAY, K., TONGE, B., SWEENEY, D., EINFELD, S. **Behaviour and emotional problems in toddlers with pervasive developmental disorders and developmental delay: Associations with parental mental health and family functioning.** J Intellect Disabil Res. 2006 Dec;50(12):874-82.
30 LOUNDS, J., SELTZER, M. M., GREENBERG, J. S., SHATTUCK, P. T. **Transition and change in adolescents and young adults with autism: Longitudinal effects on maternal well-being.** Am J Ment Retard. 2007 Nov;112(6):401-17.
31 BENSON, P. R. **The impact of child symptom severity on depressed mood among parents of children with asd: the mediating role of stresse proliferation.** J Autism Dev Disord. 2006 Jul;36(5):685-95.
32 ALLIK, H., LARSSON, J-O, SMEDJE, H. **Health-related quality of life in parents of school-age children with Asperger syndrome or highfunctioning autism.** Health Qual Life Outcomes. 2006. Jan;4(1).
33 TOTSIKA, V., HASTINGS, R. P., EMERSON, E., LANCASTER, G. A., BERRIDGE, D. M. **A population-based investigation of**

behavioural and emotional problems and maternal mental health: associations with autism spectrum disorder and intellectual disability. J Child Psychol Psychiatry. 2011 Jan;52(1):91-9.

34 BAILEY, A., PALFERMAN, S., HEAVEY, L., Le COUTEUR, A. **Autism: The phenotype in relatives**. J Autism Dev Disord. 1998 Oct;28(5):369-92.

35 TAYLOR, S. E. **Adjustment to threatening events: a theory of cognitive adaptation**. Am. Psychol. 1983 Nov; 38(11)1161-73.

36 HASTINGS, R. P., KOVSHOFF, H., BROWN, T, WARD, N. J., ESPINOSA, F. D., REMINGTON, B. **Coping strategies in mothers and fathers of preschool and school-age children with autism**. Autism. 2005 Oct;9(4):377-91.

37 BEHR, S. K., MURPHY, D. L. Research progress and promise: The role of perceptions in cognitive adaptation to disability. In: TURNBULL, A. P., PATTERSON, J. M., editores. **Cognitive coping, families, disability**. Baltimore: Paul H. Brookes Publishing; 1993. p. 151–63.

38 SCORGIE, K., WILGOSH, L., MCDONALD, L. **Estresse and coping in families of children with disabilities**. Develop Disab Bulletin. 1998 26(1):22–42.

39 LITTLE, L. **Differences in estresse and coping for mothers and fathers of children with Asperger's syndrome and nonverbal learning disorders**. Pediatr Nurs. 2002 Nov-Dec;28(6):565-70.

40 PAKENHAM, K. I., SAMIOS, C., SOFRONOFF, K. **Adjustment in mothers of children with Asperger syndrome. An application of the double ABCX model of family adjustment**. Autism. 2005 May;9(2):191-212.

41 BAKER, J. K., MESSINGER, D., LYONS, K., GRANTZ, C. **A pilot study of maternal sensitivity in the context of emergent autism**. J Autism Dev Disord. 2010 Aug;40(8):988-99.

42 van Ijzendoorn, M., RUTGERS, A., BAKERMANS-KRANENBURG, M., van DAALEN, E., DIETZ, C., BUITELAAR, J., van ENGELAND, H. **Parental sensitivity and attachment in children with autism spectrum disorder: Comparison with children with mental retardation, with language delays, and with typical development**. Child Dev. 2007 Mar- Apr;78(2):597-608

43 FENNING, R., BAKER, J., BAKER, B., CRNIC, K. **Parenting children with borderline intellectual functioning**. Am J Ment Retard. 2007 Mar;112(2):107-21.

44 BAKER, J. K., FENNING, R., CRNIC, K., BAKER, B., BLACHER, J. **Prediction of social skills in 6-year-old children with and without

developmental delays: Contributions of early regulation and maternal scaffolding. Am J Ment Retard. 2007 Sep;112(5):375-91.
45 BAKER, J. K., SMITH, L. E., GREENBERG, J. S., SELTZER, M. M., TAYLOR, J. L. **Change in maternal criticism and behavior problems in adolescents and adults with autism across a 7-year period.** J Abnorm Psychol. 2011 May;120(2): 465-75.
46 GREENBERG, J. S., SELTZER, M. M., HONG, J., ORSMOND, G. L. **Bidirectional effects of expressed emotion and behavior problems and symptoms in adolescents and adults with autism.** Am J Ment Retard. 2006 Jul;111(4):229-49.
47 BAKER, J. K., SELTZER, M. M., GREENBERG, J. S. **Longitudinal Effects of Adaptability on Behavior Problems and Maternal Depression in Families of Adolescents With Autism.** J Fam Psychol. 2011 Aug;25(4):601-9.
48 KOCHANSKA, G., MURRAY, K. T. **Mother-child mutually responsive orientation and conscience development: From toddler to early school age.** Child Dev. 2000 Mar-Apr;71(2):417-31.
49 LAIBLE, D. J., THOMPSON, R. A. **Mother-child discourse, attachment security, shared positive affect, and early conscience development.** Child Dev. 2000 Sep-Oct;71(5):1424-40.
50 SILLER, M., SIGMAN, M. **The behaviors of parents of children with autism predict the subsequent development of their children's communication.** J Autism Dev Disord. 2002 Apr;32(2):77-89.
51 SOLOMON, M., ONO, M., TIMMER, S., GOODLIN-JONES, B. **The Effectiveness of Parent–Child Interaction Therapy for Families of Children on the Autism Spectrum.** J Autism Dev Disord. 2008 Oct;38(9):1767-76.
52 GILLBERG, C., CEDERLUND, M., LAMBERG, K., ZEIJLON, L. **Brief report: "the autism epidemic". The registered prevalence of autism in a Swedish urban area.** J Autism Dev Disord. 2006 Apr;36(3):429-35.
53 SANSOSTI, F. J., POWELL-SMITH, K. A. **Using social stories to improve the social behaviour of children with Asperger Syndrome.** Journal of Positive Behavior Interventions. 2006 Jan 8(1), pp. 43-57
54 HAYES, S. A., WATSON, S. L. **The Impact of Parenting Estresse: A Metaanalysis of Studies Comparing the Experience of Parenting Estresse in Parents of Children With and Without Autism Spectrum Disorder.** J Autism Dev Disord. 2012 Jul 13. [Epub ahead of print]

55 RISDAL, D., SINGER, G. H. S. **Marital adjustment in parents of children with disabilities: A historical review and metaanalysis.** Research and Practice for Persons with severe disabilities, 2004 Jun;29(2):95-103.

ASPECTOS DA SEXUALIDADE DAS PESSOAS COM TRANSTORNOS DO ESPECTRO DO AUTISMO DE ALTO FUNCIONAMENTO

Lorenzo Lanzetta Natale
Lívia de Fátima Silva Oliveira

Sexo, sexualidade, saúde sexual e direitos sexuais: definições

Antes de abordarmos os aspectos teóricos sobre a sexualidade dos indivíduos com TEAAF faz-se necessário apresentar as definições "formais" referentes aos principais termos utilizados na literatura em relação a essa temática (para uma revisão vide OMS, 2006). Segundo a Organização Mundial de Saúde (OMS) temos:

- *Sexo:* refere-se às características biológicas que definem os humanos (*Homo sapiens sapiens*) como femininos ou masculinos. No entanto, as características que definem o ser humano como masculino ou feminino podem aparecer, conjuntamente, em variados graus e combinações em um mesmo indivíduo da espécie.
- *Sexualidade*: é um dos aspectos fundamentais do ser humano e abrange o sexo, gênero, papéis sexuais, identidades sexuais, orientação sexual, erotismo, intimidade e reprodução. Pode ser vivida e expressa em pensamentos, fantasias, desejos, crenças, atitudes, valores, comportamentos, práticas, papéis e relacionamentos. A sexualidade é influenciada pela interação de fatores biológicos, psicológicos, sociais,

econômicos, políticos, culturais, éticos, legais, históricos, religiosos e espirituais.
- _Saúde Sexual_: é o estado de bem-estar físico, emocional, mental e social em relação à sexualidade; não é meramente a ausência de doenças, disfunções ou debilidades. A saúde sexual requer uma abordagem positiva e respeitosa da sexualidade, das relações sexuais, tanto quanto a possibilidade de ter experiências prazerosas e sexo seguro, livre de coerção, discriminação e violência. Para se alcançar e manter a saúde sexual, os direitos sexuais de todas as pessoas devem ser respeitados, protegidos e satisfeitos.
- _Direitos Sexuais_: incluem os direitos que já são reconhecidos nas leis nacionais e internacionais conforme documentos e tratados consensuais entre os países. Os direitos sexuais incluem o direito de toda pessoa livre de coerção, discriminação e violência a: 1) ter o mais alto padrão atingível de saúde sexual, incluindo o acesso a serviços de saúde sexual e reprodutiva; 2) procurar, receber e fornecer informações relacionadas à sexualidade; 3) educação sexual; 4) respeito à integridade do corpo; 5) escolha dos(as) parceiros(as); 6) decidir ser sexualmente ativo ou não; 7) ter relações sexuais consensuais; 8) casamento consensual; 9) decidir entre ter filhos ou não e 10) buscar uma vida sexual segura, satisfatória e prazerosa.

Sexualidade

A sexualidade é um construto multifatorial e comumente é objeto de estudo das mais diversas áreas como a biologia, a psicologia, a sociologia, a antropologia e a filosofia [1,2,3]. Existem, portanto, diferentes perspectivas e definições para o termo "sexualidade", que variam conforme o enfoque dado em um determinado fator ou fatores. Resumidamente, os principais fatores e subfatores que fazem parte do construto "sexualidade" são:

1) Fator biológico/filogenético: são as características genotípicas, epigenéticas e fenotípicas que se manifestam em cada ser humano. Sob a perspectiva do desenvolvimento, o organismo humano inicia o desenvolvimento sexual na concepção e esse processo só termina com a morte. Logo após o nascimento, os bebês já são capazes de apresentar respostas sexuais como ter ereções e lubrificação vaginal. Antes dos 2 anos de idade, os bebês acariciam seus genitais e entre os 2 anos e meio e os 3 anos pode-se observar rudimentos do comportamento masturbatório na forma de uma manipulação rítmica dos genitais [4].

2) Fator cultural/ontogenético: tempo histórico, processos de endoculturação e/ou socialização, sistemas de crenças e valores de uma dada coorte, ideologias, organizações sociais, econômicas e políticas (família, escola, estado, etc). Esses fatores em interação acabam por criar uma gama extremamente variada de "sub-culturas do sexo". A totalidade dessas sub-culturas forma um grande mosaico, em que todas as formas humanas de sexualidade estão representadas. Ressalta-se que algumas formas são mais hegemônicas do que outras dependendo do tempo histórico, estabelecendo assim os parâmetros normais e/ou adequados, patológicos e/ou inadequados das vivências individuais e grupais da sexualidade. Uma das primeiras categorias sócio-sexuais que surge no desenvolvimento da criança é a categoria de gênero (por volta dos 2 anos de idade). Os papéis de gênero (masculino e feminino) são frutos, em um primeiro momento, de uma realidade biológica; posteriormente inserem-se os processos e as agências "socializadoras" dos papéis de gênero que estabelecem os modelos prototípicos e todos os seus possíveis derivantes. As principais agências "socializadoras" dos papéis de gênero são

a família, a escola, a mídia e os pares. No entanto, devemos ser cautelosos ao atribuir à educação e ao aprendizado sistemático exercido pela família, escola, etc, qualquer papel significativo na escolha do papel de gênero, pois segundo Pinker [5] a educação sistematizada (ambiente compartilhado) desempenha um papel muito pouco significativo na determinação da escolha do papel de gênero. Os principais fatores determinantes seriam a genética e o acaso (ambiente não compartilhado).

3) Fator psicológico: personalidade, perfil cognitivo (capacidades cognitivas, emotivas e conativas), estilos de tomada de decisão (curto, médio e longo prazo), estilo de vida e/ou filosofia de vida (sistemas de crenças pessoais ao longo do arco da vida – *life span*).

Estes três fatores estão, necessariamente, interrelacionados, formando um sistema biopsicossocial dinâmico determinista/estocástico [6,7,8]. Entretanto, como os modelos dinâmicos (atuais) ainda carecem de corroborações empíricas e são de difícil aplicabilidade clínica, Nunes [3] sugere que, do ponto de vista prático, para entender o funcionamento sexual humano, o ideal é adotar um modelo mais simples e nem por isso menos elegante. O modelo sugerido por Nunes [3] é um modelo polarizado e gradualista onde em um extremo do *continuum* teríamos os fatores/características estritamente sexuais e no outro extremo do *continuum* teríamos os fatores/características que não são ontologicamente sexuais, pois englobam alguns aspectos específicos da sexualidade sem, no entanto, se restringirem a eles, como a cultura, a sociedade, a personalidade e o *self*. Algumas características desse *continuum* seriam, por exemplo, a reprodução, o prazer, a redução da tensão/stress, a excitação, o exercício do poder ou dominância, a afirmação da masculinidade e da feminilidade, a manutenção da auto-estima, o reforço das relações diádicas e da intimidade e o ganho material. Nesse modelo, a sexualidade é vivida pelo indivíduo a todo momento, mas em diferentes intensidades e de diferentes formas (*qualia*), pois é um fator constituinte da nossa identidade básica [2]

A sexualidade das pessoas com Transtornos do Espectro do Autismo de Alto Funcionamento (TEAAF)

Parece ser consenso na literatura que o conhecimento acumulado sobre o desenvolvimento da sexualidade em indivíduos com TEAAF é limitado e insuficiente [9,10]. A carência de dados empíricos com amostras de populações maiores e acompanhamentos longitudinais sobre as possíveis trajetórias do desenvolvimento nessa população torna difícil para os profissionais e cuidadores realizarem um trabalho preventivo e paliativo mais efetivo devido à ausência de parâmetros norteadores (patologia e normalidade).

Não há dúvidas de que os indivíduos com TEAAF tem desejos e necessidades sexuais, que podem ser fonte de prazer e/ou de frustração. Muitos desses indivíduos relatam explicitamente o interesse em ter um relacionamento amoroso, saudável, de longo prazo e de constituir uma família que pode ser fruto de uma união estável ou casamento [11]. Os indivíduos adultos costumam, inclusive, questionar quais seriam as chances de seus filhos herdarem os genes do espectro do autismo. Além disso, pacientes com TEAAF raramente apresentam trajetórias desenvolvimentais atípicas em relação ao fator sexualidade quanto comparado a outros fatores como comportamentos sexuais *versus* idade [9,12,13].

No entanto, as formas atípicas (patológicas ou não) de vivências em relação à sexualidade podem estar associadas à qualidade dos afetos, cognições e emoções. No estudo de Hellemans *et al.* [9] os problemas mais comumente relatados foram: higiene pessoal inadequada, falar exageradamente (compulsivamente) e em ambientes inadequados acariciar/tocar os genitais em público, fazer investidas sexuais sem o consentimento dos pares e alto nível de ansiedade em relação à vivências sexuais. Além disso, as experiências de rejeição, exclusão e frustração amorosa/sexual vem sendo a mais comum e frequentemente relatada pelos pais e pelos indivíduos com TEAAF. Ainda segundo Hellemans *et al.* [9] a porcentagem de indivíduos com orientação sexual bissexual é maior no grupo de TEAAF (14%) do quem em um grupo controle pareado por idade e sexo (7.7%). Com relação à idade da primeira experiência sexual, os dados da literatura são contraditórios, por exemplo: em alguns estudos a primeira experiência sexual, na média, ocorreria depois dos 20 anos e em outros antes dos 20 anos [9,14]. Uma outra questão frequentemente relatada pelos clínicos, e que necessita de uma melhor investigação científica, seria o fato de que, na população de indivíduos com TEAAF ocorreria mais casos de parafilias (padrão de comportamento sexual no qual, em geral, a fonte predominante de prazer não se encontra na cópula, mas em alguma outra atividade) do que na população típica.

Em uma série de estudos revisados por Stokes & Kaur [10] ficou evidente que é extremamente recomendável inserir estes indivíduos em programas de educação sexual especializados e com ênfase no treino de habilidades sociais e sócio-sexuais [15]. Isso se deve ao fato de que indivíduos com TEAAF possuem uma predisposição (fator de risco) a terem mais dificuldades, quando comparados a indivíduos típicos, em apreender e inferir os comportamentos relacionados à sexualidade em situações cotidianas, necessitando, portanto, de um ambiente mais estruturado para que o aprendizado dessas habilidades ocorra de forma satisfatória.

Um exemplo disso é relacionado ao comportamento masturbatório, uma prática comum entre indivíduos com TEAAF. Segundo Wortel [14], a masturbação é uma das formas preferidas de satisfação sexual, pois não necessita, necessariamente, de uma outra pessoa para ser realizada. No entanto, geralmente a masturbação é acompanhada de rituais obsessivos.

O uso de material pornográfico (fotos, vídeos, *chats*, etc) é mais comum na população masculina do que na feminina. Uma preocupação adicional em relação ao uso de material pornográfico é o fato que nem sempre os indivíduos com TEAAF sabem diferenciar adequadamente entre a "fantasia" e a "realidade" podendo ocorrer, portanto, uma sobreposição entre a "realidade" apresentada pelos filmes, revistas e internet (mundo virtual) e a realidade da vida cotidiana. Um outro recurso que é utilizado pelos indivíduos com TEAAF, principalmente adolescentes, com ou sem autorização da família, é o uso de garotas e garotos de programa [16]. O ideal seria que o uso desse recurso fosse acompanhado/autorizado pelos pais e cuidadores sob a supervisão de um profissional da área da saúde (psicólogo, médico, psiquiatra, etc). Caso o paciente e a família optem por essa alternativa, cabe ao profissional da área de saúde em questão monitorar e orientar a família, o paciente e quando necessário, o profissional do sexo sobre as condutas a serem adotadas, os limites e as expectativas. Obviamente, essa conduta, assim como as demais, devem sempre ser discutidas com o paciente e com a família.

Os sintomas clássicos do TEAAF (déficit em teoria da mente, déficits nos mecanismos empáticos, déficit em habilidades sociais, déficits de comunicação, hiperfoco, hiper ou hipo sensibilidade sensorial) são fatores de risco importantes no desenvolvimento, na expressão e nas vivências da sexualidade. O estresse crônico causado por esses "sintomas" no dia-a-dia é comumente relatado como um dos principais fatores responsáveis pelo desinvestimento sexual/amoroso por parte dos parceiros. Em relação aos sintomas principais, os de maior relevância para o tema são:

1) Déficits em Teoria da Mente: A teoria da mente refere-se à capacidade de imaginar, compreender, simular e predizer os estados mentais e comportamentais dos outros (crenças, sentimentos, expectativas, intenções, desejos, emoções, etc.) é um habilidade básica necessária para que o indivíduo consiga se-

lecionar e modular o próprio comportamento em vista das demandas pessoais, interpessoais e sociais [17]. Nos indivíduos com TEAAF os déficits em teoria da mente fazem com que eles escolham e modulem de forma inadequada e desadaptativa, em determinados contextos, o curso de ação a ser adotado em relação ao parceiro e/ou ao grupo. Comumente, a leitura equivocada das intenções do outro leva o indivíduo com TEAAF a criar estados mentais incompatíveis com as situações vividas. Por exemplo: a crença fixa e absoluta de que o parceiro(a) o(a) deseja e ama, quando na verdade ocorre o oposto; a percepção de que tudo vai bem, quando na realidade, o parceiro(a) o(a) explicitamente dá indícios de que o relacionamento está indo mal; não percebe as dicas sociais de investimento do parceiro (cantadas, paqueras, olhares, etc). Adicionalmente, a falta de percepção adequada em relação ao outro leva a uma comunicação pobre e deficitária entre os parceiros, pois o indivíduo com TEAAF não percebe a necessidade de explicitar verbalmente os seus próprios estados. Isso ocorre geralmente por dois motivos: ou porque o indivíduo com TEAAF acredita que a percepção do outro é igual a sua e, portanto, não existe a necessidade de dizer o que o outro já sabe; ou porque o indivíduo com TEAAF acredita que o outro consegue "ler" o que passa em sua mente sem a necessidade de uma linguagem verbal explícita.

2) Déficits nos mecanismos empáticos: a falta de empatia, a empatia excessiva e a empatia inadequada devem ser entendidas e analisadas como déficits específicos, pois o construto da teoria da mente é apenas parcialmente superponível ao construto da empatia [18,19]. Segundo Shamay-Tsoory, Aharon-Peretz & Perry [20], existem do ponto de vista neuro-anatômico e neuropsicológico dois mecanismos distintos para a empatia: 1) empatia emocional: composta por um sistema de simulação que é responsável pelo contágio emocional (marcador somático), reconhecimento emocional, envolvimento emocional, pela preo-

cupação e pela angústia/aflição pessoal; 2) empatia cognitiva: é um sistema de mentalização imagética e de teoria da mente sendo responsável pela tomada e mudança de perspectivas, imaginação e avaliação dos resultados emocionais futuros. Shamay-Tsoory, Aharon-Peretz & Perry [20], encontraram (estudando pacientes cérebro-lesados) uma dupla dissociação entre esses dois mecanismos. Por exemplo: podemos entender o que o outro pensa e sente sem, contudo, nos comovermos com essas vivências e podemos nos comover sem entender corretamente o que o outro pensa sobre um determinado acontecimento.

A hiper-sinceridade (radicalmente sinceros) desses indivíduos também deve ser considerada como um potencial fator de desajuste e estresse, pois segundo Stanford (p.250) [11] "romance e honestidade podem ser contraproducentes". Sintomas secundários, comorbidades, que contribuem de forma negativa para as vivências sexuais são relatados por Hénault [13] e incluem autoimagem corporal negativa, sintomas de depressão e ansiedade.

Uma forma de prevenir esses comportamentos disfuncionais seria a implantação de cursos psicoeducativos para os pais, professores e para os indivíduos com TEAAF. No entanto, como os indivíduos com TEAAF, no geral, apresentam uma discrepância clara, entre o conhecimento teórico (que na maioria das vezes é adequado à idade) e a prática (que na maioria das vezes é inadequada) o indicado é que conjuntamente com as estratégias psicoeducativas outras estratégias/técnicas sejam adotadas. Uma das soluções mais eficazes utilizadas por familiares e instituições é o uso de um "conselheiro pessoal" (geralmente um psicólogo e ou um membro da família treinado) para orientar e educar, em tempo real, o indivíduo com TEEAF em relação às vivências sexuais cotidianas e de longo prazo. O objetivo final dessas intervenções é capacitar o indivíduo com TEAAF a ser o mais autônomo possível sendo capaz de viver a sua sexualidade de forma plena e saudável.

A família dos indivíduos com TEAAF deve funcionar como um fator protetor minimizando o impacto dos fatores estressores crônicos e pontuais. Em uma pesquisa realizada por Kirchner, Boueri, Sartori & Schmidt [12] com pais de indivíduos autistas, 80% dos pais disseram sentir-se à vontade para lidar com a sexualidade dos filhos, sendo que 45% já havia realizado algum tipo de orientação sociossexual com o filho; 70% dos pais relataram ter um bom conhecimento sobre o tema (sexualidade) e interesse em ler sobre a literatura da área. No entanto, é comum que o próprio sistema familiar sofra momentos de desorganização e disfuncionalidade frente às diversas demandas psicossexuais do indivíduo com TEAAF e consequentemente do impacto dessas necessidades, no dia a dia do paciente, da família e de seu grupo social. Existem casos, não muito raros, em que as crenças parentais sobre a sexualidade humana são disfuncionais e desadaptativas, repletas de misticismo, crenças e informações advindas quase que exclusivamente das vivências familiares intergeracionais. Para prevenir que a família se torne um fator de risco e mesmo para minimizar o impacto, caso a família tenha se tornado um fator estressor, é imprescindível realizar um trabalho psicoeducativo, em relação às crenças sobre a sexualidade humana com os pais e/ou cuidadores, separadamente ao atendimento prestado ao indivíduo com TEAAF.

Para os indivíduos com TEAAF o foco deve ser no treino das habilidades sociossexuais que deve ocorrer em paralelo ao treino de outras habilidades como o treino em teoria da mente e o treino em habilidades sociais. As habilidades sociossexuais vão desde o ensino de regras básicas como: onde encontrar um parceiro, pedir alguém em namoro, demonstrar interesse pelo parceiro (ligar, conversar, dar presentes, lembrar datas importantes, etc), tornar-se mais atraente (vestimentas, corte de cabelo, posturas, modo de falar e gesticular, até o treino de habilidades mais abstratas como imaginar quais são os desejos, as expectativas e as fantasias e do parceiro (para um programa sociossexual estruturado consulte [13], p. 101-179). As habilidades sociossexuais podem ser consideradas um subgrupo de habilidades que fazem parte das habilidades sociais. No entanto, o treino das habilidades sociossexuais é mais específico, ou seja, é possível treinar as habilidades sociossexuais sem que isso acarrete, necessariamente, em uma melhora significativa nas habilidades sociais e vice versa.

Abordagens Clínicas (Intervenções)

Todas as intervenções propostas no capítulo são baseadas na teoria cognitivo-comportamental, uma forma de terapia baseada em evidências que abrange métodos que foram testados empiricamente e que apresentam eficácia na modificação dos pensamentos, emoções e comportamentos dos indivíduos com TEAAF [21]. Ressalta-se que todos os métodos de intervenção propostos abaixo foram separados didaticamente com o objetivo de facilitar a compreensão. Na prática clínica, elas devem ocorrer concomitantemente e devem ser adaptadas de indivíduo para indivíduo.

É possível subdividir a intervenção em cinco tópicos: trabalho psicoeducativo, dessensibilização sistemática, treino em habilidades sociais, treino em resolução de problemas e reestruturação cognitiva:

1) <u>Trabalho Psicoeducativo:</u> No que tange a educação sexual, a psicoeducação constitui uma parte essencial da intervenção com indivíduos com TEAAF, uma vez que eles são menos propensos a aprender sobre o assunto com parceiros, filmes, dentre outros; as mudanças em seu corpo podem ser interpretadas erroneamente, causar sofrimento e desencadear comportamentos inadequados e é fundamental que eles aprendam quais comportamentos são adequados para quais situações.

A psicoeducação pode ser desenvolvida a partir de um tripé de conhecimentos inter-relacionados (Manual de transição para a vida adulta: Autism Speaks) [22]:

1. Fatos básicos e segurança: discutir sobre as mudanças fisiológicas que emergem na puberdade e as implicações sociais de cada mudança; ensinar atitudes que devem ser tomadas em ambientes públicos como fechar a porta do banheiro, selecionar as pessoas na hora de pedir ajuda para se trocar ou se higienizar, dentre outros;
2. Valores individuais: conhecer os sinais do seu corpo e suas preferências; delimitar o espaço íntimo para si e para os outros;
3. Competência social: restringir a nudez ao banheiro ou quarto particular; compreender o que é certo e errado no jogo social e desenvolver a consciência e assertividade para sair ou pedir ajuda nas possíveis situações de risco em que estiverem envolvidos.

Ressalta-se que a instrução sobre a sexualidade não é projetada para despertar ou estimular a sexualidade e sim para promover a segurança pessoal e o autoconhecimento.

2) Dessensibilização Sistemática: a dessensibilização sistemática é uma técnica comportamental baseada no princípio de que o indivíduo pode superar ansiedade/medo aproximando as situações temidas gradualmente, em um estado psicofisiológico que iniba a ansiedade. Usada concomitante ao treino situacional ou/e *role playing*, a dessensibilização sistemática torna-se uma ferramenta eficaz para os casos em que alguma situação relacionada à sexualidade cause ansiedade mal adaptativa como, por exemplo, dificuldade de ir ao banheiro, uso e troca de absorventes íntimos, medo de andar sozinho, ansiedade ao iniciar e manter uma conversa com indivíduos do sexo oposto.

3) Treino em Habilidades Sociais: o termo habilidades sociais compreende o conjunto de diferentes classes de comportamentos sociais presentes no repertório do indivíduo utilizadas para lidar com as situações interpessoais [23]. No caso dos indivíduos com TEAAF, as habilidades sociais podem ser desenvolvidas por meio de um treinamento sistemático e em contextos estruturados. De acordo com Del Prette & Del Prette [24], as habilidades sociais podem ser divididas em três dimensões:

1. A dimensão pessoal refere-se aos componentes comportamentais (fazer/responder perguntas, pedir/dar *feedback*, fazer pedidos, elogiar, recusar, etc);
2. Dimensão cognitivo-afetivo: conhecimentos prévios, autoconceito, objetivos e valores pessoais, empatia, resolução de problemas, autoinstrução, auto-observação, etc);
3. Dimensão fisiológica (taxa cardíaca, respiração) do desempenho social.

4) Treino em Resoluções de Problemas: a resolução de problemas envolve a identificação e formulação de problemas, o encontro de soluções, a tomada de decisões e a avaliação dos resultados referente às decisões tomadas [25]. Na intervenção com indivíduos com TEAAF, o treino em resolução de problemas deve ser usado juntamente com todas as técnicas selecionadas, uma vez que promove o uso do planejamento e, consequentemente, faz o indivíduo pensar sobre o seu próprio comportamento.

5) Reestruturação cognitiva: devido principalmente às dificuldades para ler o ambiente e de interação social, não é incomum que indivíduos com TEAAF desenvolvam pensamentos automáticos disfuncionais tais como: "eu nunca vou conseguir iniciar uma conversa com uma pessoa do sexo oposto", "eu sou um fracasso por não conseguir chegar perto das pessoas", dentre outros. Discutir, testar sua veracidade e ensiná-los a avaliar os seus próprios pensamentos constitui uma parte importante da intervenção. Técnicas como questionamento socrático, treino situacional, colocar em uma escala graduada o impacto de cada pensamento constituem ferramentas eficazes para a reestruturação cognitiva [26].

Conclusão

A discrepância entre os dados encontrados na literatura indica, acima de tudo, o quanto o tema precisa ser melhor investigado. No atual estado da arte, os dados são insuficientes para que qualquer "posicionamento" baseado em evidências fortes possa ser adotado em relação à caracterização dos perfis sociossexuais dos indivíduos com TEAAF ao longo do arco da vida.

Como visto, a saúde sexual depende de um estado de bem-estar geral (biopsicossocial), seja para relacionamentos curtos e/ou de longo prazo. Segundo a OMS (2006) a saúde sexual e reprodutiva é influenciada pela inter-relação de variáveis pessoais como o conhecimento do indivíduo sobre o tema e a capacidade de usar este conhecimento em situações reais, pela qualidade, cobertura e acesso aos serviços e programas de saúde e por fatores sociais como as representações sociais relacionadas ao gênero, aos papéis sexuais, às identidades sexuais, à orientação sexual e às práticas sexuais. No intuito de assegurar as condições mínimas requeridas para que a saúde sexual e reprodutiva seja alcançada e mantida ao longo da vida, foram criados os direitos sexuais. No Brasil, um dos documentos de referência sobre o tema é uma publicação do Ministério da Saúde intitulada: Direitos Sexuais e reprodutivos de pessoas com deficiência de 2010 [27].

Para finalizar, é importante ressaltar que a escolha das técnicas de intervenção sociossexuais/psicoterápicas e consequentemente a eficácia dessas técnicas em indivíduos TEAAF e suas famílias depende de um diagnóstico realizado de forma completa, multidisciplinar (diagnóstico médico/psiquiátrico, psicodiagnóstico, avaliação neuropsicológica, etc.). A escolha dessas técnicas deve ocorrer tendo-se em vista o perfil neuropsicológico do paciente, bem como os seus sistemas de suporte e os fatores de risco. A chave do sucesso para se alcançar uma intervenção eficaz é entender o indivíduo em sua totalidade, aliando o conhecimento científico à prática baseada em evidências.

Referências

1. BELO, F. Da sexualidade como excesso e como alteridade. Rev. Fac. Med. Lisb. 2002; Série III, 8(3): 141-5.
2. LOURENÇO, M. **Uma Sexualidade para o século XXI ou a Sexualidade e o Desenvolvimento Humano**. Rev. Fac. Med. Lisb. 2003; Série III, 8(3): 151-9.
3. NUNES, J. S. **As Coordenadas Gerais da Sexologia**. Rev. Fac. Med. Lisb.. 2003; Série III, 8(3): 131-9.
4. Delamater, J., FRIEDRICH, W.N. **Human Sexual Development**. J Sex Res. 2002; 39(1): 10-4.
5. PINKER, S. **Tábula Rasa. A negação contemporânea da natureza humana**. São Paulo: Companhia das Letras; 2004.
6. DAMÁSIO, A. R. **O Mistério da consciência: do corpo e das emoções ao conhecimento de si**. São Paulo: Companhia das Letras; 2002.
7. SWAAB, D. F. **Sexual differentiation of the brain and behavior Best**. Best Pract Res Clin Endocrinol Metab. 2007; 21(3): 431-444.
8. SIFUENTES, T. R., DESSEN, M. A., LOPES DE OLIVEIRA, M. C. S. **Desenvolvimento humano: desafios para a compreensão das trajetórias probabilísticas**. Psicol. Teor. Pesqui. 2007; 23(4): 379-386.
9. HELLEMANS, H., COLSON, K., VERBRAEKEN, C., VERMEIREN, R., DEBOUTTE, D. (2007). **Sexual behavior in high-functioning male adolescents and young adults with Autism Spectrum Disorder**. J Autism Dev Disord. 2007; 37(2): 260-9.
10. STOKES, M., KAUR, A. **High functioning autism and sexuality: a parental perspective**. Autism. 2005; 9: 263-287.
11. STANFORD, A. **Asperger Syndrome and long-term relationships**. London: Jessica Kingsley Publishers; 2003.
12. KIRCHNER, L. F., BOUERI, I. Z., SARTORI, J. R., SCHMIDT, A. **Autismo infantil e sexualidade: a concepção de pais de adolescentes autistas**. An. Soc. Entomol. Bras. 2005; 1(4): 44-5.
13. HÉNAULT, I. **Asperger's Syndrome and Sexuality: From Adolescence through Adulthood**. London: Jessica Kingsley Publishers; 2005.
14. WORTEL, S. **The role of Autism in the Sexual Development of Adolescents.** Amst. Soc. Scienc. 2009; 1(4): 31-44.
15. BAXLEY, D. L., ZENDELL, A. L. **Sexuality across the life span**

for children and adolescents with developmental disabilities: an instructional guide for educators. Dev. Dis. Counc. 2011. Disponível em: www.fddc.org/sites/default/files/files/publications/sexualityguide-parents-english.pdf

16. HENDRICKX, S. **Love, sex and long-term relationships: What people with asperger syndrome really really want.** London: Jessica Kingsley Publishers; 2008.
17. JOU, G. I., SPERB, T. M. **Teoria da mente diferentes abordagens.** Psicol. Reflex. Crít. 1999; 12 (2): 287-306.
18. PAVARINI, G., SOUZA, D. H. **Teoria da mente, empatia e motivação pró-social em crianças pré-escolares.** Psicol. Estud. 2010; 15(3): 613-622.
19. LENCASTRE, M. P. A. **Empatia, teoria da mente e linguagem. Fundamentos etológicos, psicológicos e antropológicos dos valores.** Antropologica, 2011; 12: 9-18.
20. SHAMAY-TSOORY, S., AHARON-PERETZ, J., PERRY, D. (2009). **Two systems for empathy: a double dissociation between emotional and cognitive empathy in inferior frontal gyrus versus ventromedial prefrontal lesions.** Brain. 2009; 132 (3): 617-627.
21. GAUS, V.L. **Cognitive-behavior therapy for adult asperger syndrome.** New York: the Guilford press; 2007.
22. AUTISM SPEAKS. **Manual de transição para a vida adulta.** 2008. Disponível em: http://www.autismoerealidade.com.br/manual-transicao-para-vida-adulta/.
23. DEL PRETTE, Z. A. P., DEL PRETTE, A. **Psicologia das habilidades sociais na infância: teoria e prática.** Petrópolis: Vozes. 2005.
24. Del Prette, Z. A. P., Del Prette, A. Psicologia das habilidades sociais: terapia e educação. Petrópolis: Vozes; 1999.
25. CABALLO, V. E., SIMON, M. A. **Manual de psicologia clínica infantil e do adolescente: transtornos específicos.** São Paulo: Santos Livraria Editora; 2005.
26. BECK, J. **Terapia cognitiva: teoria e prática.** Porto Alegre: Artmed: 1997.
27. BRASIL. **Direitos Sexuais e reprodutivos e pessoas com deficiência.** Brasília: Ministério da Saúde; 2010

HOW DO CHILDREN WITH HYPERLEXIA LEARN TO READ WORDS?

Cláudia Cardoso-Martins
David Saldaña

Reading is a complex activity that depends on the integrity of at least two abilities: word recognition or decoding and language comprehension[1]. Although these two abilities typically develop in tandem, they often dissociate in disabled readers. Developmental dyslexia is a case in point. As amply described in the literature, the key-defining feature of developmental dyslexia is impaired word recognition despite average or above average language comprehension skills[2]. The opposite pattern, impaired reading comprehension in the presence of average or above average decoding skills, is the focus of the current chapter. In particular, we discuss the results of studies investigating word reading ability in a subset of children whose decoding skills are far above their level of reading comprehension — the so-called hyperlexic children.

Who is hyperlexic?

The term hyperlexia was used for the first time by Silberberg and Silberberg[3] to describe a group of 28 school-age children whose ability to read words was well above the level that would be expected for their chronological age, as well as their intellectual skills. Indeed, some of the children in Silberberg and Silberberg's study had an intelligence quotient (IQ) in the moderately to severely retarded range. Many of them also showed severe behavioral problems, suggestive of autism or other neurodevelopmental disorders. Since the pioneering work of Silberberg and Silberberg, several case and group studies have confirmed the existence of the condition and its close association with autism spectrum disorders (ASD)[4,5,6,7,8,9,10]. In addition, many of these studies have highlighted other characteristics that may be crucial for the development of the hyperlexia profile, such as the unusually early and, by all accounts, untutored onset of word reading, the presence of pronounced semantic, grammatical and/or pragmatic language difficulties, and the obsessive, almost compulsive reading behavior of young hyperlexic children.

Notwithstanding the great interest that hyperlexia has generated in both clinical and academic settings, aside from a general agreement that the condition refers to a discrepancy between word decoding and reading comprehension, a lot of uncertainties still surround its definition. For example, researchers have disagreed on whether hyperlexia should be conceived of as a discrete syndrome[7] or as a behavioral trait associated with autism[11] and other neurodevelopmental disorders[12]. Still another point of disagreement concerns whether hyperlexics' exceptional word recognition ability should be defined in relation to level of reading comprehension[11,13], mental age[10,14], or both level of reading comprehension and general functioning[7]. As a matter of fact, many studies to date have included children varying widely in verbal and non-verbal skills and, except for a few studies[15,16], very little or no attention has been given to the contribution of these variations to the hyperlexia reading profile. Likewise, it is not clear how impaired reading comprehension should be for a child to be considered hyperlexic. Specifically, is it necessary that the level of reading comprehension be below what might be expected on the basis of the child's level of cognitive and/or language development[15]? Or is it enough for it to be below his or her level of word decoding[17]?

Many answers have been provided in response to the issue of definition. Some of the first criteria used IQ and mental age as a reference level[3,18]. A reading quotient was developed initially by Pennington and Welsch in order to reflect this discrepancy[10,14]. It was calculated as a quotient of reading and mental ages. A quotient above 1.2 was to be considered an outlier and potentially a reflection of hyperlexic reading. This initial definition was considered unsatisfactory because it actually did not include a word decoding to reading comprehension discrepancy. Other studies[15] proposed double discrepancies that involved impaired reading comprehension and, at the same time, outstanding word reading relative to mental age. This proposal is not without critics either, since it may unduly limit the number of cases that could be considered to be hyperlexic, especially considering the high correlation of IQ with reading comprehension[17]. A difference between word decoding and reading comprehension remains the only general criterion applied in most studies, with some reference to chronological age either for the first or the second of these levels.

In the present chapter, we focus our discussion on still another point of divergence: the processes or strategies that hyperlexics use to learn to read words. As virtually every model of skilled reading acknowledges[19,20,21,22,23], learning to read involves making connections between the spellings or orthographies of words and their pronunciations and meanings. Given the exceptional nature of hyperlexic reading, it is not surprising that some researchers have suggested that hyperlexics rely on different procedures or strategies to learn to read, as compared to typically developing children. As reviewed below, most of the work examining this issue has been concerned with the procedures hyperlexics use to connect orthographic and phonological representations. Perhaps as a result of the widespread belief that hyperlexics read words with little or no comprehension of them[3, 7, 24], relatively few studies have investigated the nature of semantic representations in hyperlexia reading or on how these representations affect hyperlexics' ability to learn to read words.

Are hyperlexicsvisual readers?

Most of the studies that have explored the processes that hyperlexics use to connect print to speech have been based on the dual-route account of reading. Figure 1 provides a simplified illustration of this model (see Coltheart *et al.*[19], for a detailed description of the model). As can be seen from Figure 1, there are two primary routes or procedures to reading words aloud. The *lexical route* reads words by directly accessing their orthographic representations in the mental lexicon, which in turn activates their corresponding phonological representations. The *non-lexical* or *phonologicalroute* reads words indirectly, by connecting each letter or grapheme in the word to its corresponding phoneme, and then blending the phonemes to generate the pronunciation of the word. Regular known words can be read by both routes. In contrast, unfamiliar words andpseudowords or pronounceable non-words (e.g., a pseudoword in Portuguese might be *mirtula*) can only be read by the non-lexical route, while the pronunciation of exception or irregular words, that is, words that contain irregular letter-sound relations (e.g., the Portuguese word *boxe* is considered irregular since the pronunciation of the letter *x* deviates from its pronunciation in most Portuguese words) can only be accessed by the lexical route. Studies investigating the integrity of the lexical and non-lexical procedures have therefore relied extensively on measures of pseudoword and exceptional or irregular word reading ability.

Figure 1: Dual-route model of reading and word recognition (adapted from Coltheart, 2005)

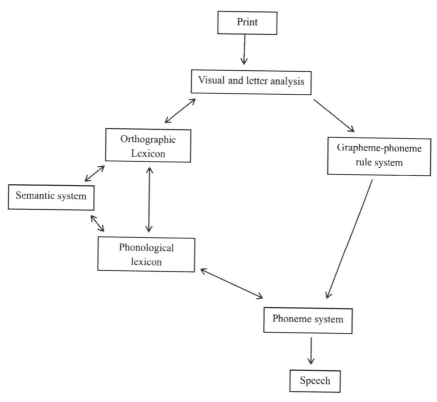

Many single and multiple case studies have explored the possibility that hyperlexic readers may be relying mostly on the lexical route to read words aloud. To the extent that this is so, they should show an advantage for reading regular and, particularly, irregular words, as opposed to pseudowords. They should also show difficulties in tasks assessing phonological skills that are thought to play an important role in the development of the ability to read by the non-lexical or phonological route, namely, phonological awareness and verbal short-term memory. Kennedy[25] (2003) administered a series of tasks exploring the phonological and lexical pathways to two hyperlexic readers. Lexical tasks included distinguishing pseudohomophones (i.e., a non-word that sounds like a real word, e.g., *rume*) from real words (e.g., *room*) and choosing the correct orthographic form of two homophonous words in response to a question (e.g., being asked to choose which of *four* or *for* was a number). Other standardized tasks tapped sensitivity to reversal of characters in isolation or in a lexical context. Phonological tasks included elision and blending phonological awareness tasks, phonological memory tasks, matching of words on initial or final phonemes and word-to-picture matching on initial phonemes. They were also administered pseudoword reading, word identification, spelling production, and spelling recognition tasks. Both children excelled in the tests related to lexical processing. In only one of the children, however, was this also accompanied by relatively high proficiency in phonological tasks. The authors took this to indicate that phonological processing is not necessary for advanced word reading, although it is necessary for good pseudoword reading and spelling.

Glosser, Grugan and Friedman[26] explored pseudoword reading in a 6-year-old hyperlexic child. They presented two kinds of pronounceable non-words – non-words that could be read by analogy to English words (e.g., *drowl*), and non-words that could not (e.g., *fwov*). The child showed similar performance to reading level controls in the analogous non-word task, but not so in the case of the nonanalogous one. Since analogous non-words can be read with support of the lexical access route, the authors argued that their participant's relatively poor performance on the non-analogous non-words suggests that hyperlexics rely more on the lexical as opposed to the non-lexical route in reading words.

A different study involved extensive testing of orthographic, phonological, and syntactic skills of three children with hyperlexia. The lexical tasks included orthographic choice tasks between correctly spelled words and pseudohomophones, or between two homophonous words in response to a semantic probe question, as in the Kennedy study[25] mentioned previously, detection of embedded words, and distinction of legal and illegal bigrams in pseudowords. The children's performance on these tasks was superior to expectations based on cognitive and linguistic abilities, although this was not the case for the phonemic awareness tasks, which they struggled with[27].

A group study by Richman and Wood[28] also found similar results for at least some readers with hyperlexia. They classified a total of 30 children with hyperlexia into two subgroups. One they labeled "language disorder hyperlexics" and the other "nonverbal disorder hyperlexics". Although they both had high word reading scores, the language disorder children showed deficits on verbal IQ and language skills, but superior visuospatial skills. Although access to the orthographic lexicon was not specifically tested, the authors pointed out that non-lexical, phonological processing was inferior in the nonverbal disorder group, indicating that reading by the phonological route would certainly be a weakness in part of the hyperlexic readers. Their relatively superior word reading ability would have to rely at least partially on the lexical route, to support word reading.

Superior orthographic processes in hyperlexia has been linked to outstanding visual processing and memory. Cohen, Hall, and Riccio[29] studied 62 children with specific language impairments (SLI), of whom 17 were also hyperlexic. All the children displayed limited performance on verbal memory tests. Those with hyperlexia also scored relatively higher on visual memory tasks. The authors argued that it is precisely this strength in visual memory that allows them to show the typically hyperlexic outstanding word reading.

But orthographic processing appears to rely on something more than visuospatial memory. It is important to understand that although access to orthographic representations and visuospatial processing are related, the first cannot be reduced to the second. In one of the initial works in this field, Cobrinik[4] presented hyperlexic children with a list of words that were later presented again partially degraded. These children were superior to control participants in identifying the words in their degraded form, suggesting superior memory for visual word processing. However, in a later study children with hyperlexia were also able to recognize words presented in various positions and letter-types[30], and not only those originally shown to them. This indicated that hyperlexics access abstract orthographic representations that cannot be reduced to letter shape or form.

Even with this distinction in mind, superior word reading in hyperlexic children has been related to the visual processing style frequently found in autism[31]. Since hyperlexia is often associated with ASD[11], this is not an unreasonable hypothesis. One could expect unusual readers to read in an unusual way, and one possibility is that hyperlexics take advantage of their visual-spatial strengths to learn about the orthographies of words. However, for this to be the case, we need to rule out word access via the alternative pathways. The most relevant route to consider is the phonological or non-lexical procedure, which is the main pathway for the acquisition of orthographic representations[32,33], but the role of semantics must also be taken into account. We shall now turn to the former possibility, and return to semantics in a later section.

Do hyperlexic children rely on phonological skills to read words?

Most studies reviewed above did not include a group of typical readers of the same word reading level as the hyperlexic readers, making it difficult to evaluate the hypothesis that hyperlexics rely disproportionally on orthographic as opposed to non-lexical or phonological processes to learn to read. Indeed, studies including proper controls suggest that, in contrast to what might be expected on the basis of that hypothesis, hyperlexics show adequate, if not superior, reading of pseudowords[13,15,16,34,35].

In an often cited study, Frith and Snowling[15] (1983) investigated the ability of eight children with ASD, most of whom showed the discrepancy between word reading and reading comprehension that is typical of hyperlexia, to read regular and irregular words and to read pseudowords, relative to two groups of equivalent word reading ability: a group of 10 typically developing (TD) children and a group of eight dyslexic children. The inclusion of a group of dyslexic readers was of particular interest, given these children's well-known impairments in phonological processing[2]. There was no evidence that the hyperlexics relied less on the phonological, non-lexical route than the TD children. Indeed, they read pseudowords as well as the TD children. Furthermore, similar to the TD children, they found regular words easier to read than irregular words. In contrast, the dyslexic children read significantly fewer pseudowords than both the ASD and the TD children, and found the regular and irregular words equally easy to read. These findings indicate that hyperlexics resemble TD children more than dyslexics in the phonological processing involved in reading words.

Similar results have been found in three recent group studies investigating the reading skills of ASD children with hyperlexia[13,16,34]. Both Newman *et al.*[13] and Cardoso-Martins and Silva[34] investigated the pseudoword reading ability of ASD children with hyperlexia (ASD+HYP) relative to that of ASD children without hyperlexia (ASD-HYP) and TD children matched for the ability to read words. No difference was found among the three groups in Cardoso-Martins and Silva's study. Newman *et al.* did not find a difference between the ASD+HYP children and the TD children either. However, both groups read more pseudowords than the ASD-HYP children, leading them to suggest that relatively strong phonological skills may be necessary for the development of the hyperlexic profile among children with ASD.

Saldaña *et al.*'s results also suggest that relatively strong phonological skills may be necessary for the development of exceptional word reading ability in individuals with ASD with low verbal IQ[16]. Two groups of hyperlexic adolescents with ASD were included in their study: adolescents with low verbal IQ, as measured by a vocabulary receptive test, and adolescents with normal verbal IQ. A group of TD adolescents matched with the hyperlexics for chronological age and word reading level participated as controls. In addition to evaluating their participants' ability to read pseudowords, Saldaña *et al.* administered Olson *et al.*'s phonological-choice task (1994) as another measure of their participants' ability to read by phonological recoding letters into sounds and then assembling the sounds to generate the pronunciation of the word. In this task, trials of three different words are presented, two of which are pseudowords (e.g.,*jile* - nule) and one a pseudohomohone (e.g., *rale*) and, for each trial, participants are required to identify the one that sounds like a real word. No significant difference was found between either group of hyperlexics and the controls on these tasks. However, the hyperlexics with low verbal IQ performed significantly better than the hyperlexics with normal verbal IQ on the phonological-choice task. They also performed numerically better than the hyperlexics with normal IQ on the pseudoword reading task.

The studies conducted by Newman et al.[13], Saldaña *et al.*[16], and Cardoso-Martins and Silva[34] also included an evaluation of phonological processes that are thought to play a pivotal role in learning to read by phonological recoding, namely, phonological awareness, phonological memory and retrieval of phonological codes in long-term memory. In all three studies, the hyperlexics performed as well as controls on the phonological memory and rapid serial naming tasks. Results for the phonological awareness tasks were more variable. For example, while Saldaña *et al*. did not find any differences between the hyperlexic and the TD children on a task requiring phoneme segmentation and manipulation skills, the hyperlexic children in Cardoso-Martins and Silva's study got relatively low scores on a simple alliteration task in which participants had to identify which of three words (e.g., *xerife-cebola-telhado*) started with a sound enunciated by the examiner (e.g., /ʃ/). However, Cardoso-Martins and Silva's hyperlexic children performed very poorly on a test of verbal intelligence as well, and very likely had difficulty understanding instructions in the phonological awareness task.

One limitation of these studies is that, by and large, they included only adolescents or children of school age. Despite the evidence suggesting that unusually early onset of word reading ability is an important characteristic of hyperlexia, relatively few studies have included young, preschool-age hyperlexics[10,13,34,36,37]. The available evidence suggests that, similar to older, school-age children, preschool children with hyperlexia have good, if not superior, phonemic and grapho-phonemic skills. For example, the two 4-year-old hyperlexic children described by Cardoso-Martins and Silva[34] could read pseudowords as well as a group of older TD children of the same word reading level. Furthermore, they also performed as well as the reading-level controls on tasks of verbal short-term memory and rapid serial naming. Given that the reading level controls were, on average, two years older than the hyperlexic children, these results suggest that superior phonological skills may contribute to the unusually early and untutored onset of word reading in hyperlexia.

Studies of TD children strongly suggest that phonological recoding skills are closely related to the development of the orthographic lexicon[32,33]. In contrast to the hypothesis that hyperlexics capitalize on the lexical route to learn to read words, the results reviewed in this section suggest that their purportedly adequate orthographic processing skills are accompanied by adequate, if not superior, phonological skills. In line with this, Saldaña et al.[16] showed a strong association between their hyperlexics' performance on the phonological-choice task and their performance on an orthographic-choice task in which they had to indicate whether a written item – either a real word (e.g., *pole*) or a pseudohomophone (e.g., *poal*) – was a word or not. In close unison with the results found for the phonological-choice task, the hyperlexics with low verbal IQ performed significantly better than the hyperlexics with normal verbal IQ on the orthographic choice task.

What is the role of semantics in learning to read words in hyperlexia?

The direct-lexical route is in reality one of two lexical routes. As illustrated in Figure 1, access to the phonological lexicon via the lexical route can occureither directly from the orthographic lexicon or indirectly, through semantics. Studies with TD developing children and poor comprehenders alike suggest that semantics play an important role in learning to read words, particularly irregular or exceptional words[38, 39]. In what follows, we discuss the extent to which this is also true of hyperlexia.

The role of semantic access in word reading has also been the subject of debate in the field of hyperlexia. The discrepancy between word reading and reading comprehension that is characteristic of hyperlexia suggests that access to meaning in word reading could be especially impaired in hyperlexic children. In a recent meta-analysis of reading in autism, an overall 0.5 standard deviation difference was found in semantic knowledge over different studies comparing participants with autism and TD controls[40]. Although not all participants in these studies were hyperlexics, Brown *et al.*'s findings lend support to the idea that semantics might be limited for these children during word learning, excluding it as a means of access to word representation. Frith and Snowling's[15] findings are consistent with this prediction. In their study, participants were also asked to read passages containing homographs, that is, words that are pronounced differently depending on their meaning (e.g., the word *bow*, that is pronounced/bow/if it refers to a knot of cloth or string, but/baw/if it refers to the act of bending one's head). According to Frith and Snowling, the hyperlexics had more difficulty pronouncing the homographs correctly than either the TD or dyslexic children.

These results suggest that hyperlexics may overly rely on the direct lexical route to learn to read irregular words. In line with this, Castles *et al.*[35] argued that hyperlexics' poor vocabulary does not affect their ability to learn to read irregular words. They based their argument on the results of a study investigating the reading skills of two hyperlexic children with ASD. They both performed poorly compared to controls of equivalent age and word reading ability when asked to define irregular English words or to match them to pictures. However, they did not have significant problems in reading aloud these same words. Presumably, the direct lexical route, at least when combined with the compulsive reading behavior that is characteristic of hyperlexia, is sufficient for learning to read irregular words.

However, it is not clear that hyperlexics do not access semantics in word reading or that they do not use semantics in learning to read words. For example, despite their difficulty in deriving the correct pronunciation of phonologically ambiguous words in context, the hyperlexics who participated in Frith and Snowling's[15] study were as subject to the stroop interference (e.g., taking longer to read the word *red* printed in green than in black) as the typical and dyslexic readers. Saldaña *et al.*[16] also found evidence that hyperlexics are able to access meaning in word reading. In addition to the tasks described previously, their participants were administered a semantic-choice task in which they had to identify which of two written homophonous words was the correct response to a question presented orally (as in Kennedy[25] and Sparks[27] mentioned above). Both groups of hyperlexics – the ones with normal verbal IQ and the ones with low verbal IQ – performed as well as the TD controls. However, in contrast to the results found for the phonological-choice and the orthographic tasks, the hyperlexics with low verbal IQ did not outperform the hyperlexics with normal verbal IQ.

Hyperlexics may also rely on semantics to learn the orthography of words, at least to a certain degree. Unlike Castles et al.'s results[35], Glosser et al.'s findings[26] indicate a strong correlation between orthographic and vocabulary knowledge. Specifically, the 6-year-old hyperlexic boy who participated in their study was able to spell correctly 67% of the words of which he also knew the meanings. In marked contrast, he spelled only 14% of unknown words correctly.

On the other hand, although hyperlexics' word comprehension is congruent with their vocabulary knowledge[10], it is nonetheless considerably below the level that would be expected given their good decoding skills[10,34]. Following Welsch et al.'s procedure[10], Cardoso-Martins and Silva[34] adapted the Peabody Picture Vocabulary Test-III[41] to evaluate their participants' word reading comprehension. Target words were printed on individual cards and presented along with the corresponding PPVT-III stimuli. Children's task consisted of identifying the picture that matched the printed word. Despite being matched for word and pseudoword reading ability with TD controls, both the preschool and the school age hyperlexic children in Cardoso-Martins and Silva's study performed very poorly and significantly below the TD controls on that task. This suggests that hyperlexics rely relatively less on vocabulary knowledge to read words than TD children. In line with this, Cardoso-Martins and Silva found that the correlation between vocabulary knowledge and word reading accuracy was substantially lower among their school age ASD+HYP children than among the TD children and, interestingly, the ASD-HYP children.

Final Remarks

The studies reviewed above strongly suggest that although hyperlexic children learn to read words at a very high level, the underlying processes are not fundamentally different from those of typically developing (TD) children. Indeed, judging from the studies that compared hyperlexics with TD children matched for the ability to read words, hyperlexics possess adequate phonological and orthographic coding skills suggesting that, similar to TD readers, they make use of these skills to learn to read. They also assess semantic representations in reading words, although they may rely relatively less on semantics to learn to read words than TD children[34]. As discussed below, these findings can be well accommodated by Seidenberg and his colleagues' connectionist model of word reading[22,23]– the so-called triangle model.

As illustrated in Figure 2, similar to the dual-route model, the triangle model posits two routes to reading words aloud: one from orthography to phonology and one from orthography through semantics to phonology. Furthermore, there is a division of labor between the two pathways, with the semantic pathway becoming increasingly specialized in reading irregular words and the phonological pathway in reading novel words over development[22]. However, this division is much subtler in the triangle model than in the dual route model. Indeed the two pathways are highly interactive in the case of the triangle model, with both contributing to the reading of all types of words. In our opinion, this feature of the triangle model makes it particularly fit to explain hyperlexic children's exceptional word reading ability despite their semantic impairments. As reviewed previously, hyperlexics are clearly phonological readers just like typically developing children, and their ability to read by phonological recoding is as good or better than expected. It is possible that outstanding phonological skills is at the origin of particular ease in word processing in these children, and indeed offsets their semantic deficits.

Figure 2: The triangle model of reading (adapted from Seidenberg and McClelland[23])

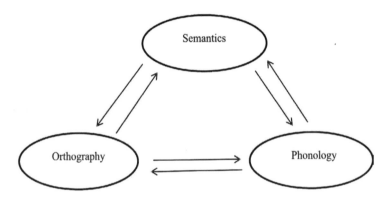

However, good phonological abilities may also be the result of other general cognitive strengths or of extended practice. Since many children with hyperlexia are also autistic, some of the cognitive features of autism have been presented as potential explanations for this "talent". Weak Central Coherence theory[42] proposes that persons with autism have a cognitive style that focuses on detail over global structure. Words and their phonological subunits would be special cases of individual stimuli that could be more effectively processed than textual context. On the other hand, one of the features of autism is a restricted interest in particular activities or topics, one of which could be reading words. Parents and teachers might favor activities that involve reading in otherwise impaired children that show a relative strength in their ability to identify words, reinforcing this interest.

Indeed, many studies have noted that hyperlexic children manifest a strong interest in reading to the exception of everything else[7]. Very likely, this strong interest results in extensive reading experience and practice, which can explain hyperlexics' ability to learn to read even exceptional or irregular words for which they do not know the meanings. Plaut et al.'s[22] computational implementation of the triangle model was indeed able to learn to read irregular words, even without the support from semantics, provided it was given extensive training.

We do not, however, have studies at present that explore in depth the early development of groups of children with hyperlexia and its interaction with word processing. Up to the moment, the field has concentrated on *how* they read. It is time to extend the research to the analysis of the predictors and factors we know influence reading in typical development, to see whether, although hyperlexics' unusual reading may not rely on unusual pathways, it may result from the presence of unusual individual and contextual factors.

References

1. GOUGH, P. B., WREN, S. The decomposition of decoding. In: HULME, C., JOSHI, M., editors. **Reading and spelling development and disorders**. Hillsdale, NJ: Lawrence Erlbaum; 1998. p. 19-32.
2. SNOWLING, M. J. **Dyslexia.** 2nd, ed. Oxford: Blackwell Publishing; 2000.
3. SILBERBERG, N., SILBERBERG, M. **Hyperlexia: Specific word recognition skills in young children**. Except Child. 1967 Sep; 34(1):41-2.
4. COBRINIK, L. **The performance of hyperlexic children on an «incomplete words» task**. Neuropsychologia. 1982;20(5):569-77.
5. GRIGORENKO, E. L., KLIN, A., PAULS, D., SENFT, R., HOOPER, C., VOLKMAR, F. R. **A descriptive study of hyperlexia in a clinically referred sample of children with developmental delays**. J Autism Dev Disord. 2002 Feb;32(1):3-12.
6. HUTTENLOCHER, P. R., HUTTELNLOCHER, J. **A study of children with hyperlexia**. Neurology. 1973 Oct;23(10):1107-16.

7. HEALY, J. M., ARAM, D. M., HORWITZ, S. J., KESSLER, J. W. **A study of hyperlexia**. Brain Lang. 1982 Sep;17(1):1-23.
8. MEHEGAN, C. C., DREIFUSS, M. B. **Hyperlexia: Exceptional reading ability in brain damaged children**. Neurology. 1972 Nov;22(11):1105-11.
9. SIEGEL, L. S. **A longitudinal study of a hyperlexic child: Hyperlexia as a language disorder**. Neuropsychologia. 1984;22(5):577-85.
10. WELSCH, M. C., PENNINGTON, B. F., ROGERS, S. **Word recognition and comprehension skills in hyperlexic children**. Brain Lang. 1987 Sep;32(1):76-96.
11. GRIGORENKO, E. L., KLIN, A., VOLKMAR, F. **Hyperlexia: Disability or superability?** J ChildPsycholPsychiatry. 2003 Nov;44(8):1079-91.
12. TEMPLE, C., CARNEY, R. **Reading skills in children with Turner's syndrome: An analysis of hyperlexica**. Cortex. 1996 Jun;32(2):335-45.
13. NEWMAN, T. M., MACOMBER, D., BABITZ, T., VOLKMAR, F., GRIGORENKO, E. L. **Hyperlexia in children with autism spectrum disorders**. J Autism Dev Disord. 2007 Apr;37(4): 760-74.
14. PENNINGTON, B. F., JOHNSON, C., WELSCH, M. C. **Unexpected reading precocity in a normal preschooler: Implications for hyperlexia**. Brain Lang. 1987 Jan;30(1):165-80.
15. SNOWLING, M., FRITH, U. **Comprehension in "hyperlexic" children**. J ExpChildPsychol. 1986 Dec;42(3):392-415.
16. SALDAÑA, D., CARREIRAS, M., FRITH, U. **Orthographic and phonological pathways in hyperlexic readers with autism spectrum disorders**. DevNeuropsychol. 2009;34(3):240-53. doi: 10.1080/
1. 87565640902805701.
17. NATION, K. **Reading skills in hyperlexia: A developmental pesrspective**. Psychol Bull. 1999 May;125(3):338-55.
18. SILBERBERG, N., SILBERBERG, M. **Case histories in hyperlexia**. J School Psychol. 1968-1969 7, 3-7.
19. COLTHEART, M. Modeling reading: The dual-route approach. In: Snowling, M. J.,Hulme, C., editors. **The Science of reading: A handbook**. Oxford: Blackwell Publishing;2005: 6-23.
20. COLTHEART, M., RASTLE, K., PERRY, C., LANGDON, R., ZIEGLER, J. D. R.C.: **A dualroute cascaded model of visual word recognition and reading aloud**. Psychol Rev. 2001 Jan; 108(1): 204-56.

21. HARM, M. W., SEIDENBERG, M. S. **Computing the meanings of words in reading: Cooperative division of labor between visual and phonological processes**. Psychol Rev. 2004 Jul; 111(3):662-720.
22. PLAUT, D. C., MCCLELLAND, J. L., SEIDENBERG, M. S., PATTERSON, K. **Understanding normal and impaired reading: Computational principles in quasi-regular domains**. Psychol Rev. 1996 Jan; 103(1): 56-115.
23. SEIDENBERG, M. S., MCCLELLAND, J. L. **A distributed, developmental model of word recognition and naming**. Psychol Rev. 1989 Oct; 96(4): 523-68.
24. SEYMOUR, P. H. K., EVANS, H. M. **Beginning reading without semantics: A cognitive study of hyperlexia**. Cognitive Neuropsych. 1992; 9(2) 89-122.
25. KENNEDY, B. **Hyperlexia profiles**. Brain Lang. 2003 Feb; 84(2):204-21.
26. GLOSSER, G., GRUGAN, P., FRIEDMAN, R. B. **Semantic memory impairment does not impact on phonological and orthographic processing in a case of developmental hyperlexia**. Brain Lang. 1997 Feb 1; 56(2):234-47.
27. SPARKS, R. **Orthographic awareness, phonemic awareness, syntactic processing, and working memory skill in hyperlexic children**. Read Writ. 2004 Jun 17(4) 359-86.
28. RICHMAN, L. C., WOOD, K. M. **Learning disability subtypes: Classification of high functioning hyperlexia**. Brain Lang. 2002 Jul;82(1):10-21.
29. COHEN, M. J., HALL, J., RICCIO, C. A. **Neuropsychological profiles of children diagnosed as specific language impaired with and without hyperlexia**. ArchClinNeuropsychol. 1997;12(3):223-9.
30. GOLDBERG, T. E., ROTHERMEL, R. D. Jr. **Hyperlexic children reading**. Brain. 1984 Sep;107 (pt 3):759-85.
31. MARTOS-PEREZ, J., AYUDA-PASCUAL, R. (2003). **Autismo e hiperlexia [Autismandhyperlexia]**. Rev Neurol. 2003; 36(1): 57-0.
32. EHRI, L. C. Development of sight word reading: Phases and findings. In: Snowling, M. J., HULME, C., editors.**The Science of Reading: A Handbook.** Oxford: Blackwell Publishing; 2005. p. 135-54.
33. SHARE, D. On the role of phonology in reading acquisition. In BRADY, S. A., BRAZE, D., FOWLER, C. A., editors. **Explaining**

individual differences in reading: Theory and evidence. New York: Psychology Press; 2011. p. 45-68.
34. CARDOSO-MARTINS, C., SILVA, J. R. D. **Cognitive and language correlates of hyperlexia: Evidence from children with autism spectrum disorders.** Reading and Writing, 2010 Feb 23(2): 129-45.
35. CASTLES, A., CRICHTON, A., PRIOR, M. **Developmental dissociations between lexical reading and comprehension: evidence from two cases of hyperlexia.** Cortex. 2010 Nov-Dec; 46(10):1238-47. doi: 10.1016/j.cortex.2010.06.016. Epub 2010 Jul 8.
36. ATKIN, K., LORCH, M. P. **Hyperlexia in a 4-year-old boy with autism spectrum disorder.** J Neurolinguist. 2006 Jul; 19(4):253-69.
37. O'CONNOR, N., HERMELIN, B. **Two autistic savant readers.** J AutismDevDisord. 1994 Aug;24(4):501-15.
38. Nation, K., Cocksey, J. The relationship between knowing a word and reading it aloud in children's word reading development. J Exp Child Psychol. 2009 Jul; 103(3):296-308. doi: 10.1016/2.j.jecp.2009.03.004. Epub 2009 May 1.
39. NATION, K., SNOWLING, M. **Semantic processing and the development of word recognition: Evidence from children with reading comprehension difficulties.** J Mem Lang. 1998 Jul; 39(1): 85-101.
40. BROWN, H. M., ORAM-CARDY, J., JOHNSON, A. **A meta-analysis of the reading comprehension skills of individuals on the autism spectrum.** J AutismDevDisord. 2012 Oct 3. [Epubaheadofprint]
41. DUNN, L., DUNN, L. **Peabody Picture Vocabulary Test III (PPVT-III).** Circle Pines, MN: AmERICAN Guidance; 1997.
42. Happé, F. G., BOOTH, R. D. **The power of the positive: Revisiting weak coherence in autism spectrum disorders.** Q J Exp Psychol (Hove). 2008 Jan;61(1):50-63.

O STATUS NOSOLÓGICO DO TRANSTORNO NÃO VERBAL DE APRENDIZAGEM E SUAS CONEXÕES COM OS TRANSTORNOS DO ESPECTRO DO AUTISMO

Larissa de Souza Salvador
Andressa Moreira Antunes
Isabella Starling-Alves
Gizele Alves Martins
Giulia Moreira Paiva
Ana Carolina de Almeida Prado
Flávia Neves Almeida
Danielle Cristine Borges Piuzana Barbosa
Mariana Gonçalves Pêsso
Vitor Geraldi Haase

A existência de uma entidade nosológica denominada transtorno não verbal de aprendizagem (TNVA) tem sido objeto de controvérsia[1,2]. Caso o TNVA fosse incorporado à nosologia psiquiátrica, seria a primeira entidade mórbida construída a partir de critérios neuropsicológicos. Mas, ao mesmo tempo em que resolve alguns problemas, o TNVA cria outros. Neste capítulo, serão revisadas a história e as características clínicas do TNVA, fazendo-se, a seguir, um balanço do seu status nosológico e suas relações com os transtornos do espectro autista.

Recorrentemente, são encaminhadas para consulta crianças e jovens com dificuldades de aprendizagem que apresentam um perfil heterogêneo, porém característico[3,4,5]. Geralmente essas crianças e jovens procuram serviços neuropsicológicos após alguns anos de dificuldades na escola e já tendo passado por diversos especialistas. É frequente o diagnóstico prévio de transtorno do déficit de atenção/hiperatividade (TDA/H), seguido de resultados terapêuticos bastante limitados, após o uso de psicoestimulantes. As famílias e educadores sentem-se desamparados pelo fato de que essas crianças e jovens não conseguem se beneficiar do ensino regular, apesar de não terem uma deficiência intelectual e de conseguirem aprender, ainda que com uma certa dificuldade, os princípios ortográficos da leitura e escrita. A memória, principalmente verbal, é boa e o vocabulário é também geralmente adequado, constituindo o perfil de funções preservadas. Em alguns indivíduos, pode ser observada loquacidade e predileção por vocabulário raro, associada à imprecisão semântico-lexical[5].

Do ponto de vista acadêmico, as maiores dificuldades são observadas na matemática e no processamento textual que impactam sobre quase todas as disciplinas do currículo[5]. Alguns comprometimentos neuropsicológicos são frequentemente observados, mas as manifestações são muito heterogêneas[6,7]. Na maioria das vezes, os indivíduos afetados apresentam alterações da destreza e coordenação motora, bem como déficits nas discriminações táteis mais sutis e no esquema corporal, tais como dificuldades para discriminar direita/esquerda e reconhecer dedos (agnosia digital). Os déficits somatomotores são mais acentuados no domínio esquerdo, sugerindo comprometimento do hemisfério direito. Estas crianças e jovens costumam ter a caligrafia ruim, ser desajeitadas e ter dificuldades com esportes. Apresentam também dificuldades para manusear objetos e compreender relações mecânicas de causa e efeito. Os déficits no processamento visoespacial e visoconstrutivo são salientes. Esses indivíduos podem apresentar dificuldades em tarefas de desenho e de construção, bem como problemas com a compreensão e representação de relações espaciais e temporais.

Apesar de o QI verbal, principalmente vocabulário, ser normal, essas crianças e jovens apresentam uma compreensão literal das informações recebidas. Segundo Rourke [5,8], as dificuldades em tal compreensão são decorrentes de um déficit na realização de inferências não verbais. São especialmente comprometidos os processos relacionados com a realização de inferências, a partir de informações não explicitadas e a contextualização das informações em situações mais amplas. As dificuldades com as inferências não verbais repercutem principalmente, sobre o processamento textual e a cognição social. Estes indivíduos enfrentam dificuldades para entender as mensagens implícitas na comunicação interpessoal, figuras de linguagem e humor. São observadas também dificuldades no reconhecimento de emoções, através da expressão facial e em tarefas de teoria da mente [4,9]. A falta de habilidades sociais tem como consequência a solidão e implica em risco de vitimização por chacotas e outras formas de abuso por parte dos colegas.

As manifestações clínicas do TNVA foram inicialmente descritas como Síndrome de Gerstmann do Desenvolvimento, em função das dificuldades com o esquema corporal (agnosia digital, desorientação direita/esquerda), discalculia, disgrafia, frequentemente associadas à dispraxia construtiva[10,11]. Posteriormente, esclareceu-se que essa analogia com a Síndrome de Gerstmann não era válida[12]. Enquanto a Síndrome de Gerstmann é associada a comprometimentos da substância branca justacortical, na região do giro angular esquerdo, evidências apontam para um comprometimento subcortical, principalmente do hemisfério direito, no TNVA.

No contexto pedagógico, o termo TNVA foi proposto por Johnson e Myklebust[13], os quais chamaram atenção para as discrepâncias entre o QI verbal normal e o QI de execução comprometido. Entretanto, uma discrepância entre o QI verbal e o QI de execução é um achado normal na população, não apresentando um significado teórico pertinente e não constituindo um marcador empírico fidedigno do TNVA[6,7].

A busca por evidências de validade nosológica do TNVA constituiu o foco da carreira científica do neuropsicólogo canadense Byron Rourke, por mais de 30 anos [5,14]. Entretanto, a validade nosológica do TNVA tem sido severamente criticada[15] e, até o momento não há perspectiva de que o TNVA venha a ser incorporado à nosologia psiquiátrica [16]. A existência do TNVA tem sido defendida por autores com uma perspectiva mais clínica, uma vez que este diagnóstico esclarece uma série de problemas enfrentados pelas famílias e possui grandes implicações, do ponto de vista terapêutico [4,17,18].

Para as famílias e educadores o diagnóstico de TNVA representa um grande alívio. Esse diagnóstico permite acesso à uma explicação científica quanto à natureza das dificuldades enfrentadas pela criança, bem como auxilia o planejamento de intervenções educacionais mais eficazes. Uma implicação terapêutica extremamente relevante do diagnóstico é a ênfase na aprendizagem explícita e no treinamento de habilidades, inclusive sociais[18]. Mas o nível da evidência quanto ao impacto clínico do diagnóstico de TNVA e eficácia das intervenções permanece sendo metodologicamente muito baixo, resumindo-se a relatos de caso ou experiência pessoal[19,17,20].

Dentre os problemas criados pela postulação do TNVA como entidade mórbida, o principal deles diz respeito à validade interna. A validade dos transtornos do desenvolvimento e da aprendizagem tem sido caracterizada como interna e externa[21]. O conceito de validade interna foi desenvolvido em analogia à validade interna dos instrumentos psicológicos. No caso das entidades mórbidas, as evidências de validade interna dizem respeito à cobertura do diagnóstico nas populações alvo, homogeneidade de manifestações e subtipos, confiabilidade da classificação através de diferentes instrumentos, amostras e examinadores e diagnóstico diferencial. Simplesmente não existem evidências para a validade interna do TNVA, dada a heterogeneidade de manifestações[15].

Um dos principais desafios de pesquisa é gerar evidências de melhor qualidade metodológica, quanto a validade interna do TNVA. Mas a heterogeneidade clínica e neuropsicológica é também uma "praga" que assola outras entidades nosológicas mais consolidadas na comunidade profissional, tais como TDAH[22], transtornos do espectro autista[23], transtorno do desenvolvimento da coordenação motora [24] e transtornos específicos de aprendizagem da leitura [25] e da matemática [26]. Desta forma, pode-se discutir a validade de outras condições clínicas, nosologicamente reconhecidas que, como o TNVA, não se caracterizam por uma menor heterogeneidade. Esta comparação sugere que fatores sociais e políticos possam estar implicados na definição da nosologia oficial [27]. Mas o nosso objetivo aqui é a validade do TNVA.

A validade externa, por outro lado, diz respeito aos conhecimentos disponíveis sobre a prevalência, etiologia, mecanismos neurocognitivos, prognóstico, resposta ao tratamento e significado clínico[21]. Apesar de os estudos de boa qualidade metodológica ainda serem relativamente poucos[1], as evidências quanto a validade externa do TNVA estão se acumulando. Do ponto de vista etiológico, um perfil tipo TNVA tem sido observado em diversas síndromes genéticas e não genéticas, tais como síndrome fetal alcoólica [28], hidrocefalia congênita precocemente tratada[29], síndrome velocardiofacial[30], síndrome de Wiliams (Menghini *et al.*[31]), síndrome de Turner[32], etc. A existência de casos de TNVA não associados a síndromes genéticas permite formular a hipótese de que a etiologia possa ser tanto multifatorial quanto relacionada a mecanismos genéticos e ambientais mais específicos. Se o TNVA de alguma forma for considerado uma entidade nosológica genuína, o seu campo de cobertura referir-se-á aos casos multifatoriais[1].

Não existem estudos empíricos populacionais mas, a partir de sua experiência, Rourke [5,8] propôs que a prevalência deve ser de 1% na população em geral e de 10% em amostras de crianças com dificuldades de aprendizagem. Existem dados empíricos quanto à prevalência do TNVA em amostras de crianças e jovens com dificuldades de aprendizagem, a qual pode variar entre 2,8%[34] e 6,8%[17]. A prevalência é maior em indivíduos portadores de síndromes específicas, sendo igual a 57% na hidrocefalia congênita, precocemente tratada[29] e variando de 22% a 44% na síndrome velocardiofacial, conforme o critério utilizado[35].

Com base em ideias postuladas anteriormente por Goldberg e Costa[36], Rourke[8,37] propôs um modelo da substância branca, para explicar a fisiopatologia do TNVA. Segundo Goldberg e Costa[36] as diferenças inter-hemisféricas no processamento de informação podem ser explicadas pelas diferenças de conectividade córtico-cortical entre os dois hemisférios. No hemisfério esquerdo ocorre um predomínio da conectividade córtico-cortical local, através das fibras *arci* ou *unci*formes, o que explica o estilo mais analítico de processamento do hemisfério esquerdo. No hemisfério direito, por outro lado, são mais abundantes os fascículos e comissuras, ou seja, conexões córtico-corticais de mais longa distância, favorecendo assim o processamento holístico, dependente da ativação simultânea de áreas corticais, geograficamente dispersas. Rourke propôs, então, que o TNVA constitui a via final comum de expressão cognitiva e comportamental dos comprometimentos da substância branca do hemisfério direito e calosa inter-hemisférica, prejudicando a integração córtico-cortical de longa distância.

Há evidências morfológicas abundantes de comprometimento da substância branca nas síndromes, que causam TNVA (vide revisões em Rourke[14]). A leucodistrofia metacromática constitui um dos exemplos mais característicos de TNVA secundário ao comprometimento da substância branca[38]. Nessa doença genético-metabólica ocorre comprometimento progressivo da substância branca, afetando primordialmente os fascículos e comissuras mais profundos e de longa distância. As fibras arciformes justa-corticais são preservadas e sua anatomia pode ser nitidamente identificada nos exames de ressonância magnética. As correlações anátomo-clínicas são muito claras. Nas fases iniciais da leucodistrofia metacromática, a linguagem, principalmente fonológica, vocabulário e sintaxe encontram-se preservadas, havendo comprometimento das habilidades visoespaciais, do processamento textual e das funções adaptativas.

Dados contemporâneos, usando técnicas de tensor de difusão e tractografia confirmam o comprometimento da substância branca, em muitas condições associadas ao TNVA[39]. Mas os padrões não são específicos. Nas condições que se apresentam como TNVA também ocorre comprometimento da substância cinzenta e pode ser observado comprometimento da substância branca em muitas condições não caracterizadas pela presença de um padrão tipo TNVA[2]. Não existem estudos morfológicos contemporâneos que confirmem as diferenças estruturais nos padrões de conectividade hemisférica postuladas por Goldberg e Costa[36]. O modelo da substância branca permanece sendo uma bela hipótese, à procura de evidências empíricas.

A discussão até o momento, indica, portanto, que as evidências de validade externa e principalmente interna do TNVA, não são inteiramente convincentes. Isso se deve em parte, à heterogeneidade dos próprios fenômenos biológicos subjacentes à origem das doenças e em parte, aos critérios utilizados, para definir sua fenomenologia. Os critérios de triagem utilizados, podem ser diversos, como dificuldades com a coordenação motora, com habilidades visoespaciais, com a matemática ou com habilidades sociais. Estes critérios podem ser endofenótipos sobreponíveis em diferentes entidades nosológicas da psiquiatria do desenvolvimento. O caso das habilidades sociais é extremamente ilustrativo e coloca na agenda a questão das relações entre o TNVA e os transtornos do espectro autista.

O perfil de habilidades sociais de muitos indivíduos com TNVA se assemelha ao que é observado no espectro autista, principalmente na síndrome de Asperger. Déficits em tarefas de reconhecimento de emoções, a partir de expressões faciais[40,41], bem como em outras habilidades envolvendo graus diversos de empatia e teoria da mente[42,43] têm sido descritos em indivíduos com TNVA. Posições distintas podem ser identificadas na literatura quanto à natureza das dificuldades sociais dos indivíduos com TNVA e sua relação com o espectro autista[4,9]. Segundo a hipótese de Rourke[5,8], as dificuldades sociais derivam das dificuldades para fazer inferências não verbais, sendo secundárias a déficits perceptuais mais básicos, relacionados, por exemplo, ao reconhecimento visual de emoções. A outra perspectiva considera que as dificuldades sociais, observadas no TNVA representam um comprometimento genuíno de um módulo da cognição social[4,9]. Ambas as perspectivas sugerem que haja uma sobreposição entre TNVA e autismo e que muitos casos de TNVA correspondem, na verdade, às formas mais leves de transtorno do espectro autista, constituindo uma espécie de fenótipo ampliado do autismo.

Atualmente, não existem evidências que permitam resolver de forma definitiva a questão das relações entre o TNVA e os transtornos do espectro autista. Há alguns dados de pesquisa, indicando que o TNVA pode ser diferenciado do espectro autista pela ausência de comportamentos estereotipados, restrição do foco de interesse e aderência rígida a rotinas[44]. Um modo de esclarecer a questão das relações entre TNVA e espectro autista deriva do uso da lógica de duplas-dissociações, empregada na neuropsicologia cognitiva[45]. Uma dupla dissociação ocorre sempre que um paciente A apresenta um déficit A' mas não apresenta um déficit B' enquanto um paciente B apresenta um déficit B' mas não apresenta um déficit A'. Nestas circunstâncias os padrões complementares de funções comprometidas e preservadas não podem ser atribuídos a fatores cognitivos gerais ou ao grau de dificuldade da tarefa, sendo interpretados como evidência de que os dois processos psicológicos A' e B' são implementados por substratos neurais distintos e, ao menos parcialmente, dissociáveis.

Os estudos de série de casos constituem, portanto, uma estratégia interessante para investigar as relações entre TNVA e espectro autista. Duchaine, Murray, Turner, White e Garrido[46] obtiveram evidências de que a maioria dos indivíduos com prosopagnosia congênita e dificuldades concomitantes de reconhecimento de expressões faciais, não apresenta transtornos da cognição social. Este achado contradiz a hipótese de Rourke, de que as dificuldades sociais possam ser secundárias a déficits perceptuais. Outro estudo de séries de caso, mostra que os comprometimentos visoespaciais e sociais podem ser duplamente dissociados no TNVA[17]. Há evidências também de dissociação dupla entre as habilidades matemáticas e a presença de síndrome de Asperger[23]. A heterogeneidade da síndrome de Asperger é tamanha, que o desempenho em matemática é inferior ao de grupos controles, mas há indivíduos com síndrome de Asperger que apresentam desempenho muito acima do normal. Há inclusive gênios da matemática com características comportamentais muito sugestivas de Asperger[47] bem como *idiots-savant* com habilidades aritméticas excepcionais[48].

Os dados neuropsicológicos disponíveis indicam, portanto, que os diversos componentes da síndrome de Asperger e TNVA podem ocorrer de forma dissociada. As dificuldades sociais de muitos indivíduos com TNVA não são características da síndrome de Asperger. E, por outro lado, muitos indivíduos com síndrome de Asperger não apresentam as dificuldades visoespaciais e de aprendizagem da aritmética que caracterizam o TNVA. Apesar da sua grande heterogeneidade, o TNVA e os transtornos do espectro autista são neuropsicologicamente dissociáveis, constituindo, portanto, entidades distintas.

A heterogeneidade clínica e as comorbidades constituem o ponto fraco da nosologia psiquiátrica contemporânea. O TNVA não foge à regra. Ainda estamos longe de estabelecer o TNVA como uma entidade mórbida reconhecida. Como resolver esta questão complexa? Uma solução possível, ainda que não ideal, consiste em reconhecer a heterogeneidade e procurar caracterizar as diversas entidades nosológicas como mosaicos de endofenótipos. Ou seja, como composições diversas de construtos intermediários entre os agentes etiológicos e as manifestações fenotípicas[49].

A questão, então, se resume a selecionar os endofenótipos cognitivos e comportamentais mais proeminentes. Dois endofenótipos podem ser descartados de saída, dada a sua ubiquidade. Praticamente em todos os transtornos do desenvolvimento são observados transtornos da coordenação motora e disfunções executivas. Os transtornos da coordenação motora e disfunções executivas devem, então, ser interpretados como marcadores de gravidade[50,51]. Segundo essa hipótese, se o indivíduo apresenta alguma disfunção cerebral localizada, as possibilidades de compensação são maiores e a probabilidade de desenvolver um transtorno é menor. A presença de déficits motores e disfunções executivas sugere que a extensão do agravo ao cérebro em desenvolvimento ultrapassou os limiares de plasticidade funcional.

As possibilidades do endofenótipo cognição social como fundamento do TNVA também são limitadas pela superposição com os transtornos do espectro autista. Aparentemente, o endofenótipo cognição visospacial e visoconstrutiva é mais promissor, de forma que alguns pesquisadores privilegiam o uso do termo transtorno visoespacial de aprendizagem, ao invés de TNVA[52]. Todavia, ainda não existem análises sistemáticas do perfil neuropsicológico de crianças selecionadas por dificuldades visoespaciais. Esta parece ser uma interessante via de abordagem ao problema da validade do TNVA. Sendo assim, recomenda-se que futuras pesquisas tomem as dificuldades visoespaciais e visoconstrutivas como eixo central do TNVA e explorem os comprometimentos comportamentais e cognitivos associados, bem como as comorbidades apresentadas por indivíduos assim identificados.

Referências

1. FINE, J. G., SEMRUD-CLIKEMAN, M., BLEDSOE, J. C., MUSIELAK, K. A. Child Neuropsychol. No prelo 2012. Acessoem in: PubMed; **PMID** 22385012
2. SPREEN, O. **Nonverbal learning disabilities: a critical review**. Child Neuropsychol. 2011;17(5): 418-43. Acesso em in: PubMed; PMID 21462003
3. DAVIS, J. M., BROITMAN, J., SEMRUD-CLIKEMAN, M. **Non verbal learning disabilities in children: Bridging the gap between science and practice**. New York: Springer; 2011.
4. FINE, J. G., SEMRUD-CLIKEMAN M. Nonverbal learning disabilities: assessment and interventions. In: Davis, A. S., editor. **Handbook of pediatric neuropsychology.** New York: Springer; 2011. p. 721-33.
5. ROURKE, B. P. **Nonverbal learning disability.The syndrome and the model**. New York: Guilford; 1989.
6. DRUMMOND, C. R., AHMAD, S. A., ROURKE, B. P. **Rules for the classification of younger children with nonverbal learning disabilities and basic phonological processing disabilities**. Arch ClinNeuropsychol. 2005;20(2):171-82. Acesso em in: PubMed; PMID 15708727.
7. PELLETIER, P. M., AHMAD, S. A., ROURKE, B. P. **Classification rules for basic phonological processing disabilities and nonverbal disabilities: formulation and external validity**. Child Neuropsychol. 2001 Jun 7:84-98. Acessoem in: PubMed; PMID 11935416.
8. ROURKE, B. P. Introduction: the NLD syndrome and the white matter model. In: ROURKE, B. P., editor. **Syndrome of nonverbal learning disabilities.Neurodevelopmental manifestations**. New York: Guilford; 1995b. p. 1-26.
9. SEMRUD-CLIKEMAN, M. **Social competence in children**. New York: Springer.2007.
10. BENSON, D. F., GESCHWIND, N. **Developmental Gerstmann syndrome. Neurology**. 1970 Mar 20(3):293-8. Acesso em in: PubMed; **PMID** 5461058
11. KINSBOURNE, M., WARRINGTON, E. K. **Developmental Gerstmann syndrome**. Arch Neurol. 1963 May 8:490-501.
12. MILLER, C. J., HYND, G. W. **What ever happened to developmental Gerstmann's syndrome? Links to other pediatric, genetic, and neurodevelopmental syndromes**. J Child Neurol. 2004;19(4): 282-9. Acesso em in: PubMed. **PMID** 15163095.

13. JOHNSON, D., MYKLEBUST, H. R. **Learning disabilities: educational principles and practices**. New York: Grune&Straton; 1967.
14. ROURKE, B. P. **Syndrome of nonverbal learning disabilities.Neurodevelopmental manifestations.** New York: Guilford; 1995a.
15. SPREEN, O. **Nonverbal learning disabilities: a critical review**. Child Neuropsychol. 2011;17(5): 418-43. Acesso em in: PubMed; **PMID** 21462003.
16. RIS, D. M., NORTZ, M. Nonverbal learning disorder. In: MORGAN, J. E., RICKER, J. H. editores. **Textbook of clinical neuropsychology: Studies on neuropsychology, neurology and cognition**. New York: Elsevier Psychology Press; 2008. p. 346-59.
17. GRODZINSKY, G. M., FORBES, P. W., BERNSTEIN, J. H. **A practice-based approach to group identification in nonverbal learning disorders**.Child Neuropsychol. 2010;16(5):433-60. Acesso em in: PubMed; **PMID** 20589542.
18. ROURKE, B. P. Appendix: treatment program for the child with NLD. In: ROURKE, B. P., editor. **Syndrome of nonverbal learning disabilities.Neurodevelopmental manifestations**. New York: Guilford; 1995c. p. 497-508.
19. CLARK, R. J. Lost in space: nonverbal learning disability. In: APPS, J. N., NEWBY, R. F., ROBERTS, L. W., editores. **Pediatric neuropsychology case studies. From the exception to the commonplace**. New York: Springer New York; 2008. p. 201-15.
20. ROURKE, B. P., VAN DER VLUGT, H., ROURKE, S. B. **Practice of child-clinical neuropsychology**. An introduction.Lisse, NL: Swets&Zeitlinger; 2003.
21. Pennington, B. F. Issues in syndrome validation. In: Pennington, B. F., editor. **Diagnosing learning disorders.A neuropsychological framework**. 2ª ed. New York: Guilford; 2009. p. 23-7.
22. WILLCUTT, E. G., DOYLE, A. E., NIGG, J. T., FARAONE, S. V., PENNINGTON, B. F. **Validity of the executive function theory of attention-deficit/hyperactivity disorder: a meta-analysis**. Biol Psychiatry. 2005 Jun 1;57(11):1336-46. Acesso em in: PubMed; **PMID** 15950006.
23. TOWGOOD, K. J., MEUWESE, J. D., GILBERT, S. J., TURNER, M. S., BURGESS, P. W. **Advantages of the multiple case series approach to the study of cognitive deficits in autism spectrum disorder**. Neuropsychologia.2009 Nov 47(13):2981-8. Acesso em in: PubMed; **PMID** 19580821.

24. LINGAM, R., GOLDING, J., JONGMANS, M. J., HUNT, L. P., ELLIS, M., EMOND, A. **The association between developmental coordination disorder and other developmental traits.Pediatrics**. 2010 Nov 126(5):1109-18. Acesso em in: PubMed; **PMID** 20956425.
25. HEIM, S., GRANDE, M. **Fingerprints of developmental dyslexia**. Trends NeurosciEduc, 2012;1:10-4.
26. RUBINSTEN, O., HENIK, A. (2009). **Developmental dyscalculia: heterogeneity might not mean different mechanisms**. Trends Cogn Sci. 2009 Feb 13(2):92-9. Acessoem in: PubMed; **PMID** 19138550.
27. PILECKI, B. C., CLEGG, J. W., McKAY, D. The influence of corporate and political interests on models of illness in the evolution of the DSM.Eur Psychiatry. 2011;26(3):194-200. Acesso em in: PubMed; **PMID** 21398098.
28. JACOBSON, J. L., DODGE, N. C., BURDEN, M. J. *et al.* **Number processing in adolescents with prenatal alcohol exposure and ADHD: differences in the neurobehavioral phenotype**. Alcohol ClinExp Res. 2011 Dec 35:431-42.Acessoem in: PubMed; **PMID** 21158874.
29. RIS, M. D., AMMERMAN, R. T., WALLER, N., WALZ, N., OPPENHEIMER, S., BROWN, T. M., ENRILE, B.G., YEATES, K. W. **Taxonicity of nonverbal learning disabilities in spina bifida**. J IntNeuropsychol Soc. 2007 Jan 13(1):50-58. Acessoem in: PubMed; **PMID** 17166303.
30. VICARI, S., MANTOVAN, M., ADDONA, F., COSTANZO, F., VERUCCI, L., MENGHINI, D. **Neuropsychological profile of Italian children and adolescents with 22q11.2 deletion syndrome with and without intellectual disability**. Behav Genet. 2011;42(2):287-298. Acesso em in: PubMed; **PMID** 21870177.
31. MENGHINI, D., Di PAOLA, M., FEDERICO, F., VICARI, S., PETROSINI, L, *et al.* **Relationship between brain abnormalities and cognitive profile in Williams syndrome**. Behav Genet. 2011 41: 394–402. Acesso em: PubMed **PMID**: 21153484
32. MAZZOCCO, M. M. When a genetic disorder is associated with learning disabilities. In MAZZOCCO, M. M., ROSS, J. L. editores. **Neurogenetic developmental diserders. Variations of manifestion in childhood**. Cambridge. 2007.p. 417-36.
33. ROURKE, B. P. Introduction: the NLD syndrome and the white matter model. In: ROURKE, B. P. editor. **Syndrome of nonverbal learning disabilities. Neurodevelopmental manifestations**. New York: Guilford; 1995b. p. 1-26.

34. HENDRIKSEN, J. G., KEULERS, E. H.H., FERON, F. J.M., WASSENBERG, R., JOLLES, J., VLES, J. S. S. **Subtypes of learning disabilities. Neuropsychological and behavioral functioning in 495 children referred for multidisciplinary assessment**. Eur Child Adolesc Psychiatry. 2007.p. 517-24.
35. SCHOCH, K., HARRELL, W., HOOPER, S. R., IP, E. H., SALDANA, S., KWAPIL, T. R., SHASHI, V. R. .**Applicability of the nonverbal learning disability paradigm for children with 22q11.2 deletion syndrome**. J Learn Disabil. 2012 May 9. Acesso em in: PubMed; PMID 22572413.
36. GOLDBERG, E., COSTA, L. D. **Hemisphere differences in the acquisition and use of descriptive systems**. Brain Lang. 1981;14:144-73. Acesso em in: PubMed; **PMID** 6168325.
37. ROURKE, B. P. **Syndrome of nonverbal learning disabilities: the final common pathway of white-matter disease/dysfunction?** ClinNeuropsychol. 1987 Feb 1(3):209-234.
38. WEBER, A. M., FRANZ, D. **Nonverbal learning disability pattern observed in a case of adult-onset metachromatic leukodystrophy**. Arch ClinNeuropsychol.1997;12(4):424-5.
39. WALTER, E., MAZAIKA, P. K., REISS, A. L. **Insights into brain development from neurogenetic syndromes: evidence from fragile X syndrome, Williams syndrome, Turner syndrome and velocardiofacial syndrome**. Neuroscience. 2009;164(1):257-271. Acesso em in: PubMed; **PMID** 19376197.
40. DIMITROVSKY, L., SPECTOR, H, LEVY-SCHIFF, R., VAKIL, E. **Interpretation of facial expressions of affect in children with learning disabilities with verbal or nonverbal deficits**. J Learn Disabil. 1998; 31:286-
1. 92.Acessoem in: PubMed; **PMID** 9599961.
41. PETTI, V. L., VOELKER, S. L., SHORE, D. L. *et al*. **Perception of non verbal emotion cues by children with nonverbal learning disabilities**. J DevPhysDisabil. 2003 Mar 15(1):23-36.
42. HUMPHRIES, T., CARDY, J. O., WORLING, D. E., PEETS, K. **Narrative comprehension and retellingabilities of children with nonverbal learning disabilities**. Brain Cogn. 2004;56:77-88.
43. SEMRUD-CLIKEMAN, M., GLASS, K. **Comprehension of humor in children with nonverbal learning disabilities, reading disabilities, and without learning disabilities**. Ann Dyslexia. 2008 Dec 58(2):163-80. Acesso em in: PubMed; **PMID** 18726696.
44. SEMRUD-CLIKEMAN, M., WALKOWIAK, J., WILKINSON, A., CHRISTOPHER, G. **Neuropsychological differences among

children with Asperger syndrome, nonverbal learning disabilities, attention deficit disorder, and controls. DevNeuropsychol. 2010;35(5):582-600. Acesso em in: PubMed; **PMID** 20721777.
45. TEMPLE, C. **Developmental cognitive neuropsychology**. Hove. UK: Psychology Press; 1997.
46. DUCHAINE, B., MURRAY, H., TURNER, M., WHITE, S., GARRIDO, L. **Normal social cognition in developmental prosopagnosia**. Cognitive Neuropsychology. 2009;26:620-34. Acesso em in: PubMed; **PMID** 20191404 (Grodzinsky et al., 2010).
47. GESSEN, M. **Perfect rigor: A genius and the mathematical breakthrough of the century**. New York: Houghton, Mifflin, Harcourt; 2009.
48. BODDAERT, N., BERTHELEMY, C., POLINE, J. B., SAMSON, Y., BRUNELLE, F., ZILBOVICIUS, M. **Autism: functional brain mapping of exceptional calendar capacity**. Br J Psychiatry. 2005;187:83-6. Acesso em in: PubMed; **PMID** 15994576.
49. BISHOP, D., RUTTER, M. Neurodevelopmental disorders: Conceptual issues. In: RUTTER, M., BISHOP, D., PINE, D., SCOTT. S., STEVENSON, J., TAYLOR, E., THAPAR, A., editores. **Rutter's Child and Adolescent Psychiatry**. Massachusetts: Blackwell Publishing; 2009. p. 32-41.
50. DENCKLA, M. B. The neurobehavioral examination in children. In: FEINBERG, T., FARRAH, M., editores. **Behavioral Neurology and Neuropsychology**. New York: McGraw-Hill; 1997. p. 721-8.
51. JOHNSON, M. H. **Executive function and developmental disorders: the flip side of the coin**. Trends Cogn Sci. 2012 Sep 16(9):454-7. Acesso em in: PubMed; **PMID** 22835639.
52. CORNOLDI, C., VENNERI, A., MARCONATO, F., MOLIN, A., MONTINARI, C. A. **Rapid screening measure for the identifying visuospatial learning disability in schools**. J Learn Disabil. 2003;36(4): 299-306. Acesso em in: PubMed; **PMID** 21870177.

TREINAMENTO DE PAIS E SINDROME DE ASPERGER: PROMOVENDO A GENERALIZAÇÃO DE COMPORTAMENTOS ADQUIRIDOS E A QUALIDADE DE VIDA

Maria Isabel Santos Pinheiro

O nascimento de um filho demanda uma natural adaptação dos pais tanto em relação à estrutura familiar como em relação à vida pessoal, considerando os cuidados necessários para aquela criança, de início, inteiramente dependente. Nesse momento, com uma maior frequência, os pais estão preparados para receber uma criança que apresente um desenvolvimento típico, levando em conta, principalmente, que uma criança com desenvolvimento típico é o padrão mais frequente. Ainda nesse momento, muitos pais têm para si a "ideia" do modelo parental que adotarão: (a) *Serei um pai democrático, minhas decisões vão sempre levar em conta, a opinião do meu filho*!; (b) *Serei um pai democrático, porém, nas decisões mais relevantes, os interesses do meu filho terão peso relativo*! Essa programação é feita dentro de projetos e são construídos a partir da experiência dos modelos observados de ser pai ou mãe [1].

A notícia que aquela criança vai demandar cuidados especiais por um período curto de tempo, ou por um longo período, vai ser processada pelos pais em níveis, velocidades e condições muito diversas. Observa-se que determinados perfis familiares são mais favoráveis e outros perfis familiares menos favoráveis, para fornecer suporte às necessidades daquela criança. É perfeitamente compreensível que frustração, raiva e ressentimento sejam experimentados por pais de uma criança que apresenta

Transtorno do Desenvolvimento (TD) [2]. Os Transtornos do Desenvolvimento (Haase, Barreto, & Freitas, 2009) podem ser definidos como quaisquer entidades nosológicas ou eventos de origem genética ou adquirida até os primeiros meses de vida, que comprometem o desenvolvimento cerebral do indivíduo, podendo causar deficiências físicas ou mentais, bem como restrições à funcionalidade e à participação social. A Síndrome de Asperger (SA) é um exemplo de TD.

É compreensível também que muitas famílias resistam na aceitação de diagnóstico, quando esta notícia não vem acompanhada de um resultado laboratorial que comprove uma alteração, ou que o "transtorno" sugerido/apontado pela avaliação médica, não seja facilmente identificável. Em frequentes situações nos TD, os sinais de que algo não vai bem só é visível pelos familiares, quando determinadas etapas do desenvolvimento (fala, interação social, teoria da mente) se apresentam indiscutivelmente prejudicadas. Independentemente da situação, onde a identificação foi precoce ou mais tardia, o perfil familiar pode facilitar ou dificultar o suporte necessário para atender às necessidades da criança e equilibrar a qualidade de vida de todos os integrantes da família. Nesse sentido, têm sido objeto de estudo, os mecanismos de adaptação psicossocial utilizados em famílias de crianças que apresentam algum transtorno de desenvolvimento [2-5] e instrumentos que avaliem processos e efeitos na vida do indivíduo e de sua família[3]. Esses mecanismos de adaptação podem contribuir como um protocolo importante de esclarecimento, promovendo o equilíbrio e o apoio para as famílias[6].

As características de funcionamento da criança e a estrutura familiar são componentes fundamentais que se inter-relacionam[8] e direcionam o processo de desenvolvimento da criança. Os formatos familiares, atualmente tão diversificados, muitas vezes não trazem espontaneamente um modelo fluente na gestão de papéis. Famílias monoparentais, famílias compostas por filhos de casamentos diferentes após o divórcio, filhos em famílias constituídas de parceiros do mesmo sexo e filhos do próprio casal são alguns dos formatos de famílias adotados, atualmente. Nos casos onde a gestão de papéis e o apoio ficam prejudicados, cabe como medida, uma orientação psicoeducativa ou um programa de intervenção com proposta mais estruturada, procurando promover o desenvolvimento e o bem-estar da criança e dos demais integrantes do grupo familiar[9], mantendo a atenção e apoio, quando se identifica a importância de promover condutas mais direcionadas para o ensino de habilidades ao filho com demandas especiais.

A literatura atual, rica em informações nessa área, defende que a parentalidade (do inglês *parenting*) pode ser considerada como um resultado de aprendizagem [9-12]. A mesma literatura considera que, além de contribuir na promoção de bom desempenho parental, os recursos disponíveis atualmente, podem favorecer significativamente para que o investimento dos pais reverta em melhor desenvolvimento de seus filhos, mesmo aqueles que apresentem um transtorno do desenvolvimento. É vasta a relação de Programas de Treinamento de Pais – PTP [13,14], que trata de investimentos parentais diversos, dentre eles os programas para trabalhar comportamento de crianças que apresentam o Transtorno do Espectro Autista - TEA. Essa mesma literatura aponta que as técnicas de PTP se adequam para os afetados pelo TEA em geral, sejam Autismo, Síndrome de Asperger, assim como outros Transtornos do Espectro do Autismo de Alto Funcionamento (TEAAF).

O objetivo deste capítulo é discutir recursos que a literatura apresenta como estratégias de intervenção adequada, para a promoção de um repertório comportamental adaptativo que favoreça o desenvolvimento, o apoio e a qualidade de vida de crianças e jovens com Síndrome de Asperger-SA- e suas famílias. Estas orientações estarão voltadas principalmente para o desempenho e atividades de crianças ou adultos jovens com SA, considerando que os PTPs contribuem de forma mais relevante, quando o investimento acontece em nível de prevenção primária ou secundária [15,16].

A Síndrome de Asperger – SA

O *Diagnostic and Statistical Manual of Mental Disorders* (DSM-IV) define a SA como uma séria e crônica desordem neuro-desenvolvimental. A presença de déficits na interação social, interesse restrito estão presentes como no autismo porém, com relativa preservação da linguagem e de habilidades cognitivas, identificados desde inicio de vida desses indivíduos[6]. Esse perfil também descrito por outros autores [17,18] contribui para que os indivíduos com SA tenham uma percepção "do mundo" visivelmente diferente dos neurotípicos. Seu padrão de funcionamento reflete como principais características da síndrome: o déficit na competência social, na capacidade de diálogo e interesses obsessivos por determinados assuntos.

O padrão de comprometimento e comportamento, além de outras características de funcionamento e aprendizagem, irregulares e idiossincráticos, não foram aqui especificados, por fazerem parte de outros capítulos deste livro.

Quando indivíduos com SA percebem, valorizam e dedicam sua atenção às questões comuns de forma tão incomum, estabelecem um relacionamento com seus pares, com seus pais e com as pessoas em geral, dentro de um formato, que muitas vezes prejudica ou impede que a interação aconteça de forma efetiva [8,19,20]. A presença dessas características, desde o início de suas vidas, formata uma relação familiar que poderá ser identificada como atípica mais precocemente, ou menos precocemente, dependendo do grau de comprometimento apresentado pela criança e do perfil familiar no qual a criança está inserida.

A identificação precoce de um funcionamento atípico favorece o diagnóstico precoce e contribui para o melhor desfecho no tratamento. O tratamento deve ser orientado por uma avaliação inicial [6,21], *constituindo ao seu final nos programas de intervenção*. Esses programas, com base na Psicologia Cognitiva e Psicologia Comportamental, têm apresentado resultados de destaque na literatura internacional[10,11,14], quando comparados a outros.

O déficit na interação social, que com frequencia reflete em prejuízos, também nas áreas do comportamento, comunicação, acadêmica, entre outras, emerge nas primeiras relações parentais. Dessa forma, investimento em uma orientação psicossocial primária, secundária ou terciária via Treinamento de Pais (TP) constitui benefícios não só dentro do ciclo de relacionamento familiar, que pode se estabelecer de maneira disfuncional, assim como impede a aprendizagem de interações desadaptativas. Em continuidade, deve-se investir, de forma orientada, em interações produtivas e funcionais. A identificação e diagnóstico precoce favorecem para que sejam estimuladas aquisições que, em um processo de retroalimentação, amplia o repertório das crianças com SA, frequentemente empobrecido.

As características comportamentais dos indivíduos com SA exigem intervenções e apoio, muitas vezes prática de habilidades corriqueiras. O trabalho do TP procura maximizar os ganhos e oportunizar o equilíbrio de investimentos, principalmente por se tratar de ser uma desordem crônica. Para a maximização dos ganhos, há autores[17,18] que indicam que se trabalhe paralelamente em contextos familiares e escolares. A tendência contemporânea, a partir de uma perspectiva biopsicossocial, é adotar um modelo de intervenção assistencial cooperativo, em que o paciente e sua família sejam vistos como clientes e como membros da equipe multidisciplinar. Na orientação por este modelo, os profissionais de saúde não detêm o poder de tomar as decisões, por procuração, pelo paciente e sua família, mas atuam como educadores que ajudam as partes interessadas a esclarecer as opções e suas consequências [2,6]. A presença da família, a partir do esclarecimento sobre o transtorno e das discussões sobre os procedimentos, tem apontado maior bem-estar, confiança e dedicação, refletindo na qualidade de vida dos envolvidos [22-24].

Acrescentando à importância do envolvimento da família no processo de decisões, e muitas vezes de apoio terapêutico, questões peculiares no funcionamento de indivíduos com SA também devem ser consideradas. Pesquisas atuais [25-28] sugerem que os pais/parentes de pessoas com TEA podem apresentar de maneira branda, porém similar, manifestações comportamentais semelhantes às encontradas nos filhos com TEA. Essas manifestações são nomeadas de Fenótipo Ampliado do Autismo[a] (FAA). Os indivíduos com SA em interrelação cotidiana com seus familiares que apresentam FAA, estabelecem uma inter dependência que pode, por vezes, prejudicar o desempenho dessa criança/adolescente. Considerando que o contexto relacional do indivíduo no processo de socialização, inicia com o grupo familiar, é importante que ocorram investimentos no sentido de potencializar competências e prevenir prejuízos causados por relações disfuncionais.

A compreensão dos familiares sobre o que representa déficit na Interação Social e a Teoria da Mente [6,19], em termos práticos, possibilita que, através de cada interação no contexto diário, a família apresente um bom modelo para sua criança[1]. Estando a criança inserida em um ambiente que apresente bons modelos, as oportunidades de aprendizagem de comportamentos adequados serão sensivelmente aumentadas. Assim, é importante que orientados pelo terapeuta, familiares utilizem situações naturais e também promovam situações relevantes, para que o indivíduo com SA aprenda novos comportamentos

---

[a] Assunto que é objeto de capítulo deste livro.

e generalize aqueles comportamentos adquiridos em contextos clínicos.

Qualidade de Vida

Em 1964, o presidente dos Estados Unidos, Lyndon Johnson, utilizou pela primeira vez a expressão "qualidade de vida", quando se referiu à importância de que "balanços" fossem medidos através da qualidade de vida que proporcionavam às pessoas. Conforme descrito por Fleck *et al* [29], ao publicarem o processo de desenvolvimento da versão em português do instrumento de avaliação de qualidade de vida da Organização Mundial da Saúde (WHOQOL-100), o interesse em conceitos como "padrão de vida", e "qualidade de vida" foi inicialmente partilhado por cientistas sociais, filósofos e políticos.

O crescente desenvolvimento tecnológico da Medicina e ciências afins, trouxe como consequência negativa uma progressiva desumanização. Fleck *et al*[29] discutem qualidade de vida dentro das ciências humanas e biológicas, no sentido de valorizar parâmetros mais amplos que o controle de sintomas, a diminuição da mortalidade ou o aumento da expectativa de vida. Buscando clarificar o conceito de Qualidade de Vida que vem sendo aplicado na literatura médica, pontuam três aspectos fundamentais: (1) a subjetividade; (2) a multidimensionalidade; (3) e a presença de dimensões positivas (ex. mobilidade) e negativas (ex. dor).

Schalock & Verdugo[24], analisam a qualidade de vida como um conceito multidimensional, envolvendo dimensões que refletem os valores positivos e as experiências de vida. Essas dimensões são sensíveis às diferentes perspectivas culturais e vitais e normalmente incluem estados desejados relativos ao bem estar pessoal. Schalock [24] analisa que, para melhorar a qualidade de vida das pessoas com dificuldades, é necessário ampliar pensamentos e ações, para fazer que o construto de qualidade de vida seja um agente de troca social. Defende ainda, que são fundamentais para uma vida de qualidade é: (1) autodeterminação; (2) equilíbrio; (3) capacitação (*empowerment*); (4) acessibilidade.

Cuadrado [23] destaca que a qualidade de vida melhora, quando as pessoas percebem que têm poder para participar das decisões que afetam suas vidas. Entendendo que o poder para participar das decisões está diretamente relacionado com a capacidade e conhecimento sobre suas limitações e potencialidades, recorremos ao modelo funcional de autodeterminação de Whemeyer [30].

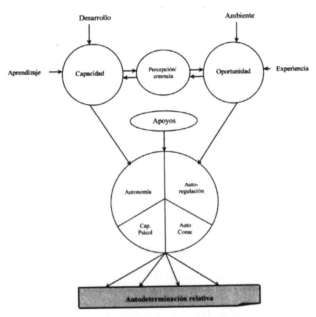

Figura 1. *Un modelo funcional de autodeterminación (Whemeyer, 1996)*

O modelo funcional de autodeterminação de Whemeyer [30], propõe que a capacidade e as oportunidades estão relacionadas com o desenvolvimento e o ambiente e sua inter-relação e apoios vão gerar autorregulação, autonomia, autoconsciência e capacidade psicológica.

Assim, os serviços de apoio respeitando a importância da autodeterminação, são fundamentais para favorecer uma vida de qualidade. Essa orientação sugere a importância da tomada de decisão, considerando os investimentos e valores dentro de perspectivas individuais e familiares de vida, sendo discutida por Cuadrado[23] em *Autismo: Modelos educativos para una vida de calidad*. Cuadrado[23] defende que a qualidade de vida melhora, quando as pessoas percebem que têm poder para participar de decisões que afetam suas vidas, a participação ativa da própria pessoa e de seus familiares favorece na adequação e no investimento para a realização das decisões tomadas. Para Cuadrado[23], alguns dos componentes essenciais de um currículo para desenvolver competências em indivíduos com TD, por exemplo, seria aprender a eleger e tomar decisões.

A proposta é que a ciência assuma o papel de sócio colaborador de pessoas com transtorno ou outras dificuldades e trabalhe junto dessas famílias, em busca de resultados pessoais valorizados agregando o aporte técnico tanto orientador como facilitador para suas realizações. Dessa forma a tomada de decisão ocorre com a participação da família ou da pessoa diretamente envolvida, quando for o caso, e não é realizada exclusivamente por uma equipe multidisciplinar. A psicoeducação e orientação familiar, vão favorecer a participação das famílias nas decisões, junto com a equipe profissional, promovendo, então, o equilíbrio ambiental que leva a uma melhor qualidade de vida.

Os PTPs propõem no formato psicoeducativo ou no formato terapêutico, orientação a pais, para lidarem com problemas comportamentais de seu filho. Buscam desenvolver nos pais competências para o manejo do comportamento, implicando aí, avaliar resultados dos investimentos [10,11,31]. Considerando o perfil de funcionamento dos indivíduos com SA, aprender a eleger, tomar decisões e promover um bom desempenho social torna-se competência fundamental para os familiares, fortalecendo a importância da utilização de PTP.

Treinamento de Pais

O conceito apresentado por Kazdin [32] sobre Treinamento de Pais, se aplica inteiramente no presente contexto:

> ..."*procedimentos por meio dos quais se treina os pais a modificar o comportamento de seus filhos em casa. Os pais reúnem-se com o terapeuta que lhes ensina a usar uma série de procedimentos específicos, para modificar sua interação com os filhos, para auxiliar o comportamento pró-social e diminuir o comportamento desviado*"....

Crianças com SA, pela própria característica de funcionamento, são beneficiadas quando recebem, em contextos naturais, orientações para utilizarem comportamentos adequados. Quando pais ou familiares desconhecem o diagnóstico, ou desconhecem estratégias que favorecem a aprendizagem nesse formato, perdem ricas oportunidades de orientação. Os PTPs trabalham no sentido de identificarem a queixa ou déficit, analisarem funcionalmente o comportamento, muitas vezes, orientados por um diagnóstico.

O início de um PTP se dá a partir de uma avaliação criteriosa do perfil de funcionamento da criança feita por um profissional experiente[6]. Avaliar o perfil familiar complementa de forma importante as informações iniciais. São fundamentais dados precisos sobre as características da criança, as características que preenchem os critérios para diagnóstico da SA e as características funcionais da família[6]. Os resultados vão compor as informações para identificar os primeiros objetos de investimento.

A adoção nos programas de intervenção, de estratégias de suporte empírico, permitem investimentos de intervenção com contínuas avaliações e análises dos resultados. Entre estas estratégias estão os recursos oferecidos pela Análise do Comportamento e pela Psicologia Cognitiva, que podem ser utilizados no formato de PTP. A família, ao assumir uma posição mais ativa em um modelo colaborativo de assistência à saúde, com frequência fará parte do planejamento e da implementação do PTP. É possível em um PTP, atuar em apenas um nível de Prevenção, conforme descrito na Tabela – 2 ou em mais de um nível, simultaneamente.

TREINAMENTO DE PAIS
modelos de prevenção

Prevenção Primária	Prevenção Secundária	Prevenção Terciária
• Promoção da Saúde	• Diagnóstico e tratamento precoce	• Reabilitação
• Parentalidade	• Trabalhar sobre queixas individuais identificadas precocemente ou sobre dificuldades apontadas nos critérios para diagnóstico	• Trabalhar comportamentos desadaptativos instalados como: isolamento social, birra, autoagressão, etc.
Ex.: Dirigido a todos pais e mães e formatados para preparé-los para seus deveres e responsabilidades	Ex.: Após diagnóstico de Asperger/autismo orientar os pais para trabalhar aquisição de comportamentos deficitários identificados através dos critérios diagnósticos	Ex.: Investimento para reduzir prejuízos causados por comportamentos desadaptativos como isolamento social, birra, autoagressão instalados

Elaboração de um Programa de Treinamento de Pais

Prevenção Primária: O PTP com proposta para Prevenção Primária é indicado para orientar os pais no exercício da parentalidade positiva, independentemente de haver identificado problemas de comportamento ou qualquer diagnóstico comportamental. O PTP na Prevenção Primária busca capacitar os pais sobre condutas parentais adequadas, prevenindo o aparecimento de problemas decorrentes de inadequação parental, frente ao perfil funcional do filho.

Prevenção Secundária: O PTP com proposta para Prevenção Secundária é indicado para trabalhar com os pais, tão logo seja realizado um diagnóstico comportamental. A prevenção secundária tem como propósito, trabalhar os primeiros sinais de problemas comportamentais ou trabalhar preventivamente, estimulando áreas de competências que podem estar prejudicadas dentro de um critério diagnóstico.

Prevenção Terciária: O PTP com proposta para prevenção terciária, tem o papel de reabilitação, ou seja, trabalhar para reduzir os prejuízos causados por comportamentos desadaptativos, já instalados. A idade do indivíduo com SA, onde se inicia o trabalho, mesmo da Prevenção Terciária, também é fator importante para se considerar um prognóstico, naturalmente levando em conta o grau de severidade da síndrome, apresentado.

Considerações Finais

Considerando o perfil de funcionamento dos indivíduos com SA e a família em que esses indivíduos estão inseridos, mesmo em uma análise superficial, é possível identificar a importância da contribuição dos familiares, para um melhor desenvolvimento de sua criança. Considerando também, as contribuições atuais obtidas em resultados de estudos controlados, conduzidos dentro da Psicologia Cognitiva, Neuropsicologia e Psicologia Comportamental, conforme apresentado neste texto, tem sido valiosa a contribuição das estratégias de TP.

Programas para atendimento a pais com formatos e duração variados, têm sido analisados com objetivo de identificar os fatores que contribuem para maximizar os ganhos e identificar estratégias que apresentam resultados contraproducentes.

Referências

1. BANDURA, A. **Social learning theory**. New Jersey: Prentice – Hall;1977.
2. HAASE, V. G., BARRETO, G. V., FREITAS, P. M. Adaptação Psicossocial de famílias de crianças com transtornos do desenvolvimento. In: HAASE, V. G., FERREIRA, O. F., PENNA, F. J. (ed). **Aspectos Biopsicossociais da saúde na infância e adolescência**. Belo Horizonte: Coopmed; 2009. p. 123-58.

3. VERDUGO, M. A. In: VERDUGO, M. A. (ed). **Cómo Mejorar La Calidad de Vida de las Personas con Discapacidad. Instrumentos y estratégias de evaluación**. Salamanca: AMARÚ EDICONES, Publicaciones del INICO; 2009.
4. TEODORO, M. L. M., BAPTISTA, M. N., ANDRADE, A. A., SOUZA, M. S., ALVES, G. Família, depressão e terapia cognitiva. In: TEODORO, M. L. M., BAPTISTA, M. N. (ed). **Psicologia de família: teoria, avaliação e intervenção**. Porto Alegre: Artmed. 2012;p.49-57.
5. TAANILA, A., SYRJÄLÄ, L., KOKKONEN, J., JÄRVELIN, M. R. **Coping of parentes with physically and/or intellectually disabled children**. Blackwell Science Ltd, Child: Care, Health & Development 2002; 28:73-86.
6. KLIN, A., VOLKMAR, F. R. Treatment and Intervention Guidelines for Individuals with Asperger Syndrome. In: KLIN, A., VOLKMAR, F. R., SPARROW, S. S. (ed). **Asperger Syndrome**, New York: Guilford.2000; p. 340-366.
7. EISENHOWER, A. S., BACKER, B. L., BLACHER, J. **Preschool children with intellectual disability: syndrome specififity, behavior problems, and maternal well-being**. Journal of Intellectual Disability Research.2005; 49:657-71.
8. BRONFENBRENNER, U. **A ecologia do desenvolvimento humano. Experimentos naturais e planejado**. Porto Alegre: Artmed; 1996.
9. LÓPEZ, M. J. R., CASIMIRO, E. C., QUINTANA, J. C. M., CHAVES, M. L. M. **Las Competencias Parentales em Contextos de Riesgo Psicosocial**. Intervención Psicossocial 2009;2:113-20.
10. PINHEIRO, M. I. S., HAASE, V. H., DEL PRETTE, A., AMARANTE, C. L. D., DEL PRETTE, Z. A. P. **Treinamento de habilidades sociais educativas para pais de crianças com problemas de comportamento**. Psicologia: Reflexão e Crítica 2006;19:407-14.
11. Marinho, M. L. Comportamento antissocial infantil: Questões teóricas e de pesquisa. In: Del Prette, A., Del Prette, Z. A. P. (ed), Habilidades Sociais, Desenvolvimento e Aprendizagem. Campinas: Editora Alínea; 2003. p. 61-81.
12. HARTMAN, R. R., STAGE, S. A., WEBSTER-STRATTON, C. **A growth curve analysis of parent training outcomes: examining the influence of child risk factors (inattention, impulsivity, and hyperactivity problems), parental and family risk factors**. Journal of Child Psychology and Psychiatry, 2003; 3:388-98.

13. MCMANUS, B. M., CARLE, A., ACEVEDO-GARCIA, D., GANZ, M., HAUSER, C., McCORNICK, M. **Modeling the Social Determinants of Caregiver Burden Among Families of Children With Developmental Desabilities**. American Association on Intellectual and Developmental Disabilities 2011; 3:246-60.
14. WEBSTER-STRATTON, C., REID, M. J., STOOLMILLER, M. **Preventing conduct problems and improving school readiness: evaluation of the Incredible Years Teacher and Child Training Programs in highrisk schools**. Journal ofChil Psychology and Psychiatry. 2008; 5: 471-88.
15. MURTA, S. G. **Aplicações do Treinamento de Habilidades Sociais: Análise da Produção Nacional**. Psicologia Reflexão e Crítica 2005; 18:283-91.
16. MINKE, K. M., ANDERSON, K. J. P. **Family-School Collaboration and Positive Behavior Support**. Journal of Positive Behavior Intervention 2005; 7:181-5.
17. ATTWOOD, T. **A Sindrome de Asperger: Um guia para pais e profissionais**. Lisboa: Editora Verbo; 2007.
18. WILLIAMS, C., WRIGHT, B. **Convivendo com o Autismo e Síndrome de Asperger: Estratégias Práticas para Pais e Profissionais**. São Paulo: Books do Brasil Editora Ltda., 2008.
19. ROANTREE, C. F., KENNEDY, C. H. **Functional Analysis of inappropriate social interactions in students with Asperger Syndrom**. Journal of Applied Behavior Analysis2012; 45:585-91.
20. BEDIA, R. C., CILLEROS, M. V. M., PRIMO, P. G., FERNÁNDEZ, Z. G. La Calidad de la Atención em los Procesos de Apoyo a Adultos con Autismo y sus Familias. In: VERDUGO, M. A. (ed). **Cómo Mejorar la Calidad de Vida de las Personas con Discapacidad. Instrumentos y estratégias de evaluación**. Salamanca: AMARÚ EDICONES Publicaciones del INICO 2008; p. 323-37.
21. SAULNIER, C., QUIRMBACH, L., KLIN, A. Avaliação clínica de crianças com Transtorno do Espectro do Autismo. In: SCHWATZMAN, J. S., ARAÚJO, C. A. (ed). **Transtorno do Espectro do Autismo**. São Paulo: Memnon: Edições Científicas 2011; p.159-72.
22. LANZAROTE, M. D., PADILLA, E. M., BARBANCHO, M. M., VILLARÍN, M., TERREROS, I. G., RUFO, M., **Diferencias en el desarrollo y el comportamiento de niños e niñas com riesgo**

de discapacidad: alcance de um programa para padres. Infancia y aprendizaje 2012; 2:167-81.
23. CUADRADO, J. T. **Autismo: Modelos educativos para uma vida de calidad**. Psicologia Educativa. 2006; 12:5:20.
24. SCHALOCK, R. L., VERDUGO, M. A. Revisión actualizada del concepto de calidad de vida. In: Verdugo, M. A. (ed). **Cómo Mejorar la Calidad de Vida de las Personas con Discapacidad. Instrumentos y estratégias de evaluación**. Salamanda: AMARÚ EDICONES Publicaciones del INICO 2009; p. 29:41.
25. ANDRADE, A. A., TEODORO, M. L. M. **Família e Autismo: Uma Revisão da Literatura**. Contextos Clínicos. 2012; 5:133-42.
26. CRUZ, L. L. P. **Ocorrência de fenótipo ampliado do autismo em pais de crianças portadoras da síndrome**. Belo Horizonte: Programa de Pós-Graduação em Ciências da Saúde, Instituto de Previdência dos Servidores do Estado de Minas Gerais: Dissertação de Mestrado não publicada 2012.
27. FOLSTEIN, S. E., ROSEN-SHEIDLEY, B. **Genetics of Autism: Complex aetiology for a Heterogeneous Disorder**. Nature Review Genetic 2001; 2:943-55.
28. PIVEN, J., PALMER, P., LANDA, R., SANTANGELO, S., JACOBI, D., CHILDRESS, D. Personality and Language Characteristics IN: **Parents From Multiple- Incidence Autism Families**. American Journal of Medical Genetics - Neuropsychiatric Genetics 1997; 74: 398-411
29. FLECK, M. P. A., LEAL, O. F., LOUZADA, S., XAVIER, M., CHACHAMOVICK, E.,VIEIRA, G., SANTOS, L., PINZON, V. **Desenvolvimento da versão em português do instrumento de avaliação de qualidade de vida da OMS (WHOQOL-100)**. Revista Brasileira de Psiquiatria 1999; 1:19-28.
30. WEHMEYER, M. Self-determination as an educational outcome: Why is it important to children, youth and adults with disabilities? In: SANDS, D. J., WEHMEYER, M. L. (ed). **Self-determination across the life span: Independence and choice for people with disabilities**. Baltimore, MD: Paul H. Brookes 1996;p. 17-36.
31. WILLIAMS, L. C. A., AIELLO, A. L. R. Empoderamento de famílias: o que vem a ser e como medir? In: MENDES, E. G., ALMEIDA, M. A., WILLIAMS, L. C.A. (ed). **Temas em Educação Especial: avanços recentes**. São Carlos: EdUFSCar. 2004; p.197-202.
32. KAZDIN, A. E. **Treatment of antisocial Behavior in Children and adolescents**. Homewood III: Dorsey Press; 1985, pp.160.

33. GONZÁLEZ, R. A. M., VÁZQUEZ, C. M. B. **Orientación Educativa para La Vida Familiar como Medida de Apoyo para el desempeño de La Parentalidad Positiva**. Intervención Psicossocial. 2009; 2:97-112.
34. MOSKOWITZ, L. J., CARR, E. G., DURAND, V. M. **Behavioral Intervention for Problem Behavior in Children With Fragile X Syndrome**. American Association on Intellectual and Developmental Disabilities 2011; 6:457-78.
35. VOLKMAR, F., Wing, L. *at all*. **Practice Parameters for the Assessment and Treatment of Children, Adolescents, and Adults With Autism 278 and Other Pervasive Developmental Disorders**. Journal. Am. Acad. Child Adolescent Psychiatry. Supplement December1999; 32S-54S.
36. KLIN, A. **Attributing social meaning to ambiguous visual stimuliin higher-function autism and Asperger Syndrome: the social attribution task**. Journal of Child Psychology and Psychiatry and Allied Disciplines 2000; 41:831-46.
37. CHRONIS, A. M., CHACKO, A., FABIANO, G. A., WYMBS, B. T., PELHAM, W. E. **Enhancements to the Behavioral Parent Training Paradigm for Families of Children With ADHD: Review and Future Directions**. Clinical Child and Family Psychology Review 2004; 7:1-27.
38. EKAS, N., WHITMAN, T. L. **Autism Symptom Topography and Maternal Socioemotional Functioning**. American Association on Intellectual and Developmental Disabilities 2010; 3:234-49.
39. KLIN, A. **Autismo e syndrome de Asperger: uma visão geral**. Revista Brasileira de Psiquiatria 2006;28:47-53.
40. KOLB, S. M., HANLEY-MAXWELL, C. **Critical Social Skills for Adolescents with High Incidence Disabilities: Parental Perspectives**. Exceptional Children. 2003;2: 163-79.
41. MARTÍN-QUINTANA, J. C., Chávez, M. L. M., López, M. J. R. **Programas de Educación Parental**. Intervención Psicosocial. 2009 ;2:121-33.
42. MOSKOWITZ, L. J., CARR, E. G., DURAND, V. M. **Behavioral Intervention for Problem Behavioral in Children With Fragile X Syndrome**. American Association on Intellectual and Developmental Disabilities 2011; 6:457-78.

TERAPIA COGNITIVA PARA PACIENTES COM TRANSTORNOS DO ESPECTRO DO AUTISMO DE ALTO FUNCIONAMENTO: APRIMORANDO O DESEMPENHO SOCIAL DESTES INDIVÍDUOS

Lidia de Lima Prata Cruz
Lilian Erichsen Nassif

O objetivo deste capítulo é apresentar as técnicas mais utilizadas na nossa experiência clínica, capazes de beneficiar este grupo de pacientes em relação às variáveis sociocognitivas, possibilitando um tratamento bem sucedido através da Terapia Cognitiva (TC). Desta forma, será apresentado um protocolo baseado na TC e que utiliza, também, técnicas comportamentais para o tratamento psicológico do nosso público alvo, ou seja, os pacientes com Transtorno do Espectro do Autismo de Alto Funcionamento (TEAAF), podendo ser utilizado com outros indivíduos que apresentam dificuldades de autorregulação verbal e de tomada de perspectiva, mas possuem o intelecto preservado.

Muitos protocolos já foram elaborados para a TC com crianças e adolescentes, assim como para o trabalho com pacientes do espectro autista[1,2,3,4]. Nosso objetivo foi selecionar algumas técnicas dos protocolos que foram mais ricos na nossa prática clinica e apresentá-las de forma sequencial e cronológica, visto que algumas etapas são pré-requisitos para a seguinte.

De acordo com nossa experiência, o modelo aqui sugerido tem apresentado bons resultados, permitindo que estes indivíduos interajam melhor no seu meio social e possibilitando-lhes, assim, uma melhor qualidade de vida.

1- Pressupostos básicos da Terapia Cognitiva (TC)

Embora este guia seja elaborado para terapeutas com alguma experiência em Terapia Cognitiva, serão apresentadas algumas informações básicas.

Terapia Cognitiva é um termo que comporta uma variedade de mais de 20 abordagens dentro do modelo cognitivo, as quais começaram a surgir na década de 1960, com autores como Aaron Beck, Albert Ellis, Arnold Lazarus, Donald Meichenbaum e Michael Mahoney[5].

Baseia-se na premissa de que há uma interrelação entre cognição, emoção e comportamento e que, portanto, a mudança em qualquer um destes fatores implica modificações nos demais. Em geral, o trabalho da TC direciona-se para a avaliação e modificação dos pensamentos distorcidos e rígidos, a fim de acessar e modificar crenças fundamentais que caracterizam a temática básica de cada um dos transtornos psíquicos. Contudo, em alguns casos, recorre-se primeiramente às mudanças comportamentais ou emocionais, dependendo do transtorno apresentado (por exemplo: transtornos depressivos e ansiosos graves, TEAAF, etc) ou da abordagem teórica dentro da TC (por exemplo: Terapia Cognitivo-construtivista).

Sabe-se que a vulnerabilidade cognitiva, ou seja, a combinação de fatores genéticos, ambientais, culturais, físicos, familiares, de personalidade, etc, influencia na formação destas crenças e, consequentemente, na visão que o indivíduo tem do mundo, dos outros e de si mesmo, tornando-o mais ou menos adaptado ao seu contexto.

A partir deste entendimento, a TC focaliza três níveis de cognição a serem trabalhados, quais sejam: os pensamentos automáticos (PA), as crenças subjacentes e as nucleares. Estas são incondicionais, independentes da situação apresentada e moldam a forma do indivíduo estar no mundo desde as suas primeiras experiências de aprendizagem. Podem ser agrupadas em crenças nucleares de desamparo, de desamor ou de desvalor. As crenças subjacentes ou intermediárias, geralmente expressas na forma "*tenho que*" ou "*devo*", "*são regras, padrões, normas, premissas e atitudes que adotamos e que guiam a nossa conduta*"[5]. Já os PA são as cognições mais acessíveis que ocorrem sob a forma de pensamentos verbais ou por imagens, visuais. Podem ser distorcidos apesar das evidências contrárias; acurados com conclusões distorcidas ou acurados e totalmente disfuncionais. A modificação do PA melhora o humor, contudo o objetivo primeiro da TC é a modificação da crença nuclear a fim de propiciar a melhora da pessoa. Para isto, é realizada a conceitualização cognitiva, ou seja, a formulação do caso que nos permite ter uma hipótese do mapa cognitivo do paciente, baseado nas suas crenças, pressupostos, vulnerabilidades e experiências de vida que o predispuseram às atuais manifestações cognitivas, emocionais e comportamentais.

Sendo uma abordagem diretiva, objetiva, focada no aqui e agora, ativa e orientada ao problema, as modificações das crenças nucleares do paciente serão realizadas através de técnicas de reestruturação cognitiva (modificação do esquema de atribuição de significado às situações) em um contexto denominado *empirismo colaborativo*, no qual terapeuta e paciente trabalham conjuntamente, levantando hipóteses e testando-as empiricamente[6]. Dessa forma, quando os indivíduos fazem uma avaliação mais realista da situação, modificam seus pensamentos, emoções e comportamentos.

Tanto as crianças quanto os adultos poderão se beneficiar desta abordagem. Crianças menores utilizarão técnicas cognitivas simples e mais visuais e a terapia envolverá ativamente os pais, através de técnicas comportamentais. Em todas as idades, para que o processo seja bem sucedido, é necessário que o indivíduo tenha desenvolvido as variáveis sociocognitivas, como linguagem, capacidade de tomada de perspectiva, capacidade de raciocínio e habilidades de regulação verbal[7]. Caso alguma destas variáveis esteja deficitária, é necessário desenvolvê-las ao longo do processo terapêutico antes de utilizar técnicas mais sofisticadas que exijam análises racionais.

1.1- Terapia Cognitiva X Teoria da Mente (ToM) no TEAAF

A TC para pacientes do Espectro do Autismo é um pouco diferente do trabalho padrão realizado com outros grupos de pacientes, visto que estes indivíduos possuem um déficit cognitivo gerador de prejuízos na interação social, nomeado déficit de Teoria da Mente (ToM). Desta forma, muitos pacientes com TEAAF possuem crenças de rejeição, porém, realmente se comportam de forma a causar rejeição nos seus pares.

A ToM é a capacidade de o individuo considerar os próprios estados mentais, bem como atribuir estados mentais ao outro, possibilitando uma forma de predição de comportamentos, a partir destas atribuições[8]. Um individuo que possui déficit de ToM terá grandes prejuízos na interação social[9].

O trabalho da TC com este grupo de pacientes envolve, inicialmente, o desenvolvimento da ToM. Na medida em que os pacientes compreendem como o comportamento deles afeta os outros, poderão modificar seus comportamentos e obter uma resposta mais positiva do ambiente, ou seja, com menos rejeição de seus pares. Somente então, trabalharemos com a reestruturação cognitiva, com o objetivo de alterar crenças distorcidas e disfuncionais.

2 - Protocolo para o tratamento psicológico do TEAAF

Este guia é o mesmo para todas as idades, mas, em cada um dos itens propostos, o profissional irá escolher técnicas que sejam apropriadas para cada faixa etária. Na nossa experiência, o trabalho em coterapia (geralmente, com uma estagiária de psicologia) no contexto escolar assim como em situações sociais reais, enriquece o processo. O trabalho em grupo, com a união de dois a quatro pacientes, com idades e perfis semelhantes (principalmente no treino de habilidades sociais) também favorece o trabalho, proporcionando a possibilidade de intervenções ao vivo.

Reforçamos a importância de este guia ser utilizado por terapeutas com experiência em Terapia Cognitiva. Além disso, visto que são pacientes que possuem dificuldades em lidar com frustrações, sugerimos também o método de Aprendizagem sem Erro[10], que propõe que as tarefas devam ser divididas em passos menores e com a utilização de dicas, que vão sendo retiradas aos poucos, na medida em que o individuo adquire mais confiança e habilidades.

A seguir, serão apresentados os passos do protocolo. Cada etapa é composta por: objetivo; psicoeducação (o que deve ser explicado para o paciente antes de iniciar o trabalho) e alguns exemplos das intervenções utilizadas.

2.1- Reconhecimento e nomeação de emoções próprias.

Objetivo: identificar a emoção no exato momento em que a sentir.

Psicoeducação: explicar que as emoções são mecanismos de sobrevivência e que cada uma tem uma função[11]. Por exemplo: se você está andando sozinho, numa rua deserta à noite, e vê um homem que parece bêbado e nervoso, andando em sua direção, o que você irá sentir? Qual a função desta emoção, neste momento? Se esta emoção pudesse dizer algo, o que diria? Da mesma forma, em várias situações sentimos raiva, decepção, solidão, etc.. Sentimos, às vezes mais de uma emoção ao mesmo tempo, algumas até contraditórias (Ex: "me sinto orgulhoso de ganhar uma medalha de prata, mas frustrado por não ter sido o primeiro") e sentimos em graus diversos (muita raiva, pouca raiva). Esta etapa além de ser psicoeducativa, facilita a narração de eventos que foram significativos para o paciente.

Intervenções: dependendo da idade e do grau de abstração do indivíduo, devemos iniciar o processo com as emoções básicas (alegria, tristeza, medo e raiva) e gradualmente apresentar outras mais complexas, que envolvem um componente cognitivo (como a decepção, por exemplo). Uma grande ferramenta nesta etapa é o baralho das emoções[12].

O contato com a família é muito importante neste processo, principalmente quando a pessoa não narra espontaneamente suas próprias histórias. Além disso, alguns pacientes possuem uma narrativa muito fragmentada e desorganizada, sendo difícil para o terapeuta compreender o contexto global das suas vivências. Por isto, as informações fornecidas pelos familiares são imprescindíveis para auxiliar o terapeuta a entender o que se passou na situação narrada. E, ao se fazer uma avaliação retrospectiva, estas informações também podem ajudar o paciente a entender suas emoções no momento em que elas aconteceram, de forma que ele possa se projetar em situações semelhantes no futuro.

2.2 - Inferência de emoções dos outros

Objetivo: inferir emoções dos outros que sejam coerentes com o contexto, em diferentes pessoas e situações.

Psicoeducação: mostrar que todas as pessoas sentem emoções e que a avaliação da emoção do outro serve como um norteador para o nosso próprio comportamento. Explicar que, quando sentimos emoções, naturalmente nosso corpo expressa o sentimento, seja ele qual for. Uma pessoa triste poderá ter um olhar vago, ombros caídos, um tom de voz mais baixo, etc. Ao percebermos que alguém está triste, por exemplo, devemos nos comportar levando em consideração esta informação. Desta forma, não devemos ficar falando sobre o assunto específico do nosso interesse, mas permitir que a pessoa fale sobre o que a está incomodando, ou até mesmo ficar em silêncio, caso esta não demonstre interesse em conversar.

Intervenções: esta etapa deve ser iniciada com as emoções básicas, através de um processo de decodificação das emoções, que poderá ocorrer por:

- Apresentação de fotos e gravuras que contenham algum agente sentindo uma emoção básica;
- *Role play*: o terapeuta faz de conta que está sentindo alguma emoção. O paciente deve identificar qual é, avaliando a expressão facial, a postura corporal e o tom de voz do terapeuta;
- Narração de pequenas histórias.

No caso de pacientes mais velhos ou com um nível maior de abstração, inclui-se no protocolo emoções mais elaboradas que envolvem uma avaliação cognitiva concomitantemente. Para deduzirmos que determinada pessoa poderá estar sentindo inveja, por exemplo, é necessário que tenhamos a compreensão do contexto da situação e não somente a decodificação da expressão facial e da postura corporal.

2.3 - Inferência de pensamentos

Objetivo: inferir pensamentos e crenças que sejam coerentes com o contexto, em diferentes pessoas e situações.

Psicoeducação: explicar que cada um de nós possui uma maneira peculiar de interpretar os acontecimentos da vida. Exemplo: imagine que algumas pessoas estavam em uma fila de banco esperando para serem atendidas, quando um funcionário diz que teve uma pane no sistema e que demorará uma hora, para voltar a funcionar. Observe os diferentes pensamentos de cada um. Pessoa 1: "É impressionante como as coisas dão errado para mim". Pessoa 2: "Ótimo, assim não vai dar tempo de voltar ao escritório hoje, e poderei voltar mais cedo para casa". Pessoa 3: "Tudo bem, já que tenho que esperar mais 1 hora, vou tentar encontrar alguma coisa útil para fazer neste meio tempo". Por isso, muitas vezes as pessoas brigam ou discordam, pois cada um tem um ponto de vista diferente da situação. Devemos ensinar que é importante tentar entender e respeitar o ponto de vista dos outros, mesmo quando não concordamos com eles. Os indivíduos com TEA possuem uma falha muito grande neste processo de "tomada de perspectiva" devido ao déficit de Teoria da Mente. Esta etapa do trabalho é pré-requisito fundamental para as próximas.

Intervenções: este trabalho pode ser feito através de:
- Fotos ou figuras que possuem um contexto. Inicialmente apresentamos gravuras de pessoas em um ambiente rico em detalhes, como a foto de uma mulher vestida de noiva, na igreja e sorrindo, por exemplo. Em seguida, perguntamos como que ela deve estar se sentindo e o que ela deve estar pensando. Desenhamos um balão de pensamento e caso o indivíduo diga que não sabe, escrevemos uma resposta qualquer correta, e passamos para a próxima figura. Algumas crianças podem demorar um pouco, para entender este exercício, mas aprendem se forem estimuladas adequadamente[a].
- Fotos ou figuras somente do agente. Após a compreensão por parte da criança do exercício anterior, mostramos uma figura de uma pessoa com uma expressão facial qualquer, porém, sem nenhuma dica do contexto. A habilidade de criatividade é mais requisitada neste exercício, fazendo com que ele seja mais difícil que o anterior.
- Sair com a criança do consultório e observar as pessoas reais na rua, também é um exercício interessante. Podemos perguntar: quem será esta pessoa? Para onde vai? De onde vem? Sugerimos combinar antes com a criança, que não vale repetir a mesma resposta para pessoas diferentes.
- *Role play:* · reconhecimento de expectativas e necessidades do outro. Neste exercício, interpretamos uma pessoa

---

[a] Ver sobre o método Aprendizagem Sem Erro – Leaf & McEachin[10].

que necessita de ajuda e o paciente deve ser capaz de inferir as possíveis emoções e pensamentos para ser capaz de perceber e identificar a necessidade do outro. Por exemplo, após explicar a brincadeira para o paciente, o terapeuta começa a procurar algum objeto que foi perdido na sala, dizendo que ele é muito importante, e sem mencionar que espera que o paciente se levante e comece a procurar também.

2.4 Pensamentos automáticos, emoções e comportamentos

Objetivo: identificar pensamentos automáticos e compreender o impacto destes nas emoções e comportamentos.

Psicoeducação: explicar que existe uma interrelação entre pensamento, emoção e comportamento. Ou seja, antes de uma pessoa se comportar de determinada forma, ela fez uma avaliação da situação e teve alguma emoção, mesmo que não tenha percebido. Exemplo: na hora do recreio, estão todos brincando e eu estou sozinho. Pensamento Automático (PA): "Ninguém gosta de brincar comigo". Emoção: solidão, tristeza. Comportamento: Corro atrás dos meninos mais novos, fingindo que sou doido e fazendo careta para eles. Consequência: os meninos se afastam e ninguém quer brincar comigo, reforçando o meu PA inicial. Este trabalho é bastante diferente com pacientes com desenvolvimento típico, pois neste caso, no momento em que o indivíduo pensou que ninguém gosta de brincar com ele, poderíamos fazer um processo de reestruturação cognitiva, mostrando que, provavelmente, este era um pensamento distorcido ou um erro de pensamento. Já com os pacientes do espectro do autismo, provavelmente esta é uma avaliação realista e deveremos, em outro momento, explicar o porquê das outras crianças não quererem brincar com ele. Antes disso, precisamos entender o que o motivou a se comportar de determinada forma. Esta motivação está presente nos pensamentos e nas emoções que ocorreram antes do comportamento.

Intervenções: sugerimos a utilização do Baralho dos Pensamentos[13]. É comum os pacientes com TEA relatarem seus PAs, como se fossem uma descrição da situação. Como o baralho possui alguns exemplos de pensamentos automáticos comuns, os pacientes podem entender a diferença entre um pensamento descritivo - tal como "está fazendo muito barulho aqui" - e um pensamento automático - por exemplo: "estão todos se divertindo, menos eu" -, facilitando o preenchimento do quadro de identificação de PA, que é uma técnica importante da Terapia Cognitiva (**fig 1**).

Fig1: Quadro de identificação de pensamentos automáticos

Situação	Emoção	Pensamento	Comportamento
Na hora do recreio estão todos brincando e eu estou sozinho	Solidão, tristeza.	Ninguém gosta de brincar comigo	Corro atrás dos meninos mais novos fingindo que sou doido e fazendo careta para eles

2.5 - Prevendo comportamentos dos outros

Objetivo: antecipar o comportamento das outras pessoas, a partir do meu próprio comportamento.

Psicoeducação: explicar que nossos comportamentos geram sentimentos e pensamentos nas pessoas ao nosso redor, e influenciará no comportamento delas. Os indivíduos com TEA geralmente não sabem o que fazem "de errado" e o que gera rejeição nos outros. Visto que, muitas vezes, possuem boas intenções, sentem-se confusos, perdidos e desamparados. Alguns chegam a relatar que perderam o interesse em tentar fazer amigos e se tornam mais introspectivos e reservados.

Intervenções: sugerimos que seja feito o mapa social do comportamento[14]. Seleciona-se um tema, como a hora do recreio, por exemplo, e faz-se o mapa dos comportamentos esperados e outro dos inesperados. Podemos ver um exemplo de mapa social de comportamentos inesperados na fig 2.

Fig 2: Exemplo de mapa social de comportamentos inesperados – Hora do recreio

Comportamentos inesperados	Sentimentos que geram nas pessoas	Consequências que você vive	Como você se sente sobre você mesmo
Brigar na escola porque um menino jogou lixo no chão	Algumas pessoas ficam assustadas, outras riem de mim	Eles me chamam de doido	Rejeitado
Correr atrás dos alunos mais novos	Incomodados e assustados	Eles berram para eu parar e eu não paro. Então eles se unem para me bater	Solitário. Eu me sinto bastante assim.

Sempre deve ser feito, também, o mapa social dos comportamentos esperados, pois eles servirão como um guia para o comportamento do paciente em cada situação.

Outra intervenção bastante útil neste processo é o jogo *"Should I or Shouldn't I"* (*devo ou não devo*)[15]. Este jogo possui cartas com várias situações sociais cotidianas e o paciente deve avaliar cada um dos comportamentos descritos nelas. Esta avaliação é feita através de uma escala de 5 pontos, na qual o 5 se refere a comportamentos contra as regras (ex: bater no colega), 4 a comportamentos que irritam os outros (ex: fazer barulhos, enquanto copia a matéria do quadro), 3 são comportamentos que fazem com que as pessoas pensem que você é estranho (ex: rir sozinho), 2 são comportamentos neutros (ex: copiar a matéria do quadro em silêncio) e 1, comportamentos que fazem com que as pessoas tenham bons pensamentos sobre você (ex: ajudar um colega a estudar para a prova). Além daqueles descritos nas cartas, podemos selecionar alguns comportamentos próprios do paciente e, juntamente com ele, avaliá-los, de acordo com os pontos da escala.

2.6 - Modificando o Comportamento – Treinamento de Habilidades Sociais (THS)

Objetivo: realizar um Treinamento de Habilidades Sociais, utilizando técnicas comportamentais, com foco nas seguintes classes e subclasses comportamentais:

- Habilidades de conversação: melhorar o contato visual; a modulação da expressão facial, da postura corporal, dos gestos; promover a alternância de turnos nas conversas; manter uma distância adequada do interlocutor durante a conversa; iniciar, manter e encerrar conversação; manter o foco no assunto; mudar de assunto de forma apropriada; fazer e responder perguntas.
- Habilidades de civilidade: dizer, por favor; agradecer; cumprimentar; despedir.
- Habilidades de empatia: expressar apoio e solidariedade; oferecer ajuda; renunciar a um interesse em benefício do outro; compreender a importância do perdão.
- Habilidades de expressão de sentimento positivo: expressar de forma apropriada os sentimentos de afeto.
- Habilidades assertivas de enfrentamento: fazer e recusar pedidos; expressar e discordar de opiniões; solicitar mudanças de comportamento; lidar com críticas; lidar com a raiva do outro.

Psicoeducação: a partir do momento em que o paciente consegue identificar seus pensamentos e emoções, assim como compreender o impacto que seu comportamento gera no outro, ele terá mais condições de escolher como agir. Para tanto, é necessário que seja aumentado seu repertório de habilidades sociais, de forma a aprimorar seu desempenho social e proporcionar interações sociais satisfatórias.

Intervenções: as principais técnicas comportamentais utilizadas nesta etapa são:
- Modelação: O paciente pode observar alguém (geralmente, o terapeuta) desempenhando o comportamento alvo de maneira apropriada, em uma situação considerada desafiadora.
- Ensaio comportamental (*Role playing*): Através de uma representação teatral no consultório, as situações reais do dia a dia são simuladas, possibilitando ao paciente um treinamento de atitudes apropriadas e efetivas sobre como lidar com os desafios cotidianos.
- Reforçamento: "O reforço é qualquer consequência que, apresentada em seguida a um comportamento, ou por ele removida, fortalece esse comportamento"[16]. No THS utiliza-se principalmente do reforço positivo social (como elogio, por exemplo).
- Feedback: seja através de verbalização ou de vídeo, o paciente recebe uma avaliação do interlocutor (geralmente, o terapeuta) de como seu comportamento afeta o outro.
- Técnicas de relaxamento muscular e de respiração: fazem com que o paciente tenha um maior controle de suas respostas fisiológicas, como hiperventilação, batimentos cardíacos, e outros sintomas típicos da ansiedade[17].
- Automonitoramento: Através de autoinstruções o paciente verbaliza internamente sobre como deve agir naquela situação (ex: "Devo olhar nos olhos", "Agora não é um bom momento para me aproximar").

Através dessas técnicas, o terapeuta cria dinâmicas com o objetivo de treinar o paciente em cada uma das subclasses comportamentais descrita acima[2].

2.7 - Solução de problemas

Objetivo: aprender a manter a calma, quando algo inesperado acontecer, ser flexível e pensar em formas de resolver o problema.

Psicoeducação: pacientes com TEA, constantemente sentem-se muito ameaçados, quando algo não acontece conforme o esperado, sendo comum a ocorrência de colapsos emocionais nessas situações[18]. Por isto, devemos trabalhar a flexibilidade cognitiva, concomitantemente às soluções de problemas, explicando que podemos elaborar um "plano B", para quando o "plano A" não funcionar. Apesar do "plano A" ser o melhor, pois era o esperado, o "plano B" pode ter um bom resultado também. Exemplo: ao abrir a mochila na sala de aula, o paciente percebe que esqueceu a agenda em casa. O que fazer? Geralmente, os pacientes com TEA se desesperam e ficam nervosos, antes de pensar que existem outras maneiras de anotar o dever e de lidar com outras consequências da falta da agenda. Quando isso ocorre, os colegas se assustam com a reação exagerada, já que não entendem o motivo.

Intervenções: sugerimos neste treinamento, um modelo baseado naquele proposto por Knapp[21] para pacientes com TDAH.

- Identifique o problema (este é um grande problema ou um pequeno problema?)
- Pense na dimensão deste (1 a 10)
- Avalie o que pode acontecer de pior, caso não resolva o problema e pense se seria suportável, se isso realmente vier a ocorrer
- Avalie as estratégias possíveis
- Escolha uma alternativa
- Execute
- Avalie o resultado

2.8 - Reestruturação cognitiva

Objetivo: Modificar as crenças centrais

Psicoeducação: Rever com o paciente as técnicas utilizadas ao longo da terapia e comparar os comportamentos que eram comuns antigamente, mas que, agora não são mais ou são raros. Depois que os pacientes mudam a forma de se comportar e são capazes de fazer e manter amigos, muitas vezes, permanecem com as crenças de que são estranhos, diferentes, esquisitos e que, portanto, serão rejeitados, como eram antigamente. Apesar de sabermos que são transtornos incuráveis, os pacientes podem mudar e deixar de causar rejeição nas pessoas e viver satisfatoriamente no meio social. Sugerimos novamente o baralho dos pensamentos, agora com a utilização do trabalho de reciclagem das crenças intermediárias e centrais.

Intervenções: as crenças do paciente já devem ter sido identificadas ao longo do processo, anotadas pelo terapeuta com a participação daquele e, neste momento, poderão ser avaliadas por ambos, como se segue[6, 19]:

- Hipergeneralização: o que é verdade em um caso, torna-se verdadeiro para todos os outros semelhantes. Identifica-se, então, a lógica disfuncional da crença e as situações "semelhantes" em que ela se confirma e em qual grau.
- Responsabilidade excessiva: quando o paciente assume a causalidade dos eventos, pode-se utilizar a técnica de desatribuição.
- Autorreferência: exemplo: "sou o centro da atenção de todos". Para isto, estabelecem-se critérios, para quando o paciente é realmente o centro da atenção e quando não.
- Pensamento dicotômico: as crenças baseiam-se em situações "tudo ou nada", então, deve-se demonstrar

que os eventos podem ser vistos em um *continuum*.
- Catastrofização: o paciente supervaloriza o pior que pode ocorrer nas situações. Neste caso, foca-se nas probabilidades reais de uma "catástrofe" vir a acontecer e nas evidências de que o pior não aconteceu em situações passadas.
- Pressuposição de causalidade temporal: acredita-se que, o quê foi verdade no passado, sempre o será. Dessa forma, identificam-se fatores específicos que influenciariam eventos futuros, a despeito do que ocorreu no passado.
- Abstração seletiva: os eventos passados de privação e fracasso são muito evidenciados, impedindo que o paciente veja situações de sucesso, também vivenciadas. Estas devem ser lembradas e listadas, com a ajuda do terapeuta.

3 - Propostas Complementares

- É importante incluir um tempo na sessão, para o paciente falar sobre seu foco de interesse. Esta atitude aumenta sua motivação para ir à terapia, fazer exercícios que ele considera chatos e melhora o vínculo terapêutico.
- Não utilize expressões idiomáticas (exceto, em casos de treinamento), tais como: "perder a cabeça", "entrar pelo cano", entre outras, devido à tendência que os pacientes com TEA possuem de interpretar a linguagem de forma literal.
- Evite trocar as datas e horários das sessões.
- Seja muito criativo e flexível.
- Aprenda a lidar bem com os comentários francos dos pacientes.
- Explique através de estímulos visuais.

- Planeje as sessões previamente.
- Envolva alguém da família no trabalho terapêutico. Com crianças e adolescentes, os pais devem trabalhar ativamente.
- Caso tenha pacientes com o mesmo perfil e mesma faixa etária, vale a pena experimentar algumas sessões em dupla ou em grupo. Alguns pacientes podem agir como excelentes coterapeutas.

4 - Conclusão

A Terapia Cognitiva pretende ser breve, objetiva e possui diversos protocolos que são de curta duração. Visto serem pacientes que possuem déficits cognitivos que causam prejuízos severos no desempenho social, não acreditamos ser possível determinar a quantidade de sessões para o tratamento dos portadores de TEAAF. Geralmente, este processo é longo e, na nossa experiência, dura mais de um ano, com uma frequência de sessões semanais. Mesmo assim, há uma variação deste tempo entre os pacientes, pois, mesmo eles tendo alto funcionamento intelectual, o grau de complexidade varia, acometendo assim o grau de déficit social de cada um.

Logicamente, o protocolo aqui descrito não visa a "cura" dos pacientes, mas tão somente o desenvolvimento do desempenho social destes, possibilitando-lhes uma melhor qualidade de vida. Apesar de não ter sido validado cientificamente, trata-se de um material formulado a partir de outros protocolos[1, 2, 3, 4, 10] que já foram comprovadamente eficazes no tratamento para este grupo de indivíduos, mostrando-se eficazes também na nossa experiência clínica.

Como não encontramos, na literatura científica atual, nenhum trabalho de Terapia Cognitiva para pacientes com TEAAF na língua portuguesa, acreditamos que o protocolo proposto poderá beneficiar muitos terapeutas que trabalham com este grupo de indivíduos e, principalmente, os próprios pacientes e seus familiares.

Referências

1. HOWLIN, P., BARON-COHEN, S., HADWIN, J. **Teaching children with autism to mind-read.** 2º ed. J Wiley & Sons; 1999.
2. ANTONY, A. **Cognitive behaviour therapy for children and adults with Asperger's Syndrome.** Behav Change. 2004 Sep; 21(3):147-61.
3. WINNER, M. G. **Think Social! A social Thinking Curriculum for School-Age Students.** 1st ed. São Jose: Think Social Publishing; 2005.
4. ORDETX, K. **Teaching Theory of Mind: A Curriculum for Children with High Functioning Autism, Asperger's Syndrome and Related Social Challenges.** 1st ed. London: Jessica Kingsley Publishers; 2012.
5. KNAPP, P. Princípios fundamentais da terapia cognitiva. In: KNAPP, P (e cols). **Terapia Cognitivo-Comportamental na prática psiquiátrica.** Porto Alegre: Artmed; 2004. p. 19-41.
6. BECK, A. T., RUSH, A. J., SHAW, B. F., EMERY, G. **Terapia cognitiva da depressão.** Porto Alegre: Artmed;1997.
7. FRIEDBERG, R. D., McCLURE, J. M. **A prática clinica de Terapia Cognitiva com crianças e adolescentes.** São Paulo: Artmed; 2004.
8. PREMACK, D., WOODRUFF. G. **Does chimpanzee have theory of mind?** Behav Brain Sci. 1978; 4(1), 515–526.
9. BARON-COHEN, S. **The autistic child theory of mind: a case of specific developmental delay.** J Child Psychol Psychiatry. 1989 Mar; 30(2):285-97.
10. LEAF, R., McEACHIN, J. A **Work in Progress: Behavior Management Strategies & A Curriculum for Intensive Behavioral Treatment of Autism.** New York: DRL Books Inc; 1999.
11. BEAR, M. F., BARRY, W. C., MICHAEL, A. P. **Neurociências: desvendando o sistema nervosa.** 3ª ed. Porto Alegre: Artmed; 2008.
12. CAMINHA, M. G., CAMINHA, R. M. **Baralho das Emoções: Acessando a Criança no trabalho clinico.** 4ª ed. Synopsis; 2011.
13. CAMINHA, M. G., CAMINHA, R. M. **Baralho dos Pensamentos: reciclando ideias, promovendo consciência.** Synopsis; 2012.

14. WINNER, M. G. **Think Social! A social Thinking Curriculum for School-Age Students**. 2nd ed. São Jose: Think Social Publishing; 2008.
15. BAUDRY, D., **Should I or Shouldn't I? What would others think? A Game to Encourage Social Thinking and Social Problem Solving**. Social Thinking Publishing; 2012
16. DEL PRETTE, A., DEL PRETTE, Z. **Psicologia das Habilidades Sociais: terapia, educação e trabalho**. 6ª ed. Petrópolis: Vozes; 2009.
17. NETO, A. R. N. **Técnicas de Respiração para a redução do estresse em terapia cognitivo comportamental**. Arq Med Hosp Fac Cienc Med Santa Casa São Paulo 2011; 56(3): 158-68.
18. BAKER, J. **No More Meltdowns: Positive strategies for managing and preventing out of control behavior**. Arlington: Future Horizons; 2008.
19. LEAHY, R. L. **Técnicas de terapia cognitiva: manual do terapeuta**. Porto Alegre: Artmed; 2006.
20. DEL PRETTE, A., DEL PRETTE, Z. **Psicologia das relações interpessoais: Vivências para o trabalho em grupo.** Petrópolis: Vozes; 2001.
21. Knapp, P., Rohde, A., Lyszkowski, L., Johanpeter, J. Terapia cognitive comportamental no TDAH – Manual do terapeuta. Porto Alegre: Artmed; 2002.

TRANSTORNOS DE ESPECTRO DO AUTISMO DE ALTO FUNCIONAMENTO E APRENDIZAGEM DE CONTEÚDOS ACADÊMICOS

Camila Graciella Santos Gomes
Deisy das Graças de Souza

No Brasil, a matrícula de alunos com necessidades educacionais especiais, em escolas comuns é garantida por lei, desde a Constituição de 1988, que estabeleceu o direito à escolarização de toda e qualquer pessoa e a igualdade de condições para o acesso e para a permanência na escola[1]. Quase uma década depois, a Lei de Diretrizes e Bases da Educação Nacional (9.394/96) reafirmou a obrigatoriedade do atendimento educacional especializado e gratuito aos estudantes com necessidades especiais, preferencialmente na rede comum de ensino[2].

Dentre os alunos considerados na definição de "necessidades educacionais especiais", encontram-se pessoas com autismo[3], caracterizadas por apresentarem alterações graves na interação social, na comunicação e pela presença de um padrão de comportamentos restritos e repetitivos[4]. O conceito de autismo e os critérios utilizados para o diagnóstico sofreram mudanças ao longo dos anos[5] e atualmente o termo "autismo" é utilizado para designar um espectro de distúrbios da infância, também chamado de *Transtornos do Espectro do Autismo* (devido à heterogeneidade da manifestação e do grau de acometimento dos sintomas), que abarca quadros que são distintos entre si, mas que apresentam sintomatologia em comum[6,7,8,9].

Estudos que analisaram a condição da aprendizagem de conteúdos acadêmicos, como a leitura, a escrita e a matemática, de alunos com autismo que frequentam escolas comuns no Brasil são praticamente inexistentes, exceto pelo trabalho de Gomes e Mendes[10], que investigou alunos com esse diagnóstico, matriculados em escolas comuns municipais de Belo Horizonte, no ano de 2008, a partir de entrevistas com os professores desses alunos. O trabalho contou com a participação de 33 professores que caracterizaram 33 alunos com autismo (aproximadamente 50% dos alunos com autismo matriculados nas escolas comuns do município no ano de 2008) e indicou que apenas 10% dos alunos do 1º ciclo (6 a 9 anos) com esse diagnóstico sabiam ler. Considerando o número total de alunos investigados (1º, 2º e 3º ciclos), o estudo apontou que aproximadamente 90% dos alunos com autismo não acompanhavam os conteúdos pedagógicos desenvolvidos pelas escolas.

Os dados descritos por Gomes e Mendes[10] podem ser decorrentes do fato, apontado em outros relatos da literatura especializada em autismo, dessa população apresentar dificuldades em aprender pelos métodos de ensino convencionais e necessitar frequentemente de adequações metodológicas, mesmo no caso da aprendizagem de habilidades básicas, como por exemplo, o contato visual ou a comunicação espontânea[11,12,13,14,15,16,17]. Segundo Gomes[18], como nenhuma escola participante de seu outro estudo[10] realizou adequações metodológicas para seus alunos com autismo, é bem provável que o fracasso acadêmico desses alunos possa ser decorrente, pelo menos em parte, da metodologia de ensino utilizada. Dessa maneira, considerando que a aprendizagem de conteúdos escolares, de caráter pedagógico, é um processo complexo[19,20,21], torna-se crucial a investigação das variáveis específicas que influenciam a aprendizagem de pessoas com autismo, para que se possa realizar um planejamento educacional que objetive o ensino efetivo desses conteúdos para essa população.

Apesar dos estudos que apontaram dificuldades na aprendizagem de pessoas com autismo, estudos que investigaram procedimentos planejados para o ensino de habilidades pedagógicas para essa população são escassos e, segundo O´Connor e Klein[21], isso ocorre, provavelmente, porque os comprometimentos clássicos do transtorno, relacionados à comunicação, à interação social e aos comportamentos, são vistos como prioritários no desenvolvimento de pesquisas. Porém, com o número crescente de estudos sobre o ensino de habilidades básicas e o aumento de recursos para a promoção de intervenções cada vez mais precoces, intensivas e eficazes para o tratamento do autismo, muitas crianças com esse diagnóstico têm apresentado ganhos significativos no desenvolvimento e condições de aprender habilidades mais complexas como aquelas envolvidas na leitura, na escrita e na matemática[22,23,19]. É importante ressaltar também que, no Brasil, mesmo que crianças com autismo tenham acesso garantido à escola comum, é pouco provável que esses alunos permaneçam ao longo dos anos, nesse tipo de escolarização, sem a aprendizagem de habilidades mínimas de leitura e de matemática [18,24].

Por outro lado, a literatura a respeito das variáveis que podem afetar a aprendizagem de pessoas com autismo é vasta e muitos pesquisadores, com referenciais teóricos diversos, descreveram características e dificuldades, que seriam próprias do autismo. Os aspectos enfatizados podem ser agrupados em três perspectivas: 1) a maneira como as pessoas com autismo respondem aos estímulos do ambiente; 2) variáveis do pensamento e 3) os comportamentos típicos do autismo [19,25].

Variáveis do autismo que podem afetar a aprendizagem

Em relação à maneira como essas pessoas respondem aos estímulos do ambiente, Lovaas, Schreibman, Koegel e Rehm[26] apontaram que crianças com autismo, frente à apresentação de um estímulo visual complexo, como figuras compostas por muitos detalhes, mantinham o foco da atenção em um dos itens desse estímulo e, consequentemente, apresentavam dificuldades em considerá-lo com um todo. Comportamentos semelhantes também puderam ser verificados frente à apresentação simultânea de estímulos visuais e auditivos; geralmente um dos elementos do estímulo composto (estímulo visual ou estímulo auditivo) exercia controle discriminativo, enquanto o outro era aparentemente ignorado[27][28]. A princípio, os pesquisadores chamaram esse padrão de respostas de *superseletividade de estímulos*[28]; posteriormente o termo adotado pela literatura passou a ser *controle restrito de estímulos*[29].

Nesta mesma perspectiva, porém com outro referencial teórico, os estudos de Baron-Cohen[30], Frith e Happé [31]e Happé e Frith[32] parecem pontuar o mesmo fenômeno do controle restrito de estímulos; esses pesquisadores também descreveram a tendência de pessoas com autismo a manter o foco da atenção em detalhes e a dificuldade em estabelecer a relação entre as partes e o todo.

No contexto da aprendizagem de habilidades pedagógicas, o controle restrito de estímulos pode ser um grande problema, por exemplo, na aprendizagem de leitura oral; para que uma pessoa com autismo leia oralmente, é necessário que ela mantenha o foco da atenção em unidades intrapalavras[33][20] e/ou intrassílabas[34] e faça relações entre essas unidades, caso contrário, ela não será capaz de ler a palavra, justamente porque mantém o foco da atenção em uma parte da palavra e não a considera como um todo.

Dube e MacIlvane[35] afirmaram que o controle restrito de estímulos é um problema amplo na educação de indivíduos com autismo, porém muitos estudos têm investigado estratégias para remediar esse padrão seletivo[36]. Além disso, dados positivos sobre o uso de estímulos compostos, para o ensino de relações entre estímulos visuais, para pessoas com autismo foram relatados na literatura [18][37][38]. Segundo Maguire e colaboradores [18] é importante ressaltar que a atenção a todos os itens de um estímulo complexo é muito mais uma habilidade aprendida, do que uma capacidade inerente ao indivíduo e que, sem o ensino específico para rastrear o estímulo como um todo, o controle restrito de estímulos, que é evidente no desempenho de muitas pessoas com autismo, pode prevalecer, enquanto um ensino inicial, para rastrear o estímulo como um todo pode ser suficiente para estabelecer a atenção necessária à tarefa. Em outras palavras, isso indica que ao planejar o ensino de qualquer habilidade, que envolva estímulos complexos, o educador deve programar estratégias que favoreçam a observação do estímulo como um todo, evitando assim o controle restrito de estímulos por parte do aprendiz. Nesse sentido, algumas estratégias simples podem ser utilizadas como: ensinar o aprendiz a apontar para o estímulo a ser observado; marcar visualmente o estímulo a ser observado [18,38]; orientar verbalmente o aprendiz a olhar para os aspectos relevantes da tarefa; organizar os estímulos da tarefa de maneira óbvia [14,15,39] e; evitar o uso de estímulos que não são relevantes para a tarefa e que possam distrair o aprendiz.

Respostas atípicas dessa população frente aos estímulos do ambiente e na integração das sensações captadas pelos órgãos dos sentidos, também foram descritas na literatura; estudos pontuaram alterações, tanto na modulação quanto na discriminação dos estímulos, relacionadas aos sistemas tátil, vestibular, proprioceptivo, visual e auditivo [40,41]. Em relação a esses aspectos, há uma variedade de sintomas que podem influenciar a aprendizagem de conteúdos escolares, especialmente no que se refere a respostas diferenciadas frente a estímulos auditivos e visuais [42]. Um exemplo disso foi descrito por Ludlow, Wilkins e Heaton [43] em estudo no qual os pesquisadores utilizaram placas translucidas coloridas sobre textos impressos, para verificar os efeitos desse recurso na velocidade e a precisão da leitura oral de crianças com autismo; os resultados indicaram que os participantes apresentaram melhora sutil na velocidade e na precisão da leitura, na presença de algumas cores, mais do que em outras. O conjunto de estudos dessa área do conhecimento sugere que o educador, ao realizar uma intervenção, deve ficar atento às respostas do aprendiz, frente ao material, às instruções verbais e a outras variáveis do ambiente, pois o desempenho da criança pode ser afetado, por exemplo, pela textura do material utilizado, pela entonação da voz do educador ou mesmo, por algum ruído do ambiente.

Ainda em relação à maneira como essas pessoas respondem aos estímulos do ambiente, outro aspecto importante refere-se aos estímulos de interesse; pessoas com autismo apresentam, em geral, interesses restritos e estereotipados, demonstrando, muitas vezes, preferência por objetos às pessoas[44]. Sprandlin e Brady[16], fazendo uma análise do controle de estímulos por crianças com autismo, sugeriram que é menos provável que essas pessoas sejam condicionadas a estímulos sociais (como elogios e expressões faciais), e mais provável que sejam condicionadas a aspectos físicos do ambiente (como objetos concretos). Dessa maneira, o educador, ao planejar o ensino de habilidades para aprendizes com autismo, deve utilizar prioritariamente itens de interesse da criança, além de garantir consequências mais tangíveis para acertos.

Na área do pensamento, Peeters[15] afirmou que, apesar do déficit cognitivo presente em muitas pessoas com autismo, o que definiria essa população seria um *"estilo cognitivo diferente"*, caracterizado pela rigidez dos pensamentos e pela pouca flexibilidade no raciocínio. Essa rigidez seria demonstrada pela dificuldade que pessoas com autismo apresentam em interpretar o que observam, em dar sentido além do literal e em brincar de faz-de-conta [32,45]; em associar palavras ao seu significado [21]; em compreender a linguagem falada, figuras de linguagem, ironias, conceitos abstratos e em utilizar a fala com função comunicativa[46]; e em generalizar a aprendizagem [15].

Em outro referencial epistemológico, a *teoria do lobo frontal* e a *hipótese de comprometimento da função executiva* também são utilizadas para explicar a inflexibilidade no pensamento, a perseveração e o foco em detalhes, apresentados por pessoas com autismo. Segundo Bosa[45] esta hipótese surgiu a partir das semelhanças entre esses aspectos do pensamento de pessoas com autismo e o perfil dos indivíduos com disfunção cortical pré-frontal.

Outra descrição a respeito de variáveis do pensamento dessa população foi apresentada por Grandin[12], que afirmou que pessoas com autismo apresentam *"pensamento visual"*, ou seja, pensam e raciocinam com mais facilidade por meio de imagens e sistemas visuais, podendo demonstrar dificuldades em compreender estímulos auditivos e conceitos abstratos difíceis de serem representados visualmente [14,15].

Além do pensamento rígido e visual, a descrição de Frith[11], a respeito da *teoria da mente* apresenta ainda outro aspecto do pensamento de pessoas com autismo. Segundo Frith[11], a teoria da mente refere-se a estratégia que pessoas de desenvolvimento típico utilizam, para inferir os estados mentais (crenças, desejos, sentimentos, conhecimentos e pensamentos) de outras pessoas e para predizer o comportamento das mesmas, em função desses atributos. No caso de pessoas com autismo, esses podem apresentar dificuldades em prever comportamentos humanos e podem não atribuir crenças ou ideias a comportamentos observados em outras pessoas, falhando em estabelecer uma teoria da mente.

Considerando as variáveis do pensamento, os dados da literatura sugerem que o educador, ao planejar estratégias de intervenção para aprendizes com autismo, deve considerar que essa população responde melhor aos estímulos visuais do que aos estímulos auditivos e a situações previsíveis e estruturadas, do que a situações livres [14]. Situações de ensino que envolvam comportamentos simbólicos, como a leitura com compreensão, que dependem da flexibilidade do pensamento, assim como situações que envolvam a compreensão dos sentimentos humanos, devem ser muito bem planejadas, pois há variáveis significativas que podem contribuir para o fracasso na aprendizagem.

Nesse sentido, estratégias de ensino, fundamentadas em equivalência de estímulos[47], que permitem tanto a verificação sistemática de repertórios novos (sob controle de relações simbólicas), quanto o ensino de habilidades que envolvam comportamento simbólico, como a leitura e a escrita, podem ser muito úteis no planejamento educacional de pessoas com autismo. Exemplos disso foram apresentados nos estudos de Gomes e colaboradores[18 24 38 48], que descreveram o uso de estratégias de ensino, fundamentadas em equivalência de estímulos, para ensinar a crianças com autismo, habilidades iniciais de leitura com compreensão [18 38]; leitura com compreensão e leitura oral fluente[38]; e para refinar as habilidades de leitura e de escrita[48].

Em relação aos comportamentos, a literatura indica que, em geral, pessoas com autismo apresentam tendência a manter rotinas, resistência frente a mudanças e interesses restritos. Segundo Roncero[39], o desenvolvimento de crianças com autismo é caracterizado por um padrão descoordenado, com dificuldades significativas em algumas áreas como a interação social e a comunicação, porém com habilidades em outras, como memória mecânica e destrezas espaciais. Na maioria dos casos, as habilidades de pessoas com autismo, que ressaltam em seus repertórios relacionam-se principalmente à memória visual, ao estabelecimento de relações lógico-matemáticas e ao seguimento e manutenção de regras e rotinas.

Todas essas variáveis do comportamento podem ser consideradas pelo educador, para favorecer o ensino de habilidades acadêmicas, aumentando a chance de o aprendiz com autismo compreender, engajar, permanecer na tarefa, acertar e aprender: a organização das atividades em uma sequência previsível (rotina) deixa o aprendiz mais estável, ao aumentar a probabilidade de que ele compreende o que deve ser feito, o quanto deve ser feito e em que momento a atividade será encerrada [14]; utilizar itens de interesse do aprendiz pode aumentar a chance de mantê-lo envolvido na tarefa [16]; oferecer instruções diretas (regras), óbvias e lógicas pode favorecer a compreensão a respeito daquilo que deve ser feito [15]; o uso de estímulos visuais nas tarefas, associado à boa memória visual, pode favorecer a manutenção das habilidades aprendidas [13,14].

Variáveis relevantes para a aprendizagem de pessoas com autismo

Apesar da indicação da literatura, de que pessoas com autismo apresentam dificuldades em aprender por métodos de ensino convencionais, há também indicações consistentes de que a essas pessoas aprendem, desde que condições adequadas de ensino sejam estabelecidas[49,14,50].

Lovaas e Smith [49] propuseram quatro princípios para apoiar a intervenção com essa população: (1) as leis da aprendizagem, fundamentadas na análise do comportamento, podem ser aplicadas no ensino de pessoas com autismo e constituir base para seu tratamento; (2) pessoas com autismo apresentam muitos déficits comportamentais distintos e os comportamentos devem ser ensinados um a um, em pequenos passos; (3) pessoas com autismo aprendem, desde que sejam utilizadas estratégias adequadas de ensino e; (4) o fracasso dessas pessoas frente a estratégias convencionais de ensino e o sucesso frente a estratégias diferenciadas e adequadas indicam que as dificuldades de aprendizagem dessa população podem ser minoradas por meio da manipulação das variáveis do ambiente (procedimentos, materiais, instruções, tentativas e consequências para erros e acertos).

O estudo de Gomes e de Souza[51] é um bom exemplo de como a organização da tarefa pode influenciar no desempenho de pessoas com autismo. De maneira geral, o objetivo do estudo foi avaliar o desempenho de 20 pessoas com autismo em uma mesma tarefa (emparelhamento com o modelo por identidade), porém apresentada em duas organizações de estímulos diferentes (o emparelhamento com o modelo típico e o emparelhamento com o modelo adaptado). Os resultados indicaram que a média de acertos dos participantes foi significativamente maior em uma das tarefas (emparelhamento como o modelo adaptado) e pôde-se concluir que a organização dos estímulos na tarefa foi uma variável importante, para o desempenho dos participantes com autismo.

O conjunto de estudos citados sugere que o educador deve ficar atento às variáveis das tarefas que ele propõe para o aprendiz com autismo, pois o desempenho desses educando pode estar diretamente relacionado a essas variáveis.

Considerações finais

Os dados sobre a aprendizagem de conteúdos acadêmicos por alunos com autismo em escolas comuns indicam que a maioria desses alunos não são beneficiados pelas estratégias de ensino utilizadas por essas escolas. Por outro lado, há poucos estudos disponíveis na literatura a respeito de práticas efetivas de ensino desse tipo de conteúdo para essa população. A literatura a respeito das variáveis que podem influenciar a aprendizagem de pessoas com autismo é vasta, assim como são consistentes as indicações da literatura de que é possível ensinar habilidades complexas para essa população, desde que estratégias de ensino adequadas sejam utilizadas. Esse contexto abre espaço muito mais para perguntas do que para respostas; de maneira geral os dados indicam a necessidade de novos estudos, assim como a necessidade de reorganização dos sistemas escolares para favorecer a aprendizagem de alunos com autismo.

Referências

1. Brasil. **Constituição da República Federativa do Brasil**. Brasília; 1998
2. Brasil. **Leis de Diretrizes e Bases da Educação**. Brasília: Ministério da Educação; 1996.
3. Brasil. **Política nacional de educação especial na perspectiva da educação inclusiva**. Secretaria de Educação Especial. Brasília: Ministério da Educação; 2008.
4. ASSOCIAÇÃO AMERICANA DE PSIQUIATRIA. **Manual diagnóstico e estatístico de transtornos mentais- texto revisado**. 4ª edição. Porto Alegre: Artes Médicas; 2002.
5. GOMES, C. G. Variáveis relevantes a respeito da história do autismo. In: MELO, P., JÚNIOR, M. D. (Org.). **Psicologia: diálogos contemporâneos**. CRV: Curitiba; 2012. p.47-62.
6. BLAXILL, M. F. **What's going on? The question of time trends in autism**. Public Health Rep. 2004; 119: 536–51.
7. KLIN, A. **Autismo e síndrome de Asperger: uma visão geral**. Rev. Bras Psiquiatr. 2006; 28: 3-11.
8. MECCA, T. P., BRAVO, R. B., VELLOSO, R. L., SCHWARTZMAN, J. S., BRUNONI, D., TEIXEIRA, M. C. **Rastreamento de sinais e sintomas de transtornos do espectro do autismo em irmãos**. Rev. Psiquiatr. Rio Gd. Sul. 2011; 33(2): 116-20.
9. WING, L. Que é autismo? In: ELLIS, K. **Autismo**.Rio de Janeiro: Revinter; 1996. p.1-20.
10. GOMES, C. G., Mendes, E. G. **Escolarização inclusiva de alunos com autismo na rede municipal de ensino de Belo Horizonte.** Rev Bras Educ Espec.2010; 16: 375-96.
11. FRITH U. **Autism: explain the enigma**. Oxford: Blackwell; 1989.
12. GRANDIN, T. **Thinking in Picture**. New York: Vitage Books; 1995.
13. LEWINS, S. M., LEON, V. C. Programa TEACCH. In: SCHWARTZMAN, J. S., ASSUMPÇÃO, F. B. **Autismo infantil**. São Paulo: Memnon; 1995. p. 233-63.
14. MESIBOV, G. B., SCHOPLER, E., HEARSEY, A. Structured teaching. In: SCHOPLER, E, MESIBOV, G. B., editors. **Behavior issues in autism**. New York: Plenum Press; 1994. p. 195-210.
15. PEETERS, T. **Autismo: entendimento teórico e intervenção educacional.** Rio de Janeiro: Cultura Médica; 1998.
16. SPRADLIN, J. E., BRADY, N. C. Early childhood autism and stimulus control. In: GHEZZI, P., WILLIAMS, W. L., CARR, J. orgs. **Autism: behavior analytic perspectives** Reno: Context Press; 1999. p. 49-65. 310

17. WALTER, C., ALMEIDA, M. A. **Avaliação de um programa de comunicação alternativa e ampliada para mães de adolescentes com autismo.** Rev Bras Educ Espec. 2010; 16(3): 429-46.
18. GOMES, C. G. **Aprendizagem relacional, comportamento simbólico e ensino de leitura a pessoas com transtornos do espectro do autismo** [Tese de doutorado]. São Carlos: Universidade Federal de São Carlos. Programa de Pós-Graduação em Educação Especial. Centro de Educação e Ciências Humanas, 2011.
19. GOMES, C. G. **Autismo e ensino de habilidades acadêmicas: adição e subtração.** Rev Bras Educ Espec. 2007; 13: 345-64.
20. HANNA, E. S., KARINO, C. A., ARAÚJO, V. T., de SOUZA, D. G. **Leitura recombinativa de pseudopalavras impressas em pseudoalfabeto: similaridade entre palavras e extensão da unidade ensinada.** Psic USP. 2010; 21 (2): 275-311.
21. O'CONNOR, I. M., KLEIN, P. D. **Exploration of strategies for facilitating the reading comprehension of high-functioning students with autism spectrum disorders.** J Autism Dev Disord. 2004; 34: 115-27.
22. AIELLO, A. L. R. Identificação precoce de sinais de autismo. In: GUILHARDI, H. J., MADI, M. B., QUEIROZ, P. P., SCOZ, M. C. orgs. **Sobre comportamento e cognição: contribuições para construção da Teoria do Comportamento.** Santo André: ESETec Editores Associados. 2002; p. 13-29.
23. MAURICE, C., GREEN, G., LUCE, C. **Behavioral intervention for young children with autism: a manual for parents and professionals.** Austin, Texas: Pro-Ed; 1996.
24. Gomes, C., Carvalho, B., de Souza, D. **Aspectos relevantes do ensino de leitura para pessoas com transtornos do espectro do autismo.** Comportamento em foco. No prelo.
25. QIAN, N., LIPKIN, R. M. **A learning-style theory for understanding autistic behaviors.** Front Hum Neurosci. 2011; 5:1-17.
26. LOVAAS, O. I., SCHREIBMAN, L., KOEGEl, R., REHM, R. **Selective responding by autistic children to multiple sensory input.** J Abnorm Psychol. 1971; 77:.211-222.
27. DUBE, W. V., McILVANE, W. J. **Reduction of stimulus overselectivity with nonverbal differential observing responses.** J Appl Behav Anal.1999; 32: 25-33.
28. LOVAAS, O. I., SCHREIBMAN, L. **Stimulus overselectivity of autistic children in a two-stimulus situation.** Behav Res Ther. 1971; 9: 305-10.

29. LITROWNIK, A. J., MACINNIS, E. T., WETZEL-PRITCHARD, A. M., FILIPELLI, D. L. **Restricted stimulus control and inferred attentional deficits in autistic and retarded children**. J Abnorm Psychol. 1978; 87:554-62.
30. BARON-COHEN, S. **The extreme male brain theory of autism**. Trends Cogn. Sci. 2002; 6: 248-54.
31. FRITH, U., HAPPE, F. **Autism: beyond theory of mind**. Cognition. 1994; 50: 115-32.
32. HAPPE, F., FRITH, U. **The weak coherence account: detail-focused cognitive style in autism spectrum disorders**. J. Autism Dev. Disord. 2006; 36: 5-25.
33. de ROSE, J. C., de SOUZA, D. G., HANNA, E. S. **Teaching reading and spelling: exclusion and stimulus equivalence**. J Appl Behav Anal.1996; 27: 451-69.
34. MUELLER, M. M., OLMI, D. J., SAUNDERS, K. L. **Recombinative generalization of within-syllable units in pre reading children**. J Appl Behav Anal. 2000; 33: 515-31.
35. DUBE, W. V., McILVANE, W. J. Implications of a stimulus control topography analysis for emergent behavior and stimulus classes. In: ZENTALL, T. R., SMEETS, P. M. orgs. **Stimulus class formation in humans and animals**. North-Holland: Elsevier; 1996. p. 197-218.
36. STROMER, R., McILVANE, W., SERNA, R. **Complex stimulus control and equivalence**. Psychol Rec. 1993; 43: 585-98.
37. MAGUIRE, R. W., STROMER, R., MACKAY, H. A., DEMIS, C. A. **Matching to complex samples and stimulus class formation in adults with autism and young children**. J Autism Dev Disord. 1994; 24: 753-72.
38. GOMES, C. G. **Desempenhos emergentes e leitura funcional em crianças com transtornos do espectro autístico** [Dissertação de mestrado]. São Carlos: Universidade Federal de São Carlos. Programa de Pós-Graduação em Educação Especial. Centro de Educação e Ciências Humanas, 2007.
39. RONCERO RV.¿Pueden aprender a leer y escribir las personas com autismo? In: VALDEZ D. **Autismo: enfoques actuales para padres y profesionales de la salud y la educación**. Argentina: Editora Fundec. 2001. p. 81-120.
40. KANNER, L. **Affective disturbances of affective contact**. Nerv Child. 1943; 2: 217-50.
41. ONEILl, M., JONES, R. S.P. **Sensory-perceptual abnormalities in autism: a case for more research?** J. Autism Dev. Disord. 1997; 27: 283-93.

42. LAMBERTUCI, M., MAGALHÃES, L. Terapia ocupacional nos transtornos invasivos do desenvolvimento. In: CAMARGOS W. coord. **Transtornos Invasivos do Desenvolvimento: 3º milênio**. Brasília: CORDE; 2005. p. 227-35.
43. LUDLOW, A. K., WILKINS, A. J., HEATON, P. **The effect of coloured overlays on reading ability in children with autism**. J Autism Dev Disord. 2006; 36: 507-16.
44. OSTERLING, J., DAWSON, G. **Early recognition of children with autism: a study of first birthday home videotapes**. J. Autism Dev. Disord. 1994; 24: 247-57.
45. BOSA, C. A. **As relações entre autismo, comportamento social e função executiva**. Psicol Reflex Crit. 2001; 14 (2): 281-87.
46. FILIPEK, P. A., ACCARDO, P.J., BARANEK, G.T., COOK Jr. E. H., Dawson, G., GORDON, B., et al. **The screening and diagnosis of autistic spectrum disorders**. J Autism Develop Disord 1999; 29 439-484.
47. SIDMAN, M. **Equivalence relations and behavior: a research story**. Boston: Authors Cooperative; 1994.
48. GOMES, C. G., REIS, T.S., de SOUZA, D. G., SANTANA, G. N., CARVALHO, S C L. **Efeitos da utilização de um programa informatizado de leitura e escrita na alfabetização de alunos com necessidades especiais em escola regular e especial**. Anais do VI Seminário Sociedade Inclusiva,Belo Horizonte, MG, Brasil; 2010.
49. LOVAAS, O. I., SMITH, T. **A comprehensive behavioral theory of autistic children: paradigm for research and treatment**. J Behav Ther Exp Psychiatry. 1989; 20: 17 29.
50. WINDHOLZ, M. H. Autismo infantil: terapia comportamental. In: SCHWARTZMAN, J. S., Assumpção, F.B. Orgs. **Autismo infantil**. São Paulo: Editora Memnon; 1995. p. 179-210.
51. GOMES, C. G., de SOUZA, D. G. Desempenho de pessoas com autismo em tarefas de emparelhamento com o modelo por identidade: efeitos da organização dos estímulos. Psicol Reflex Crit. 2008; 21(3): 412-23.

A REALIDADE ATUAL DA INCLUSÃO ESCOLAR

Cristina Beatriz Monteiro Silveira

Inclusão Escolar

A inclusão escolar pode ser descrita como a democratização das oportunidades educacionais e a inserção de portadores de necessidades educativas especiais em classes regulares nas escolas. Essa definição se estabeleceu após Salamanca (1).

Nesse contexto, a proposta da educação inclusiva é que todos os alunos tenham a possibilidade de integrar-se ao ensino regular, em especial aqueles com deficiências sensoriais, mentais, cognitivas ou que apresentem transtornos severos de comportamentos, cabendo à escola adaptar-se, para atender às necessidades destes alunos inseridos em classes regulares (2). Amparando as demais legislações vigentes sobre esse assunto, principalmente a Constituição Federal-1988, citamos as Diretrizes para a Educação Básica dos Sistemas Federal, Estaduais e Municipais de Ensino, na Resolução CNE/CEB 2, de 2001 que, dentre outras citações, prevê:

> Art. 2º: Os sistemas de ensino devem matricular todos os alunos, cabendo às escolas organizar-se para o atendimento aos educandos com necessidades educacionais especiais, assegurando as condições necessárias para uma educação de qualidade para todos, BRASIL (3).

Nesse caso, cabe à escola a responsabilidade de se transformar, principalmente no que diz respeito à flexibilização curricular, para dar a resposta educativa adequada às necessidades dos alunos de inclusão. (GLAT, 2007). Ou seja, pode-se dizer que, nesse sentido, a maioria dos alunos que fracassa na escola não tem propriamente dificuldade para aprender, mas sim dificuldade para aprender da forma como lhes foi ensinado. Nesse caso, para que a escola cumpra, de fato, sua função de acolher a todos, as características individuais dos educandos de inclusão, muitas vezes vistas como impossibilidade ou dificuldade para aprendizagem, precisam ser consideradas como relevantes para a **adequação** do ensino ao aluno em suas necessidades educacionais especiais. Essas necessidades são as demandas exclusivas dos sujeitos que, para aprender o que é esperado, precisam de diferentes formas de intervenção pedagógica e/ou suportes adicionais: recursos, metodologias e currículos adaptados, bem como tempos diferenciados, durante todo ou parte do seu processo escolar (5) (6). O reconhecimento de que alguns alunos necessitam mais do que outros, de ajuda e apoio diversos para alcançar o sucesso na sua escolarização, é o que torna uma escola inclusiva.

Uma escola inclusiva precisa realimentar sua estrutura, organização, seu projeto político-pedagógico, seus recursos didáticos, metodologias e estratégias de ensino, bem como suas práticas avaliativas. A Educação inclusiva pode ser considerada uma nova cultura escolar, que é diferente de uma escola que exige a adaptação do aluno às regras disciplinares e às suas formas de ensino, sob pena de punição e reprovação.

A Educação Inclusiva não se resume à matrícula do aluno com deficiência na turma comum ou à sua presença na escola. Precisa ser um espaço para a convivência, um ambiente onde ele aprenda os conteúdos socialmente valorizados para todos os alunos da mesma faixa etária, além de seu sucesso acadêmico.

Contudo, na nossa prática profissional, ainda nos deparamos com o despreparo e desinteresse atual de várias escolas, para lidar com as necessidades que um aluno de inclusão escolar apresenta. Isto, para não mencionar a recusa em recebê-los na escola, dificultando ao máximo o seu ingresso e efetivação de sua matrícula. Com isso, o ambiente escolar que deveria ser considerado em nossa sociedade, o principal espaço de socialização fora do ambiente familiar, que deveria proporcionar a experiência do aprender, da vivência acadêmica e social em uma sociedade plural, passa a ser palco de perseguições, de *bullying*, de descaso e de desentendimentos, que muitas vezes são levados ao Ministério Público ou à Defensoria Pública para solução. Essas famílias se veem obrigadas a retirarem os filhos da escola, por receio de perseguições e vão passando por várias instituições escolares, expondo a criança a mudanças constantes, o que lhes é muito prejudicial.

O que testemunhamos é que, embora algumas escolas privilegiem um discurso de aceitação à diversidade, na prática não se modificam para dar conta das especificidades de aprendizagem e desenvolvimento de todos os alunos, deixando aos profissionais especializados a responsabilidade pela resposta educativa a ser dada àqueles que apresentam necessidades educativas especiais, ou seja, é só um discurso.

Diante dessa realidade, uma equipe de profissionais da educação e da saúde de Belo Horizonte, Minas Gerais, criou um Fórum de Inclusão Escolar para Síndrome de Asperger (SA), para discutirem as dificuldades atuais de inserção dessa população em escolas, que realmente sejam inclusivas. Apesar do foco desse Fórum ser a SA, é discutida a inclusão para afetados por outras deficiências, além das da empatia como o Autismo e o Retardo Mental.

Durante um ano de encontros e pesquisas, em que foram colocadas as principais dificuldades para a inclusão escolar encontradas pelos profissionais, sentiu-se a necessidade de conhecer a legislação pertinente, para que técnicos e familiares pudessem exigir os seus direitos para uma educação inclusiva, perante as instituições escolares. Em meio a seminários e reuniões com diversos segmentos civis e públicos de MG, foram agendadas reuniões com o Ministério Público e com a Defensoria Pública para debater o assunto.

Foi constatada a existência de rica legislação no país, apesar da educação inclusiva não estar ocorrendo, e o poder judiciário tem sido provocado, diariamente, para fazer cumprir a legislação, a fim de assegurar os direitos desses alunos. Por isso procedeu-se a divulgação dos direitos dos alunos de inclusão, através de discussão em grupo virtual, palestras e encontros realizados em parceria com o poder público. Como o desconhecimento sobre o diagnóstico e tratamento de alguns transtornos dificulta a inclusão escolar satisfatória, como é o caso dos autistas e dos SA, foram realizados cursos gratuitos sobre diagnóstico e formas de tratamento e inclusão escolar dessa população.

A implementação de um sistema de Educação Inclusiva exige que a escola reorganize a sua estrutura de funcionamento, seu currículo, metodologia e recursos pedagógicos e, principalmente garanta que seus profissionais estejam preparados para essa nova realidade.

Apesar do discurso existente sobre a Inclusão Escolar nas Instituições de ensino, o que percebemos em muitas escolas é a adequação da acessibilidade arquitetônica e física, em obediência à Constituição Federal (art 227, § 2°), às Leis federais 7.853/89 e 10.098/00, ao Decreto Federal 5.296/04 e nas normas técnicas de acessibilidade da ABNT (art.13, § 1°). Isto porque, todas as adequações devem ser realizadas para a concessão de alvará de funcionamento ou renovação, para qualquer atividade nas instituições escolares. Quando se trata da educação inclusiva, muito fica a desejar e o descumprimento das leis é evidente. Algumas escolas se entupiram de formalismos da racionalidade e cindiram-se em burocracias, modalidade de ensino e grades curriculares. Uma ruptura dessa base organizacional, como propõe a inclusão, é uma saída necessária para que a ação formadora da escola se espalhe por todos aqueles que dela participam. Os velhos paradigmas da modernidade estão sendo contestados e o conhecimento, que é matéria prima da educação escolar, está passando por uma reinterpretação (4).

Nos fóruns de inclusão escolar, foram apontadas várias dificuldades encontradas para a efetiva inclusão nas escolas, como por exemplo:

- Falta de empenho da escola no processo de alfabetização dos deficientes;
- Exigência das escolas de maior porte de autonomia e independência das crianças deficientes, o que dificulta a efetiva inclusão e o aprendizado dos mesmos;
- Falhas e equívocos nos sistemas de avaliação escolar das crianças deficientes;
- Falta de política para identificação e contenção do *bullying* em algumas escolas;
- Falta de um Núcleo de Inclusão com profissionais multidisciplinares, que realmente entendam da legislação em relação à inclusão, e que tenham conhecimento e/ou predisposição para aprender sobre as deficiências em geral, para orientar professores, criar e aplicar avaliações específicas, realizar dinâmicas com as turmas, para facilitar a inserção da criança em sala de aula, intervalos e outras atividades;
- Falta de um Coordenador de Inclusão;
- Falta de cotas de Inclusão, proporcional ao número total de alunos da escola;
- Falta de espaço real na Educação, para receber os profissionais especialistas que trocariam experiência na escola, simplesmente para unir, acrescentar e trocar conhecimentos;
- Falta de controle das políticas públicas sobre os resultados da inclusão nas escolas, o que possibilitaria saber exatamente onde está o motivo dos profissionais de algumas escolas não implementarem as condutas corretas;

- Falta de acesso dos pais no processo de aprendizagem das crianças deficientes.

Como vimos, inclusão escolar, exige uma reviravolta em nível institucional, a extinção de categorizações e das oposições excludentes – iguais/diferentes, normais/deficientes. A lógica desse tipo de organização atual é marcada por uma visão determinista, mecanicista, formalista, reducionista e própria do pensamento científico, que ignora o subjetivo, o afetivo, o criador, sem os quais não conseguimos romper com o velho modelo escolar, para produzir a reviravolta que a inclusão impõe.

A exclusão escolar manifesta-se das mais diversas e perversas maneiras. Mas tudo isso esbarra em concepções e inadequações de velhos paradigmas. Não se conseguirá encaixar um projeto novo, como é o caso da inclusão, em uma velha matriz de concepção escolar, daí a necessidade de se recriar o modelo educacional vigente. A diversidade humana está cada vez mais sendo desvelada e destacada e não cabe mais a aceitação da inclusão apenas nos discursos vazios, apontando uma abertura a novos grupos sociais, mas não aos novos conhecimentos. Um novo paradigma do conhecimento está surgindo e a mudança é imprescindível.

Chegamos a um impasse, como afirma Morin, (7), pois para se reformar a instituição temos que reformar as mentes, mas não se pode reformar as mentes sem uma prévia reforma nas instituições.

Capacitação dos Profissionais da Educação

A inserção de alunos com necessidades especiais no ensino regular vem acontecendo cada vez mais intensamente, e com isso os questionamentos, as incertezas e as frustrações também se avolumam, sobretudo para os professores que não desenvolveram em sua formação inicial, competências para lidar com a diversidade do aluno de inclusão escolar. Ainda é pouca a capacitação e o material disponível que aborde as práticas pedagógicas no cotidiano escolar.

A precariedade da formação dos professores e demais agentes educacionais, para lidar com alunos com problemas cognitivos, psicomotores, emocionais e/ou sensoriais na complexidade de uma turma regular, talvez seja uma das principais barreiras para a transformação da política de Educação Inclusiva em práticas pedagógicas efetivas, conforme apontam diversos autores e é o que podemos averiguar na prática da Inclusão.

Apesar da LDB estabelecer em seu artigo 59, III, que "os sistemas de ensino assegurarão aos educandos com necessidades especiais "....professores com especialização adequada em nível médio ou superior, para atendimento especializado, bem como professores do ensino regular **capacitados** para a integração desses, nas classes comuns", ainda é grande a necessidade de atualização em novas técnicas, para lidar com os educandos da inclusão escolar. Isto é um reflexo da formação clássica do professor, que não oferece novos conhecimentos, para possibilitar a implementação da educação inclusiva. Desenvolver estratégias de ensino-aprendizagem que atendam à diversidade dos educandos com necessidades especiais é um desafio, e é a base da docência comprometida com a educação inclusiva.

Dar atenção às peculiaridades de aprendizagem e desenvolvimento de cada criança, é necessário e está previsto na Declaração de Salamanca, quando afirma: "Todas a crianças , de ambos os sexos, têm direito fundamental à educação e que a elas deve ser dada a oportunidade de obter e manter um nível aceitável de conhecimentos" (1). Para isso, é preciso que sejam identificadas as necessidades de aprendizagem especificas que o aluno apresenta em sua interação com o contexto educacional, que as formas tradicionais de ensino não podem contemplar.

No Fórum citado, a falta de preparo e atualização dos professores para as necessidades pedagógicas dos alunos de inclusão, foi citadas inúmeras vezes pelos participantes, a saber:

- Todos os profissionais de educação, professores, coordenadores, diretores, devem ter capacitação continuada, para que haja continuidade da educação inclusiva, em todos os anos de escolarização da criança deficiente, com aplicação efetiva das técnicas aprendidas, saindo da zona de conforto;
- As provas deveriam ser elaboradas de forma adequada para crianças, com diminuição do tamanho do texto e das questões de interpretação de texto, bem como aumento da letra da prova e em espaço separado da sala de aula. Nos casos específicos, as provas devem ser realizadas oralmente;
- Deve-se criar uma sala multimeios para que os alunos de inclusão possam trabalhar com o professor as suas dificuldades;
- O aluno de inclusão deve poder utilizar meios eletrônicos como facilitador de suas atividades: fotografar o quadro, usar notebook, gravar a aula, com a utilização de mais imagens para o ensino;
- Deve-se oferecer um espaço de monitoria, onde estagiários fizessem os deveres e ministrassem aulas particulares para os alunos de inclusão na escola;
- O uso de materiais alternativos para o ensino de alunos de inclusão é muito importante;
- Deve-se elaborar o PDI (Plano de Desenvolvimento Individual) e a avaliação pedagógica semestral para as crianças de inclusão escolar.

Adaptação Curricular

Adaptações curriculares envolvem modificações organiza-tivas. Nos objetivos e conteúdos, nas metodologias e estratégias de avaliação, permitindo o atendimento às necessidades educativas de todos os alunos, em relação à construção do conhecimento (4). É o percurso para a implementação das adaptações curriculares, o que é imprescindível para a inclusão escolar. Alguns educadores defendem a ideia de que é impossível criar um currículo modificado, para o desenvolvimento cognitivo especifico de determinados grupos de alunos, devendo haver apenas recursos técnicos de acessibilidade para esses, devido a diversidade de características, o que demandaria a criação não de adaptações, mas de "múltiplos currículos", sendo implementados, concomitantemente.

A Lei de Diretrizes e Bases da Educação (Lei 9394/96) (8) e demais documentos legais do MEC enfatizam a necessidade das adaptações curriculares no projeto político-pedagógico da escola. No documento "Parâmetros Curriculares: adaptações curriculares – estratégias para a educação de alunos com necessidades educacionais especiais" são indicados aspectos fundamentais para uma Educação Inclusiva:

- atitude favorável da escola, para diversificar e flexibilizar o processo de ensino-aprendizagem, de modo a atender às diferenças individuais dos alunos;
- identificação das necessidades educacionais especiais, para justificar a priorização de recursos e meios favoráveis à sua educação;
- adoção de currículos abertos e propostas curriculares diversificadas;
- flexibilidade quanto à organização e ao funcionamento da escola, para atender à demanda diversificada dos alunos;
- possibilidade de incluir professores especializados, serviços de apoio e outros não convencionais, para favorecer o processo educacional (3).

As adaptações curriculares devem ocorrer em três níveis do planejamento organizacional:

1) nas políticas públicas de educação e no projeto político-pedagógico da escola
2) no currículo ou plano de ensino, elaborado pelo professor
3) na programação individual de ensino ou Plano de Desenvolvimento individual (PDI), elaborado pelo professor.

Plano de Desenvolvimento Individual – PDI

O PDI é instrumento utilizado para adaptar o currículo escolar às necessidades dos alunos de inclusão escolar. Está amparado na Legislação Federal (Lei de Diretrizes e Bases da Educação - Lei 9394/96) e em Minas Gerais está amparado pela Secretaria de Estado de Educação, através da SD n° 01/2005 de 09 de abril de 2005, que orienta o atendimento de alunos com necessidades educacionais especiais decorrentes de deficiências e condutas típicas.

O Planejamento de Desenvolvimento Individual – PDI, visa ao atendimento das dificuldades de aprendizagem das necessidades especiais dos educandos e ao favorecimento de sua escolarização. Consideram as competências e potencialidades dos alunos, tendo como referência o currículo regular. Essa medida pode significar para os alunos que necessitam igualdade de oportunidades educacionais, promovendo a educação inclusiva, na perspectiva de uma escola para todos.

O Ministério da Educação e Cultura – MEC, através da Secretaria de Educação Fundamental publicou em 1998, um documento intitulado "PARAMETROS CURRICULARES NACIONAIS", onde está descrito como deve ser realizado o PDI, no capítulo "ADAPTAÇÕES INDIVIDUALIZADAS DO CURRICULO" (pág. 43), no qual nos embasamos para descrever a definição desse Planejamento que se segue.

As modalidades adaptativas individuais para o aluno de inclusão escolar, foca a atuação do professor na avaliação e no atendimento do aluno. É o instrumento principal na definição do nível de competência curricular do educando e na identificação dos fatores que interferem no seu processo de ensino-aprendizagem.

As adaptações tem o currículo regular como referência básica, adotam formas progressivas de adequá-lo com as necessidades do aluno, aproveitando as suas habilidades, para a inserção do conteúdo escolar. As adaptações dos conteúdos pedagógicos e do processo avaliativo devem obedecer algumas estratégias, como por exemplo:

- adequar os objetivos, conteúdos e critérios de avaliação, o que implica modificar os objetivos , considerando as condições do aluno com necessidades especiais, em relação aos demais alunos da turma;
- priorizar determinados objetivos, conteúdos e critérios de avaliação, para dar ênfase aos objetivos, conteúdos e critérios de avaliação, para dar ênfase aos objetivos que contemplem as deficiências do aluno, suas condutas típicas e altas habilidades, não abandonando os objetivos definidos para o grupo, mas acrescentando outros, concernentes com suas necessidades educacionais especiais;
- considerar que o aluno com necessidades especiais pode alcançar os objetivos comuns ao grupo, mesmo que possa requerer um período mais longo de tempo. De igual modo, pode necessitar de período variável para o processo de ensino-aprendizagem e desenvolvimento de suas habilidades;
- cursar menos disciplinas durante o curso, série ou ciclo, para que, desse modo estender o período de duração do curso, série ou ciclo que frequenta;
- introduzir conteúdos, objetivos e critérios de avaliação, o que implica considerar a possibilidade de acréscimo desses elementos na ação educativa, caso ne-

cessário à educação do aluno com necessidades especiais.
- eliminar conteúdos, objetivos e critérios de avaliação, definidos para o grupo de referência do aluno, em razão de suas deficiências ou limitações pessoais. A supressão desses conteúdos e objetivos da programação educacional regular não deve causar prejuízos para a sua escolarização e promoção acadêmica. Deve considerar rigorosamente, o significado dos conteúdos.

Estas medidas devem ser precedidas de uma criteriosa avaliação do aluno, considerando a sua competência acadêmica. Devem ser considerados como elementos de apoio a família, profissionais, monitores, orientadores; recursos físicos, materiais, ambientais; as atitudes, os valores, as crenças, os princípios; as deliberações e decisões políticas, legais, administrativas; os recursos técnicos e tecnológicos; os programas de atendimentos genérico e especializados.

Além disso, as decisões de apoio devem considerar as áreas prioritárias a serem apoiadas; identificação dos tipos mais eficientes de apoio; se o apoio deve ser prestado dentro ou fora da sala de aula, em grupo ou individualmente; definindo as funções e tarefas dos diferentes profissionais envolvidos na prestação do apoio.

Alguns alunos de inclusão escolar, exigem adaptações significativas no currículo para o atendimento e indicação de conteúdos curriculares de caráter mais funcional e prático, levando em conta as suas características individuais, podendo ser considerados currículos especiais, exigindo uma diversificação curricular. Envolvem atividades relacionadas às habilidades básicas, à consciência de si, aos cuidados pessoais e de vida diária, ao treinamento multissensorial, ao exercício da independência e ao relacionamento interpessoal, dentre outras.

Esses currículos são conhecidos como funcionais e devem contar com a participação da família e ser acompanhado de um criterioso e sistemático processo de avaliação pedagógica e psicopedagógica do aluno, avaliando os procedimentos pedagógicos empregados na sua educação, uma vez que na organização desse programa não é levado em conta as aprendizagens acadêmicas.

Conclusão

Atualmente, os sistemas educacionais revelam dificuldades para atender às necessidades especiais dos alunos de inclusão na escola regular. A flexibilidade e dinamicidade do currículo regular podem não ser suficientes para superar as restrições dos sistemas educacionais ou compensar as limitações reais desses alunos, fazendo com que as adaptações curriculares individuais sejam necessárias.

A utilização desse programa facilita a aprendizagem do aluno, facilita o trabalho dos professores, que passam a contar com um estudo onde se tem técnicas e estratégias direcionadas, para lidar com as dificuldades da criança, além do apoio das famílias e dos profissionais que assistem a criança, fora do ambiente escolar. A escola, por sua vez se vê inserida em um processo que pode conduzir à educação inclusiva de fato, eliminando muitos dos conflitos que poderiam existir entre pais e escola, evitando que as discussões e desentendimentos culminem no judiciário, no Ministério Publico ou na Defensoria Publica, onerando os gastos públicos e trazendo prejuízos ainda maiores para a própria criança nesse processo.

Esse programa, se bem utilizado, pode servir como um denominador comum entre família, escola, judiciário e profissionais da saúde, para que se realize de fato a inclusão escolar da criança deficiente.

Referências

1. UNESCO. Declaração de Salamanca e linha de ação sobre necessidades educativas especiais. Brasília: CORDE, 1994.

2. BUENO, J.G. Crianças com necessidades educativas especiais, política educacional e a formação de professores: generalistas ou especialistas. *Revista Brasileira de Educação Especial*, vol. 3. n.5, 7-25, 1999.

3. BRASIL. *Constituição Federal Brasileira*, 1988.

4. GLAT, R., BLANCO, L.M.V. Educação especial no contexto de uma educação inclusiva. In GLAT, R. (Org.) - **Educação inclusiva: cultura e cotidiano escolar**. Rio de Janeiro: 7Letras, 2007. p.15-34.

5. CORREIA, J.A, (Organizer), **LOPES A., MATOS M.** Formação de professores: da racionalidade instrumental à acção comunicacional. ASA, 1999

6. BLANCO, F. 2001. O comportamento fiscal dos estados brasileiros e seus determinantes políticos. Rio de Janeiro : IPEA. *Básica,* Brasília: CNE/CEB, *2001.* Conselho Nacional de Educação / Câmara de Ensino Básico. *Diretrizes Nacionais para a Educação Especial na Educação*

7. MORIN, E. Ciência com consciência, Rio de Janeiro, Bertrand, 2001.

8. BRASIL. Lei no 9.394/96. Lei de Diretrizes e Bases da Educação Nacional, 1996.

9. BRASIL. Ministério da Educação. Secretaria de Educação Especial. Política Nacional de Educação Especial. Brasília: SEESP, 1994.

10. Brasil. Lei nº 10.172/01. Plano Nacional de Educação, 2000.

TERAPIA OCUPACIONAL NOS TRANSTORNOS DO ESPECTRO AUTISTA DE ALTO FUNCIONAMENTO

Márcia Lambertucci

A Terapia Ocupacional é uma profissão da área da saúde, que utiliza atividades como instrumento terapêutico. Segundo a Associação Americana de Terapia Ocupacional (AOTA), Terapia Ocupacional é "a arte e a ciência de orientar o homem para execução de determinadas tarefas, com o objetivo de restaurar, reforçar e melhorar o seu desempenho, facilitar o aprendizado de ofícios e funções essenciais a sua adaptação ao meio e sua produtividade, diminuir ou corrigir tendências patológicas, melhorar e conservar a saúde".

Numa perspectiva atual, o foco da terapia ocupacional está mais voltado para a função, considerando-se o impacto das disfunções sobre o desempenho e a participação social do indivíduo.

Intervenções de terapia ocupacional para pessoas com Transtornos do Espectro do Autismo (TEA) são planejadas, de acordo com dados individuais de avaliação, usando práticas baseadas em evidências que enfatizam o desenvolvimento de competências e habilidades que irão ajudar o indivíduo a conseguir os resultados desejados.

Tratando-se de crianças, ocupações e contextos significativos em seu dia a dia, geralmente envolvem as atividades de autocuidado, o brincar, a função social e as atividades escolares.

Para indivíduos com TEA, serviços de terapia ocupacional, ao longo do curso de vida, podem incluir a regulação da emoção e respostas comportamentais; processamento da informação sensorial necessária para a participação, o desenvolvimento de habilidades sociais, habilidades interpessoais e relacionamentos com colegas; habilidades de autocuidado tais como vestir, alimentação, sono, higiene; habilidades necessárias para o sucesso na escola, como a organização dos materiais escolares: habilidade para o trabalho individual ou em grupo; tecnologia assistiva para a comunicação, a realização de funções escolares, de trabalho e mais.

Problemas no processamento sensorial são observados com relativa frequência em crianças com TEA e muitos estudos tem mostrado a influência das disfunções sensoriais sobre o desempenho e o comportamento dessas crianças.

A abordagem de Integração Sensorial, um dos modelos de intervenção mais tradicionais e mais bem pesquisados na Terapia Ocupacional[1], propõe o tratamento de transtornos no processamento sensorial e tem sido bastante utilizada no tratamento das crianças portadoras de TEA.

Será apresentada uma visão geral desta abordagem e citados alguns estudos que investigaram a relação entre a capacidade de processamento sensorial e a qualidade da participação, do desempenho funcional e do envolvimento social das crianças com transtornos do espectro autista de alto funcionamento (TEAAF). Relatos autobiográficos de autistas de alto funcionamento, que expressam com clareza, como percebem e reagem a diferentes estímulos sensoriais, observações e comentários de pais, cuidadores, professores e às vezes da própria criança, também podem nos ajudar a compreender o comportamento dessas pessoas e a planejar novas formas de intervenção.

Integração Sensorial

A abordagem de Integração Sensorial, originalmente desenvolvida pela Terapeuta Ocupacional norte americana, A.

Jean Ayres[2], se baseia no entendimento de que perturbações neurológicas do processamento das informações sensoriais interferem na produção de comportamentos organizados e que fornecem a base para a aprendizagem e o desenvolvimento de competências. Na neurobiologia, o termo integração sensorial é usado para se referir á integração de estímulos a nível celular[3]. Ayres descreveu a integração sensorial como a capacidade do cérebro organizar a entrada sensorial para uso em comportamentos funcionais[2,4]. Na sua definição, o processo envolve a filtragem, organização e a integração das informações sensoriais, dando uma representação muito mais ampla de processa-mento sensorial, do que apenas a integração de sentidos como na definição usada frequentemente por neurocientistas. Ayres também observou que esse processo normal de organizar informações, que possibilita focar a atenção e responder adequadamente às demandas ambientais, nem sempre ocorre da maneira esperada em todas as crianças. Ayres[4,6] desenvolveu testes para avaliar problemas de processamento sensorial em crianças e uma metodologia para tratar os transtornos detectados nos testes, denominada *Terapia de Integração Sensorial* [4,6]. O princípio essencial da terapia é proporcionar à criança experiências ricas em estímulos sensoriais, de forma dirigida, para produzir uma resposta adaptativa (ou seja, um comportamento funcional) eficaz.

Acompanhando a evolução das neurociências e da Terapia Ocupacional nos últimos anos, outros autores vêm ampliando as ideias iniciais de Ayres e propondo novas terminologias e classificações para os problemas de processamento sensorial. A mais recente nosologia para o diagnóstico, proposta por Miller[3], classifica os transtornos do processamento sensorial em*: transtornos de modulação sensorial, transtornos de discriminação sensorial e transtornos motores com base sensorial* (Figura 1).

Figura 1 – Classificação do transtorno do processamento sensorial, Miller[3].

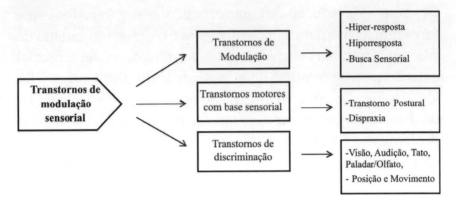

Nos *Transtornos de modulação sensorial* há dificuldade em regular o grau, a intensidade e a natureza das respostas aos estímulos sensoriais, podendo ser classificados em: a) hiporresponsividade sensorial, com pobre reação aos estímulos; b) hiper-responsividade sensorial, com maior tendência a se orientar e a responder a determinados estímulos, como toques, movimentos, luzes, sons; c) busca sensorial com procura de estímulos intensos, provavelmente relacionada a hiporreação sensorial. Uma flutuação entre esses padrões de resposta pode acontecer. Crianças com disfunções de modulação sensorial terão dificuldades na regulação de entrada de informações, influenciando no controle do nível de alerta. Uma criança pode interagir propositadamente com o ambiente apenas quando níveis apropriados de excitação, orientação e atenção são atingidos. Quando uma criança pode modular a informação sensorial recebida, ela é capaz de se concentrar em estímulos relevantes e responder de maneira adequada. Modulação sensorial é importante para a aprendizagem e tem importante impacto sobre o envolvimento social e o bem-estar emocional.

Com base em estudos de neurociências e ciências do comportamento, Dunn[8-10] construiu um modelo de processamento sensorial para explicar a relação entre o modo como as pessoas processam as sensações e o comportamento apresentado por elas. Ela desenvolveu também o "Perfil Sensorial", que é um questionário onde as respostas da criança aos diversos estímulos do dia a dia, são pontuadas, indicando diferentes padrões de reação. Dunn propõe quatro padrões de processamento sensorial, que resultam de diferenças individuais nos limiares neurológicos para estimulação (alto ou baixo) e nas estratégias de autorregulação (ativa ou passiva). O cruzamento dessas dimensões nos dá quatro estilos de processamento sensorial.

Figura 2- Modelo do Processamento Sensorial de Dunn[8]

		Continuo da resposta comportamental	
		Age **de acordo** com o limiar (passivo)	Age **contrariando** o limiar (ativo)
Contínuo do limiar neurológico	Alto	*Pobre Registro* Alerta diminuído, vagaroso para agir, necessita de mais estímulos para reagir	*Procura Sensação* Alerta aumentado, arrisca se muito, desorganização motora, busca informação sensorial
	Baixo	*Sensibilidade Sensorial* Alerta aumentado, age rapidamente ao estímulo, distraído, impulsivo, desorganizado	*Evita Sensação* Modula o alerta, expressão de medo e ansiedade

O contínuo do limiar neurológico representa a intensidade ou quantidade necessárias de estímulos, para o sistema nervoso responder. Quando uma pessoa tem limiar alto, significa que ela necessita de maior quantidade ou intensidade de estímulos para o sistema nervoso registrar a sensação e gerar uma resposta. Quando o limiar é baixo, pouco estímulo é suficiente para gerar resposta intensa.

O contínuo de autorregulação representa a série de estratégias que a pessoa pode usar em resposta às exigências ambientais. Uma pessoa que apresenta estratégias passivas, tem uma tendência a deixar as coisas acontecerem; uma pessoa que usa estratégias ativas, tende a gerar respostas, para controlar a entrada de estímulos.

Um cruzamento entre os tipos de limiares e de estratégias de autorregulação gera quatro padrões básicos de processamento sensorial: *Baixo registro, Busca de sensação, Sensibilidade sensorial e Evita sensação.*

Baixo Registro representa a combinação de limiares neurológicos altos com estratégia passiva de autorregulação. A postura de reação passiva de pessoas com esse padrão, as torna um pouco alheias aos eventos sensoriais comuns do dia a dia. Elas não percebem indícios sutis do ambiente, e exigem direções muito claras e firmes. Parecem insensíveis ou desconectadas.

Busca de Sensação combina limiares neurológicos altos com estratégia ativa de autorregulação. São pessoas ativas, que buscam e precisam desfrutar de níveis elevados de estimulação sensorial. Estão sempre interessadas em novidades, o que pode prejudicá-las, quando não persistem em atividades importantes, abandonando-as por algo novo.

Sensibilidade sensorial é a combinação de baixos limiares neurológicos com estratégia passiva de autorregulação. Pessoas sensíveis reagem mais que os outros aos eventos sensoriais que ocorrem no ambiente, e costumam ser mais dispersos e reclamar mais das situações perturbadoras, do que tentar afastá-las. A estruturação das atividades de seu dia a dia, favorece sua participação, pois evitará que fiquem sobrecarregadas pela entrada desorganizada e perturbadora das informações sensoriais.

Evita sensação representa a combinação de baixos limiares neurológicos com uma estratégia ativa de autorregulação. Pessoas com esse padrão tentam controlar a entrada de estímulos com os quais devem lidar. Estímulos desconhecidos são angustiantes e difíceis de compreender ou organizar. Através de rituais, regras e hábitos, buscam aumentar as situações familiarizadas, limitando a exposição a novas experiências. A natureza ameaçadora da mudança ou do que é novo, pode tornar essas pessoas muito cautelosas, rígidas, pouco cooperativas ou arredias.

Dunn sugere que as preferências sensoriais formam uma base para a manifestação de temperamento e personalidade.

Transtornos de discriminação resultam de diferentes graus de dificuldade para interpretar as características temporais e espaciais dos estímulos, nas diversas modalidades sensoriais, como visual, tátil, auditivo, vestibular, proprioceptivo, gustativo e olfativo.

Já nos **transtornos motores com base sensorial** são considerados principalmente, o sistema tátil, proprioceptivo e vestibular, que processam informações do corpo. Crianças que não processam bem as informações corporais, não se movimentam de forma eficiente, podendo apresentar falhas na coordenação motora, no controle postural, no equilíbrio e na habilidade de planejamento e sequenciamento motor, importantes para a realização das atividades lúdicas, típicas da infância, como também das atividades escolares. Nesta idade, as crianças manipulam objetos e materiais e brincam de construir, o que requer além de adequado nível de alerta e atenção, boa habilidade para planejar e executar suas ações. Crianças que apresentam dificuldades nesta área parecem desorganizadas, desajeitadas, lentas ou exageradas em seus movimentos e podem não saber o que fazer, diante de um brinquedo ou situação nova. Suas brincadeiras tendem a ser pouco criativas e repetitivas.

Transtornos de Processamento Sensorial no Autismo/ Transtorno do Espectro do Autismo de Alto Funcionamento.

Além dos cinco sentidos mais conhecidos que são visão, audição, tato, olfato e paladar, contamos com o sistema vestibular, que responde às sensações de movimento e o sistema proprioceptivo, que nos informa qual a posição do nosso corpo e de suas partes no espaço. Existem também as sensações relacionadas à dor, temperatura e tempo.

Em muitas crianças com autismo, os processos de percepção (registrar), gestão (modular) e organização (integrar) sensorial são ineficientes em uma ou mais das modalidades sensoriais.

Todos nós experimentamos uma variação na forma como sentimos e respondemos aos diferentes estímulos. Nossos níveis de tolerância podem variar de acordo com nosso bem-estar. Quando estamos doentes ou cansados, podemos não ser tão tolerantes a determinados estímulos sensoriais, como quando estamos nos sentindo bem.

Ao tentarmos compreender o comportamento das crianças com TEA, é importante considerarmos que suas respostas refletem não só o momento que estão vivendo, mas as disfunções sensoriais que apresentam, afetam tanto o momento presente, quanto influenciaram a maneira como desenvolveram sua compreensão do mundo.

"Aprender como funciona os sentidos de cada pessoa autista é uma chave crucial para compreender essa pessoa". (O'Neill [11])

Vários relatos de autistas de alto funcionamento, se referem às diferenças na forma como seus sentidos funcionam e como isso pode influenciar suas ações, reações e comportamentos.

Existem relatos que se referem às experiências de hiper-resposta e às reações desencadeadas por elas.

"Eu também tinha medo do aspirador de pó, da batedeira e do liquidificador, porque soavam cerca de cinco vezes mais alto do que eles realmente eram" [12].

"Minha audição funciona como se eu usasse um aparelho auditivo, cujo controle de volume só funciona no "super alto"[13]. "Eu sempre me comportava mal na igreja, quando criança; minha anágua coçava e arranhava. As roupas de domingo eram diferentes na minha pele. A maior parte das pessoas se adapta em poucos minutos à sensação de diferentes texturas de tecidos. Mesmo agora, eu evito usar tipos diferentes de roupas de baixo, pois eu gasto de três a quatro dias, para me adaptar a novas texturas... Meus pais não tinham ideia do porquê eu me comportava tão mal. Pequenas mudanças nas minhas roupas teriam resolvido esse problema." [13, 14].

Pessoas com Transtorno do Espectro do Autismo de Alto Funcionamento (TEAAF) também podem experimentar flutuações no processamento sensorial.

Diferentes experiências sensoriais podem causar dor, medo, ansiedade, angústia ou confusão. Neste momento, um "comportamento desafiador" pode ser uma reação ativa, para tentar bloquear ou afastar os estímulos indesejados.

Uma sobrecarga sensorial também pode acontecer, quando o cérebro não consegue filtrar as informações sensoriais, para prestar atenção ao que é importante no momento.

"Meu cérebro não pode ser capaz de filtrar qualquer coisa irrelevante, como o ruído de fundo, papel de parede, a sensação das roupas na minha pele ou pessoas em movimento. Isso significa que eu tenho que tentar processar tudo, em vez de apenas o que é relevante no momento [15].

O corpo poderá se sentir como se estivesse no meio de um bombardeio e várias reações físicas e emocionais podem ser desencadeadas. Irritabilidade, agressividade, ansiedade, ataques de pânico, dor de cabeça podem acontecer. É importante aprender a reconhecer os sinais de sobrecarga sensorial e agir preventivamente. O controle do ambiente pode ser necessário.

Quando todos ou alguns dos sentidos estão sendo sobrecarregados, poderá ocorrer um "desligamento sensorial" (*shutdown*). Através deste mecanismo, um ou mais sistemas sensoriais são desligados, bloqueando a entrada de estímulos e possibilitando que outros sistemas funcionem melhor.

"É como se fosse um microfone ligado, que capta todo barulho, ao redor. Eu tenho duas escolhas: deixar o microfone ligado e ser inundada pelo barulho, ou desligar. Minha mãe conta que, algumas vezes, eu agia como fosse surda". (Grandin)

"Quando o ruído e estimulação sensorial se tornavam muito intensos, eu era capaz de desligar minha audição e me retirar para meu próprio mundo". (Grandin)

Problemas sensoriais podem ser uma explicação para várias características do comportamento da pessoa com autismo, e isso não deve ser negligenciado. Mesmo que não possamos corrigir tudo, ter uma melhor compreensão de como uma pessoa autista experimenta o mundo, pode nos ajudar a lidar melhor com algumas das situações difíceis que encontramos. Isto possibilita o desenvolvimento de relações mais positivas, que são importantes para o bem-estar e qualidade de vida de todos.

Resposta sensorial interferindo na participação e no desempenho funcional

Como já foi dito, ocupações significativas na infância envolvem o brincar, as atividades escolares, sociais e de autocuidado e fornecem contextos importantes para o desenvolvimento da criança.

As disfunções sensoriais observadas em muitas crianças autistas de alto funcionamento, podem interferir tanto na sua participação, quanto na qualidade de seu desempenho nessas atividades.

Existem pesquisas que sugerem uma relação entre problemas no processamento sensorial e algumas das dificuldades acadêmicas e atrasos funcionais, muitas vezes vistos nas crianças com transtornos do espectro autista.

Para que um estudante possa ouvir e compreender informações relevantes, tais como as instruções dadas pelo professor, terá que ignorar o barulho dos colegas conversando, de cadeiras sendo arrastadas, das crianças gritando na quadra de esportes ao lado, ou sua própria respiração.

Em um estudo com crianças com TEA, Ashburner *et al*[5], associaram problemas de atenção e o desempenho acadêmico global com sensibilidade tátil, a capacidade de filtrar os estímulos auditivos e hiporresponsividade/busca de sensação. Os resultados deste estudo sugerem que crianças com TEA, podem ter dificuldade para filtrar informações sensoriais irrelevantes, como sensações táteis desagradáveis ou ruídos de fundo, e registrar ou priorizar as informações necessárias, para participar efetivamente das tarefas na escola.

Reynolds *et al.*[16], em um estudo com autistas de alto funcionamento, observaram diferenças na execução de atividades e tarefas, em comparação com crianças neurotípicas. Foram observadas diferenças significativas, no nível de competência em atividades, sociais e de desempenho escolar. As crianças que demonstraram maior sensibilidade sensorial e comportamento ativo de evitar sensações, tiveram pontuações de competência significativamente menores, do que as crianças que apresentavam menos comportamentos deste perfil sensorial, o que sugere que a capacidade de resposta sensorial pode ter impacto sobre a capacidade de participar com sucesso das atividades.

Eduardo tem 9 anos de idade e é uma criança esperta com bom potencial cognitivo, frequenta uma escola regular com um programa de inclusão, que tem sido considerado satisfatório por sua família. Uma das queixas da escola, é que Eduardo não gosta de escrever e detesta desenhar ou colorir. Segundo a pro-

fessora, ele acha ruim sentir o lápis "arranhando" o papel e descreve isso com muita clareza. Para evitar ou amenizar essa sensação, costuma escrever tão de leve que depois não consegue entender seus próprios registros. Às vezes, também manifesta incômodo com o barulho da caneta, quando a professora escreve no quadro. Muitas vezes, por causa do desconforto, não consegue prestar atenção ao que está fazendo e seus registros ficam incompletos.

O caso de Eduardo ilustra um transtorno na modulação sensorial, com maior sensibilidade a algumas sensações táteis e auditivas. Ele parece prestar uma atenção exagerada a estímulos, que passam despercebidos para a maioria das crianças e reage, tentando evitar as sensações que o perturbam e assim, seu comportamento acaba afetando seu desempenho escolar.

Jasmin *et al*.[17] observaram a relação entre a capacidade de resposta sensorial e habilidades para realizar atividades de vida diária, em crianças com autismo com idade entre 3-4 anos. Neste estudo, um padrão atípico de resposta sensorial, especificamente a tendência a evitar certas sensações, foi inversamente relacionado à capacidade da criança, para realizar atividades de autocuidado como vestir-se, tomar banho e ir ao banheiro.

Ana, mãe de Pedro, uma criança com autismo, de 4 anos de idade, relatou como era difícil a hora do banho com seu filho. A pior parte era enxugá-lo. Cortar unhas só se fosse dormindo e mesmo assim, com muito cuidado. Pedro fazia um escândalo, quando ia cortar o cabelo e isso tudo deixava ambos, mãe e filho, muito chateados. Pedro também costumava ficar irritado, na hora da troca de roupas e não gostava de calçar meias. Pedro é um menino esperto e Ana queria muito ensiná-lo a vestir-se sozinho, mas não conseguia.

Com esse comportamento, Pedro dá vários sinais de que responde com exagero a estímulos sensoriais, mais especificamente, aos estímulos táteis desencadeados pelas atividades de higiene e troca de roupas. O desconforto que sente, acaba por fazer com que reaja com desprazer e irritação, o que não favorece o aprendizado dessas tarefas, mesmo tendo Pedro capacidade cognitiva suficiente para isso.

Problemas no desenvolvimento motor também podem afetar a participação e o desempenho da criança. A integração adequada das informações táteis, proprioceptivas e vestibulares são essenciais, para que haja eficiência na movimentação corporal. Quando acontecem falhas no processamento dessas informações, a criança poderá apresentar transtornos motores de base sensorial, com déficit no controle postural e dificuldades no planejamento motor. As dificuldades de planejamento motor agregam problemas na coordenação e execução motora, o que resultará em dificuldades no planejamento da ação. Nestes casos, a criança é desajeitada, parece não saber o que fazer com um brinquedo novo ou tem dificuldade, para aprender atividades motoras novas, como andar de bicicleta, e suas brincadeiras tendem a ser repetitivas e pouco criativas. A escrita será lenta ou desorganizada e o traçado pobre, com letras mal formadas. Lidar com objetos pequenos como lápis, borracha, apontador e mesmo botões, cadarços, fechos ou escova de dentes, é um problema pois é difícil mantê-los nas mãos. Colocar as roupas corretamente no corpo, também poderá ser um grande desafio. Podemos observar muitas dessas dificuldades na criança com TEAAF.

Participar com sucesso das tarefas escolares envolve boas habilidades motoras, especialmente a habilidade motora fina, necessária para a escrita. Fuentes *et al.* observaram em um estudo, que crianças com TEA demonstram um desempenho nas tarefas de escrita, pior que as crianças do grupo controle com mesma idade e QI, e que as habilidades motoras tem se mostrado preditivas da qualidade da escrita desta população.

Jasmim *et al.*[17], observaram, também, correlações significativas entre áreas de desempenho motor e habilidades, para executar atividades de vida diária, em um grupo de indivíduos com TEA. Similarmente, Kopp *et al.* [18], também observaram uma relação entre coordenação motora e habilidades para as atividades de vida diária, em garotas com TEA em idade escolar. Esses estudos também sugerem a importância da habilidade motora da criança, ao examinar o seu sucesso nas atividades de vida diária.

Podemos notar que algumas crianças autistas, mesmo tendo capacidade cognitiva suficiente para envolver-se em variadas ações de brincar, não o fazem consistentemente, muitas vezes demonstrando não saber o que fazer com o brinquedo novo, ou mesmo diante de uma proposta de brincadeira diferente. Em um estudo com crianças com TEAAF, Reynolds *et al.* [16], concluíram, que problemas no processamento sensorial influenciam tanto a frequência da participação, como a competência da criança para realizar com sucesso as atividades infantis, através das várias áreas de desempenho.

No período de 9-12 meses já podem ser evidenciadas diferenças ou falta de novos atos de brincar com objetos, na criança com autismo [19]. Os autores sugerem, que a falta de planejamento e flexibilidade mental em resolver problemas e a falta de ações direcionadas ao objeto, resultam em comportamentos repetitivos no brincar.

Para brincar, a criança tem que ter ideia do que fazer (ideação), planejar a sua ação (como fazer) e, por fim, executar o que planejou (execução motora). Como mencionado anteriormente, o processamento adequado de informações táteis, proprioceptivas e vestibulares é essencial para um planejamento motor eficiente e para que a criança possa agir com sucesso sobre o ambiente.

Por outro lado, estes estudos também sugerem, que devemos considerar o impacto que déficits na participação têm sobre o desenvolvimento social, motor e de habilidades de processamento sensorial, uma vez que é provável que a relação seja recíproca. Crianças com autismo podem ter um envolvimento limitado em vários tipos de atividades, por causa de seus déficits motores, sociais ou de processamento sensorial, o que por sua vez, comprometem as oportunidades, para envolver-se e aprender com suas experiências.

Avaliação e Tratamento

Existem diversas orientações teóricas que oferecem suporte às práticas do terapeuta ocupacional. Serão apresentados, os recursos para avaliação e intervenção, baseados na teoria da Integração Sensorial, que é a principal abordagem profissional da autora.

Apesar de existirem vários testes, para identificar transtornos no processamento sensorial [2,3,7-9,2,-22] e observações clínicas não estandartizadas [9,10] nenhum deles foi adaptado para crianças brasileiras, o que dificulta a sua utilização em nosso país. No entanto, o terapeuta ocupacional experiente, com treinamento e conhecimento da teoria de Integração Sensorial, além dos instrumentos padronizados usará sua capacidade de observação e raciocínio clínico, para detectar os sinais e classificar os transtornos no processamento sensorial podendo então, elaborar um plano de intervenção.

Em geral, o processo de avaliação se inicia com uma entrevista com os pais, quando são colhidos dados importantes da história pregressa e também são relatadas as principais queixas do comportamento e suas expectativas, em relação ao desenvolvimento da criança.

No caso de crianças com TEAAF, além de queixas relacionadas ao comportamento, também são citados problemas na realização das atividades de vida diária e das atividades escolares.

Além dos recursos de avaliação específicos de Integração Sensorial, serão utilizados outros instrumentos, para complementar a avaliação. O Inventário de Avaliação Pediátrica de Incapacidade – PEDI (Pediatric Evaluation of Disability Inventory) [23], ajuda a identificar o nível de desempenho nas atividades de autocuidado, na mobilidade e função social. Muitas vezes, também é possível aplicar o teste de Integração Visomotora- VMI [24], que identifica problemas na coordenação motora fina, muitas vezes relacionados à problemas na escrita. A observação da criança brincando e em contextos variados como na escola e em casa, e informações de cuidadores e professores, também são recursos importantes.

A intervenção, utilizando a abordagem da teoria de Integração Sensorial para a criança com TEAAF tem como objetivos principais, melhorar o processamento sensorial, promovendo a autorregulação do nível de alerta e aumentando a habilidade de manter atenção às informações relevantes; aumentar suas habilidades de coordenação e planejamento motor, melhorando o desempenho nas atividades importantes no seu dia a dia; melhorar a participação e o envolvimento social.

A terapia promove estimulação sensorial controlada, através de brincadeiras e atividades lúdicas, dando oportunidade para a criança se organizar e produzir respostas adaptativas, cada vez mais complexas, diante às diferentes exigências do ambiente.

As atividades propostas são ricas em informações sensoriais, especialmente aquelas que promovem sensações vestibulares (importantes para o equilíbrio, postura e orientação do corpo no espaço), proprioceptivas (informam sobre o movimento e a posição do corpo no espaço), táteis e oportunidades para que essas informações sejam integradas com outras sensações como as auditivas e visuais. A habilidade de planejamento motor, também é estimulada através das brincadeiras.

O ambiente de terapia é amplo, atraente e seguro, pois são utilizados equipamentos suspensos como balanços de diversas formas, redes, camas elásticas, bolas de vários tamanhos e outros recursos que promovem estimulação vestibular e proprioceptiva. Materiais, brinquedos e almofadões de texturas variadas não podem faltar. Esses recursos, além de oferecer estímulos importantes para o desenvolvimento motor e da percepção corporal, também são utilizados para regular o nível de alerta e possibilitar melhor desempenho nas atividades. Estímulos táteis leves e movimentos rápidos ou sem ritmo que variam a direção, aumentam o alerta (agitam). Pressão firme sobre a pele, atividades com resistência que provoquem contração e força muscular, reduzem o alerta(acalmam).

As atividades devem ser agradáveis e atrativas, para promover motivação intrínseca. A criança deve perceber a terapia de IS como lúdica, uma brincadeira, já que sua participação ativa é imprescindível.

É importante que ela confie e se sinta respeitada pelo terapeuta. Para isso, o terapeuta deve planejar as atividades junto com a criança, assegurando o sucesso de suas tentativas e alterando as tarefas, de acordo com suas respostas. A oportunidade para solucionar problemas e vencer desafios nas brincadeiras deve estar presente, mas o terapeuta deve estar atento para o "desafio certo", ajustando as demandas para que não sejam fáceis nem difíceis demais.

Apesar da IS ser a principal abordagem utilizada no trabalho com a pessoa com TEAAF, recursos de outras propostas de intervenção são combinados a ela, ajudando a potencializar os resultados sobre o desempenho ocupacional. Entre esses recursos podemos citar técnicas de estimulação do brincar, treino funcional para habilidade motora fina e realização das tarefas de autocuidado, uso de fotos ou cartões com figuras, para a organização da rotina (método TEAACH) e intervenções comportamentais que são eficazes em reduzir problemas no comportamento e melhorar linguagem e comunicação.

A terapia deve ser realizada por profissional especializado, em consultório e geralmente é individual. Outra forma de intervir é através de orientações para a família e para a escola. A combinação do atendimento direto à criança e as orientações têm sido mais favorável. Através de programas individualizados de atividades baseadas nas necessidades sensoriais da criança (dieta sensorial) e modificação de tarefas e do ambiente serão abordados, tanto os fatores internos da criança, quanto fatores externos que contribuem para suas dificuldades, possibilitando assim melhores resultados com a intervenção.

Outro fator importante é que as orientações e esclarecimentos dados aos pais e professores os ajudam a ver a criança de uma forma diferente, e a compreender o que está acontecendo com ela. Assim, é possível a antecipação de problemas e a criação de estratégias, para evitá-los ou para lidar melhor com eles.

Embora a presença de transtornos de processamento sensorial seja evidente no autismo, e vários trabalhos demonstrando bons resultados no uso da abordagem de Integração Sensorial com crianças autista tenham sido publicados nos últimos anos, ainda são necessárias mais pesquisas, para documentar o grau de eficácia no tratamento desta população.

A Terapia de Integração Sensorial é uma opção entre várias estratégias de intervenção e por isso é importante o trabalho com uma equipe multidisciplinar, pois a troca de informações nos ensina e ajuda a lidar de forma mais eficaz, com as demandas de cada caso.

Referências

1. PARHAM, L. D., MAILLOUX, Z. Sensory Integration. In: CASE-SMITH, J. **Occupational Therapy for Children**. St. Louis: Mosby, 2005: 356-409.
2. AYRES, A. J. **Sensory integration and learning disorders**. Los Angeles: Western Psycological services, 1972a.
3. MILLER, L. J. **Sensational Kids – Help and Hope for children with sensory processing disorders (SPD)**. New York, NY: G. P. Putnam's Sons, 2006.

4. AYRES, A. J. **Southern California Sensory Integration Tests**. Los Angeles: Western Psycological Services, 1972b.
5. ASHBURNER, J., ZIVIANE, J., RODGER, S. **Sensory processing and classroom emotional, behavioral, and educational outcomes in children with autism spectrum disorder.** American Journal of Occupational Therapy 2008; 62(5): 564-573.
6. AYRES, A. J. **Sensory Integration and the child**. Los Angeles: Western Psyco ogical Services, 1979.
7. AYRES, A. J. **Sensory Integration and Praxis tests**. Los Angeles: Western Psycological Services, 1989.
8. DUNN, W. **The impact of sensory processing abilities on the daily lives of young children and their families: A conceptual model**. Infants and Young Children, 1997; 9: 23-35.
9. DUNN, W. **Sensory Profile – User's Manual**. San Antonio, TX: The Psychological Corporation, 1999.
10. DUNN, W. **Infant and toddler Sensory Profile. User's Manual**. San Antonio, TX: The Psychological Corporation, 2000.
11. O'NEILL, J. L. **Through the Eyes of Aliens. A book about of autistic people**. London: Jessica Kingsley Publisher, 1999.
12. WHITE, B. B., WHITE, M. S. **Autism from the inside**. Medical hypotheses, 1987; 24: 223-229.
13. GRANDIN, T. (1992). An inside view of autism. In: SCHOPLER, E & MESIBOV, G. B.(Orgs). **High functioning individuals with autism** (105-124). New York: Plenum Press, 1992.
14. GRANDIN, T. & SCARIAN, M. **Emergence: labelled autistic**. Novato, C. A: Arena, 1986.
15. WILLIANS, D. **Autism an inside out approach**. Pennsylvania: Jessica Kingsley Publisher, 1996.
16. REYNOLDS, S. & LANE, S. J. **Diagnostic validity of sensory overresponsivity: A review of the literature and case reports**. Journal of Autism and Developmental Disorders, 38(3): 516.
17. JASMIN, E., COUTURE, M., McKINLEY, P., REID, G., FOMBONNE, E. & GISEL, E. **Sensorimotor and daily living skills of preschool children with autism spectrum disorders**. Journal of Autism and Developmental Disorders, 2009; 39(2): 231-241.
18. KOOP, S., BECKUNG, E & GILLBERG, C. **Developmental coordination disorder and other motor control problems in girls with autism spectrum disorder and/or attention-deficit/ hyperactivity disorder**. Research in Developmental Disabilities, 2010; 31: 350-361.

19. OZONOFF, S., PENNINGTON, B. F. & ROGERS, S. **Executive function deficits in high-functioning autistic individuals: Relationship to theory of mind**. Journal of Child Psychology and Psychiatry, 1991; 32: 1081–1105.
20. DEGANGI, G. & GREENSPAN, S. I. **Test of Sensory Functions in Infants**. Los Angeles: WPS, 1989.
21. DeGANGI, G., POISSON, S., SICKEL, R., WIENER, A. **Infant / Toddler Symptom Checklist**. San Antonio, TX: Therapy Skill Builders, 1995.
22. GLENNON, T. J., MILLER-KUHANECK, H. M., HENRY, D. A., PARHAM, D., ECKER, C. **Sensory Processing Measure (SPM)**. Los Angeles: Western Psychological Services, 2007.
23. MANCINI, M. C. **Inventário de Avaliação Pediátrica de Incapacidade (PEDI)- Manual da versão brasileira adaptada**. Belo Horizonte: Editora UFMG, 2005.
24. BERRY, K. E. **Revised administration, scoring, and teaching manual for developmental test of visual-motor integration**. Parsippany, NJ: Modern Curriculum Press, 1997.
25. BUNDY, A. C, LANE, S. J. MURRAY, E. A. **Sensory Integration: theory and practice** (2ª ed.) Philadelphia: F A. Davis, 2002.
26. MAGALHÃES, L. C., LAMBERTUCCI, M. F. Integração Sensorial na criança com paralisia cerebral. In: FONSECA, L. F., LIMA, C. L. A. (org.). **Paralisia cerebral: neurologia, ortopedia, reabilitação**. Rio de Janeiro: Medsi, 2003: 299-309

ASPECTOS JURÍDICOS
BREVE HISTÓRICO DA EQUIPARAÇÃO DAS PESSOAS COM TRANSTORNOS DO ESPECTRO DO AUTISMO ÀS PESSOAS COM DEFICIÊNCIA

Estêvão Machado de Assis Carvalho
Fernanda Cristiane Fernandes Heringer Milagres

Antes de adentramos propriamente no tema do presente capítulo, cumpre-nos traçar um breve histórico da luta das pessoas com transtornos do espectro do autismo, até serem equiparadas às pessoas com deficiência, o que teve o condão de lhes gerar uma série de outros direitos, conforme será demonstrado mais adiante.

Por mais incrível que possa parecer, durante longo período, as pessoas com transtornos do espectro do autismo não eram legalmente e expressamente equiparadas às pessoas com deficiência, sendo tais transtornos tratados no âmbito da Saúde Mental, o que gerava, como dito, a exclusão dessas pessoas de inúmeros direitos previstos em lei para as consideradas com deficiência.

Neste sentido, torna-se oportuno apresentarmos os conceitos legais de deficiência, o que demonstrará que as pessoas com Transtorno do Espectro do Autismo (TEA) se enquadram perfeitamente em todos eles, sendo salutar e oportuna sua recente equiparação às pessoas com deficiência.

De acordo com o art. 3º do Decreto 914/93, que regula o chamado Estatuto da Pessoa com Deficiência, esta é conceituada como:

Art. 3º Considera-se pessoa portadora de deficiência aquela que apresenta, em caráter permanente, perdas ou anormalidades de sua estrutura ou função psicológica, fisiológica ou anatômica, que gerem incapacidade para o desempenho de atividade, dentro do padrão considerado normal para o ser humano.

Já, segundo o disposto no Decreto nº 3956/2001, deficiência *"significa uma restrição física, mental ou sensorial, de natureza permanente ou transitória, que limita a capacidade de exercer uma ou mais atividades essenciais da vida diária, causada ou agravada pelo ambiente econômico e social"*.

Por sua vez, o Decreto nº 186/2008 estabelece que *"Pessoas com deficiência são aquelas que têm impedimentos de longo prazo de natureza física, mental, intelectual ou sensorial, os quais, em interação com diversas barreiras, podem obstruir sua participação plena e efetiva na sociedade, em igualdades de condições com as demais pessoas"*.

Por fim, a Lei nº 8742/93, com redação alterada pela Lei nº 12.435/2011, que dispõe sobre a assistência social, estabelece os seguintes critérios para que uma pessoa seja considerada com deficiência, para efeito de percepção do "benefício de prestação continuada":

"§ 2º Para efeito de concessão deste benefício, considera-se:
I - pessoa com deficiência: aquela que tem impedimentos de longo prazo de natureza física, intelectual ou sensorial, os quais, em interação com diversas barreiras, podem obstruir sua participação plena e efetiva na sociedade com as demais pessoas;
II - impedimentos de longo prazo: aqueles que incapacitam a pessoa com deficiência para a vida independente e para o trabalho pelo prazo mínimo de 2 (dois) anos".

Portanto, considerando-se qualquer um dos diversos conceitos legais de deficiência acima expostos, vê-se que não há como afastar a pessoa com TEA do conceito de pessoa com deficiência e, como tal, deve ela usufruir de todo o arcabouço de direitos previstos para essa parcela da população.

No entanto, conforme mencionado no início do presente capítulo, até bem pouco tempo atrás, as pessoas com TEA não eram equiparadas às pessoas com deficiência, ficando à margem de inúmeros direitos legalmente previstos, situação que só se alterou no ano de 2012, conforme demonstraremos abaixo.

Em decorrência da iniciativa e da luta de entidades representativas de defesa das pessoas com autismo começaram a surgir, esporadicamente, leis municipais que determinavam a equiparação das pessoas com TEA às pessoas com deficiência, garantindo àquelas os mesmos direitos previstos em lei para estas.

Neste sentido, podemos citar a Lei 10.418/2012, do Município de Belo Horizonte, promulgada em 13 de março de 2012, que dispõe em seu artigo 1º que:

> Art. 1º – Para fim da plena fruição dos direitos previstos pela legislação do Município, a pessoa com diagnóstico de autismo fica reconhecida como pessoa com deficiência.

Da mesma forma, foi legislado em diversas cidades do interior de Minas e de outros estados, havendo, inclusive, projeto na Assembléia Legislativa de Minas Gerais (PROJETO DE LEI Nº 2.913/2012), para que a mesma postura fosse adotada em âmbito estadual.

No entanto, tal discussão caiu por terra e as pessoas com TEA foram definitivamente equiparadas às com deficiência, com a promulgação da Lei Federal 12.764, de 27 de dezembro de 2012, que instituiu a Política Nacional de Proteção dos Direitos da Pessoa com Transtorno do Espectro Autista.

Tal Lei, no Parágrafo Segundo de seu art.1º, dispõe expressamente que "a pessoa com transtorno do espectro autista é considerada pessoa com deficiência, para todos os efeitos legais".

Portanto, atualmente não há que se discutir sobre serem as pessoas com TEA, efetivamente pessoas com deficiência, destinatárias de todos os direitos previstos em lei para esta parcela da população, direitos estes que serão abaixo enumerados.

Principais direitos das pessoas com Transtornos do Espectro do Autismo

Conforme demonstrado no item anterior, o conceito de deficiência vem se aprimorando ao longo do tempo e aponta uma mudança de paradigma, qual seja, a deficiência deixa de ser atribuída à pessoa e passa a ser considerada em relação ao meio social em que essa pessoa está inserida.

Dessa forma, na contemporaneidade, a deficiência pode ser definida com uma característica que pode gerar dificuldade de integração social, uma diferença que torna condição marginalizante, afastando o indivíduo de uma vida pessoal e social plena.

A promulgação de normas como Lei nº 12.764/2.012 e a Lei nº 10.418/2.012, dentre outras, vem reafirmar esse momento histórico de ressignificação do conceito de deficiência e constituir como fruto da mobilização das pessoas com TEA, seus familiares e profissionais envolvidos com o assunto.

Conforme já mencionado, em decorrência das recentes alterações legislativas, as pessoas com transtornos do espectro do autismo, incluindo neste grupo aquelas com TEA de alto funcionamento, são beneficiárias dos direitos fundamentais garantidos a todos, além de se beneficiarem também da legislação protetiva, destinada ao grupo de pessoas com deficiência e, ainda, dos regulamentos especificamente voltados para as pessoas com TEA. Sendo assim, a legislação protetiva em favor das pessoas com TEA passa a ser bastante ampla.

Portanto, sem a intenção de esgotar o assunto, elencamos as principais demandas apresentadas à Defensoria Pública com os direitos a elas correspondentes:

Pais de crianças com TEA, frequentemente relatam a dificuldade de alcançar um diagnóstico médico do transtorno, diante da ausência de profissionais especializados na rede pública de saúde. Por outro lado, estudos da área médica demonstram que o diagnóstico e tratamento precoce interferem positivamente, ao longo de todo o tratamento.

Com a nova legislação, as crianças com risco autístico passam a ter direito à realização gratuita de testes específicos, para o diagnóstico precoce e encaminhamento ao tratamento adequado.

Outra questão apresentada pelos familiares de pessoas com TEA é de que o tratamento oferecido na rede pública de saúde é insuficiente e prestado por profissionais não especializados.

As pessoas diagnosticadas com TEA possuem direito ao acesso a programas e atenção à saúde gratuitos, da mesma variedade, qualidade e padrão que são oferecidos às demais pessoas, além de contarem com os serviços públicos de saúde de que necessitem em razão de sua deficiência.

De acordo com a Lei nº 12.764/2.012, uma vez diagnosticado o quadro de TEA, a pessoa passa a ter direito a atendimento multiprofissional, nutrição adequada e terapia nutricional, como também ao fornecimento gratuito dos medicamentos prescritos pelo médico assistente. Já a Lei nº 10.418/2.012, com âmbito de aplicação restrito ao município de Belo Horizonte, acrescenta que o Município deve disponibilizar todo o tratamento especializado para as pessoas já diagnosticadas.

Também são frequentemente apresentadas reclamações acerca do atendimento escolar oferecido às crianças, jovens e adultos com TEA.

Caso o aluno com TEA tenha condições de se integrar no ensino regular, a legislação determina que ele tem direito ao atendimento educacional especializado, a ser prestado dentro da rede regular de ensino.

Nesse diapasão, é vedado às escolas componentes da rede regular de ensino, sejam elas públicas ou privadas, recusar a matrícula e permanência de alunos com TEA. Consequentemente, eventuais testes seletivos, aplicados com o objetivo de vedar o acesso de alunos com TEA ao sistema regular de ensino, estão em desacordo com o sistema legislativo. Da mesma forma, atitudes de discriminação, como a não adaptação das aulas e provas aplicadas ao aluno com TEA, também são vedadas por lei.

A nova lei destaca um direito já previsto em leis anteriores, qual seja: se matriculado na rede regular de ensino, o aluno com TEA tem direito a um acompanhante especializado, acrescentando que, nesse caso, o aluno deverá comprovar a necessidade desse serviço.

No caso do aluno com TEA, cuja inclusão na rede regular de ensino é inviável, conforme avaliação médica, existe a possibilidade de sua matrícula em escola especial, voltada especificamente para o público com deficiência grave e/ou com grave distúrbio de comportamento.

A legislação prevê que o atendimento educacional à pessoa com deficiência deve ser realizado preferencialmente na rede regular de ensino. Contudo, nos casos em que a educação regular não atenda às necessidades educacionais ou sociais da pessoa com TEA, a legislação prevê a educação em escolas, classes ou serviços especializados. Em outras palavras, o ordenamento jurídico não exclui a existência e funcionamento das escolas chamadas especiais, ao contrário, prevê que – em determinados casos – o aluno com deficiência deve ser encaminhado a elas.

O aluno com TEA, seja na escola regular ou em escola especial, tem direito ao atendimento educacional especializado, composto – dentre outros itens - por projeto pedagógico individualizado, além de educação física adaptada.

Na seara da **assistência social**, desde que atendidos os requisitos da Lei Orgânica de Assistência Social (Lei nº 8742/93), a pessoa com TEA passa a ter direito ao benefício de prestação continuada (BPC), que consiste no recebimento de 1 (um) salário mínimo mensal, pago pelo Governo Federal, independente de contribuição prévia à Previdência Social. Para ter direito ao benefício, a renda mensal familiar *per capita* da pessoa com deficiência deve ser inferior a ¼ de salário mínimo.

Em Belo Horizonte, a questão do chamado passe livre em favor da pessoa com deficiência também é objeto de grande debate.

Por força de dispositivo da Lei Orgânica do Município de Belo Horizonte, a pessoa com TEA, assim como qualquer pessoa com deficiência, tem direito à gratuidade no transporte coletivo urbano de Belo Horizonte e região metropolitana, extensivo, quando necessário, ao acompanhante. Importante registrar que a mencionada lei não traz em seu bojo qualquer requisito ou restrição para o exercício do direito. Contudo, em alguns casos, será necessário o ajuizamento de ação, para garantir a fruição desse direito, em razão da existência de Portaria emitida pela BHTRANS (Empresa de Transportes e Trânsito de Belo Horizonte S/A), que estabelece critérios restritivos para o exercício do referido direito.

No transporte coletivo interestadual, também é garantida gratuidade às pessoas com deficiência, incluindo as com TEA, desde que comprovadamente carentes, nos termos da legislação.

Na aquisição de veículos automotores, as pessoas com TEA, agora consideradas pessoas com deficiência, também podem usufruir do benefício de isenção de ICMS (imposto sobre a circulação de mercadorias e serviços) e IPVA (imposto sobre a propriedade de veículos automotores).

Assim como no caso do passe livre, trata-se de um direito controverso. Dessa forma, pode ser necessária ação judicial, para garantir a fruição dessas isenções. Em nosso entendimento, apesar da existência de regulamento diverso, constitui discriminação a exigência de carteira de habilitação, por parte da pessoa com deficiência, para a aquisição do direito à isenção. Com fundamento nisso, os autores já ajuizaram ações no sentido de conferir direito à isenção, mesmo em favor da pessoa com deficiência, que não possua condições de dirigir veículo.

Outro assunto que merece destaque é o atendimento prioritário. Frequentemente, pessoas com deficiência enfrentam longas filas em guichês e caixas, voltados especificamente para o público idoso, com deficiência, gestantes e pais com crianças de colo.

Uma vez considerada pessoa com deficiência, a pessoa com TEA passa a ter direito a atendimento prioritário em órgãos da administração pública direta, indireta e fundacional, empresas prestadoras de serviços públicos e instituições financeiras. Vale lembrar que a legislação nada menciona sobre os chamados "guichês ou caixas prioritários", estabelecendo, na verdade, que a prioridade consiste em tratamento diferenciado e atendimento imediato.

Conforme já exposto, estes são apenas alguns dos direitos previstos em favor das pessoas com deficiência e, logo, em favor das pessoas com TEA. A lista de direitos é extensa, entretanto – lamentavelmente – são poucos os direitos previstos na legislação que são efetivados na rotina das pessoas com deficiência.

Conclusão: novos desafios

Com as leis que definem TEA como deficiência, novos desafios são apresentados a esse grupo social.

A efetivação dos direitos previstos no ordenamento jurídico deve agora ser o objetivo dos movimentos sociais desse seguimento.

Se, em um passado não muito distante, as reivindicações das pessoas com deficiência se restringiam ao atendimento e assistência social e médica, o que se deve buscar hoje, é a garantia de coexistência social.

Uma inclusão social efetiva e verdadeira requer a ampla divulgação dos transtornos e das características que lhes são inerentes, motivo pelo qual os movimentos promovidos por esse grupo social devem priorizar a informação e divulgação sobre TEA, para que, muito além da acessibilidade física, as pessoas com TEA possam exigir a acessibilidade atitudinal.

Aspecto que assume especial relevância é a necessidade de se exigir do Poder Público a promoção e o **cumprimento das Diretrizes da Política Nacional de Proteção dos Direitos da Pessoa com Transtorno do Espectro Autista**, previstas no artigo 2º da Lei nº 12.764/2012 e que consistem na *"intersetorialidade no desenvolvimento das ações e das políticas e no atendimento à pessoa com transtorno do espectro autista; participação da comunidade na formulação de políticas públicas voltadas para as pessoas com transtorno do espectro autista e o controle social da sua implantação, acompanhamento e avaliação; atenção integral às necessidades de saúde da pessoa com transtorno do espectro autista, objetivando o diagnóstico precoce, o atendimento multiprofissional e o acesso a medicamentos e nutrientes; estímulo à inserção da pessoa com transtorno do espectro autista no mercado de trabalho, observadas as peculiaridades da deficiência; responsabilidade do poder público, quanto à informação pública relativa ao transtorno e suas implicações; incentivo à formação e à capacitação de profissionais especializados no atendimento à pessoa com transtorno do espectro autista, bem como a pais e responsáveis e o estímulo à pesquisa científica, com prioridade para estudos epidemiológicos tendentes a dimensionar a magnitude e as características do problema relativo ao transtorno do espectro autista no País"*.

Em outras palavras, a promulgação da Lei nº 12.764/2012 certamente constitui um avanço em favor das pessoas com TEA, mas por outro lado, é necessário ter consciência que este é apenas o passo inicial para a inclusão efetiva e a promoção da igualdade real.

Neste momento, é imprescindível unir forças, para superar eventuais obstáculos e buscar a efetivação das leis já existentes.

Importante compreender também, que deficiência e inclusão social são conceitos em constante evolução, razão pela qual serão sempre necessárias novas normas jurídicas, para adaptar o Direito aos avanços da sociedade e às conquistas das pessoas com TEA.

As pessoas com deficiência constituem um grupo social heterogêneo, motivo pelo qual o legislador deve estar atento às necessidades e expectativas individuais dos diversos integrantes desse grupo, na elaboração dos diversos diplomas normativos.

Por fim, considerando a definição do sociólogo português, Boaventura de Souza Santos, de que a exclusão social é um fenômeno cultural e social, torna-se salutar manter e incrementar os debates e a divulgação dos transtornos do espectro do autismo, com o intuito não apenas de impedir a exclusão, como também, para promover uma inclusão verdadeira dessas pessoas na sociedade.

A Defensoria Pública de Minas Gerais, instituição constitucionalmente prevista para prestar assistência jurídica integral às pessoas hipossuficientes (que não tenham condições financeiras de contratar um advogado), (art. 134 da Constituição Federal), possui – em Belo Horizonte - um setor especializado para atender as demandas de idosos e pessoas com deficiência. Nosso atendimento abrange orientação jurídica, atuação judicial e extrajudicial, demandas individuais e coletivas. Em razão de dificuldades estruturais e ausência de pessoal, atualmente a Defensoria Pública não está presente em todas as comarcas do interior do Estado.

EMPREGABILIDADE DE PESSOAS COM TRANSTORNOS DO ESPECTRO DO AUTISMO DE ALTO FUNCIONAMENTO E SÍNDROME DE ASPERGER NO BRASIL

Mariene Martins Maciel
Argemiro de Paula Garcia Filho

Introdução

O objetivo deste trabalho é delinear a situação de empregabilidade no Brasil das pessoas com Transtornos do Espectro do Autismo de Alto Funcionamento (TEAAF) ou com Síndrome de Asperger (SA), bem como apontar as eventuais dificuldades e suas causas, na inserção e manutenção no mercado de trabalho.

Há poucos levantamentos, no Brasil e no mundo, a respeito da empregabilidade das pessoas com Transtornos do Espectro do Autismo (TEA), também chamados Transtornos Globais do Desenvolvimento (TGD).

A questão da inclusão social e profissional das pessoas com deficiência tem relevância, porque vivemos em uma sociedade estruturada pela categoria "trabalho", que inclui ou exclui as pessoas das condições básicas de provimento, lembra BAHIA [1], e cita NAMBU (2003, *apud* Bahia, Op. Cit.), para quem o sistema produtivo é um espaço importante no processo de inclusão, pois é a partir dele, que as pessoas são avaliadas pela sociedade.

No Brasil, não faltam leis para dar apoio às pessoas com deficiência. A Lei Federal 7.853/1989, que dispõe sobre o apoio às pessoas com deficiência, em seu Artigo 2º, define que ao Poder Público cabe assegurar às pessoas com deficiência o pleno exercício de seus direitos básicos, inclusive dos direitos à educação, à saúde, ao trabalho, entre outros. A Convenção Internacional sobre os Direitos das Pessoas com Deficiência (Decreto nº 6.949/2009), que tem status de emenda constitucional, deixou claro esses direitos, incluindo as pessoas com TEA, o que foi reforçado pela Lei Federal 12.764/2012, que tem por mérito explicitamente declará-las pessoas com deficiência.

Já a Lei Federal 8.213/1991, a Lei das Cotas, tem o valor de oferecer às pessoas com deficiência maior socialização, obtenção de conhecimentos e outros aspectos da cidadania, proporcionando-lhes elevação da autoestima e independência. As empresas, obrigadas por essa lei a contratar pessoas com deficiência, tendem a se tornar inclusivas, indo até além do determinado, ao perceber que a diversidade humana enriquece seu ambiente e as análises de problemas, gerando soluções mais criativas e lhe dando competitividade (Idem, p. 38).

Mas, se o aparato legal brasileiro pode ser considerado avançado, cabe lembrar que somente a sua existência não é suficiente, para propiciar a inclusão social e profissional de pessoas com deficiência. As leis vigentes garantem, tão somente, as condições para que a inclusão seja realizada[1]. A construção de um novo paradigma, que desfaça a imagem do indivíduo com deficiência como incapaz, inválido, oneroso e improdutivo e crie a figura da pessoa com deficiência, dotada de qualificação profissional é o grande desafio de nossa sociedade (Bahia, *op. cit.*).

Trabalho, paradigma de inclusão

A década de 1990 marcou o início das discussões sobre o paradigma da inclusão social. WERNECK[1] (2003, *apud* Bahia, 2006) define: *"uma sociedade inclusiva é aquela capaz de contemplar, sempre, todas as condições humanas, encontrando meios para que cada cidadão, do mais privilegiado ao mais comprometido, exerça o direito de contribuir com seu melhor talento para o bem comum."*

Com este paradigma, surge o modelo social, baseado em que os problemas das pessoas com deficiência *"não estão tanto nelas, tanto quanto estão na sociedade."* [1]. A sociedade é instada a ver que cria os problemas e barreiras para as pessoas com deficiência, com as consequentes incapacidades ou desvantagens[1].

A visão empresarial distribui-se ao longo de um espectro que, em um extremo, mostra uma *visão liberal*, que defende como papel das empresas gerar lucros para seus acionistas, produzir bens e prestar serviços de modo eficiente e competitivo – ao atenderem às necessidades de consumo, gerando empregos, pagando impostos, desenvolvendo tecnologias e remunerando seus acionistas, cumprem seu papel na sociedade; no outro extremo estão aqueles que defendem a *responsabilidade social*, afirmando que as empresas devem engajar-se no enfrentamento dos desafios sociais e ambientais da atualidade [2]. Com essas diversas motivações e práticas, as empresas acabam por se verem pressionadas a se adaptar. Seja apenas para cumprir as novas leis de inclusão, seja para se apresentar como um elemento engajado na melhoria da sociedade, seja por uma real preocupação social, vêm ganhando espaço, atitudes e posturas inclusivas para o mercado de trabalho.

SASSAKI [1], diz que há seis dimensões para as quais devem ser implementadas medidas de acessibilidade, onde todos possam circular:

Tabela 1. Medidas de acessibilidade para a empresa inclusiva; Bahia[2] (2008) adaptado de Sassaki (2005).

1	Dimensões	Barreiras
2	Arquitetônica	Ambientais e físicas
3	Comunicacional	Comunicação oral, escrita, virtual e interpessoal
4	Metodológica	Métodos e técnicas de trabalho
5	Instrumental	Instrumentos e técnicas de trabalho
6	Programática	Invisíveis, embutidas nas normas da empresa
7	Atitudinal	Atitudes e comportamentos

Em relação às pessoas autistas, Scott Standifer, da Universidade do Missouri (EUA), ressalta que "o grande diferencial das pessoas com autismo (*em relação às outras*) é que, quando fazem um trabalho, são muito focadas". Por isso, costumam ter boas avaliações de desempenho [3].

Desde 2004, a Fundação Specialist People, dinamarquesa, através da empresa Specialisterne, emprega mais de 170 autistas. O objetivo é criar um milhão de empregos, "um empreendimento social inovador para prover avaliação, treinamento, educação e serviços de consultoria, onde a maioria dos empregados é autista". (Specialist People Foundation, 2012).

Pessoas com deficiência e mercado de trabalho

O IBGE[4], no Censo 2010, não analisou os transtornos do espectro autista. Houve, no entanto, a análise da situação das pessoas com deficiência no mercado de trabalho; vamos analisar os dados referentes à deficiência, trabalho e escolarização.

Para uma população de cerca de 191 milhões de brasileiros (*Id.*), quase 46 milhões, cerca de 24%, declarou possuir pelo menos uma das deficiências investigadas, 2,6 milhões com deficiência mental ou intelectual. Registrou-se, ainda, que as desigualdades são maiores para as pessoas com deficiência, que têm taxas de escolarização menores que a população sem as deficiências investigadas, o mesmo em relação à ocupação e rendimento.

Segundo o IBGE (2010), fazem parte da população economicamente ativa, as pessoas com mais de dez anos de idade – estas são 162 milhões, das quais 157 milhões (97%) estão alfabetizadas (*Id.*). Já as pessoas maiores de dez anos, com pelo menos uma deficiência, são 44 milhões e, destas, 36 milhões (82%) estão alfabetizadas. Em 2010, a população ocupada com pelo menos uma das deficiências investigadas, representava 23,6% (20,4 milhões) do total de ocupados (86,4 milhões). Das 44,0 milhões de pessoas com deficiência, em idade ativa (10 anos ou mais), 53,8% (23,7 milhões) não estavam ocupadas.

Entre as pessoas com deficiência, maiores de 15 anos, observou-se uma taxa de alfabetização de 81,7%, enquanto na população total dessa faixa etária é de 90,6%. Quanto à escolarização, 95,2% das crianças de 6 a 14 anos com deficiência frequentavam escola, em comparação com os 97,1% da população nessa faixa etária.

Quando se observa o nível de instrução, a diferença é mais acentuada. Na faixa etária dos maiores de 15 anos, enquanto 61,1% das pessoas com deficiência têm, no máximo, apenas o fundamental incompleto, 38,2% das pessoas sem deficiência têm essa escolaridade. A menor diferença foi no ensino superior completo: 6,7% para a população com deficiência e 10,4% para a população sem deficiência, sempre considerando os maiores de 15 anos.

Direitos e Legislação

A partir da década de 1980, criam-se no Brasil leis para assegurar os direitos das pessoas com deficiência (Bahia, 2006). A Constituição Federal[a] (BRASIL, 1988) tem por fundamento, entre outros, a dignidade da pessoa humana e os valores sociais do trabalho (Art. 1º); garante (Art. 6º) que o trabalho, assim como a educação, a saúde e outros, é um direito social e proíbe (Art. 7º) "qualquer discriminação no tocante a salário e critérios de admissão do trabalhador portador de deficiência".

A Lei 7.853, de 24/10/1989, prega que "ao Poder Público e seus órgãos cabem assegurar às pessoas portadoras de deficiência o pleno exercício de seus direitos básicos, inclusive (...) ao trabalho (...) e de outros que (...) propiciem seu bem-estar pessoal, social e econômico."

---

[a] Disponível em: http://www.planalto.gov.br/ccivil_03/constituicao/constituicao.htm. Brasília, 1988.

Já a Lei 8.213, de 24/7/1991, no Artigo 89, determina que a habilitação e reabilitação profissional e social deverão proporcionar às pessoas portadoras de deficiência os meios para a (re)educação e (re)adaptação profissional e social indicados, para participar do mercado de trabalho e do contexto em que vive. No Artigo 93, define que as empresas com mais de cem empregados deverão preencher 2% a 5% de suas vagas com pessoas com deficiência.

A Lei 12.764, de 27/12/2012, que institui a Política Nacional de Proteção dos Direitos da Pessoa com Transtorno do Espectro Autista, no Artigo 2°, determina "o estímulo à inserção da pessoa com transtorno do espectro autista no mercado de trabalho". No Artigo 3°, define como direito da pessoa com TEA (inciso IV, alínea "c"), o acesso ao mercado de trabalho.

No entanto, a realidade caminha lenta em direção aos direitos definidos por leis. Casos de discriminação de pessoas com deficiência, em particular as pessoas autistas, são corriqueiros.

Prevalência dos TEA

As estimativas feitas para pessoas com autismo ou TEA, aceitas internacionalmente, são variáveis. Para a ONU (Nações Unidas), seriam 5 para dez mil (0,05%); para a OMS (Organização Mundial de Saúde), 6 para mil (0,6%) e para o CDC (*Centers for Disease Control*, dos EUA), 1 para 88 (1,1%). No Brasil, se admitíssemos os dados estatísticos da OMS, haveria 95 mil pessoas com autismo; para a ONU, haveria 1,1 milhão de pessoas com TEA; e, aceitando a estimativa do CDC, teríamos 2,2 milhões de pessoas com TEA.

PAULA e *colaboradores*[5b] realizaram o primeiro estudo epidemiológico brasileiro para TEA, em um bairro do município

---

[2] Disponível em: http://www.autismoerealidade.com.br/2011/04/estudo-epidemiologico-brasileiro-sobre-transtornos-do-espectro-autista-2/.

de Atibaia (SP), onde residiam 1470 crianças de 7 a 12 anos. Considerando esse total, 12 preencheram critérios para TEA, segundo o ASQ (Autism Screening Questionnaire – um instrumento de varredura), o que significa uma frequência de 0,82% do total. Para esse trabalho, contaram com a participação de profissionais do Programa de Saúde da Família. As escolas receberam esclarecimentos, indicando possíveis casos. Clínicas especializadas e hospitais foram visitados por pesquisadores especialistas em autismo, em busca de possíveis casos. Foram identificadas quatro crianças, que realmente preenchiam critérios para o espectro autista, o que representa uma prevalência de 27,2 por dez mil, ou 0,27%.

Emprego e renda de pessoas com autismo

Há casos conhecidos e divulgados pela mídia de pessoas com TEAAF ou com SA que desenvolvem atividades laborais. Muitas vezes, são pessoas que só tiveram diagnóstico depois de buscar ajuda, para entender os porquês de suas dificuldades, para se integrar ao ambiente de trabalho.

Há poucos estudos, no Brasil ou em outros países, que analisem como as pessoas com autismo se situam no trabalho. Taylor & Seltzer [6], analisando dados de 66 jovens autistas, afirmam que jovens com TEAAF, sem deficiência intelectual, têm probabilidade três vezes menor de conseguir emprego. Dos jovens autistas analisados, 56% trabalham em oficinas protegidas (*sheltered workshops*).

Pontualmente, há casos de emprego de pessoas autistas em situações mais formais que oficinas protegidas. Na Galícia (Espanha), as *brigadas florestales*, em parceria com o Conselho de Vilagarcía [7], empregam pessoas com autismo, para realizar tarefas de limpeza e jardinagem. Na Dinamarca [8], Torkill Sonne, o pai de um jovem autista, criou a Specialisterne, empresa de consultoria em TI (tecnologia da informação), cujo corpo de profissionais é constituído de pessoas com autismo.

John Elder Robison conta como trabalhou projetando os efeitos especiais dos shows da banda Kiss e, depois, jogos e brinquedos eletrônicos. Um dia, lhe disseram que "devia trabalhar por conta própria", quando admitiu que "não era um cara que trabalhasse em equipe". Montou seu próprio negócio, uma oficina, para consertar carros de luxo e explica que seus traços de Asperger o ajudaram: sua forma direta de explicar os problemas e a compulsão de saber tudo sobre carros o ajudaram a se estabelecer e, especialmente, o fato de não saber ler a linguagem corporal, o que faz com que trate todos da mesma forma. John foi diagnosticado *aspie* aos quarenta anos.

Há exemplos de pessoas diagnosticadas com autismo de alto funcionamento ou síndrome de Asperger, que trabalham em atividades regulares no Brasil. Daniel Jansen, biólogo, concluiu mestrado na Unicamp [9]. O engenheiro eletricista André RUIZ [10], outro caso de diagnóstico tardio, aos trinta anos, conta: "sentia que não produzia como deveria, estava infeliz e sabia que meus chefes tampouco estavam felizes". João Paulo, cearense, trabalha no serviço de agendamento de consultas pelo SUS da Casa da Esperança, em Fortaleza [11]. O geofísico alemão Peter Schmidt casado, pai de dois filhos, tem doutorado e trabalha em uma indústria farmacêutica, mas admite: não consegue entender o significado das expressões faciais e relata acessos de raiva, quando alguém desarruma sua prateleira, meticulosamente organizada.

De fato, há muitas pessoas com características autistas no mercado de trabalho. São vistas como reservadas, introspectivas, excêntricas. No seu local de trabalho, são vistos como "esquisitos" ou "malucos", ganham apelidos, como "Maria Zumbi", e não encontram acolhimento; ao contrário, podem sofrer assédio moral, vivendo situações de estresse, que as fazem se sentir infelizes.

Stephen Shore [12], um doutor em Educação, que tem SA e trabalha com crianças autistas, não se adaptou ao primeiro emprego, porque "a gravata o punha maluco", e acabou demitido. Era criticado por ir ao trabalho de bicicleta ou por tirar os sapatos, para aliviar o calor. No humilhante momento da demissão, o chefe comentou que Stephen deveria ter "algum tipo de deficiência". Encontrou-se no ensino de Música.

O casal de *aspies* Jerry Newport e Mary Meinel inspiraram o filme *Mozart and the whale*, que foi exibido no Brasil como *Loucos de amor*. Reportagem da CBS NEWS [13] relata que Jerry tem problemas em fazer contato visual. Bom aluno na Universidade de Michigan, passou os vinte anos seguintes pulando de emprego em emprego.

William Rice [14], voluntário na National Autistic Society da Escócia, explica que os empresários devem compreender a natureza da Síndrome de Asperger. Um colega o ajudou a se integrar ao trabalho, apresentando-o às pessoas e indicando a quem pedir ajuda, reduzindo sua ansiedade. William diz que, embora o autismo seja parte dele, não é todo o seu ser.

Em 2011, havia oito pessoas autistas trabalhando no laboratório dirigido pelo neurocientista canadense Laurent MOTTRON (2011). Esse pequisador admite que o autismo pode tornar difíceis as atividades diárias, mas ressalta que também pode ser uma vantagem: muitos autistas são aptos à ciência acadêmica. "devido a suas qualidades intelectuais e pessoais". Michelle Dawson, uma de suas colaboradoras, é autista; ambos têm artigos e capítulos de livros em coautoria. MOTTRON (*op. cit.*) lembra que autistas não vão prosperar em todas as carreiras. Nos campos ligados a relações interpessoais, como o comércio, terão problemas e diz: "indivíduos autistas deveriam ter mediadores, para ajudar a resolver situações que a ansiedade dispara neles".

SHATTUCK e cols [15] apontam que, dentre os jovens com TEA dos Estados Unidos, 34,7% chegaram a cursar faculdade e 55,1% tinham trabalho remunerado nos primeiros seis anos, depois do secundário (*high school*). Porém, mais de 50% dos jovens que concluíram o colégio não tinham emprego ou escola. As taxas de emprego para adultos com TEA são baixas e se observou, ainda que a maioria acaba por se empregar em atividades de nível inferior ao de sua escolaridade. Em termos de educação de nível superior e empregabilidade, jovens com TEA mostram menor taxa de emprego em relação aos que têm distúrbio de linguagem (DL) ou dificuldade de aprendizado (DA) ou, mesmo, algumas categorias de deficiência intelectual (DI); a formação de nível superior entre quem tem TEA mostrou-se menor do que para aqueles nas categorias DL ou DA e maior que para os da categoria DI (*Ibid.*).

Empresas dos Estados Unidos estão se preparando para empregar pessoas autistas, por acreditarem que estes trabalhadores são confiáveis e dedicados, criando empregos inclusivos, voltados para aproveitar as habilidades dessas pessoas, em vez de lhes dar apenas tarefas limitadas [3]. A Aspiritech, uma organização sem fins lucrativos com sede em Illinois, coloca pessoas com autismo de alto funcionamento em testes de softwares, atividade que pede "atenção a detalhes, precisão, afinidade para tarefas repetitivas e excelente habilidade tecnológica" [16].

No Brasil, há relatos pontuais de situações de inclusão e de exclusão no mercado de trabalho, uma vez que, como no resto do mundo, são poucas as pessoas autistas de alto funcionamento adultas, que são identificadas como tal.

Há cerca de doze anos, um rapaz *aspie* da região metropolitana de Salvador, foi aprovado, em um concurso de prefeitura. Assumiu o posto e, em menos de um ano, foi dispensado. Cumpria suas tarefas rapidamente e não se relacionava com os colegas; dava parecer sobre os processos que chegavam à sua mão e os despachava. Sem mais tarefas, recostava-se e dormia, o que foi considerado um comportamento inadequado. Seus colegas faziam o trabalho mais devagar e, entre um despacho e outro, conversavam frivolidades.

O potiguar Jobson Maia tornou-se conhecido nacionalmente, quando sua história foi exibida no "Criança Esperança" de 2011. Faz shows, nos quais canta, principalmente, os sucessos de Roberto Carlos. Jobson cuida de tudo: "Canto, toco teclado, organizo o som e mantenho uma boa performance de palco. Isso depois de ter estudado piano e teoria durante 5 anos no Conservatório Frederick Chopin e mais 4 anos na Escola de Música da UFRN. "Mesmo assim, antes de subir ao palco ainda fico ansioso", afirma. O artista já fez shows em São Paulo, São Luiz do Maranhão e Fortaleza, conheceu artistas como Fafá de Belém e Luciano, além do próprio Roberto Carlos, gravou um CD e um DVD ao Vivo, na Assen, em Natal.

Ricardo é filho da empresária carioca Dalva TABACHI [17]. Quando ele completou 22 anos, Dalva decidiu levá-lo para trabalhar na empresa da família, explicando-lhe: "Você está um homem e tem que trabalhar como todo mundo". No primeiro mês, ia três vezes por semana ao trabalho; passado o período, passou a comparecer diariamente por um turno. Suas primeiras tarefas foram cortar e picar documentos e papéis velhos; depois, passou a atender as três linhas telefônicas da empresa. A convivência serviu para aumentar seu vocabulário e aprender a enfrentar de maneira mais tranquila as situações do dia a dia. A tia de Ricardo relata que "ele deslanchou. Ficou sociável e, como é muito determinado, se organiza muito bem para fazer seu trabalho. Tem responsabilidade e paciência. Faz até o final o que lhe é solicitado. Quando termina uma tarefa, se levanta e diz que vai procurar alguma coisa para fazer." Dalva (outubro de 2012) conta que Ricardo trabalha meio expediente: "*Às vezes, larga a mesa onde ficam os telefones e vai lavar as louças sujas, do lanche dos empregados, o que não é tarefa dele, e depois volta ao que tem que fazer. Atender o telefone, já faz muito bem, casar os números, também já sabe fazer. O trabalho foi muito importante na vida dele*".

A pesquisa

Foram enviadas solicitações para grupos de discussão, comunidades virtuais e redes sociais da internet, buscando voluntários para a pesquisa. O público visado eram pessoas com síndrome de Asperger e TEAAF, maiores de dezoito anos. O foco foi a empregabilidade destes sujeitos.

Para a realização desta pesquisa, foi criado um questionário, denominado de **Roppasa** (Roteiro para Avaliação Psicossocial de Pessoas com TEAAF ou com SA), baseado no **Ropai** (Roteiro Psicossocial para Avaliação e Intervenção) de MACIEL & GARCIA FILHO [11]. A intenção do **Roppasa** é traçar um panorama que mostre como enfrentam e superam – ou não – as dificuldades de viver em uma sociedade majoritariamente constituída por neurotípicos. Este questionário se divide nos itens:

1) Informações Básicas (identificação, filiação, gênero, idade e local de moradia);
2) Atendimento de Saúde Pregresso e Atual – modalidade de atendimento, profissionais, tipo de instituições e a qual setor pertencia (primeiro, segundo ou terceiro setor);
3) Desenvolvimento psicomotor e histórico de saúde;
4) Alimentação e sono;
5) Descoberta e relação com a Síndrome;
6) Atividades de Vida Diária;
7) Ritos e manias;
8) Comunicação e linguagem;
9) Relacionamento sócio afetivo;
10) Relações Sociais;
11) Escolarização; e
12) Aspectos sócio-econômicos e relações no trabalho.

Onze pessoas responderam ao **Roppasa**, sendo seis homens e cinco mulheres. A mulher mais jovem tem 23 anos e a mais velha, 29 anos. O homem mais jovem tem 19 anos e o mais velho, 37 anos, de quatro regiões do Brasil, Nordeste, Centro-Oeste, Sul e Sudeste. Dois homens e uma mulher são de Salvador (BA) e um homem de Natal (RN). Uma mulher é paranaense.

Duas mulheres e um homem, fluminenses. Um homem e uma mulher são de São Paulo e um homem de Brasília.

Em termos de escolarização, os entrevistados se encontram em situação bem diversa da média apresentada pelo Censo 2010 (Figura 1). Dos onze que participaram, nove são ou foram alunos de escola regular (82%). Oito terminaram a graduação (72%), dois dos quais têm pós-graduação (18%). Dos três restantes (28%), um ainda frequenta, em escola pública regular, o Fundamental II; os outros dois somente frequentaram escola regular por dois anos: são adultos e, enquanto um é autodidata, tendo adquirido muito conhecimento através de leitura, o outro é aluno de ensino especial há 23 anos.

Figura 1. Comparação da escolaridade das pessoas entrevistadas (TEAAF) com o Censo 2010: Pessoas com deficiência e sem deficiência.

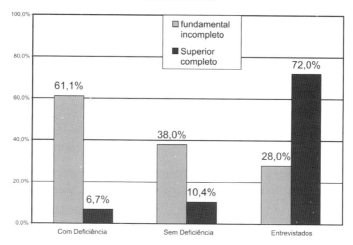

O nível econômico dos entrevistados também está acima da média da maioria das pessoas com deficiência (Figura 2). Neste levantamento, só um tem renda familiar menor que dois salários mínimos, quatro têm entre dois e cinco SM, a renda de três está entre cinco e dez SM e os três restantes têm renda familiar acima de dez SM. O Censo 2010 mostra que, nacionalmente, 46,4% das pessoas com deficiência recebem até 1 salário mínimo.

Figura 2. Distribuição das pessoas entrevistadas segundo renda familiar
(em salário mínimo).

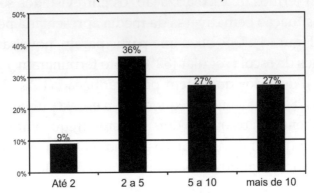

Dentre os onze casos, três receberam o diagnóstico com menos de dez anos, seis com mais de vinte anos e dois estão em fase de diagnóstico. A suspeita de autismo de alto funcionamento ou de Síndrome de Asperger foi levantada depois dos dezoito anos para oito deles; um, aos quinze anos e dois, antes dos dez anos.

Três participantes da pesquisa apresentam distúrbios do humor, dois têm epilepsia, quatro têm enxaqueca.

A maioria teve atendimento na área da Saúde Mental, Neurologia, Psiquiatria e Psicologia, na infância (de 80% a 90%) e na idade adulta (de 40% a 50%), nenhum com tratamento psiquiátrico intra-hospitalar.

Seis relatam atrasos no desenvolvimento neuromotor, sendo que um relata problema com a coordenação motora fina. Nove são destros e dois canhotos.

Habilidades comunicativas e sociais são importantes para o convívio no local de trabalho. Na área da Comunicação e Linguagem, encontramos depoimentos detalhados. Seis tiveram dificuldade para iniciar a fala, quando pequenos, o que os classifica, pelos critérios desta publicação, como autistas de alto funcionamento. Dez não iniciam uma conversa (91%) e um só inicia, se não puder evitar. Todos sabem fazer perguntas, mas um o faz com dificuldade e outro, só "muito raramente" e acrescenta: "não pergunto sobre a vida de ninguém, porque não me interessa, mas se eu precisar de alguma informação e não houver outro modo de descobrir, eu pergunto". Nove respondem, quando inquiridos. Na conversação, quatro mantêm a conversa, mesmo se o assunto não é de seu interesse, e os outros seis, apenas se tiverem interesse; nove tecem monólogos se o assunto lhes interessa e um declarou: "hoje em dia, eu tento ao máximo evitar, a menos que a pessoa fale com todas as letras que está interessada...; tenho medo de ser inconveniente". Quanto a habilidades conversacionais, declararam: fazer jogo de palavras (trocadilhos, rimas, chistes e outras brincadeiras) (1 pessoa – 9,1%); entender linguagem figurada (4 pessoas –36,4%); entender expressões faciais (nenhum); entender ironia (3 pessoas – 27,3%); usar expressões faciais, como fechar a cara ou sorrir para pedir (5 pessoas – 45,5%). (Figura 3)

Figura. 3. Habilidades conversacionais citadas pelos entrevistados.

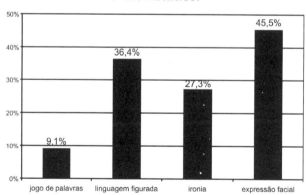

Seis declararam que cumprimentam as pessoas e três explicitaram:

– "Eu (quase sempre) falo 'oi' para as pessoas que conheço; às vezes pergunto se está tudo bem, e respondo 'sim', se me perguntam, mesmo que não esteja tudo bem... Aparentemente isso é o mais educado a se fazer, em qualquer circunstância".

– "Sim, na maioria das vezes, quando estimulado."

– "Não. Odeio dar 'bom dia', 'oi' e expressões vazias do tipo."

Dois consideram ter personalidade dominadora e cinco se acham inseguros, preferindo que tomem as decisões por eles. Timidez foi citada por todos, embora oito declarem-se tímidos apenas com estranhos. Descrições como isolados ou ensimesmados foram escolhidas por 5 (45%) dos entrevistados; dois se sentem expansivos e cinco, alegres. Cinco gostam de ficar sozinhos, sendo que um apenas, às vezes. Observa-se aqui que menos da metade dos entrevistados relataram habilidades sociais, que facilitam o trabalho em grupo, preferindo isolar-se. Condições assim são relatadas na literatura auto-biográfica de pessoas autistas.

Oito declararam que se descontrolam facilmente e um, em situações específicas. Cinco se autoagridem, três agridem outras pessoas verbalmente e dois, fisicamente (no caso, pessoas que não estão no mercado de trabalho). A maioria não gosta de contato físico. Seis não gostam de abraços (55%) e, dos que gostam, será apenas com algumas pessoas ou "bem pouco". Esclarecedora é a declaração: "No geral, não gosto, mas depende da pessoa que está me abraçando..., se for alguém bastante próximo, como um amigo íntimo, alguém da família ou um namorado/a, nenhum problema... De qualquer forma, não tenho o hábito de ficar abraçando as pessoas".

Todos relatam ter apego a poucas pessoas, geralmente familiares. Nenhum declara aversão específica a alguém. São citados casos como: "não gosto muito de estranhos, de modo geral, mas... não acho que chegue a ser uma aversão..., acho que não tem ninguém de quem eu realmente não goste". "(*Não gosto de...*) gente chata, intrometida, ou que banca guru de autoajuda".

Compreender os sentimentos alheios e expressar os seus, é base para se relacionar. Sete (64%) declararam conseguir sempre ou quase sempre, reconhecer sentimentos básicos dos outros, como alegria, tristeza ou raiva – um diz que "apenas em algumas situações". Quanto aos próprios sentimentos, cinco (45%)

também conseguem identificá-los, mas apenas quatro sabem expressá-los: dois, verbalmente; um, por escrito, e um, somente às vezes.

Sete participam de eventos sociais com familiares, quatro dos quais, esporadicamente. Com colegas, um sempre participa, dois, esporadicamente, sete, raramente e dois não participam. De eventos com amigos, quatro participam esporadicamente, cinco, raramente e dois não participam. Apenas quatro (36%) admitem participar de eventos, mesmo que esporadicamente. A participação de forma "rara" ou a não participação dificulta a formação de vínculos, a socialização.

Escolarização e habilidades

Sete participantes têm nível superior em áreas como Letras, Comunicação (Jornalismo), Biologia, Nutrição e História – destes, dois fazem pós-graduação. Dois frequentaram apenas dois anos em escola regular dos quais, um frequenta escola especial há 23 anos e o outro não foi escolarizado (autodidata). Um está na 7ª série do Fundamental em escola pública. Quatro frequentaram escolas especiais e quatro tiveram atendimento educacional especializado.

As seguintes aptidões foram citadas: grande facilidade de aprendizagem, imagens, boa memória, raciocínio lógico, escrita, desenho, leitura, autodidatismo, Matemática, História, Geografia, Literatura, Artes, Música, Ortografia, Informática, Ciências e Línguas.

Aspectos sócio-econômicos

Das onze pessoas, oito moram com os pais, um com a tia. Uma é casada e mora com o marido. A metade tem irmãos. As mães de sete têm ensino médio e três, nível superior. Para três, o pai tem ensino médio e quatro, nível superior.

A renda familiar de 9% é igual ou inferior a 2 salários mínimos.

O universo pesquisado se encontra todo ele dentro da população economicamente ativa, e apenas dois (18% do total) trabalhavam no momento da entrevista – justamente os dois que têm pós-graduação, dos sete que têm nível superior. Quatro já haviam trabalhado e estavam desempregados. Um trabalhou oito meses, em quatro locais diferentes: o local em que ficou mais tempo foram três meses. Outro trabalhou quatro anos, em três empregos diferentes, tendo ficado em um dos empregos por três anos. Um tem bom relacionamento no local de trabalho e dois disseram que a relação é regular. Outro trabalhou como estagiário de jornalismo, por dois anos em uma prefeitura e tem feito trabalhos avulsos (*freelancer*).

Análise dos resultados

A empregabilidade das pessoas com TEAAF e SA é baixa, assim como sua permanência no emprego: apenas quatro (36%) mostraram estabilidade laboral (mais de um ano).

Os entrevistados que frequentaram a escola regular e concluíram a graduação conseguiram maiores oportunidades de emprego, ainda que tenham encontrado dificuldade, para conseguir estabilidade. Os únicos dois que se encontravam empregados, também têm o maior grau de escolaridade: ambos têm pós-graduação.

Se, dentre as pessoas entrevistadas, 18% responderam que tinham um emprego, o Censo 2010[4] aponta que 46,2% das pessoas com deficiência estavam empregadas, naquele ano. Um resultado duas vezes e meia maior. Confirmando os estudos internacionais consultados, também no Brasil indivíduos com TEAAF e SA encontram dificuldade para se manter no emprego, mesmo quando mostram escolaridade acima da média.

Condições necessárias para a inclusão

A inclusão no mercado de trabalho, para pessoas com TEA, implica em investimentos sociais. Essas pessoas são capazes de realizar tarefas de alto grau de complexidade, mostrando, no entanto, dificuldades com as relações sociais.

Agências e departamento de recursos humanos devem intervir nesse processo, capacitando seus profissionais não apenas para recrutar e selecionar as pessoas com TEA, mas desenvolvendo estratégias de treinamento, que lhes permitam inserir-se nas equipes, socializar-se e contribuir para o desempenho da equipe.

Da mesma forma, as gerências devem estabelecer-lhes funções compatíveis com suas habilidades específicas, de forma a que tais pessoas possam ter suas capacidades singulares aproveitadas, adequadamente.

A ambiência nos locais de trabalho deve ser preparada, para acolher esses trabalhadores, orientando os empregadores, gerentes e colegas, para lidar com as suas peculiaridades.

Compete aos governos nas três esferas, em particular à Secretaria Nacional de Direitos das Pessoas com Deficiência, preparar material e estratégias direcionadas a empregadores sobre os TEA, de forma a estimular o aumento de sua empregabilidade e, principalmente, sua estabilidade laboral.

Referências

1. BAHIA, Melissa Santos – **Responsabilidade Social e Diversidade nas Organizações: Contratando Pessoas com Deficiência** – Rio: Qualitymark, 2006.
2. BAHIA, Melissa Santos; SCHOMMER, Paula Chies & SANTOS, Ernani Marques – **Papéis e práticas empresariais para a inserção profissional de pessoas com deficiência: reflexões a partir de uma experiência. XXXII EnANPAD – Encontro da ANPAD.** – Rio: ANPAD, 2008.
3. GANNET, Anita Bruzzese – **Mão na massa: tarefas estruturadas para os trabalhadores autistas.** The Salt Lake Tribune, 15/12/

2012. Tradução: Argemiro Garcia. Disponível em 28/12/2012 em: http://www.afaga.com.br/biblioteca.
4. IBGE – **Censo 2010: número de católicos cai e aumenta o de evangélicos, espíritas e sem religião**. Comunicação Social, 29 de junho de 2012. Disponível julho de 2012 em: http://www.ibge.gov.br/home/presidencia/noticias/noticia_visualiza.php?id_noticia=2170&id_pagina=1. Brasília: IBGE, 2012.
5. PAULA, C. S., Ribeiro, S. H., FOMBONNE, E., Mercadante, M. T. – Brief report: prevalence of pervasive developmental disorder in Brazil: a pilot study. Abstract. J Autism Dev Disord. 2011 Dec;41(12):1738-42. Disponível em agosto de 2012 em: http://www.ncbi.nlm.nih.gov/pubmed/21337063
6. TAYLOR, Julie LOUNDS & SELTZER, Marsha Mailick – **Employment and Post-Secondary Educational Activities for Young Adults with Autism Spectrum Disorders During the Transition to Adulthood**. J Autism Dev Disord (2011) 41:566–574. Published online: 17 July 2010. Springer Science+Business Media.
7. SANTALLA, María – **Las brigadas forestales de Bata y las municipales colaborarán un día al mes. La voz de Galicia**. Disponível em 23/3/2011 http://www.lavozdegalicia.es/arousa/ 2011/03/23/
1. 0003_201103A23C4991.htm
8. PADILLA, Ivan – **Ele viu o valor dos diferentes**. Época, 2009. Disponível em 2009: http://epocanegocios.globo.com/Revista/Common/0,,EMI91135-16365,00-ELE+VIU+O+VALOR+DOS+DIFERENTES.html
9. SEGATTO, Cristiane – **Um cão-guia até o mestrado**. Época, nr. 513 – 15/03/2008. Rio de Janeiro:Editora_Globo,2008.http://revistaepoca.globo.com/Revista/Epoca/0, EDG82395-8055-513,00-UM+CAOGUIA+ATE+O+MESTRADO.html
10. RUIZ, André Arroyo – "**Posso ficar furioso se alguém quebra a minha confiança**". Gazeta do Povo. Curitiba, 28/03/2010.
11. MACIEL, Mariene Martins & GARCIA FILHO, Argemiro de Paula – **Brincanto – autismo tamanho família**. São Paulo: Scortecci, 2012.
12. SHORE, Stephen – **Beyond the wall. Personal experiences with autism and Asperger Syndrome**. 174 p. Ilustr. Kansas: Autism AspergerPublishing Co., 2001.

13. CBS News – **Jerry e Mary – feitos um para o outro**. Disponível em Crônica Autista – http://www.cronicaautista.blogger.com.br/2004_10_01_archive.html em outubro de 2012. Crônica Autista: 2004.
14. RICE, William – **Construindo pontes: minha história. Depoimento na Autism 99 Conference**. Disponível em: http://www.afaga.com.br/biblioteca
15. SHATTUCK, Paul T., NARENDORF, Sarah Carter, COOPER, Benjamin, STERZING, Paul R., WAGNER, Mary & TAYLOR, Julie Lounds – **Postsecondary Education and Employment Among Youth With an Autism Spectrum Disorder**. Pediatrics, June 2012, Vol. 129, nr. 6, p. 1042-1049. Illinois, USA: Amer. Acad. Pediatrics, 2012.
16. ASPIRITECH (2012) – http://www.aspiritech.org. Disponível em novembro de 2012.
17. TABACHI, Dalva – **Mãe, me ensina a conversar**. Rio: Rocco, 2006.
18. COWEN, Tyler – **Autismo como um paradigma acadêmico**. Disponível em: http://www.afaga.com.br/biblioteca
19. MOTTRON, Laurent – **O poder do autismo**. Trad. Argemiro P. Garcia Filho. Original: Nature 479, p. 33-35, 3 Nov. 2011. Disponível em junho de 2012 em: http://www.afaga.com.br/biblioteca
20. NAESS, Peter – **Loucos de Amor (Mozart and the whale)**. EUA, filme de 2005.
21. ROMBERG, Johanna – **Schmidt e como ele vê o mundo**. GEO, nº 17, páginas 110-125. São Paulo: Editora Escala, 2010.
22. SEGAR, Marc – **Guia de Sobrevivência para portadores da síndrome de Asperger**. Trad. Jorge Albuquerque, com base na tradução de Marcelo Ferrão. Distribuído na internet, 2008. Disponivel em 2008 em: http://aspienet.blogspot.com/23. Specialist People Foundation – http://www.specialistpeople.com. Disponível em 11/2012.

INTERNET, SÍNDROME DE ASPERGER E OUTROS TRANSTORNOS DO ESPECTRO DO AUTISMO DE ALTO FUNCIONAMENTO

Murilo Saraiva de Queiroz

Neste capítulo, exploramos alguns aspectos da relação entre a Síndrome de Asperger (SA) e outros Transtornos do Espectro do Autismo de Alto Funcionamento (TEAAF) e a Internet, tanto do ponto de vista da obtenção de informações confiáveis, quanto das dinâmicas e características observadas na rede como um todo. Tentamos traçar as origens de algumas particularidades que hoje marcam as relações on-line e como afetam o seu uso por profissionais de saúde, familiares e pessoas no espectro autista, numa busca por posturas produtivas e estratégias eficazes de pesquisa e relacionamento on-line.

É importante situar esse trabalho como uma reflexão, a partir das experiências pessoais do autor, que é cientista da computação, mestre em engenharia eletrônica e pai de uma criança autista, iniciada na infância com os primeiros microcomputadores produzidos no país. Não se trata de uma revisão bibliográfica ou um texto de caráter formal, mas sim, de uma reflexão baseada na observação e participação na evolução da Internet comercial, desde a sua origem.

Falar sobre "Internet, S. Asperger e TEAAF" pode parecer um tema amplo demais – a natureza das informações e relações interpessoais na Internet é tão ampla, quanto as que ocorrem no nosso mundo real, o que remete à ideia de que falar sobre a Internet seria como falar sobre "o uso do telefone" ou "a aplicação dos livros", no que diz respeito a esse assunto.

Aliás, a própria distinção entre "mundo real" e "mundo virtual", tão em voga nos anos 2000, começa a deixar de fazer sentido, uma vez que o uso intensivo de redes sem fio e dispositivos portáteis, como os *smartphones* e *tablets*, trouxe o que antes eram atividades do "mundo virtual", realizadas apenas durante os (breves) momentos em que estávamos conectados à rede (e sendo cobrados por minuto!) para o nosso dia a dia no "mundo real": trocamos mensagens, lemos artigos e notícias e acessamos redes sociais, durante todo o tempo em que permanecemos acordados, enquanto realizamos atividades cotidianas, durante o trabalho e durante o lazer; através do uso de localização via GPS uma nova camada de informação é adicionada, em tempo real, à nossa localização física (como por exemplo, a avaliação que nossos amigos e conhecidos deram a um determinado restaurante ou loja). Cada vez mais, a Internet se mostra parte da nossa realidade concreta, cotidiana, e não algo virtual, à parte.

Mas apesar do enorme crescimento do interesse e da utilização da Internet, observado desde o surgimento dos primeiros provedores de acesso comerciais, no final dos anos 1990, muitas vezes o seu potencial ou alcance não é totalmente compreendido pelos usuários, que em grande parte se limitam aos serviços mais conhecidos, de caráter mais lúdico e descompromissado (como as redes sociais, jogos on-line e os *sites* associados à mídia tradicional, principalmente jornais e emissoras de rádio e televisão). Não ter ideia do alcance e da longevidade de publicações na *web* faz com que preocupações com relação à privacidade e à segurança sejam menosprezadas.

Muitas vezes, os recursos mais sérios (e, justamente por isso, às vezes mais árido ou menos visível), como os produzidos e consumidos para a comunidade acadêmica, ou os focados em assuntos muito específicos, são ignorados pelo grande público, apesar da grande utilidade que apresentam para os que participam desses nichos.

Assim, acreditamos que faz sentido dedicar tempo, para investigar a relação da Internet com os profissionais envolvidos com a Síndrome de Asperger e Autismo de Alto Funcionamento (SA&TEAAF) e também das próprias pessoas nessa condição, avaliando essa relação com critérios distintos. Justamente pelo fato de ser um assunto tão amplo, é válido nos dedicarmos a um recorte voltado diretamente às necessidades e características dos Transtornos do Espectro do Autismo (TEA). Ainda que todos utilizem a Internet, cada usuário o faz de forma diferente, de acordo com seus objetivos pessoais e suas preferências. Até no uso da Internet, estritamente como forma de entretenimento, pode-se notar diferenças entre o comportamento dos neuro-típicos e daqueles do espectro autístico.

Nesse capítulo, apresentamos algumas das situações em que a Internet pode ser uma ferramenta ainda mais útil e interessante. Analisando como as características da rede e da SA&TEAAF se relacionam e, muitas vezes, se complementam, procuramos por uma sinergia que possa trazer informação de qualidade e relações sociais e de amizade produtivas, algo fundamental para todos, mas crítico para aqueles no Espectro do Autismo (TEA).

Inicialmente, apresentaremos um breve resumo da história do uso pessoal da Internet, e mostraremos como os princípios culturais, presentes no seu surgimento influenciaram o seu crescimento e a forma com que ela existe hoje, inclusive do ponto de vista interpessoal.

Na segunda seção deste capítulo, discutiremos pontos relacionados à obtenção de informação relevante relacionada aos TEA, a partir de fontes acadêmicas/científicas e também utilizando meios mais informais como grupos de discussão, *blogs* e publicações voltadas para o público leigo. Investigaremos as peculiaridades que envolvem a divulgação e compreensão de informações técnicas, especialmente da área da saúde e, é claro, dos TEA nesse meio, e apresentaremos estratégias, para avaliar melhor a qualidade dessas informações.

Na terceira seção, falaremos sobre as relações interpessoais na Internet, como que elas muitas vezes se diferenciam daquelas estabelecidas face a face, e como as pessoas com SA&TEAAF podem se beneficiar dessas características para a criação de vínculos de amizade e relacionamento profissional, obtenção de informações e educação em áreas específicas (e, muitas vezes, incomuns), e outras atividades.

O Surgimento da Internet para Uso Pessoal

A produção e disseminação de conhecimento pela humanidade passou por um longo processo de evolução, que acompanhou a própria evolução da nossa sociedade, influenciada por aspectos culturais, econômicos e tecnológicos.

Nas sociedades de caçadores-coletores, o conhecimento era transmitido essencialmente de forma oral e através de exemplos: os membros mais velhos do grupo ensinavam diretamente às crianças o conhecimento adquirido a respeito do meio ambiente em que viviam, como padrões de caça e clima e regras de convívio social.

Com o advento da agricultura, e as subsequentes redução da mobilidade dos grupos humanos e aumento do seu número, a quantidade de informação aumentou drasticamente – eram necessárias a disseminação de técnicas de plantio, muitas vezes sofisticadas, e o crescimento da população trouxe consigo um número muito maior de tradições, preceitos religiosos e leis, que ainda eram disseminados, basicamente, de forma oral.

O surgimento da linguagem escrita, em princípio, causou um impacto menor do que o que imaginamos hoje, basicamente porque a produção e acesso à informação escrita eram muito restritos e custosos, restringindo-se aos governantes e líderes religiosos. Foi só com a invenção da imprensa, que a linguagem escrita se popularizou, num processo que levou séculos para se consolidar, mas que mudou de forma contundente toda a sociedade [1]

Ainda assim, até muito recentemente, a publicação de informação escrita ainda estava muito além do cidadão comum.

Livros e jornais sempre estiveram sob controle da classe dominante, que determinava o que seria divulgado, de que forma e a que custo, moldando a própria forma de pensar do público e sua forma de enxergar o mundo. Assuntos incomuns, controversos ou de interesse restrito permaneciam à margem, divulgados em tiragens limitadíssimas e limitados aos próprios pequenos grupos que os discutiam.

Esse cenário se manteve, ainda... Um exemplo curioso e fundamental para nossa discussão é o crescimento do interesse nos primeiros microcomputadores e o surgimento da Internet como a conhecemos. Nos anos 1970, computadores eram um assunto sério, que interessava apenas aos militares, empresas de grande porte e universidades, capazes de manter a enorme infraestrutura necessária aos equipamentos, que ocupavam andares inteiros. No final dos anos 1970 e início dos 1980, é que surgiu a ideia, revolucionária para a época, de que uma pessoa poderia ter o seu próprio "microcomputador", em casa.

Esses primeiros microcomputadores, como o Altair 8080 ou o Apple II, não foram criados por grandes empresas, mas por entusiastas, trabalhando em pequenos grupos – literalmente em suas garagens, ou em microempresas. Desprezados por empresas já estabelecidas no ramo, como a IBM e a HP, esses grupos encontraram respaldo em outros entusiastas, inicialmente em sua vizinhança e mais tarde no mundo todo.

Esses pequenos "grupos de computação" trocavam informações em encontros presenciais, *fanzines*[a] produzidos à mão, utilizando mimeógrafos e fotocopiadoras e, mais tarde, revistas propriamente ditas, de baixa tiragem - tudo distribuído pelo correio. Nesses grupos eram fortemente encorajados à experimentação e ao compartilhamento de informação, já que se trata-

---

[a] *fan magazine*, revista de fã, pequena revista produzida de forma amadora, dedicada a determinada subcultura ou grupo de interesse.

va de uma tecnologia tão nova e excitante, que cabia aos próprios participantes descobrirem o que poderia ser desenvolvido com ela. Foi nesse meio, na Califórnia, que surgiram os embriões de empresas como a Apple e a Microsoft, que se tornariam as gigantes do setor, nas décadas seguintes.

No Brasil, o interesse despertado por esses entusiastas foi replicado: pequenas empresas foram criadas, para produzir computadores de baixo custo, inspirados (ou diretamente copiados) dos mais populares no exterior, e a mesma cultura se disseminou, impulsionada também pelo grande interesse na maior novidade na área de entretenimento dos anos 1980, os videogames.

A moeda mais valorizada, nesse ambiente cultural, era, justamente, a informação: os membros mais proeminentes dessas pequenas comunidades eram aqueles que não apenas descobriam novas formas de utilização das máquinas, mas os que também disseminavam essas técnicas. Portanto, era natural, que existisse uma grande pressão para o surgimento de formas mais eficientes de divulgação e compartilhamento de informação, interesse que era compartilhado pelo meio acadêmico e que levou ao surgimento das primeiras redes de computadores.

As redes de computadores, interligando centros acadêmicos (e militares), nos EUA, formaram o embrião do que hoje conhecemos como Internet; enquanto isso, lobbyistas e entusiastas utilizavam formas primitivas de inter-ligação entre seus próprios microcomputadores, como os chamados BBS (Bulletin Board System, "Sistema de Quadro de Avisos"). Um BBS utilizava linhas telefônicas, para conectar diretamente alguns poucos computadores, para a troca de mensagens e programas. Ao contrário de serviços como o videotexto, mantido e controlado por empresas de telefonia, tudo que era necessário para se criar um BBS, era um computador adequado e uma (ou mais) linhas telefônicas, e vários desses serviços nasceram nos quartos e garagens de entusiastas, muito antes de se tornarem empreendimentos comerciais (alguns, de grande sucesso).

Em meados dos anos 1990, esses caminhos se cruzaram, com o surgimento dos primeiros provedores comerciais de acesso à Internet (muitos deles derivados diretamente de BBS comerciais bem-sucedidos), que possibilitavam o que antes estava disponível apenas no meio acadêmico e militar: trocar informação, não apenas com as dezenas ou centenas de membros de um determinado BBS, mas com usuários do mundo todo!

Nesse momento, a Internet ainda despertava pouco interesse comercial: eram raras as lojas, que vendiam produtos ou serviços *on-line*, uma vez que o mercado ainda era irrisório e as dificuldades técnicas (como as relacionadas à segurança), ainda eram significativas. Ainda assim, o interesse na rede crescia vertiginosamente, porque ela possibilitava algo que nunca tinha sido possível antes: que pessoas com interesses incomuns e características distintas se encontrassem e trocassem ideias e informações, sem empecilhos: não importava mais a cidade ou país em que as pessoas estivessem, não havia custos de "ligação de longa distância", nem a demora de semanas ou meses para a entrega de correspondência.

Pessoas com afinidades das mais diversas – passando disciplinas acadêmicas, atividades econômicas e profissionais, hobbies, preferências literárias, até mesmo doenças graves – agora podiam se encontrar e trocar experiências. A ideia de que mesmo a pessoa mais diferente poderia encontrar "seus iguais", cresceu e se difundiu, dando novo significado ao conceito de Aldeia Global, proposto por McLuhan nos anos 1960 [2].

Os entusiastas da computação foram um dos primeiros grupos a perceber esse potencial: cientistas em centros acadêmicos criavam novas formas de utilização da Internet (a mais bem sucedida delas sendo, sem sombra de dúvidas, a World Wide Web, que se tornaria praticamente sinônimo de Internet nos anos seguintes); *hackers* (palavra que não possuía nenhum sentido pejorativo na época, sendo usada simplesmente, para descrever os entusiastas com maior interesse e conhecimento) se uniam em comunidades para criação e compartilhamento de novos programas, segundo os preceitos do Software Livre (a ideia de que é direito de cada usuário, ter acesso irrestrito aos detalhes a respeito do funcionamento dos programas que utiliza, e que sua distribuição e compartilhamento devem ser totalmente gratuitos) [3].

Essas ideias libertárias, que enfatizavam a produção e compartilhamento irrestrito de conhecimento, acabaram por "contaminar" toda a Internet: mesmo com a chegada de grandes empresas, inclusive dos conglomerados tradicionais de mídia, e o enorme crescimento do comércio eletrônico, a ideia de que a Internet é um "lugar" de socialização, divulgação e compartilhamento de informação permanece inabalável, sendo seu principal expoente as redes sociais, cujo conteúdo e objetivo é totalmente voltado à produção individual.

Tínhamos chegado, então, ao que se chamou do "Fim da Escassez" [4], pelo menos no que tange à informação: com a queda a praticamente zero do custo de produção e divulgação, o volume cresceu tanto que não é mais a informação que é escassa (como já foram os livros ou o tempo de que dispunham para ensinar os mais velhos da tribo), mas sim o seu público [5]. Uma vez que é impossível consumir toda a informação disponível, a moeda de troca do mundo contemporâneo é a atenção dos usuários: o número de seguidores numa rede social, o número de visualizações de uma página, quantas vezes determinado vídeo foi exibido.

Com isso, os nichos restritos e específicos, que antes eram ignorados ou relegados a segundo plano, se tornaram um enorme mercado. Independente do quão obscuro é o interesse de alguém – de brinquedos antigos a orquídeas raras, de áreas pouco estudadas de História ou Geologia, das últimas descobertas da ciência tradicional à medicina alternativa ou as tradições culturais e religiosas de grupos étnicos pouco numerosos - é possível encontrar grupos de pessoas discutindo o assunto, artigos sendo produzidos e discutidos, pontos de vista diferentes, sendo comparados. Ao invés de se limitar a produzir grandes quantidades do que vai ser consumido pela maioria das pessoas, hoje é possível vender e divulgar itens incomuns a uma grande quantidade de usuários mundo afora – seguindo o conceito da Cauda Longa [6].

É justamente essa imensa variedade de temas, que torna a Internet tão interessante, quando falamos da SA e outros TEAAF.

Informando-se sobre a Síndrome de Asperger e outros Transtornos do Espectro do Autismo de Alto Funcionamento

Conforme comentado na seção anterior, o que é mais valorizado na Internet é a atenção dos usuários: número de usuários, número de visitas, número de exibições. Em última análise, isso acontece por questões econômicas: por si só uma grande quantidade de visitas se converte, literalmente em dinheiro, através dos anúncios das páginas. Além disso, indiretamente se obtém benefícios financeiros com a visibilidade (autores vendem mais livros, cursos e seminários, por exemplo; clínicas e médicos conseguem mais pacientes, e podem cobrar valores mais altos, por serem "famosos") e também benefícios menos tangíveis (não devemos menosprezar o valor de simples elogios, ou de concordarem com nossos argumentos).

Isso, infelizmente, muitas vezes traz consequências indesejáveis: não é incomum a informação ser produzida e formatada tendo em vista não a sua correção, aplicabilidade ou seriedade, mas simplesmente, o público que a consome. Escreve-se o que o leitor quer ouvir, porque isso é que vai trazer popularidade e "sucesso" ao blog, menções na imprensa tradicional ao autor, convites de participação em outros empreendimentos. O contrário também é comum: sempre que alguém escreve algo totalmente contrário ao que o público espera, essa provocação cria discussões acaloradas, grande número de visualizações e, paradoxalmente, aumenta o prestígio do "dissidente".

Esse tipo de comportamento dos autores – preocuparem-se mais com a recepção que determinado assunto vai ter, do que com a validade dos argumentos apresentados – se torna ainda mais grave, e muitas vezes perigoso, quando se trata de assuntos em que ainda não há um consenso, ou quando o seu mecanismo de funcionamento, não é totalmente conhecido. É muito mais fácil encontrar informações confiáveis sobre o funcionamento de automóveis, ou tratamentos de doenças cardíacas ou diabetes, do que de doenças como câncer ou autismo; a incerteza do meio acadêmico e profissional como um todo, incentiva a divulgação de hipóteses alternativas das mais variadas origens.

Uma busca por "Síndrome de Asperger" ou "Autismo de Alto Funcionamento" num serviço de busca na Internet, como o Google, retorna com uma enorme quantidade de resultados. Mesmo pesquisas bem mais específicas, como "terapia ocupacional para autismo" ou "infecções virais e autismo" apresenta centenas de milhares de resultados, ordenados pelo critério interno do serviço de busca. Esse critério se baseia, em última análise, apenas em popularidade, o que é compreensível já que serviços de busca como o Google, têm como principal fonte de renda a exibição de anúncios, e quanto mais popular uma página, maior a quantidade destes é exibida.

E a popularidade, como mencionado anteriormente, tem uma correlação muito baixa com a utilidade ou veracidade da informação, refletindo muito mais o quão alinhado a página está com as expectativas pré-existentes do público (ou o quão polêmicas são as declarações), e com a forma com que o assunto é exposto.

Na verdade, esse tipo de ocorrência pode ser observado mesmo em contextos muito menores, como grupos de discussão ou entre amigos e conhecidos: nossa tendência natural é concordar com quem nos fala o que já esperamos [7]. Um resultado exposto com uma linguagem acessível e amigável, que reforce nossas convicções, é um alento que nos traz conforto, porque passa a mensagem que "tudo vai ficar bem, pois estamos fazendo a coisa certa". E isso faz com que divulguemos esse resultado para nossos conhecidos e familiares, que estarão mais propensos a também o aprovarem, já que ele lhes foi passado por alguém confiável – nós mesmos.

Esse mecanismo, repetido à exaustão, a custo praticamente zero, já que tudo que é necessário é uma pequena fração da nossa atenção, faz com que seja possível encontrar grandes grupos de defensores ferrenhos, das mais variadas ideias. O maior mérito da Internet - dar voz e espaço a todos – se torna um dos seus maiores problemas: se todos falam ao mesmo tempo, e cada um tem a sua opinião, como descobrir o que pode ser verdadeiramente útil?

O diagnóstico dos TEA é, essencialmente clínico, feito por um profissional especializado, baseado em observação, e não foram descobertos exames, que possam servir como critério objetivo, absoluto, da presença do transtorno ou da sua intensidade. Isso também ajuda a proliferar teorias a respeito do que causa os TEA e do que pode ajudar nesses casos. Da mesma forma, com que tendemos a concordar com quem nos diz algo compatível com nossas convicções, é extremamente comum, que nossa opinião pessoal reflita nossas expectativas: se acreditamos que determinado tratamento ou abordagem é efetivo, não é incomum atribuirmos quaisquer benefícios observados, durante seu uso a ele (o efeito placebo). Da mesma forma, inconscientemente negamos, rejeitamos e nos recusamos a aceitar todas as evidências que presenciamos, mas que não estão alinhadas às nossas expectativas.

Esse, obviamente, não é um problema novo ou específico. Via de regra a melhor forma de evitar esse "autoengano" é o uso do método científico. Claro que há situações em que não é possível aplicá-lo (por exemplo, nos casos de eventos únicos, que não podem ser reproduzidos) e que nem sempre faz sentido usar o método científico no dia-a-dia, em pequena escala, para chegar a conclusões: um experimento realizado num curto período de tempo, em apenas um indivíduo, pode produzir evidência anedótica, que sugira algum benefício e motivar pesquisas mais amplas, mas não pode ser usado, para justificar sua utilização de forma geral (infelizmente, um engano comum).

Ainda assim, a existência de pesquisa científica bem conduzida e reproduzida por diversos grupos, é o melhor indicador de que determinada recomendação ou observação é válida e que merece atenção. Isso não significa que seja necessário fazer uma revisão bibliográfica de dúzias de artigos científicos publicados, sobre cada um dos assuntos que encontramos, mas sim, que é preciso sempre ter em mente, que o objetivo de muito do que se publica é cativar o leitor, conseguir sua atenção e aprovação, e não necessariamente informá-lo.

Isso acontece dentro da própria comunidade científica: sempre que surge uma nova teoria, os autores que a propuseram precisam convencer seus colegas da sua validade. Se apresentada adequadamente, e se há evidência suficiente, eventualmente essas idéias são incorporadas, testadas, estendidas, às vezes total ou parcialmente refutadas – isso é parte do processo. Quando se trata de ciência – e, especialmente, medicina – quase nada se mantém estático, é comum e esperado, que as abordagens mudem com o tempo. O que se procura, nunca deve ser a verdade absoluta, mas sim a melhor alternativa dada ao conhecimento atual.

Essa mentalidade pode nos servir de guia, na busca de informações, conforme apresentado nos parágrafos a seguir.

A primeira sugestão é: quanto maior o respaldo que determinado tratamento tem na comunidade científica, maiores são as chances de ser algo que vai além do simples modismo ou tentativa de obtenção de atenção ou vantagem financeira. Desconfie fortemente, de tratamentos obscuros, especialmente se vierem acompanhados de declarações do tipo "a medicina tradicional, a grande indústria farmacêutica não quer que você saiba disso" [8]. Um tratamento alternativo desconhecido pode até, talvez, vir a ser benéfico algum dia, mas se ele é desconhecido, é porque no mínimo, ele ainda não foi testado com sucesso, um número suficiente de vezes. Evidência anedótica, fornecida por alguns poucos pacientes, não é algo determinante.

Um argumento repetido à exaustão é o de que "não há tempo a perder, se for esperar a comunidade científica chegar a um consenso, você vai ficar de braços cruzados por anos". Sim, o consenso progride de forma lenta, isso é inegável. Só que após algum tempo, a maioria das abordagens e propostas acaba se mostrando infrutífera e, às vezes, perigosa. Adiantar-se e se colocar como voluntário para tratamento experimental, na maioria das vezes, é se expor, desnecessariamente. Faz mais sentido, optar pelo que já é conhecido, mesmo que não traga benefícios dramáticos, como os prometidos pelas novidades, mas que é seguro e eficaz, ainda que em pequena escala, do que se aventurar a testar cada ideia mirabolante, que entra na moda a cada mês.

Mesmo publicações científicas devem ser examinadas com cuidado: não é incomum existirem um grande número de publicações científicas sobre determinado assunto, todas sempre produzidas pelo mesmo pesquisador ou equipe, na mesma instituição, muitas vezes com recursos próprios, o que dificilmente é algo convincente. Além da diversidade no número de artigos, por diferentes equipes, é importante também verificar em que periódicos esses artigos foram publicados – uma coisa é ter um artigo publicado por um título de renome, respeitado em sua área e outro, por um pequeno periódico focado em determinada abordagem, que naturalmente é mais favorável a artigos alinhados a ela.

Sites de busca como o Google Scholar[b] e Pubmed[c], da Biblioteca Nacional de Medicina dos EUA) permitem acesso rápi-

---

[b] scholar.google.com
[c] www.ncbi.nlm.nih.gov/pubmedhealth/ ou www.pubmed.com

do, a inúmeros artigos científicos (em muitos casos, apenas aos resumos dos artigos, que são bastante úteis). Acostumar-se com o jargão utilizado nessas publicações, ajuda a interpretar, ainda que de maneira superficial, o mais relevante nos estudos. Artigos de revisão bibliográfica (*review*) recentes, são particularmente úteis, por cobrirem uma vasta quantiade de material de forma resumida; edições especiais de periódicos conceituados (como os suplementos da *Nature* sobre autismo[d]) e também material de divulgação científica (como a *Scientific American*) também podem ser úteis, para acompanhar as novidades na área e identificar quais são as mais promissoras, que merecem ser acompanhadas.

Sites de associações sem fins lucrativos, e de entidades e conselhos profissionais, podem ser muito úteis na obtenção de informações já consideradas solidificadas. Ainda que aconteça, a tendência é que esses sites evitem temas e abordagens controversos, o que por si só já elimina grande parte das propostas pouco recomendáveis (ou mesmo as motivadas por má-fé). Algumas entidades deixam bastante claro sua ênfase na divulgações de resultados baseados em evidências científicas (como a Autism Speaks[e] e no Brasil, a Autismo & Realidade[f]). Muitas outras entidades criadas por pais e familiares também desenvolvem ações importantes e oferecem boas referências e bibliografia.

Nossa segunda sugestão é a participação em comunidades e fóruns de discussão on-line sobre o assunto. No Brasil, a maior e mais antiga é a *Comunidade Virtual sobre Autismo no Brasil*[g], mantida pela Associação de Familiares e Amigos da Gente Autista, AFAGA[h]. Note que na participação nessas comunida-

---

[d] www.nature.com/nature/outlook/autism_2012
[e] www.autismspeaks.org
[f] www.autismoerealidade.org
[g] br.groups.yahoo.com/group/autismo/
[h] www.afaga.com.br

des, mesmo sendo uma experiência extremamente rica e interessante, também é preciso muito discernimento: em fóruns e comunidades com um grande número de participantes, sempre surgem muitas opiniões divergentes, o que pode levar a discussões intermináveis e acaloradas.

Às vezes, essas diferenças se tornam tão marcantes, que "facções" inteiras se separam, migrando para outros grupos onde há menos conflitos ou mesmo criando novos. O problema desse tipo de reação é que é sempre possível cair na armadilha de participar de um grupo em que todos concordam, o que sempre leva a uma discussão mais pobre. Desde que mantidos a cordialidade e o respeito normalmente é melhor um grupo em que há opiniões divergentes a serem discutidas e analisadas, a um em que isso não ocorre - sinal de que talvez estejamos ouvindo "apenas aquilo que queremos".

Uma outra grande vantagem da participação em comunidades on-line, é que entrar em contato com outras pessoas em situações semelhantes pode trazer uma nova percepção sobre características e perculiaridades. Encontrar pessoas com dificuldades similares às de nossos familiares, pacientes ou de nós mesmos torna mais fácil a aceitação dessas dificuldades, e cria um ambiente em que se pode discutir soluções, alternativas ou simplesmente encontrar conforto. Compartilhar vitórias dá motivação para prosseguir, e mesmo a percepção de falta de progresso pode ser muito importante, para nos chamar a atenção para um determinado problema específico, que até então considerávamos normal ou esperado, mas que pode ser sinal de algo mais grave.

Antes de tomar uma decisão, é interessante perguntar a opinião dos membros do grupo, para descobrir quem já passou pela mesma dificuldade, se alguém pode sugerir profissionais ou abordagens que lhes foram úteis, ou para ajudar a esclarecer dúvidas. Comunidades também costumam ser um lugar ideal para pedir sugestões de profissionais, e outras formas de atendimento em cidades e bairros específicos.

Mesmo em grupos com um grande número de pessoas é comum identificarmos, num prazo curto, os membros mais ativos e quais são suas posturas com relação a diferentes questões; manter esses perfis em mente, ao acompanhar e participar das discussões ajuda a entender melhor as motivações e os rumos que tomam a conversa, que frequentemente é pautada também por convicções pessoais, o que por si só não é algo ruim, mas que pode confundir um pouco quem é mais novo no grupo. Isso faz com que o simples ato de acompanhar as discussões, mesmo antes de nos sentirmos à vontade para participar ativamente delas, seja algo bastante proveitoso também.

Não é incomum amizades duradouras se formarem em ambientes virtuais como fóruns e comunidades, e ver esses relacionamentos se perpetuarem por anos – mesmo depois que as próprias comunidades se extinguiram – é mais um argumento a favor da ideia de que a distinção entre o mundo "real" e o "virtual" é muito mais tênue do que se imagina!

Para concluir, uma tendência relativamente recente e quase inexistente no Brasil, são os sites que se propõem a fornecer guias e informações detalhadas sobre uma das maiores dificuldades da SA&TEAAF, a aquisição de habilidades/competências/aptidões sociais e interpessoais. Um exemplo desse tipo de recurso (em inglês) é a página *Social Skills for Adolescents and Adults*[i].

Relações Interpessoais na Internet

Dois aspectos chamam muito a atenção, quando observamos as relações interpessoais, através da Internet. O primeiro deles é, como mencionamos anteriormente, sermos capazes de

---

[i] www.autism.org.uk/living-with-autism/communicating-and-interacting/social-skills/social-skills-for-adolescents-and-adults.aspx

encontrar material e pessoas interessadas em praticamente qualquer assunto, nos mais variados níveis de complexidade. Sobre seu time de futebol, filme ou autor preferido, até nas áreas de conhecimento mais sofisticadas; é fácil encontrar informação abundante sobre quase tudo.

Um caminho muito usado, começa em consultas em sites de referência, o mais usado deles sendo a Wikipedia[j], a enciclopédia colaborativa. Justamente por ser continuamente construída por voluntários do mundo todo, a Wikipedia é um excelente ponto de partida, por consolidar o consenso, encontrado por seus inúmeros colaboradores. Apesar de existirem problemas pontuais, relacionados à confiabilidade da informação, especialmente no que diz respeito a temas menos conhecidos, já que a validade das informações depende de quem contribuiu para aquela página específica, normalmente o que não é polêmico é bem retratado, o que dá uma boa visão inicial.

Seguindo as referências da própria Wikipedia, e consultas similares, é possível se aprofundar em qualquer assunto. Recentemente, cursos on-line gratuitos como os oferecidos por sites como Coursera (fundado por professores da Universidade de Stanford), edX (MIT e Harvard) e Udacity (cujas origens também remetem à Stanford), têm sido sugeridos com a promessa de cursos de alta qualidade, em nível universitário através da Internet, e a popularização de e-books e seus leitores (como o Kindle) permitem que livros convencionais sejam adquiridos de forma simples e num custo cada vez menor.

Mas explorar um determinado assunto sempre vai além de simplesmente estudá-lo, e passa por relacionar-se com outras pessoas interessadas nele. A troca de ideias e experiências é fundamental nesse processo, e é nisso que a Internet se diferencia de outras formas, e é o segundo aspecto a que nos referimos.

---

[j] http://www.wikipedia.org/

É muito simples encontrar comunidades em redes sociais, ou grupos de discussão via e-mail em serviços como o Google Groups ou o Yahoo Groups. Acostumar-se com a dinâmica desses grupos é algo bem mais complicado. O (quase) anonimato e a distância entre os participantes de uma discussão on-line, muitas vezes leva a *bullying*, assédio moral, comportamento de manada cruel, críticas duras e à falta de empatia. Não é incomum ver discussões que "ao vivo" seriam perfeitamente razoáveis, degradarem ao ponto de se tornarem uma briga irracional e sem sentido, com participantes magoados de ambos os lados, e, em casos extremos, consequências ainda piores (como suicídio).

Além disso, a comunicação escrita, com sua falta de dicas visuais/não verbais, como expressões faciais e o tom de voz, e a falta de tempo para elaborar sentimentos e posturas, já que a comunicação instantânea não incentiva a reflexão e acirra os ânimos, faz com que falhas na comunicação ocorram o tempo todo: o caráter irônico ou jocoso dos comentários se perde, e o que foi escrito em tom de brincadeira, se torna uma grande ofensa; interlocutores têm dificuldade para perceber o uso de sarcasmo, não conseguem inferir o humor/estado de espírito do outro, e com isso as dificuldades na comunicação aumentam.

Isso acontece todos os dias, em comunidades "neurotípicas", comentários em notícias de jornal e vídeos no Youtube. Discussões por causa dos mais variados assuntos são desumanizadas, ao ponto de comunidades inteiras se desfazerem em questão de horas.

Em 2009, o empreendedor e blogueiro John Calacanis sugeriu que esses aspectos refletiam uma forma de "Síndrome de Asperger da Internet"[k], uma declaração extremamente polêmica, que causou um grande furor. Calacanis usou o termo "Síndrome de Asperger" num sentido muito específico, restrito

---

[k] http://calacanis.com/2009/01/29/we-live-in-public-and-the-end-of-empathy/

e inadequado, reduzindo a Síndrome a, simplesmente, uma dificuldade de compreender as dicas não verbais, características da comunicação via texto, e à uma suposta "falta de reciprocidade emocional e social", atribuindo a uma Teoria da Mente deficitária, todo o comportamento de manada cruel, observado em discussões on-line.

Existem paralelos entre as dificuldades observadas nas relações interpessoais na Internet e às enfrentadas por pessoas com SA & TEAAF? Sim, é claro. Em ambos os casos, há uma incerteza com relação à forma como a mensagem é transmitida, à como o comportamento do interlocutor é modelado. Isso não significa que a associação feita por Calacanis é válida, e os problemas causados por esse tipo de raciocínio podem ser observados com frequência, por exemplo, com as infundadas associações entre Asperger e massacres em escolas.

Pessoas com SA & TEAAF são normalmente, vítimas de *bullying* (incluindo o chamado *cyberbullying*, no ambiente digital), e não seus perpetradores. Preparar-se para evitar essas situações de crise, e aprender a lidar e se proteger, quando elas inevitavelmente ocorrem, é fundamental para a participação em comunidades on-line, e para o estabelecimento de relações de amizade nelas.

É importante ressaltar, que praticamente todos os usuários da Internet são expostos, com maior ou menor intensidade, a esse tipo de comportamento indesejável. Na maioria das vezes, a própria desumanização do interlocutor, que leva ao comportamento agressivo, faz com que o alvo das críticas seja irrelevante – sempre haverá ataques gratuitos independentemente das ideias sendo divulgadas ou do seu autor (na maior parte do tempo, não se trata de uma querela pessoal, mas simplesmente de comportamento imaturo).

É fundamental aprender a se distanciar do ruído de fundo, gerado pela massa cujo único propósito é ofender e criticar. Isso pode ser muito difícil para as pessoas no Espectro Autista, e requer uma abordagem cuidadosa.

Outra preocupação importante, diz respeito à segurança e à privacidade. É preciso estabelecer regras claras, no que diz respeito ao tipo de informação que pode ser divulgado publicamente, especialmente no que se refere a relatos de experiências e sentimentos pessoais. Abrir-se em grupos de apoio e suporte pode trazer diversos benefícios, em especial no que tange à autoaceitação e compreensão da própria condição, mas requer cuidado, para não incorrer em superexposição. O fornecimento de dados pessoais (como endereço e ocupação) deve ser evitado, ou feito com discernimento.

Existem diversos guias relacionados à segurança e privacidade na Internet, adequados a diferentes contextos, que podem seguir como orientação. No Brasil, uma referência extremamente importante é a SaferNet[1], uma associação sem fins lucrativos de defesa de Direitos Humanos na Internet, que conta com farto material sobre o assunto.

Finalmente, devemos ressaltar que mesmo em ambientes não hostis, em que a possibilidade de *bullying*, assédio ou agressão é remota, é necessário refletir sobre a forma com que assuntos e discussões evoluem. Mesmo nesses ambientes, entre neurotípicos, e em conversas amigáveis, devemos assumir que os nossos interlocutores não irão perceber sutilezas, que ironia e sarcasmo passarão desapercebidos, que o conhecimento prévio que assumimos existir, e fundamental para o nosso argumento, não estará presente.

Seguindo essa postura, é importante expor nossas ideias da forma mais clara possível, sem exigir que o leitor capte detalhes nas entrelinhas. Isso não significa que não sejam possíveis discussões complexas ou argumentos sofisticados, mas sim, que compreendamos as limitações do meio de comunicação que utilizamos e trabalhemos ativamente para contorná-las.

---

[1] http://www.safernet.org.br

O mais interessante é que essa postura, ainda que direcionada a todos, beneficia especial e diretamente as pessoas no Espectro do Autismo, já que reduz a possibilidade de mal-entendidos, mantendo a conversa menos abstrata e incentivando argumentos concretos e diretos. Um exemplo desse viés em direção à clareza e à eficácia da comunicação on-line, vem novamente da comunidade *hacker* dos primórdios da Internet, o artigo clássico "Como Fazer Perguntas Inteligentes", de Eric S. Raymond [9]. Apesar de escrito tendo em mente um público-alvo técnico, o artigo destila ideias aplicáveis em qualquer fórum de discussão.

Referências

1. EISENSTEIN, Elizabeth. **The printing press as an agent of change: communications and cultural transformations in early modern Europe**. (Cambridge University Press, 1979.)
2. McLUHAN, Marshall. **Understanding Media**. (Gingko Press, 1964, 2003) p6.
3. STALLMAN, Richard. **The Free Software Definition**. http://www.gnu.org/philosophy/free-sw.html . Acesssado em 10/01/2031.
4. Singularity Utopia: Post Scarcity Awareness As An Antidote To Despair. http://www.singularityweblog.com/singularity-utopiapost-scarcity-awareness-as-an-antidote-to-despair. Acessado em 10/01/2013.
5. SIMON, Herbert A. **Designing Organizations for an Information-Rich World, in Martin Greenberger, Computers, Communication, and the Public Interest**. (The Johns Hopkins Press, 1971)
6. ANDERSON, Chris. **The Long Tail: Why the Future of Business is Selling Less of More**. (Hyperion, 2006).
7. Desvio para Confirmação. http://brazil.skepdic.com/confirma.html. Acessado em 10/01/2013.
8. SCHORR, Andrew. **The Web-Savvy Patient: An Insider's Guide to Navigating the Internet When Facing Medical Crisis**. (CreateSpace Independent Publishing Platform, 2011).
9. RAYMOND, Eric S. Como Fazer Perguntas Inteligentes. http://www.catb.org/~esr/faqs/smart-questions.html, versão em português http://www.celiojunior.com.br/como fazer perguntas.php. Acessado em 10/01/2013.

Conheça também do mesmo autor:

**Intervenção Precoce no Autismo -
Guia Multidisciplinar de zero a 4 anos**
ISBN: 9788588009639

"Este livro aborda tema ainda inédito na literatura médica nacional, que são as intervenções multidisciplinares indicadas para as crianças com até quatro anos de idade, com suspeita e/ou diagnóstico de Autismo Infantil/ Transtorno do Espectro do Autismo. É o resultado de vários anos de trabalho assistencial multidisciplinar em Equipe embasado na literatura científica disponível. A importância deste trabalho é subsidiar os milhares de profissionais espalhados pelo país, que usualmente não têm acesso à materiais aplicáveis na prática, em língua portuguesa.Para outras informações acesse: www.autismobh.com"

Psicopatologia Fenomenológica Descritiva do Transtorno do Espectro do Autismo - Autismo Infantil
ISBN: 9788588009974

O objetivo deste livro é trazer o assunto Autismo Infantil (AI) clássico, sob a visão da Psicopatologia Fenomenológica Descritiva material inédito, sem exposição de juízo de valor sobre a qualidade, atualidade, amplitude e praticidade dos demais conhecimentos existentes, sejam da área médica ou de outras. Considerando que a infância é um complexo processo evolutivo e que a Psiquiatria Infantil foi por décadas objeto de trabalho e estudo quase que exclusivo das psicologias e da Psicanálise, e nunca da Fenomenologia, será inevitável que autores de trabalhos sobre desenvolvimento sejam utilizados para compreensão dos prejuízos nas funções psíquicas sob a ótica da Psicopatologia Fenomenológica Descritiva.

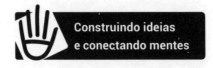

Este livro foi impresso em papel Pólen Soft 80g.
na Gráfica Promove em agosto de 2021.